Anke Büter
Das Wertfreiheitsideal in der Sozialen Erkenntnistheorie
Objektivität, Pluralismus und das Beispiel Frauengesundheitsforschung

EPISTEMISCHE STUDIEN
Schriften zur Erkenntnis- und Wissenschaftstheorie

Herausgegeben von / Edited by

Michael Esfeld • Stephan Hartmann • Albert Newen

Band 27 / Volume 27

Anke Büter

Das Wertfreiheitsideal in der Sozialen Erkenntnistheorie

Objektivität, Pluralismus und das Beispiel Frauengesundheitsforschung

ontos
verlag

Frankfurt I Paris I Lancaster I New Brunswick

Bibliographic information published by Deutsche Nationalbibliothek
The Deutsche Nastionalbibliothek lists this publication in the Deutsche Nationalbibliographie; detailed bibliographic data is available in the Internet at http://dnb.ddb.de

North and South America by
Transaction Books
Rutgers University
Piscataway, NJ 08854-8042
trans@transactionpub.com

United Kingdom, Ire, Iceland, Turkey, Malta, Portugal by
Gazelle Books Services Limited
White Cross Mills
Hightown
LANCASTER, LA1 4XS
sales@gazellebooks.co.uk

Livraison pour la France et la Belgique:
Librairie Philosophique J.Vrin
6, place de la Sorbonne ; F-75005 PARIS
Tel. +33 (0)1 43 54 03 47 ; Fax +33 (0)1 43 54 48 18
www.vrin.fr

©2012 ontos verlag
P.O. Box 15 41, D-63133 Heusenstamm
www.ontosverlag.com

ISBN 978-3-86838-168-9

2012

No part of this book may be reproduced, stored in retrieval systems or transmitted in any form or by any means, electronic, mechanical, photocopying, microfilming, recording or otherwise without written permission from the Publisher, with the exception of any material supplied specifically for the purpose of being entered and executed on a computer system, for exclusive use of the purchaser of the work

Printed on acid-free paper
ISO-Norm 970-6
FSC-certified (Forest Stewardship Council)
This hardcover binding meets the International Library standard

Printed in Germany
by CPI buch bücher.de

Meiner Mutter Helena Büter

Danksagung

Für die Möglichkeit, dieses Buch zu schreiben, möchte ich zunächst der Deutschen Forschungsgemeinschaft für ein Stipendium im Rahmen des Graduiertenkollegs „Auf dem Weg in die Wissensgesellschaft" am Institut für Wissenschafts- und Technikforschung der Universität Bielefeld danken. Ein Abschlussstipendium aus Rektoratsmitteln der Universität Bielefeld hat in der Endphase die Fertigstellung der Arbeit ermöglicht. Zu besonderem Dank bin ich meinem Doktorvater Prof. Dr. Martin Carrier für seine großzügige Unterstützung und Förderung in allen Phasen der Promotion verpflichtet.

Meinen Betreuern Prof. Dr. Martin Carrier und Prof. Dr. Torsten Wilholt danke ich zudem für ihre stets zielsichere und konstruktive Kritik; Dr. Cornelis Menke und der NachwuchsforscherInnengruppe „Geschichte, Philosophie und Soziologie der Wissenschaften" sowie den Mitgliedern des Graduiertenkollegs und der Abteilung für Philosophie für die Diskussion einzelner Teile der Arbeit; Prof. Janet Kourany und Prof. Don Howard dafür, meinen Gastaufenthalt am Reilly Center for Science, Technology, and Values der University of Notre Dame betreut und zu einer lehrreichen Zeit gemacht zu haben.

Darüber hinaus möchte ich all jenen danken, die meine Zeit in Bielefeld und in Notre Dame intellektuell und menschlich bereichert haben – den KollegiatInnen, die mit mir Freud und Leid des Promovierens geteilt haben; allen, die mit mir über Wissenschaft und Werte diskutiert und denen, die Teile der Arbeit Korrektur gelesen haben. Stellvertretend nenne ich Dr. Anne Brümmer, Stephanie Hagemann-Wilholt, Linda Groß, Najko Jahn, Dr. Marc Mölders, Pablo Ruiz de Olano und Dr. Alexandra Wiebke. Mein besonderer Dank gilt meiner Familie und meinen Freunden für ihre Liebe und Unterstützung: Jutta Beckmann, Christiane Dopp, Ilka Schepers, Diana Selzer und vielen weiteren.

Inhaltsverzeichnis

Einleitung 7

I WERTFREIHEIT UND SOZIALE ERKENNTNISTHEORIE

1 Funktion und Geschichte des Wertfreiheitsideals
   1.1 Wertfreiheit und Objektivität 17
   1.2 Entwicklung und Elemente des Wertfreiheitsideals 24
   1.3 Max Weber und der deutsche Werturteilsstreit 31
   1.4 Wertfreiheit im Neopositivismus 38

2 Das Wertfreiheitsideal heute
   2.1 Nach dem Neopositivismus: Keine Algorithmen 43
   2.2 Werte als Kriterien der Theoriewahl 48
   2.3 Der Wertbegriff des Wertfreiheitsideals 57
   2.4 Maßstäbe der Kritik normativer Ideale 60

3 Alternativen in der Sozialen Erkenntnistheorie
   3.1 Philosophie, Geschichte und Soziologie der Wissenschaft 63
   3.2 Philip Kitcher: Well-Ordered Science 70
   3.3 Helen Longino: Social Value Management 77

II FEMINISTISCHE WISSENSCHAFT? DIE FRAUENGESUNDHEITSFORSCHUNG

4 Von der politischen Bewegung zur Wissenschaft
   4.1 Das Beispiel der Frauengesundheitsforschung 91
   4.2 Sexismus in der Medizin 99
   4.3 Feminismus und Frauengesundheitsbewegung 111

5 Frauengesundheitsforschung
   5.1 Etablierung der Frauengesundheitsforschung 121
   5.2 Koronare Herzkrankheit 128
   5.3 Inklusion von Frauen in klinische Studien 132
   5.4 Die Women's Health Initiative 145
   5.5 Zwischenfazit 153

III WERTE IN DER WISSENSCHAFT

6 Unterdeterminierung und Hintergrundannahmen
   6.1 Unterdeterminierungsargumente   159
   6.2 Hintergrundannahmen und Erklärungsmodelle   167
   6.3 Gesundheitsmodelle in der Frauengesundheitsforschung   178

7 Unterdeterminierung und Theoriewahl
   7.1 Die Bestimmung kognitiver Werte   189
   7.2 Longinos feministische Werte   195
   7.3 Soziale Objektivität und lokale Epistemologien   206
   7.4 Pluralismus und Konsens   210

8 Induktive Risiken
   8.1 Induktive Risiken und Wertfreiheit   217
   8.2 Induktive Risiken als ethisches Problem   223
   8.3 Induktive Risiken als epistemologisches Problem   229
   8.4 Direkte und indirekte Rolle von Werten   235

9 Die Relevanz der Entdeckung
   9.1 Die Kontextunterscheidung   243
   9.2 Kontext der Theorieverfolgung   252
   9.3 Werte in Theorieverfolgung und Rechtfertigung   259

Schluss: Wertvielfalt statt Wertfreiheit   273

Literaturverzeichnis   289

Einleitung

Intellektuelle Bildung ist nicht gesundheitsgefährdend für Frauen. Der Mensch ist das Ergebnis eines evolutionären Prozesses, es gibt einen anthropogenen Klimawandel, die Erde dreht sich um die Sonne. Wissenschaftliche Erkenntnisse mussten und müssen sich häufig gegen Widerstände durchsetzen, die aus ihrer möglichen Bedeutung für wertbeladene Einstellungen und Vorurteile, religiöse Dogmen oder ökonomische Interessen entstehen. Einer der Gründe, warum der Wissenschaft gemeinhin ein so hoher Stellenwert zugeschrieben wird, ist ihr Vermögen, ebendies zu tun: uns verlässliches Wissen zu liefern, selbst wenn dieses zu gesellschaftlichen Konflikten führen mag. Ein entsprechendes Konfliktpotential wissenschaftlichen Wissens für außerwissenschaftliche Ansichten und Anliegen darf dem Erkenntnisgewinn nicht im Wege stehen. Das Ideal einer Wertfreiheit der Wissenschaft soll entsprechend einer Akzeptanz oder Ablehnung von Theorien aus interessen- und wertbeladenen Gründen vorbeugen. Wissenschaft zielt diesem Ideal zufolge auf objektives Wissen, das durch Werte der Wissenschaftler oder der Gesellschaft nicht beeinflusst sein darf.

   Das Wertfreiheitsideal ist jedoch in den letzten Jahrzehnten verstärkt kritisiert worden, z. B. durch sozialkonstruktivistische Ansätze oder innerhalb der feministischen und sozialen Erkenntnistheorie. So wurde etwa hinterfragt, ob die Wissenschaft dieses Ideal hinreichend verwirklicht, ob eine Verwirklichung überhaupt möglich oder ob sie tatsächlich immer wünschenswert ist. Gleichzeitig gibt es differierende Einschätzungen dessen, was eine solche Kritik des Ideals bedeutet – so wurde etwa gefolgert, dass Fälle wertbeladener Wissenschaft schlicht höhere Anstrengungen der jeweiligen Wissenschaftler erforderten, oder aber dass sie den Objektivitätsanspruch der Wissenschaft generell negierten. Der Fokus meiner Arbeit liegt auf sozialepistemologischen Ansätzen, die dieser Dichotomie von Wertfreiheitsanspruch und Objektivitätsnegierung alternative Ideale entgegensetzen. Ziel ist hier, den Objektivitätsbegriff mit einer stärkeren Reflexion des sozialen Kontextes und der sozialen Verfasstheit von Wissenschaft zu verbinden und so die Möglichkeit von Werteinflüssen in Auffassungen der epistemischen Güte von Wissenschaft zu integrieren. Die Frage der Wertfreiheit ist damit von hoher Relevanz nicht nur für unser Verständnis dessen, was Wissenschaft ist oder was Objektivität bedeutet, sondern berührt darüber hinaus das Verhältnis von Wissenschaft und Gesellschaft, ihren Stellenwert gegenüber anderen Formen der Glaubensproduktion wie Religion oder Politik sowie ihre institutionellen, organisatorischen und sozialen Bedingungen.

Die vorliegende Arbeit stellt eine Untersuchung zur Haltbarkeit und Fruchtbarkeit des Wertfreiheitsideals dar. Dabei geht es nicht um eine skeptizistische Ablehnung der Möglichkeit objektiver wissenschaftlicher Erkenntnis; die Idee der Wertfreiheit fängt ein, dass die Welt nicht immer so ist, wie wir es uns wünschen. Direkte Schlüsse vom Wünschenswerten auf die Gültigkeit von Theorien sind nicht haltbar. Die hier verfolgte These ist jedoch, dass Werteinflüsse in vielen Bereichen der Wissenschaft eine große Rolle spielen und diese Rolle zudem weit komplexer ist, als das Wertfreiheitsideal zu erfassen vermag. Statt diese Einflüsse sämtlich als Merkmal schlechter Wissenschaft zu diskreditieren, plädiere ich dafür, nicht Wertfreiheit, sondern Wertvielfalt als Ideal der Wissenschaft anzunehmen. Ein Pluralismus in Bezug auf die Werthaltungen, die in der wissenschaftlichen Gemeinschaft vertreten sind, bietet die beste Möglichkeit, diese zu identifizieren und einem kritischen Prozess zu unterwerfen. Dieser Prozess führt nicht zwingend zu einer Eliminierung von Werteinflüssen, ermöglicht aber eine differenzierte Diskussion solcher Einflüsse und stellt damit letztlich die bessere Grundlage für den wissenschaftlichen Objektivitätsanspruch dar. Im Folgenden soll der Verlauf der Argumentation für diese These kurz dargestellt werden.

In Teil I werden die Grundlagen dieser Argumentation geklärt. Dabei geht es zunächst um den Zusammenhang von Wertfreiheit und Objektivität. Statt Wertfreiheit als eine notwendige Bedingung von Objektivität zu betrachten, wird zwischen verschiedenen Aspekten des Objektivitätsbegriffs unterschieden und als Gegenstand der Arbeit die prozedurale Ebene von Objektivität identifiziert. Objektivität bedeutet demnach, dass die Ergebnisse wissenschaftlicher Forschung insofern epistemisch vertrauenswürdig sind, als sie auf der Verwendung der bestmöglichen Prozesse und Methoden beruhen. Durch eine solche Auffassung, die offen lässt, ob Objektivität zu allgemeingültigen Wahrheiten führt, wird zunächst nicht vorausgesetzt, dass durch diese Prozesse Werteinflüsse ausgeschlossen werden müssen. Sie eröffnet damit zumindest prinzipiell die Möglichkeit, dass auch wertbeladene Wissenschaft gute Wissenschaft sein kann.

Im Anschluss werde ich das Wertfreiheitsideal genauer spezifizieren. Während das Ideal der Wertfreiheit historisch gesehen auch die Forderung nach Reinheit und Neutralität der Wissenschaft umfasste (d. h. das Streben nach einer völligen Unabhängigkeit der Wissenschaft von ihrem gesellschaftlichen Kontext in Bezug auf die Agenda-Setzung sowie mögliche Anwendungen von Ergebnissen), sind die relevanten Aspekte des Ideals heute in der Idee einer methodischen Kontrolle der Wissensproduktion und der Trennung des Seins vom Sollen zu sehen. Darüber hinaus haben systematische Argumente wie die Duhem-Quinesche Unterdeterminierungsthese und der stärkere Einbezug der Wissenschaftsgeschichte in die Wissenschaftstheorie zu wesentlichen Veränderungen in der Auffassung wissenschaftlicher Rationalität geführt. Das zeitgenössische Wertfreiheitsideal fordert deshalb keinen vollständigen Ausschluss von Werten aus der Wissenschaft mehr: nicht nur erlaubt es Einflüsse auf die Themenwahl oder die Annahme einer Verantwortung für die Anwendung von Resultaten, es lässt auch bei der Beurteilung von Geltungsansprüchen Werte zu. Letztere sollen jedoch laut Wertfreiheitsideal auf wissenschaftsinterne, kognitive Werte wie Einfachheit oder Reichweite beschränkt werden, welche als den Zielen der Wissenschaft förderlich und damit als Merkmale guter Theorien gelten.

Die Unterscheidbarkeit von kognitiven und nicht-kognitiven Werten stellt damit eine notwendige Bedingung des heutigen Wertfreiheitsideals dar. Gleichzeitig wird diese Bedingung jedoch oftmals auch als hinreichend behandelt. Das bedeutet aber, es wird erstens zusätzlich angenommen, dass diese Unterscheidung den Ausschluss nicht-kognitiver Werte aus Fragen der Evaluation von Theorien auch ermöglicht; zweitens, dass ein solcher Ausschluss genügt, um die Wertfreiheit wissenschaftlicher Inhalte zu gewährleisten. Aufgrund letzterer Annahme beruht das Wertfreiheitsideal (implizit) auf der neopositivistischen Kontextunterscheidung und der Prämisse, dass die Wertfreiheit des Rechtfertigungskontextes von Werteinflüssen im Entdeckungs- und Anwendungskontext unabhängig sein kann und soll. Die Wertfreiheit der internen Beurteilung wird als von externen Fragen der Ausrichtung oder Anwendung unberührt betrachtet.

Meine Diskussion des Wertfreiheitsideals verfährt dabei im Vergleich zu alternativen Idealformulierungen aus der sozialen Erkenntnistheorie, insbesondere Philip Kitchers *Well-Ordered Science* und Helen Longinos *Social Value Management*. Kitchers Ideal zielt vorwiegend auf eine Demokratisierung von Agenda-Setzung und Anwendung, hält jedoch an einem traditionellen Objektivitätsverständnis und der Wertfreiheit der Rechtfertigung fest. Longino plädiert hingegen für eine interne Demokratisierung der wissenschaftlichen Gemeinschaft im Zusammenhang mit einer neuen Auffassung von Objektivität als wesentlich sozial und prozedural. Werte nehmen ihr zufolge über verschiedene Mechanismen Einfluss auf die Inhalte wissenschaftlichen Wissens. So wirkten sich beispielsweise Hintergrundannahmen, die möglicherweise wertbeladen seien, auf die Interpretation empirischer Evidenz aus; zudem seien auch die Kriterien der Theoriewahl oftmals selbst wertbeladen. Objektivität erfordere deshalb nicht Wertfreiheit, sondern eine Vielzahl von (wertbeladenen) Perspektiven, die es erlaube, sonst selbstverständlich erscheinende Hintergrundannahmen sichtbar und damit kritisierbar zu machen. Entscheidend für Objektivität sind demnach nicht etwa nur wissenschaftliche Methoden, sondern auch Aspekte, die sich auf die Form der sozialen Interaktion von Wissenschaftlern beziehen und einen möglichst effektiven Prozess der Kritik ermöglichen sollen.

In Teil II illustriere ich die betreffenden wissenschaftstheoretischen Argumente durch das empirische Beispiel der Frauengesundheitsforschung. Diese hat sich aus der feministischen Frauengesundheitsbewegung der 1960er/70er entwickelt und seit den 1990ern zunehmend akademisch etabliert. Während die traditionelle Medizin sich häufig an androzentristischen Standards orientierte (so wurde etwa Forschung zu koronaren Herzkrankheiten lange Zeit ausschließlich an Männern durchgeführt, was zu problematischen Übergeneralisierungen führte) oder aber auf unhinterfragten und wertbeladenen Hintergrundannahmen beruhte (wie etwa, dass die Menopause als Hormonmangelkrankheit zu betrachten sei), zielt die Frauengesundheitsforschung auf eine geschlechtersensible Erfassung von gesundheitlichen Problemen und eine Ausräumung androzentristischer und sexistischer Hintergrundannahmen. Wie beispielsweise anhand der zugrunde liegenden Gesundheits- und Krankheitsbegriffe oder auch spezifischer Kriterien für gute Forschung verdeutlicht wird, ist diese Entwicklung jedoch nicht als Annäherung an Wertfreiheit zu verstehen, sondern beruht vielmehr ebenfalls auf wertbeladenen Hintergrundannahmen und Zielen feministischer Art. Damit ist die Frauengesundheitsforschung ein gutes Beispiel für Longinos Position: Durch den Einbezug einer feministischen Perspektive wurden bestimmte Werteinflüsse in der medizinischen Forschung sichtbar und daher diskutierbar. Erst ein solcher Pluralismus ermöglicht soziale Objektivität, auch wenn sich dieser nicht im Sinne einer Ausräumung sämtlicher Werteinflüsse verstehen lässt.

In Teil III werden die wissenschaftstheoretischen Argumente mit Bezug auf einzelne Beispiele aus der Frauengesundheitsforschung eingehend diskutiert. Dazu wird zunächst zwischen holistischer und kontrastiver Unterdeterminierung unterschieden und entsprechend erst der Frage einer Abhängigkeit der Hypothesenprüfung von weiteren Hypothesen und Hintergrundannahmen nachgegangen. In Bezug auf eine etwaige Unterdeterminierung der kontrastiven Theoriewahl hinterfrage ich die Unterscheidbarkeit kognitiver und nicht-kognitiver Werte und schließe mich diesbezüglich Longinos Ablehnung einer kontextunabhängigen Unterscheidung an. Wie ich darstellen werde, führt Longinos Position allerdings zu einem problematischen epistemologischen Pluralismus. Dieser Gefahr kann jedoch durch den Einschluss der normativen Forderung nach einem wertübergreifenden Konsens begegnet werden, wobei das erforderliche Konsensstreben durch die Bedingungen sozialer Objektivität sichergestellt wird.

Darüber hinaus diskutiere ich das Problem induktiver Risiken, d. h. die Frage, ob in Fällen mit vorhersehbarer Anwendung von Ergebnissen und damit sozialen Konsequenzen eines möglichen Fehlers ethische Bewertungen dieser Konsequenzen in die Beurteilung einer Hypothese einbezogen werden sollten. Ein solcher Einbezug bestünde dabei nicht in direkten Schlussfolgerungen von wünschenswerten Konsequenzen auf die Gültigkeit von Ergebnissen, sondern würde deren Evaluation vielmehr indirekt beeinflussen, etwa durch Entscheidungen darüber, wie viel Evidenz für die Akzeptanz einer Hypothese gefordert wird. Ergebnis dieser Diskussion ist, dass induktive Risiken nicht nur ein ethisches, sondern auch ein epistemologisches Argument gegen das Wertfreiheitsideal liefern. Einerseits scheint die Beachtung von Konsequenzen oftmals ethisch wünschenswert. Andererseits ist die Forderung nach einem wertfreien, neutralen Verhältnis der

Wahrscheinlichkeit falsch positiver und falsch negativer Ergebnisse weder bei allen relevanten Entscheidungen einlösbar noch im Falle ihrer Einlösbarkeit zwingend epistemologisch sinnvoll.

Die Rechtfertigung ist folglich nicht in allen Fällen dem Anwendungskontext gegenüber autonom. Zusätzlich ist die Rechtfertigung auch vom Entdeckungskontext nicht epistemisch unabhängig. Wie ich argumentieren werde, können wertbeladene Signifikanzzuschreibungen und blinde Flecken im Prozess der Entwicklung von Theorien dazu führen, dass die Rechtfertigung sich auf einen einseitig beschränkten Korpus von Daten und rivalisierenden Theorien bezieht. Werte in der Entdeckung werden so in die Beurteilung von Geltungsansprüchen transportiert, wobei auch dieser Einfluss nicht einem direkten Schluss vom Sollen auf das Sein gleichkommt, sondern sich indirekt über die Frage von Alternativen auswirkt.

Letztlich komme ich zu dem Ergebnis, dass weder die Bedingung einer Trennbarkeit kognitiver und nicht-kognitiver Werte (kontextunabhängig) einlösbar noch die Voraussetzung einer Unabhängigkeit der Rechtfertigung von anderen Zusammenhängen haltbar ist. Ein Ideal, das z. B. Werteinflüsse auf die Ausrichtung zulässt, kann nicht die Wertfreiheit der Rechtfertigung fordern, da diese durch Selektionen im Prozess der Theorieentwicklung indirekt beeinflusst wird. In seiner heutigen Form ist das Wertfreiheitsideal demnach nicht etwa nur schwierig zu verwirklichen, sondern in letzter Konsequenz inkohärent. Um Kohärenz zu erlangen, müsste es wieder die Forderung nach einer Reinheit der Wissenschaft einbeziehen. Eine solche Reinheit ist jedoch sehr schwer und, wenn überhaupt, nur für sehr eingeschränkte Bereiche von Forschung zu etablieren. Zusätzlich müsste das Ideal eine Ablehnung jedweder Verantwortung von Wissenschaft für mögliche Konsequenzen ihrer Anwendung beinhalten. Dies ist wiederum in ethischer Hinsicht äußerst problematisch und würde zudem die Möglichkeit von Werteinflüssen auf relevante Entscheidungen nicht zwingend ausräumen, sondern vielmehr auf eine Priorisierung der Wertschätzung wissenschaftlicher Neutralität gegenüber ihren etwaigen sozialen Konsequenzen hinauslaufen, selbst wenn der epistemologische Nutzen dieser Neutralität fragwürdig ist.

Entsprechend ziehe ich die Schlussfolgerung, dass das gegenwärtige Wertfreiheitsideal als normatives Leitbild der Wissenschaft und Indikator epistemischer Qualität nur sehr begrenzt geeignet ist. Dies muss jedoch nicht zu einer Aufgabe des Objektivitätsanspruchs führen; vielmehr sollte Objektivität als prozedurales Kriterium verstanden werden, dass von sozialen Bedingungen wie dem Einbezug diverser Perspektiven und der Möglichkeit effektiver Kritik auf der Ebene der wissenschaftlichen Gemeinschaft abhängig ist. Ein solches Ideal von Wertvielfalt in Verbindung mit einer egalitären Struktur wissenschaftlicher Diskussionen bietet, sofern es die Forderung nach einem wertübergreifenden Konsens einschließt, die beste Grundlage für epistemische Vertrauenswürdigkeit. Gleichzeitig ist dieses Ideal nicht auf den Rechtfertigungskontext beschränkt oder von Voraussetzungen zu dessen epistemischer Autonomie abhängig, sondern lässt sich auf weitere Bereiche von Forschung, z. B. vielfältige Entscheidungspunkte bei der Theorieverfolgung, anwenden. Darüber hinaus eröffnet es der Wissenschaftstheorie eine fruchtbarere Perspektive auf Fragen nach dem Verhältnis von Wissenschaft und Gesellschaft, da hier im Gegensatz zum Wertfreiheitsideal Einflüsse sozialer Werte nicht länger als entweder illegitim oder irrelevant betrachtet werden müssen.

I Wertfreiheit und Soziale Erkenntnistheorie

1 Funktion und Geschichte des Wertfreiheitsideals

1.1 Wertfreiheit und Objektivität

Eine einfache Vorstellung von Wissenschaft lautet wie folgt: Wissenschaft liefert uns, im Gegensatz etwa zu Religion oder Politik, allgemeingültige Erkenntnisse. Ermöglicht wird dies durch ihre objektive Vorgehensweise, die darin besteht, Theorien aufzustellen und deren Gültigkeit empirisch zu überprüfen. Das Ergebnis dieser Prüfung, sprich die Akzeptanz oder Zurückweisung von Theorien, ist unabhängig von Ansichten darüber, wie die Welt beschaffen sein sollte. Ein Einfluss solcher Ansichten stellt eine mögliche Fehlerquelle dar, die methodisch kontrolliert werden kann und muss.

Eine solche Auffassung dessen, was Wissenschaft ist oder leisten kann, wird in den letzten Jahrzehnten zunehmend in Frage gestellt, sei es in der öffentlichen Wahrnehmung und Diskussion von Wissenschaft oder in der professionellen Wissenschaftstheorie. Die Entwicklung der letzteren hat gezeigt, wie schwierig eine kohärente Ausformulierung des obigen Bildes und wie fraglich einerseits seine empirische Angemessenheit, andererseits seine normative Fruchtbarkeit ist. Dennoch bestimmen Elemente dieses Bildes weiterhin unsere Vorstellung von Wissenschaft. Dies gilt insbesondere für die Annahme, dass die Wertfreiheit der Wissenschaft eine Voraussetzung für ihre Objektivität darstellt. Objektivität wiederum bildet den Kern des wissenschaftlichen Anspruchs auf epistemische Integrität und Autorität. Die Wertfreiheit der Wissenschaft lässt sich entsprechend als einer der Grundpfeiler dessen auffassen, was der Wissenschaft überhaupt erst Wert verleiht, und ist damit entscheidend für ihren gesellschaftlichen Status sowie für ihr Selbstverständnis. Auch wenn häufig zugestanden wird, dass Forschung nicht immer wertfrei ist, wird doch an der Idee, dass sie es sein sollte, oftmals festgehalten. Wertfreiheit nicht als empirische These, sondern als normatives Ideal im Sinne einer regulativen Idee, auf welche die Wissenschaft zustrebt und zuzustreben hat, wurde trotz aller Kritik keineswegs kampflos aufgegeben.

> Und obwohl es unmöglich ist, die Arbeit an der Wissenschaft von außerwissenschaftlichen Anwendungen und Wertungen frei zu halten, so ist es eine der Aufgaben der wissenschaftlichen Kritik und der wissenschaftlichen Diskussion, die Vermengung der Wertsphären zu bekämpfen, und insbesondere außerwissenschaftliche Wertungen aus den *Wahrheitsfragen* herauszuhalten. [...] Die Reinheit der reinen Wissenschaft ist ein Ideal, das vermutlich unerreichbar ist, für das aber die Kritik dauernd kämpft und dauernd kämpfen muss. (Popper 1962, S. 114)
>
> [A]lthough complete freedom from value judgments cannot be achieved, it ought to be a *goal* or ideal of science. (Shrader-Frechette 1991, S. 44)
>
> There should be no compromise when it comes to the proposal that ideological factors be invited into the Context of Justification [...]. We should make every attempt to keep politics and religion out of the laboratory. We may not always be successful, but that simply means that we should try harder, not that we should give up the attempt. (Koertge 2000, S. 53)

Diese Reihe exemplarischer Zitate ließe sich problemlos fortsetzen. Auch als normatives Ideal verstanden, wird die Wertfreiheit der Wissenschaft jedoch kritisiert und durch alternative Ansätze, wie etwa Philip Kitchers *Well-Ordered-Science* oder Helen Longinos *Social Value Management*, zu ersetzen versucht. Die Angemessenheit und Fruchtbarkeit dieser Alternativen sowie des traditionellen Wertfreiheitsideals zu beurteilen, setzt dabei zunächst die Klärung verschiedener Zusammenhänge voraus. Was genau beinhaltet die Forderung nach Wertfreiheit? Inwieweit wird diese Forderung von der Wissenschaft (oder einzelnen Wissenschaften) tatsächlich erfüllt? Ist es überhaupt möglich, dieses Ideal zu verwirklichen? Was sind im Einzelnen die Argumente gegen die Möglichkeit einer hinreichenden Annäherung, und wie schlagkräftig sind diese? Was bedeutet die Kritik an der Wertfreiheit für die Objektivität der Wissenschaft?

In diesem Kapitel soll zunächst ein kurzer Blick auf die Beziehung zwischen Wertfreiheit und Objektivität geworfen und erläutert werden, wie sich prinzipiell ein Objektivitätsverständnis formulieren ließe, das Wertfreiheit zumindest nicht zwingend voraussetzt. Anschließend wird die historische Formierung des Wertfreiheitsideals skizziert, um bestimmen zu können, welche Elemente des Ideals in der gegenwärtigen Diskussion um Wissenschaft und Werte verhandelt werden.

Zwischen den Vorstellungen von Wertfreiheit und Objektivität der Wissenschaft besteht, wie bereits angesprochen, ein enger Zusammenhang.

Prima facie ist in vielen Diskussionen um Werte in der Wissenschaft die Annahme identifizierbar, dass Wertfreiheit eine notwendige, jedoch nicht hinreichende Bedingung für Objektivität darstellt. Wertbeladene Wissenschaft kann nicht objektiv sein; Wertfreiheit allein garantiert jedoch noch nicht Objektivität, da diese auch durch andere Fehlerquellen bedroht sein kann, z. B. durch ungenaues Arbeiten oder die Verwendung ungeeigneter Methoden. Diese Fehlerquellen unterscheiden sich von Werteinflüssen dadurch, dass sie zwar zu inkorrekten Ergebnissen führen, nicht aber zu systematisch verzerrten Ergebnissen, die mit bestimmten Präferenzen der Wissenschaftlerinnen übereinstimmen.

Diese Annahme von Wertfreiheit als Voraussetzung für Objektivität findet sich z. B. in den *Science Wars* und den Auseinandersetzungen zwischen Wissenschaftsphilosophie und der Soziologie wissenschaftlichen Wissens häufig auf beiden Seiten wieder: Objektivität und epistemische Autorität der Wissenschaft stehen und fallen mit ihrer Wertfreiheit. In der feministischen und sozialen Erkenntnistheorie hingegen wird diese Annahme im Hinblick darauf diskutiert, ob sich adäquate Konzeptionen von Objektivität entwickeln lassen, die mit (bestimmten Formen von) Werteinflüssen vereinbar sind (beispielsweise Sandra Hardings *strong objectivity* im Rahmen der Standpunkttheorie oder Helen Longinos *social objectivity* im Rahmen des kontextuellen Empirismus; vgl. z. B. Harding 1991, 1992; Longino 1990). Diese Ansätze setzen somit die Möglichkeit voraus, den Begriff der Objektivität von der Forderung nach Wertfreiheit zu entkoppeln. Das vorliegende Unterkapitel soll diese Möglichkeit der Entkoppelung plausibilisieren.

Auf einer allgemeinen Ebene drückt der Begriff der Objektivität den gängigen Intuitionen zufolge aus, dass wissenschaftliches Wissen nur das enthält, was wirklich (wahr) und unabhängig von Vorstellungen darüber ist, was wünschenswert wäre; gesichert wird dieser Status durch kontrolliertes, methodisches Vorgehen bei der Produktion wissenschaftlichen Wissens. Insofern Objektivität dabei im Gegensatz zu Subjektivität definiert wird und Werte als etwas Subjektives aufgefasst werden, liegt die Forderung nach Wertfreiheit nahe.[1] Die Idee der (objektiven) Methode, die

---

[1] Hier soll nur eine verbreitete Auffassung charakterisiert, nicht aber eine bestimmte Position zur Begründung und Begründbarkeit von Werten bezogen werden. Während

zu objektiven Ergebnissen führt, begründet traditionell den Anspruch der Wissenschaft auf epistemische Autorität und unterscheidet sie von anderen Modi der Wissens- oder Glaubensproduktion, wie z. B. Religion, politischen Ideologien oder auch Alltagswissen. Der Begriff der Objektivität kann dabei verschiedenen Dingen zugeschrieben werden: den Produzenten wissenschaftlichen Wissens (seien es Individuen oder Gemeinschaften), dem Prozess seiner Produktion (durch wissenschaftliche Methoden), oder dem Produkt dieses Prozesses (den unparteiischen, allgemeingültigen Resultaten). Die Verwendung des Adjektivs objektiv gibt allein noch keine Auskunft darüber, auf welche dieser drei Ebenen Bezug genommen, was genau dieser zugeschrieben und welcher Zusammenhang der Ebenen angenommen wird. Objektivität ist ein umfassender Begriff, der eine Vielzahl von Aspekten beinhaltet oder bedeuten kann, zwischen denen häufig nicht ausdrücklich unterschieden wird. Wie Heather Douglas schreibt: "The terms 'objectivity' and 'objective' are among the most used yet ill-defined terms in the philosophy of science and epistemology" (Douglas 2004, S. 453). In den letzten Jahren hat die Vielschichtigkeit dieses Begriffs jedoch verstärkt Aufmerksamkeit gefunden und wurde Gegenstand notwendiger Klärungsversuche, sowohl in Hinsicht auf seine historische Entwicklung als auch im Sinne einer systematischen Differenzierung verschiedener Verwendungsweisen.

Bezüglich der historischen Aufarbeitung des Konzepts der Objektivität ist insbesondere Lorraine Daston zu nennen, die diesen Begriff als das Ergebnis einer komplexen und kontingenten Entwicklung begreift. Das heute noch dominante Verständnis von Objektivität als *Aperspektivismus*[2] setzte sich ihr zufolge als Ideal in den Naturwissenschaften erst im 19. Jahrhundert durch, und zwar vor allem als Reaktion auf veränderte organisatorische Bedingungen der wissenschaftlichen Arbeit. Während zuvor die individuellen Fähigkeiten eines Wissenschaftlers im Mittelpunkt gestanden

---

einige Autoren argumentieren, dass die Legitimität von Werteinflüssen in der Wissenschaft die Objektivität von Werten voraussetzt (siehe z. B. Rudner 1953, Smith 2004), verfährt die vorliegende Arbeit unabhängig von bestimmten Sichtweisen des ontologischen oder epistemologischen Charakters von Werten.

[2] Siehe dazu auch Fine (1998), der als prominente Vertreter des aperspektivistischen Objektivitätsverständnisses etwa Thomas Nagels *view from nowhere* (Nagel 1986) oder Bernard Williams *absolute conception* (Williams 1985) nennt.

hätten und Kommunikation hochselektiv gewesen sei, d. h. vor allem in Gesprächen oder schriftlicher Korrespondenz unter persönlichen Bekannten bestanden habe, sei es etwa ab Mitte des 19. Jahrhunderts (auch aufgrund technischer Neuerungen und Verbesserungen der kommunikativen Möglichkeiten) zu einer Expansion der wissenschaftlichen Kommunikation gekommen. Die wissenschaftliche Gemeinschaft habe sich nicht mehr auf persönlich miteinander bekannte Individuen beschränkt, sondern begonnen, räumliche wie zeitliche Grenzen zu überschreiten. In diesem Prozess der Depersonalisierung der Kommunikation sei ein Verständnis von Objektivität entstanden, das sich vor allem durch die Abstraktion von individuellen Besonderheiten definiert habe. Nicht mehr der begabte, kenntnisreiche Einzelne, sondern der austauschbare Beobachter sei nun zum Idealbild der Wissenschaft geworden. Forschung habe unabhängig von bestimmten Forschenden wiederholbar und, vor allem, kommunizierbar sein müssen:

> Only in the middle decades of the nineteenth century was aperspectival objectivity imported and naturalized into the ethos of natural sciences, as a result of a reorganization of scientific life that multiplied professional contacts at every level, from the international commission to the well-staffed laboratory. Aperspectival objectivity became a scientific value when science came to consist in large part of communications that crossed boundaries of nationality, training, and skill. Indeed, the essence of aperspectival objectivity is communicability, narrowing the range of genuine knowledge to coincide with that of public knowledge. (Daston 1992, S. 600)[3]

Diese Auffassung von Objektivität als Aperspektivismus ist wiederum selbst durch Komplexität gekennzeichnet. Elisabeth Lloyd identifiziert

---

[3] In diesem Aperspektivismus identifiziert Daston auch eine moralische Komponente in der impliziten Forderung, sich selbst und das eigene Streben nach Anerkennung hinter den Dienst an der Sache oder der Gemeinschaft zurückzustellen (vgl. ebd., S. 613 f.). Zur Geschichte des Objektivitätsbegriffs siehe beispielsweise Dear (1992); Daston/Galison (2007) in Bezug auf die Objektivität visueller Darstellungen; Porter (1992) und (1995). Anders als Daston führt Elisabeth Lloyd das aperspektivistische Verständnis von Objektivität auf die Unterscheidung zwischen primären und sekundären Qualitäten und diese letztlich auf eine religiös motivierte Ontologie zurück (vgl. Lloyd 1995). Unterschiedliche historische Herleitungen scheinen hier jedoch unproblematisch, sofern man nicht von monokausalen Prozessen ausgeht und diese sich nicht direkt widersprechen.

diesbezüglich vier basale Bedeutungen. Objektiv lasse sich verstehen (1) im Sinne von unpersönlich und unparteiisch, (2) im Sinne prinzipiell öffentlicher Zugänglichkeit oder intersubjektiver Beobachtbarkeit,[4] (3) im Sinne einer (von uns) unabhängigen Existenz der betreffenden Entitäten und (4) als Bezeichnung dessen, wie diese Entitäten wirklich sind. Diese Aspekte beziehen sich dabei auf verschiedene Ebenen, und zwar auf den oder die Wissenden (1); auf deren Beziehung zum Gegenstand des Wissens (2), (3); oder auf diesen Gegenstand selbst (4) (vgl. Lloyd 1995, S. 353 f.).

Arthur Fine hebt ebenfalls die zentrale Bedeutung der Unterscheidung dieser verschiedenen Aspekte hervor. Er argumentiert, dass das aperspektivistische Verständnis von Objektivität auf zwei unzulässigen Gleichsetzungen beruht oder zumindest oft mit diesen einhergeht. Erstens werde *unpersönlich* ("impersonal") oftmals mit *unverzerrt* ("unbiased") identifiziert, wofür es weder eine empirische noch eine logische Grundlage gebe, da auch eine unpersönliche Herangehensweise zu parteiischen und verzerrten Ergebnissen führen könne und oftmals führe (vgl. Fine 1998, S. 121). Die Objektivität der Produzenten, sprich der Wissenschaftler, im Sinne von Leidenschaftslosigkeit oder Neutralität, lasse noch keine Schlussfolgerungen auf die Art des produzierten Wissens zu. Zweitens werde oftmals nicht hinreichend zwischen der Objektivität des Produktionsprozesses wissenschaftlichen Wissens und der Objektivität des Produkts unterschieden, oder aber davon ausgegangen, dass erstere letztere impliziert – ein Schluss, der zumindest nicht ohne weitere Argumentation haltbar sei. Selbst methodisch angemessenes, prozedural objektives Vorgehen könne zur Produktion von Fehlern führen. Auch wenn nicht von einem objektiven Vorgehen auf objektive *Geltung* geschlossen werden könne, versteht Fine ersteres jedoch als die beste Möglichkeit, sich korrekten Ergebnissen anzunähern. Das bedeutet für ihn nicht, dass prozedurale Objektivität eine hohe Wahrheitswahrscheinlichkeit mit sich bringt,

---

[4] Die Idee der intersubjektiven Zugänglichkeit objektiven Wissens spielt beispielsweise bei Popper eine prominente Rolle: „Die *Objektivität* der wissenschaftlichen Sätze liegt darin, dass sie *intersubjektiv nachprüfbar* sein müssen" (Popper 1934, S. 18). Popper versteht Objektivität dabei explizit als Merkmal des Prozesses der Produktion wissenschaftlichen Wissens, das die gegenseitige Kritik der Wissenschaftler voraussetzt – eine Auffassung, die später in der Sozialen Erkenntnistheorie insbesondere durch Longino ausgebaut wird.

sondern dass dasjenige Vorgehen, welches die wissenschaftliche Gemeinschaft als bestmögliches betrachtet, die Grundlage für unser Vertrauen in die erzielten Ergebnisse bildet: "Here, objectivity is fundamentally trustmaking, not real-making" (ebd., S. 127).[5]

Ein Vorteil von Fines Objektivitätsauffassung als Merkmal auf der Prozessebene, das der bestmögliche Indikator für epistemische Vertrauenswürdigkeit (statt für Wahrheitswahrscheinlichkeit) auf der Produktebene ist, ist zum einen, dass diese sich nicht auf die Naturwissenschaften beschränken muss. Darüber hinaus wird der Objektivitätsbegriff hier nicht in einem absoluten Sinn durch hinreichende und notwendige Bedingungen definiert, sondern lässt Raum für eine lokale, zeitliche und disziplingebundene Variabilität normativer Standards für objektive Prozeduren. Fine selbst betrachtet, von einem pragmatistischen Standpunkt aus, diese Standards als Ergebnis eines Lernprozesses (vgl. ebd., S. 127). Damit eröffnet er argumentative Spielräume für Neukonzeptionen des Objektivitätsbegriffs in der feministischen und sozialen Erkenntnistheorie, welche Objektivität mit bestimmten Formen der Wertbeladenheit zu vereinbaren und um Aspekte der sozialen Organisation von Forschung zu erweitern versuchen.

Im Folgenden werde ich mich diesem Agnostizismus in Bezug auf die Wahrheit der Resultate objektiver Methoden anschließen und mich entsprechend vorwiegend auf die prozedurale Ebene von Objektivität konzentrieren.[6] Im Sinne Fines ist dies gleichbedeutend mit der Frage danach,

---

[5] Ein Verständnis von Objektivität als allgemeingültigen, wahren Ergebnissen auf der Grundlage unparteiischer wissenschaftlicher Methoden wird dabei durchaus nicht nur in der feministischen Erkenntnistheorie kritisiert. Elisabeth Lloyd konstatiert in dieser Hinsicht jedoch einen doppelten Bewertungsmaßstab in dem Sinne, dass feministische Ansätze häufig dafür kritisiert würden, einem solchen Objektivitätsverständnis nicht zu genügen, obwohl dieses auch von nicht-feministischen Philosophen als problematisch erachtet werde (vgl. Lloyd 1995).

[6] Vgl. dazu auch Megill (1994), der zwischen absoluter, disziplinärer, dialektischer und prozeduraler Objektivität unterscheidet und letztere ebenfalls so versteht, dass sie von dem Ziel objektiver Wahrheiten als Ergebnis abstrahiert. Douglas (2004, 2009) differenziert wiederum zwischen acht verschiedenen Auffassungen prozeduraler Objektivität, die sie in die Kategorien *Interaktionen mit der Umwelt*, *individuelle Gedankenprozesse* und *soziale Prozesse* einordnet und von denen nur eine äquivalent zu der Forderung nach Wertfreiheit ist. Eine Festlegung auf eine spezifische Variante proze-

welche Merkmale wissenschaftlicher Prozessen als Kriterien epistemischer Vertrauenswürdigkeit gelten können. Hierbei interessiert mich insbesondere der Zusammenhang zwischen Wertfreiheit und Objektivität, weshalb nun die relevante Idee der Wertfreiheit spezifiziert werden soll.

1.2 Entwicklung und Elemente des Wertfreiheitsideals

Das Ideal der Wertfreiheit hat eine lange Geschichte und umfasst verschiedene Elemente, von denen sich einige zwar in der zeitgenössischen Diskussion noch wiederfinden, andere jedoch kaum mehr explizit vertreten werden. Proctor (1999) unterscheidet in einer umfassenden historischen Untersuchung zur Formierung des Wertfreiheitsideals vier verschiedene Aspekte, welche ihm zufolge die Entwicklung des Wertfreiheitsideals entscheidend informiert haben: die Ideen der *Reinheit* der Wissenschaft (1), der *methodischen Kontrolle* (2), der *Trennung von Werten und empirischen Tatsachen* (3) und schließlich der *Neutralität* (4). Dabei betrachtet er diese Entwicklung unter Berücksichtigung einer Reihe von Auseinandersetzungen und Konflikten über das Verhältnis von Wissenschaft und Staat. In der Geschichte des Wertfreiheitsideals geht es entsprechend nicht nur um wissenschaftsinterne Debatten über geeignete normative Standards für die Akzeptanz von Theorien, sondern auch um den Status der Wissenschaft in der Gesellschaft, insbesondere immer wieder um Fragen ihrer Autonomie.

Die Idee der *Reinheit* der Wissenschaft (1) verfolgt Proctor zurück bis zu Platon und der antiken Bevorzugung von *Theorie* gegenüber *Praxis*, d. h. der Vorstellung, das Interesse der Wissenschaft (bzw. Philosophie) liege nicht in praktischen Belangen, sondern in dem Studium der essentiellen und ewigen Natur der Dinge (vgl. Proctor 1999, Kap. 1). Diese Vorstellung steht nach Proctor in enger Verbindung mit Fragen des sozialen Status. Reine Wissenschaft sei nur für diejenigen Personen oder Gesellschaften möglich, die nicht mehr für die Erfüllung grundlegender praktischer Bedürfnisse kämpfen müssten und sei insofern als ein Ausdruck

---

duraler Objektivität scheint an dieser Stelle jedoch nicht sinnvoll; wesentlich ist hier zunächst nur die Bestimmung der relevanten Ebene.

sozialer Überlegenheit zu verstehen: "Science in the Platonic vision is the product of reflective leisure; science is the privilege of a society that has satisfied its physical needs and is free to entertain the luxury of contemplative inquiry" (ebd., S. 7).[7]

Ein Idealbild von Wissenschaft als reiner Kontemplation des Notwendigen, ohne jeden Bezug zur sozialen Wirklichkeit, dürfte heute kaum noch jemand vertreten. Insbesondere ist offensichtlich, dass Wissenschaft eine sehr entscheidende Rolle in der Gestaltung der gesellschaftlichen Realität einnimmt und nicht erst dann beginnt, wenn alle praktischen Probleme bereits gelöst sind. Andererseits besteht durchaus eine (weniger extreme) Idealvorstellung von Wissenschaft weiter, derzufolge diese allein oder zumindest vorrangig durch das Ziel reiner Wissensgewinnung geleitet wird. Diese Sichtweise spiegelt sich noch heute in der problematischen, jedoch verbreiteten Unterscheidung von Grundlagenforschung und angewandter Forschung (*pure* versus *applied science*) wider und geht auch hier häufig mit einer Hierarchisierung in Bezug auf die jeweilige Wertschätzung einher.

In Verbindung zur Wertfreiheit geht es bei der Idee der Reinheit darum, dass die thematische Ausrichtung der Wissenschaft sich ausschließlich an der Wissensvermehrung orientieren und von anderen Interessen, z. B. finanzieller oder politischer Natur, unabhängig sein soll. Diese Forderung ist offensichtlich überzogen und wurde schon von Weber dahingehend zurückgewiesen, dass die Selektion von Themen oder Teilaspekten

---

[7] Diese Darstellung ist allerdings etwas simplifizierend. Zunächst einmal lässt sich der antike Diskurs über Theorie und Praxis nicht eindeutig in ein heutiges Verständnis des Unterschieds zwischen grundlegender Theorie und deren praktischer Anwendung übersetzen. Bei Platon und Aristoteles ist diese Unterscheidung zuvorderst auf das Verhältnis von Philosophie und Politik ausgerichtet und steht im Zusammenhang mit Vorstellungen über unterschiedliche Formen der Lebensführung (die allerdings durchaus hierarchisierend gewertet werden) und der ethischen Frage nach dem guten Leben. Insofern als sich etwa bei Aristoteles eine Unterscheidung zwischen reiner Theorie/ Wissen und Praxis findet, bezieht sich erstere dabei auf die Erkenntnis notwendiger erster Prinzipien, aus denen weiteres Wissen deduziert werden kann. Offensichtlich entspricht dies nicht unserer heutigen Auffassung von theoretischer Wissenschaft (vgl. dazu z. B. Parry 2007). Dennoch spielt die Unterscheidung zwischen Theorie und Praxis in ihrer historisch modifizierten Form eine wichtige Rolle für die Vorstellung einer wertfreien, reinen Wissenschaft.

auch von Werten der Wissenschaftler beeinflusst wird und nicht rein sein kann (siehe unten). Zudem wurde in der sozialen Erkenntnistheorie vermehrt hinterfragt, ob eine solche Reinheit überhaupt wünschenswert ist. Wissenschaft ist heute ebenso selbst eine entscheidende gesellschaftliche Ressource, wie sie auch darauf angewiesen ist, dass die Gesellschaft ihr ausreichend Ressourcen bereitstellt. Philip Kitcher etwa argumentiert nachdrücklich dafür, die Agenda-Setzung der Wissenschaft deshalb stärker an demokratischen Prinzipien (und damit gesamtgesellschaftlichen Bedürfnissen) auszurichten, wie später noch erläutert werden soll. Wie dies bereits andeutet, steht die Forderung der Reinheit der Wissenschaft häufig im Zusammenhang mit Forderungen nach ihrer politischen Autonomie und Forschungsfreiheit. So verstanden, wären nicht zwingend alle Werteinflüsse auf die Agenda-Setzung auszuschließen, sondern nur wissenschaftsexterne.[8] Oftmals wird diese Autonomieforderung damit begründet, dass eine Selbstregulierung der Wissenschaft die effizienteste Organisationsform in Bezug auf die Wissensvermehrung sei.[9]

Forderungen nach einer Reinheit der Wissenschaft beziehen sich vorwiegend auf ihre Autonomie, nicht so sehr auf ihre Objektivität. Die Entstehung des Wertfreiheitsideals im Sinne einer notwendigen Bedingung für Objektivität wird meist auf die wissenschaftliche Revolution im 17. Jahrhundert datiert (vgl. z. B. Lacey 1999, Kap. 1). Insbesondere durch das Werk Francis Bacons ist die Idee der Reinheit durch die der *Methode* (2) ergänzt worden, welche zum entscheidenden Kriterium für die epistemische Autorität der Wissenschaft wurde: Objektivität sei nur auf der Basis einer kontrollierten Herangehensweise möglich. Werteinflüsse stellen dabei eine von verschiedenen Fehlerquellen dar, die es zu eliminieren gelte und die Bacon unter den Begriff der Idole subsumiert. Bacon beschreibt den menschlichen Geist als einen Spiegel, der die empirische Wirklichkeit

---

[8] Die Forderung nach politischer Unabhängigkeit beschränkt sich dabei nicht auf die Agenda-Setzung, sondern kann auch beispielsweise die Verwendung bestimmter Methoden oder die Publikation der Resultate betreffen.

[9] Zur Thematik der Forschungsfreiheit vgl. Wilholt (2010, 2012), der zwischen einer epistemologischen Begründung der Forschungsfreiheit (durch das Argument der Effizienz von Selbstregulierung) und einer politischen Begründung (über die Bedeutung wissenschaftlichen Wissens für die Bildung informierter Positionen der Bürger in einer Demokratie) unterscheidet und die Tragweite dieser Begründungen untersucht.

nur verzerrt abbilde, und zwar aufgrund von Ansichten, Wahrnehmungen und Vorurteilen, für die es zwar keine gesicherte Grundlage gebe, die aber dennoch auf die Wirklichkeit projiziert würden. Zu diesen verzerrenden Faktoren gehören die *Idola Tribus* (Fehler, die in der Natur und dem Wahrnehmungsapparat des Menschen begründet liegen), *Idola Specus* (idiosynkratische Verzerrungen), *Idola Fori* (geteilte Verzerrungen) und *Idola Theatri* (unhinterfragte philosophische Dogmen) (vgl. Bacon 1620, § 39 ff.). Da diese Idole zu Fehlern in der Wahrnehmung und Interpretation der empirischen Wirklichkeit führen könnten, müsse diese Wahrnehmung mittels Experimenten kontrolliert werden, um ihren Einfluss weitgehend auszuschalten.[10]

Darüber hinaus hat Bacon die antike Trennung von Theorie und Praxis als unfruchtbar und hinderlich für den wissenschaftlichen Fortschritt kritisiert. Diese Kritik steht in engem Zusammenhang mit Bacons Empirismus und der Betonung der Rolle des Experiments in der Wissenschaft. Das Ziel liegt nun nicht mehr in der reinen Kontemplation der ewigen Aspekte der Natur, sondern in deren Beherrschung. Allerdings lebt die Idee einer Reinheit der Wissenschaft Proctor zufolge noch weiter in Bacons Warnung davor, Forschung zu sehr auf kurzfristigen Nutzen auszurichten, statt nach Wissen um seiner selbst willen zu suchen. Nur letzteres führe im Endeffekt zu langfristigen epistemischen und praktischen Gewinnen: "Like happiness, utility is something found only when not sought" (Proctor 1999, S. 31). Hier findet sich eine Grundlage des epistemologischen Arguments für die Forschungsfreiheit und Autonomie der Wissenschaft wieder, dass nur die größtmögliche Freiheit es der Wissenschaft erlaube, genuine und damit unvorhersehbare Fortschritte in der Wissensgewinnung zu machen (vgl. z. B. Polanyi 1962).

Diese Verwehrung gegen externe Direktion bilde dabei die eine Seite des *Royalist compromise*, als welchen Proctor die Selbstbeschränkung der

---

[10] Proctor versteht die Baconschen Idole als Hindernisse für den wissenschaftlichen Fortschritt, die durch moralische Werte und Ansichten entstehen ("the progress of science being hampered by the taint of moral knowledge"; Proctor 1999, S. 31). Diese Interpretation ist jedoch zu eng, da es sich bei dem schädlichen Einfluss von Idolen auch um philosophische Lehren oder empirische Annahmen handeln kann, die noch nicht wissenschaftlich bestätigt wurden und die doch unseren Blick auf die Welt formen.

Royal Society auf wissenschaftliche Fragen beschreibt, die den Ausschluss von Fragen der Moral, Religion oder Politik aus dem Zuständigkeitsbereich der Wissenschaft bedeutet habe. Die Royal Society habe gewisse Grenzen für die wissenschaftliche Tätigkeit akzeptiert, um sich Freiheit innerhalb dieser Grenzen zu sichern (vgl. Proctor 1999, S. 33 ff.). Wertfreiheit wird hier zu einer Bedingung für die Institutionalisierung und Professionalisierung der Wissenschaft (ein Prozess, der sich bei der Etablierung der Sozialwissenschaften wiederholt, siehe unten).

Ein weiteres fundamentales Element des Wertfreiheitsideals (und gleichzeitig die logische Grundlage obigen Kompromisses) liegt in der *Trennung des Seins vom Sollen* (3) und dem Ausschluss des Sollens aus dem Bereich der Wissenschaft. Während in der Antike die natürliche Ordnung gleichzeitig noch eine ethische Ordnung darstellte und Werte ein integraler Bestandteil des teleologischen Erklärungsmodells waren, war die wissenschaftliche Revolution auch eine Revolution in Bezug auf das Verständnis von Werten (vgl. Proctor 1999, Kap. 3 und 4). Der Wert von etwas liegt nun nicht mehr in der Natur der Dinge; vielmehr wird die Frage, ob und wie sich Werte begründen lassen, zu einem kontrovers diskutierten Problem. Die Einheit von Sein und Sollen weicht der modernen Unterscheidung der Wertsphäre von der empirischen Sphäre im Sinne einer gegenseitigen kausalen und logischen Unabhängigkeit. Gegenstand der Wissenschaft ist das empirisch Gegebene, welches sich weder aus Wertvorstellungen heraus erklären lässt, noch zu bestimmen vermag, wie die Welt sein sollte. Die Separierung des Deskriptiven vom Normativen drückt damit zunächst eine ontologische These über die fundamentale Unterschiedlichkeit der betreffenden Gegenstandsbereiche und ihre jeweilige Eigenständigkeit aus. Dieser Position entspricht die logische These, die sich in David Humes berühmter erster Formulierung des naturalistischen Fehlschlusses ausdrückt:

> In every system of morality, which I have hitherto met with, I have always remark'd, that the author proceeds for some time in the ordinary way of reasoning [...] when of a sudden I am surpriz'd to find, that instead of the usual copulations of propositions, *is,* and *is not*, I meet with no proposition that is not connected with an *ought,* or an *ought not*. This change is imperceptible; but is, however, of the last consequence. For as this *ought*, or *ought not*, expresses some new relation or affirmation, 'tis necessary [...] that a reason should be

given, for what seems altogether inconceivable, how this new relation can be a deduction from others, which are entirely different from it. (Hume 1739, S. 469).

Normative Aussagen unterscheiden sich in logischer Hinsicht von deskriptiven, weshalb keine Folgerungsbeziehungen zwischen ihnen möglich sind. Weder folgen empirische Aussagen aus Vorstellungen darüber, was wünschenswert wäre, noch vermögen empirische Erkenntnisse normative Positionen zu begründen. Damit hängt auch die Vorstellung von *Neutralität* (4) als Teil des Wertfreiheitsideals zusammen: das Sein begründet kein Sollen. Deshalb sollten Wissenschaftler Abstand davon nehmen, normative Positionen als wissenschaftlich gesichert zu proklamieren – hierbei kann es sich nur um einen logischen Fehlschluss handeln.[11] Darüber hinaus ist der Aspekt der Neutralität jedoch mit dem Problem der Verantwortung für die gesellschaftlichen Konsequenzen von Wissenschaft verbunden und der Frage, ob sich diese durch den Hinweis auf die Wertfreiheit der Forschung zurückweisen und dem Bereich der Politik zuschreiben lässt – in dem Sinne, dass Wissenschaft Wissen generiert, über dessen Verwendung andere entscheiden und gegebenenfalls auch zur Rechenschaft zu ziehen sind. Diese stärkere Neutralitätsforderung zielt also nicht auf die Vermeidung von Fehlschlüssen, sondern auf eine vollständige (moralische) Autonomie der Wissenschaftler in Bezug auf etwaige Folgen ihrer Forschung.

Dieser Aspekt des Wertfreiheitsideals ist zumindest fragwürdig und wird oft vehement kritisiert. Auch wenn sich normative Urteile nicht logisch aus empirischen ableiten lassen, sind doch häufig Debatten, die Wertfragen berühren, mit deskriptiven Prämissen verknüpft; man denke etwa an die Kontroversen um den Kreationismus oder an Studien zu Intelligenzunterschieden zwischen den Geschlechtern. Empirische Untersuchungen, die beispielsweise Frauen geringere mathematische Fähigkeiten zuschreiben, haben in unserem gegebenen gesellschaftlichen Kontext sehr wohl Auswirkungen auf Wertkonflikte, etwa um Fragen der Gleichberechtigung, und damit unter Umständen erhebliche soziale Konsequenzen. Wie gesagt, handelt es sich dabei nicht um logische Folgerungsbeziehungen.

---

[11] Diese schwache Form von Neutralität lässt sich im Grunde auf die logische Trennung von Sein und Sollen (3) reduzieren, nur ist die Beziehung hier umgekehrt: während Objektivität davon abhängt, dass nicht vom Sollen auf das Sein geschlossen wird, ist Neutralität dadurch bedingt, dass nicht vom Sein auf das Sollen geschlossen wird.

Selbst wenn sich Frauen eine geringere mathematische Intelligenz zweifelsfrei nachweisen ließe, folgt daraus nicht, dass ihnen deshalb eine geringere Wertschätzung zukommen und diese sich auch in ihrem sozialen Status niederschlagen sollte. Welche gesellschaftlichen Konsequenzen diese empirischen Ergebnisse haben, ist abhängig davon, welche Strukturen und Werthaltungen in einem sozialen Kontext bereits gegeben sind, und wäre anders in einer Gesellschaft, die mathematischen Fähigkeiten keinen oder nur geringen Wert beimisst. Da Wissenschaft jedoch nicht in einem rein logischen Raum, sondern immer in einem spezifischen gesellschaftlichen Kontext operiert, sind ihre Ergebnisse (oder auch bereits die Themenwahl) praktisch keineswegs neutral in Hinsicht auf normative Fragen.[12]

Neben den Auswirkungen auf Werthaltungen und entsprechende Konflikte ist zudem die entscheidende Rolle zu betonen, welche die Wissenschaft für die Gestaltung der sozialen Wirklichkeit durch ihre praktische Anwendung und technologische Umsetzung hat. Insbesondere seit dem 20. Jahrhundert wird Wissenschaft nicht mehr nur als glorreiche Errungenschaft der Menschheit gesehen, sondern sind verstärkt auch die mit ihr verbundenen Gefahren in den Blick geraten. Die Rolle der Chemie im Ersten Weltkrieg, die Entwicklung der Atombombe im zweiten Weltkrieg, die möglichen Implikationen genetischer Manipulation oder auch die problematische Distribution medizinischer Forschung haben Anlass zu einer Reihe von Kritiken an der Idee einer autonomen und neutralen Wissenschaft als sozial unverantwortlich gegeben (vgl. z. B. Proctor 1999, Kap. 17; Kitcher 2001, 2004; Longino 1990, 1996; Forge 2008; Douglas 2000, 2009).

Im Folgenden soll in Bezug auf die dargestellten vier Aspekte des Wertfreiheitsideals geklärt werden, inwieweit und in welcher Ausformulierung diese in der heutigen Debatte verhandelt werden und für die vorliegende Arbeit relevant sind. Um die gegenwärtige Form des Wertfreiheits-

---

[12] Noretta Koertge weist darauf hin, dass die normativen Konsequenzen wissenschaftlicher Forschung oftmals aufgrund der Komplexität relevanter politischer Kontexte kaum vorhersagbar sind (vgl. Koertge 2000, S. 54). Dieses Problem soll hier nicht bestritten werden. Die Frage ist jedoch, zu welcher Reaktion dies führen sollte – zu einer größeren Anstrengung seitens der Wissenschaft, diese Kontexte zu erfassen, oder zu einem Rückzug auf wissenschaftliche Neutralität und einer damit einhergehenden Übergabe der Verantwortung an die Politik.

ideals zu bestimmen, werde ich zunächst die Entwicklung dieser Aspekte an zwei diesbezüglichen Meilensteinen beleuchten: die Verteidigung der Wertfreiheit durch Max Weber und die Beschränkung von Wissenschaft auf Logik und Erfahrung im Neopositivismus.

1.3 Max Weber und der deutsche Werturteilsstreit

Der Werturteilsstreit unter den Mitgliedern des Deutschen Vereins für Socialpolitik, in dessen Kontext Max Weber die Wertfreiheit verteidigte, stellt die früheste explizite Kontroverse über dieses Ideal dar. Webers Überlegungen sind dabei im Lichte der im 19. Jahrhundert entstehenden Sozialwissenschaften zu sehen und stehen in Relation zu der Frage, wie sich die Sozialwissenschaften zu den Naturwissenschaften einerseits und zur Politik andererseits verhalten. Angesichts des immensen Erfolgs der Naturwissenschaften seit der wissenschaftlichen Revolution im 17. Jahrhundert – sowohl was die Lösung theoretischer Probleme als auch die technologische Umsetzung von Erkenntnissen betrifft – standen die Sozialwissenschaften unter einem gewissen Legitimierungsdruck: Konnte ihnen der gleiche Status von Wissenschaft zugesprochen werden? Waren ähnliche Erfolge wie in den Naturwissenschaften zu erwarten, und wie würde man diese erreichen? War Soziologie als soziale Physik zu verstehen, wie Auguste Comte es tat, oder gab es einen grundsätzlichen Unterschied zwischen Sozial- und Naturwissenschaften?

Einerseits wird in diesem Kontext der Etablierung der Sozialwissenschaften die Wertfreiheit zum Maßstab ihrer Wissenschaftlichkeit: "Social Scientists proclaimed their work neutral as part of an attempt to make that work scientific" (Proctor 1999, S. 66). Gleichzeitig erfüllt die Berufung auf Wertfreiheit die Funktion, die Autonomie der Sozialwissenschaften – trotz ihres thematischen Bezugs zur sozialen Wirklichkeit – vor politischer Einflussnahme zu sichern und sich von Forderungen des Staates oder dominanter gesellschaftlicher Strömungen wie dem Sozialismus, dem Nationalismus oder dem Feminismus unabhängig zu machen. (vgl. dazu ebd., S. 70 sowie S. 99-120).

Den Hintergrund des Werturteilsstreits bildet der Methodenstreit in der Nationalökonomie, der sich zwischen der abstrakt-theoretischen Schule (prominent vertreten von Carl Menger) und der historischen Schule (prominent vertreten von Gustav Schmoller) zutrug. Die theoretische Schule plädierte für einen methodischen Monismus der Sozial- und Naturwissenschaften. Angesichts des Erfolgs der letzteren solle die Nationalökonomie deren Verfahrensweisen übernehmen und nach allgemeinen Gesetzen suchen, aus denen sich die sozialen Phänomene deduzieren und so erklären ließen. Die historische Schule hingegen vertrat den Standpunkt, dass die Sozialwissenschaften einer gesonderten Methodologie bedürfen. Ihr Interesse liege weniger darin, allgemeine Gesetze zu erkennen, als vielmehr konkrete historische Ereignisse zu verstehen und zu beschreiben.[13] Max Weber war ein Gegner des Methodenmonismus der abstrakt-theoretischen Schule und hatte seine Ursprünge in der historischen Schule, an der er jedoch die fehlende Trennung empirischer und wertender Urteile bemängelte (vgl. Drysdale 2007, S. 33). Die ältere Generation der historischen Schule (insbesondere Schmoller) vertrat die Auffassung, dass ökonomische Begriffe wie etwa Produktivität essentiell wertende Begriffe seien und sein müssten.[14] Dies sei jedoch nicht problematisch aufgrund der objektiv erfassbaren Natur von Werten. Im Gegenteil sei es die Aufgabe der Sozialwissenschaftler, in politischen Fragen eine führende Rolle einzunehmen – eine Auffassung, die schon mit der schwachen Neutralitätsforderung

---

[13] Als eine wichtige Quelle ist hier der Heidelberger Neo-Kantianismus zu erwähnen und Wilhem Windelbands Differenzierung von Kultur- und Naturwissenschaften aufgrund ihres abweichenden Erkenntnisinteresses und eines entsprechenden Unterschiedes in ihrer Methodologie. Während die Naturwissenschaften ihm zufolge nomothetisch verfahren und ihren Gegenstand mittels allgemeiner Gesetze erklären, seien die Kulturwissenschaften idiographisch ausgerichtet und versuchten, die betreffenden Phänomene in ihrer individuellen Besonderheit zu erfassen.

[14] Ein Argument, dass auch in der heutigen Philosophie noch diskutiert und vertreten wird; vgl. etwa Dupré (2007), der argumentiert, dass es unmöglich sei, nicht-wertbeladene Begriffe z. B. von ökonomischer Produktivität oder Vergewaltigung zu bilden. Ein weiteres Beispiel für die Wertbeladenheit von Begriffen sind Vorstellungen von Gesundheit und Krankheit (siehe dazu Kap. 6). Diesbezüglich wird noch zu diskutieren sein, was eine derartige Wertbeladenheit von Begriffen für die Möglichkeit der Wertfreiheit betreffender Theorien bedeutet.

kollidiert und ihren Vertretern die Bezeichnung als Kathedersozialisten eingebrachte (vgl. Proctor 1999, S. 87 ff.).

Weber wendet sich entschieden gegen diese Position und kritisiert die politische Stellungnahme im Namen der Wissenschaft als intellektuelle und moralische Unredlichkeit, da er davon ausgeht, dass Wertauffassungen letztlich etwas rein Subjektives seien und die Wissenschaft entsprechend keine besondere Autorität habe, um über politische Fragen Auskunft zu geben. Zwar spreche nichts gegen ein gesellschaftliches Engagement von Wissenschaftlern in ihrer Rolle als Bürgern, diese sei dann jedoch von der Rolle des Wissenschaftlers strikt zu trennen. Weber richtet sich vehement gegen politische Stellungnahmen, die durch den Deckmantel der Wissenschaftlichkeit gegen Kritik immunisiert werden (vgl. Weber 1917, 1919).

Webers Entwurf einer verstehenden, jedoch wertfreien und objektiven Soziologie ist als ein Lösungsversuch des Methodenstreits in der Nationalökonomie zu sehen, welcher der Soziologie den Status einer Wissenschaft zusichert, ohne einen Methodenmonismus anzunehmen. Seine Auffassung der angemessen Methode in der Soziologie lässt sich dabei weder als rein nomologisch noch als rein idiographisch bezeichnen. Einerseits reiche die Reduktion der sozialen Wirklichkeit auf allgemeine Gesetze nicht aus, um diese in ihrer individuellen Besonderheit und Bedeutung hinreichend zu verstehen. Andererseits lasse sich ein solches Verständnis auch nicht durch eine bloß deskriptive Reproduktion der einzelnen Begebenheiten erzielen, da unsere Auffassung der sozialen Wirklichkeit immer eine theoretisch vermittelte sei. In Bezug auf die Eigentümlichkeit der Begriffsbildung in der Soziologie entwickelt Weber das Konzept des Idealtypus (vgl. dazu Weber 1904). Diese Typisierung sozialer Phänomene gehe dabei von der gedanklichen Steigerung bestimmter, relevant erscheinender Aspekte aus. Deren Relevanz erkläre sich aber nicht daraus, dass diese Aspekte essentielle Merkmale repräsentierten, sondern aus der Bedeutung, die wir ihnen aus einer bestimmten *Perspektive* heraus verliehen.

> Es gibt keine schlechthin ‚objektive' wissenschaftliche Analyse des Kulturlebens oder [...] der ‚sozialen Erscheinungen' *unabhängig* von speziellen oder ‚einseitigen' Gesichtspunkten, nach denen sie [...] als Forschungsprojekt ausgewählt, analysiert und darstellend gegliedert werden. (Ebd., S. 170)

Um den spezifischen Charakter der Objektivität in den Sozialwissenschaften zu verstehen, ist es nach Weber wichtig, ihren Bezug zu Wertideen als

Voraussetzung für die Konstitution und Strukturierung der sozialen Wirklichkeit zu erkennen. Darüber hinaus sei die Rolle dieser Wertideen bei der Bildung von idealtypischen Begriffen zu beachten, mittels derer diese Wirklichkeit über ihre Abweichung von diesen Idealtypen empirisch erfassbar werde. Die Objektivität der Sozialwissenschaft werde nicht durch eine Imitation der Naturwissenschaften oder durch theoriefreie Deskription ermöglicht, sondern durch die Verwendung dieser spezifisch sozialwissenschaftlichen Form der Begriffsbildung und darauf aufbauenden Hypothesenbildung. Andererseits sei eine notwendige Bedingung für Objektivität, dass der Einfluss der Wertideen nicht dahingehend missverstanden werde, dass ihre Richtigkeit vorausgesetzt oder als Ergebnis der empirischen Forschung ausgegeben werde.

> Die ‚Objektivität' sozialwissenschaftlicher Erkenntnis hängt vielmehr davon ab, dass das empirisch Gegebene zwar stets auf jene Wertideen, die ihr allein Erkenntnis*wert* verleihen, ausgerichtet, in ihrer Bedeutung aus ihnen verstanden, dennoch aber niemals zum Piedestal für den empirisch unmöglichen Nachweis ihrer Geltung gemacht wird. (Ebd., S. 214)

Festzuhalten ist, dass auch bei Weber Objektivität den Anspruch auf Wissenschaftlichkeit im Sinne epistemischer Autorität begründet. Diese Objektivität identifiziert er mit der Allgemeingültigkeit der produzierten Resultate: „das Merkmal wissenschaftlicher Erkenntnis (muss) in der ‚objektiven' Geltung ihrer Ergebnisse als *Wahrheit* gefunden werden" (ebd., S. 147). Objektive Gültigkeit ist für ihn aperspektivistische Gültigkeit und unabhängig von sozialen Kontexten und Weltanschauungen: zwar ist die Perspektive auf soziale Phänomene eine wertgebundene, die darauf aufbauenden wissenschaftlichen Ergebnisse seien jedoch gültig in einer Weise, die auch für jemanden mit einer gänzlich anderen Perspektive hielte („einem Chinesen" etwa; vgl. ebd., S. 155). Diese Objektivität ist einerseits abhängig von der Art und Weise der Produktion dieser Resultate, d. h. von der Verwendung einer dem sozialwissenschaftlichen Gegenstandsbereich angemessenen *Methode* (2). Andererseits ist eine notwendige Bedingung der Allgemeingültigkeit (und damit Objektivität) in der *Trennung des Seins vom Sollen* (3) zu sehen. Werte unterscheiden sich für Weber von Tatsachen in ontologischer Hinsicht durch ihre Subjektivität, die ihre epistemologische Irrelevanz impliziert. Webers Argumentation richtet sich hier vorwiegend gegen einen Schluss vom Sein auf das Sollen: wissenschaftliche Ergebnisse können keine politischen Positionen begründen. Da der Grund hierfür in den fehlenden Folgerungsbeziehungen zwischen Werten und Tatsachen liegt, gilt jedoch auch die umgekehrte Beziehung: die Gültigkeit wissenschaftlicher Ergebnisse kann nicht auf wertenden Vorstellungen davon beruhen, wie jemand die Wirklichkeit gerne hätte. Aufgrund der Subjektivität von Werten würde dies die Allgemeingültigkeit und damit Objektivität der Wissenschaft bedrohen.

Wissenschaft kann nach Weber allerdings Werte zu einem Gegenstand ihrer Forschung machen. Einerseits könne eine logische Analyse Werthaltungen auf grundlegende Wertaxiome zurückführen sowie die Konsistenz von verschiedenen Werten prüfen, und damit eine Grundlage für die Entscheidung des Individuums in Bezug auf die Wahl letzter Zwecke bieten. Andererseits könne sie in Bezug auf diese Zwecke empirische Antworten darauf liefern, ob sie praktisch sinnvoll sind, d. h. überhaupt erreichbar. Zudem vermöge sie bei vorgegeben Zwecken zu untersuchen, welches die geeigneten Mittel zu ihrer Erreichung sind sowie Auskunft darüber geben, welche unerwünschten Konsequenzen diese Mittel möglicherweise haben. Zum Beispiel kann die Nationalökonomie demnach (Wenn-Dann-)Aussagen darüber machen, wie eine Steigerung der wirtschaftlichen Produktivität zu erreichen ist, wenn diese als Ziel gewählt wurde, und welche Nebenwirkungen die betreffenden Maßnahmen haben könnten, etwa mögliche Unruhen in der Arbeiterschaft. Als Wissenschaft kann sie aber über das Ziel der Produktionssteigerung nicht entscheiden (vgl. ebd., S. 149 ff.). Webers Kritik an den Kathedersozialisten richtet sich hier gegen die Vermischung des Seins mit dem Sollen (bzw. die vorgebliche Folgerung des Sollens aus dem Sein) und die Aufgabe der wissenschaftlichen *Neutralität* (4) durch eine vorgebliche Verwissenschaftlichung der Politik. Die Sozialwissenschaften produzieren Erkenntnisse, die für politische Maßnahmen relevant sind; es sei aber nicht die Aufgabe der

Wissenschaftler *qua* Wissenschaftler, über diese Maßnahmen, sprich die Anwendung ihrer Erkenntnisse zu entscheiden.[15]

---

[15] Die Frage nach der Möglichkeit, politische Positionen sozialwissenschaftlich zu legitimieren, steht auch im Mittelpunkt der zweiten großen Debatte um Werte in der deutschen Soziologie: dem Positivismusstreit zwischen Vertretern des Kritischen Rationalismus (Karl Popper, Hans Albert) und Vertretern der kritischen Theorie der Frankfurter Schule (Theodor Adorno, Jürgen Habermas). Der Kritische Rationalismus versteht Soziologie – in der Tradition Max Webers – als objektiv-verstehende Sozialwissenschaft mit dem Ziel, soziales Handeln zu verstehen und zu erklären. Die Objektivität einer Wissenschaft ist für Popper eine Frage der Methode, also ein Merkmal des Prozesses der Produktion wissenschaftlichen Wissens. Dieses Merkmal liegt in der gegenseitigen Kritik der Wissenschaftler, die wiederum dadurch ermöglicht wird, dass die verhandelten Aussagen empirisch falsifizierbar sind, was gleichzeitig das Poppersche Kriterium für Wissenschaftlichkeit ist. Der Prozess der kritischen Prüfung ist dabei auch als sozialer Prozess zu sehen und von sozialen Bedingungen abhängig, was jedoch für Popper nicht heißt, dass soziale Faktoren oder Werte auf das Ergebnis dieser Prüfung einwirken dürften. Wertfreiheit ist dabei als regulatives Ideal zu verstehen, dem sich Wissenschaft durch den fortwährenden Prozess der Kritik annähert.

Die Kritische Theorie hingegen versteht Soziologie als dialektische Wissenschaft (in der Tradition Hegels und Marx) mit dem expliziten Ziel der Gesellschaftskritik. Der Punkt, an dem sich die Geister scheiden, ist der Anspruch der Kritischen Theorie, einen normativen Standpunkt wissenschaftlich begründen zu können. Die dialektische Methode führe, so Adorno, zu einem Begriff der gesellschaftlichen Totalität, der dem objektiven Wesen der Gesellschaft – dem, wie sie sein soll – entspreche, und der es erst ermögliche, die seiende Gesellschaft (immer im Hinblick auf ihren Zielzustand) zu untersuchen und zu kritisieren. In diesem dialektisch erfassten Wesen der Gesellschaft fielen Wahrheit und moralische Richtigkeit zusammen: Die normative Ebene sei von der deskriptiven letztlich nicht zu trennen und die Dichotomie von Sein/Sollen eine kontingente historische Erscheinung, die es dialektisch zu überwinden gelte.

Der Kritische Rationalismus kritisiert (ähnlich wie Weber in Bezug auf die Kathedersozialisten und meines Erachtens zu recht) diese Postulierung normativer Ziele als zwar wissenschaftlich begründet, jedoch jeder wissenschaftlichen Prüfung unzugänglich. Die Frankfurter Schule immunisiere sich gegen jegliche Kritik, die nicht mit ihrer Auffassung der dialektischen Methode des historischen Materialismus – die eng verknüpft ist mit einer bestimmten politischen Position – übereinstimme. Die Kritischen Theoretiker wiederum bemängeln, dass das Ideal der wertfreien Wissenschaft zu einer Instrumentalisierung derselben und damit zu einer Festigung der jeweils bestehenden Herrschaftsverhältnisse führe (vgl. Adorno et al. 1969).

Dazu lässt sich sagen, dass das Wertfreiheitsideal, wie dargestellt, verschiedene Elemente enthält und die Annahme der Humeschen Trennung sowie die Idee der metho-

Die erforderliche Trennung von Wissenschaft und Werten macht Weber dabei zu einer Aufgabe der Selbstbeschränkung und Gewissensforschung der einzelnen Wissenschaftlerinnen. Er räumt zwar ein, dass die Trennung von Empirie und Werten mitunter schwierig sei und dass Werthaltungen auch unbewusst etwa die Gewichtung von Argumenten beeinflussen könnten. Dennoch gelte es, sich dem Ideal der Wertfreiheit so weit wie möglich anzunähern (vgl. ders. 1917, S. 497 f.). Die Verantwortung für diese Annäherung überlässt er dabei dem Individuum im Sinne einer moralischen Pflicht: „Es ist gewiss möglich, daß es dem Einzelnen nur ungenügend gelingt, seine subjektive Sympathie auszuschalten. Dann setzt er sich der schärfsten Kritik vor dem Forum des eigenen Gewissens aus" (ders. 1919, S. 602).

Weber nimmt hier die von Fine kritisierte Gleichsetzung verschiedener Ebenen des Objektivitätsbegriffs vor, indem er Objektivität erstens in der Gültigkeit der Produkte wissenschaftlicher Forschung lokalisiert, deren Erreichung zweitens durch die Verwendung einer angemessenen Methode sichergestellt sieht und deren korrekte Verwendung drittens zwar nicht von einer Unparteilichkeit, wohl aber der moralischen Integrität einzelner Wissenschaftler abhängig macht. Dabei führt er jedoch nicht aus, wieso davon ausgegangen werden kann, dass das methodische Vorgehen zu allgemeingültigen Wahrheiten führe oder wie die Trennung des Seins vom Sollen (bzw. die individuelle Gewissensforschung) durch wissenschaftliche Methoden (oder soziale Prozesse der Wissenschaftsgemeinschaft) gesichert oder zumindest unterstützt werden könnte. Letztlich liegt damit die Bewertung epistemischer Vertrauenswürdigkeit in einer Beurteilung der Integrität individueller Wissenschaftlerinnen, deren Erkenntnisinteressen zwar wertgeleitet sind, wodurch diese Erkenntnisse selbst aber nicht beeinflusst sein dürfen. Auf der anderen Seite erkennt Weber an, dass Werte in den Sozialwissenschaften eine entscheidende Rolle spielen, indem sie Selektions- und Strukturierungsprozesse leiten, und wendet sich damit gegen die Idee der Reinheit (1) als Element des Wertfreiheitsideals. Diese Wert-

---

dischen Kontrolle nicht implizieren, dass jegliche soziale Verantwortung zurückzuweisen ist; es müssen nicht gleichzeitig auch die Ideen der Reinheit und der (starken) Neutralität vertreten werden. In jedem Fall begründet aber die Kritik an der Neutralität noch nicht die Möglichkeit einer dialektischen Entdeckung des Richtigen.

einflüsse auf die Ausrichtung von Forschung sind für Weber unproblematisch, da er annimmt, dass die Gültigkeit der Resultate von diesen anfänglichen Einflüssen unabhängig ist – ein Gedanke, der seine Ausbuchstabierung in der neopositivistischen Unterscheidung von Entdeckungs- und Rechtfertigungskontext findet.

1.4 Wertfreiheit im Neopositivismus

Das klassische Bild des Neopositivismus ist eines, in welchem dieser – in seiner Konzentration auf Logik und Erfahrung als einzig legitimen Einflüssen auf die Bewertung von Theorien – Wissenschaft von ihren sozialen Bedingungen gänzlich abstrahiert und entsprechend auch Werteinflüsse aus der Wissenschaft strikt ausschließt. Das betreffende Ideal der Wertfreiheit beruht dabei insbesondere auf zwei neopositivistischen Doktrinen: dem Verifikationismus und der Unterscheidung von Entdeckungs- und Rechtfertigungszusammenhang.

Das verifikationistische Kriterium der Bedeutung postuliert, dass nur bestimmte Sätze überhaupt als kognitiv bedeutungsvoll auszuzeichnen und nur diese Sätze legitime Bestandteile wissenschaftlicher Theorien sind. Diese Sätze seien entweder analytisch wahr (d. h. logisch wahr oder wahr aufgrund der Bedeutungen der in ihnen enthaltenen Terme), oder aber es handele sich um synthetische Sätze, die empirisch überprüfbar (verifizierbar) sind. Die Bedingung der empirischen Prüfbarkeit steht dabei in engem Zusammenhang mit einem erkenntnistheoretischen Fundamentalismus: Bedeutungsvolle synthetische Sätze ließen sich, auch wenn sie theoretische Terme enthielten, auf reine Beobachtungssätze zurückführen, welche durch die Erfahrung bestätigt oder widerlegt werden könnten. Die verifikationistische Bedeutungstheorie impliziert somit die Ablehnung der Möglichkeit synthetischer a priori Erkenntnisse im Sinne der Kantischen Tradition. Sämtliches wissenschaftliches Wissen über die Welt sei dass Ergebnis empirischer Forschung:

> Gerade in der Ablehnung der Möglichkeit synthetischer Erkenntnis a priori besteht die Grundthese des modernen Empirismus. Die wissenschaftliche

Weltauffassung kennt nur Erfahrungssätze über Gegenstände aller Art und die analytischen Sätze der Logik und Mathematik. (Verein Ernst Mach 1929, S. 307)

Der Verifikationismus richtet sich in erster Linie gegen metaphysische Spekulationen, die so als Pseudoprobleme diskreditiert werden. Deren Legitimation in einer wissenschaftlichen Philosophie, als welche sich der Neopositivismus versteht, wird entsprechend verneint. Die Aufgabe einer solchen Philosophie sei nicht das Aufstellen philosophischer Doktrinen, sondern die Klärung der hergebrachten philosophischen Rätsel durch eine logische Analyse der Sprache. Diese Analyse führe dazu, entweder den Scheincharakter dieser Rätsel, sprich ihre kognitive Sinnlosigkeit, aufzudecken oder aber sie in empirische Probleme zu überführen, die dann wiederum Gegenstand der Erfahrungswissenschaften würden (vgl. ebd., S. 305 sowie exemplarisch auch Carnap 1932).

Die Methode der logischen Analyse soll dabei nicht nur die Überwindung der Metaphysik ermöglichen, sondern auch zu dem Ziel einer Vereinheitlichung der Wissenschaft beitragen. Durch die Analyse der Sprache, in der wissenschaftliche Theorien verfasst sind, soll letztlich ein „neutrale[s] Formelsystem, eine[r] von den Schlacken der historischen Sprachen befreite[n] Symbolik" (Verein Ernst Mach 1929, S. 305) geschaffen werden, in dem alle Wissenschaften repräsentiert und so ineinander übersetzbar gemacht werden können. Hier findet sich das Ideal des aperspektivischen bzw. intersubjektiv gültigen Wissens als Charakteristikum und Ziel der Wissenschaft wieder: Der Neopositivismus sucht nach formalen Antworten, die lediglich auf den Mitteln der Logik beruhen und die daher unabhängig von jedem disziplinären, historischen oder politischen Kontext sowie aus diesen Kontexten eventuell resultierenden Werteinflüssen sind.

Nicht nur die Methode der logischen Analyse, auch die verifikationistische Bedeutungstheorie betrifft dabei die Frage der Wertfreiheit. Wertaussagen sind offensichtlich nicht analytisch wahr. Andererseits sind sie auch nicht auf Beobachtungssätze reduzierbar, da es sich eben nicht um empirische Sätze handelt (bzw. ihre Rückführung auf solche dem oben beschriebenen naturalistischen Fehlschluss gleichkäme). Die logische *Trennung präskriptiver und deskriptiver Sätze* (3) wird im Neopositivismus auf die Spitze getrieben: Werturteile sind nicht nur nicht aus empirischen

Sätzen ableitbar, sie sind nicht einmal kognitiv sinnvoll und damit auch kein möglicher Bestandteil wissenschaftlicher Theorien. Zudem steht hier die Trennung des Seins vom Sollen in enger Verbindung zu der Idee der *methodischen Kontrolle* (4) in der Wissenschaft: das Sollen ist für die Wissenschaft irrelevant, da diese sich über die Möglichkeit der empirischen Überprüfung definiert.

Die Darstellung des Neopositivismus ist hier bewusst einfach gehalten, da sie nur als Hintergrund für die historische Entwicklung des Wertfreiheitsideals dient. Natürlich gab es zahlreiche Kritiken und Probleme, mit denen sich die Neopositivisten auch auseinandersetzten, so dass es eigentlich inadäquat ist, diese als statische und einheitliche Position zu beschreiben. Auch gab es eklatante Unterschiede zwischen einzelnen Vertretern des logischen Empirismus, die nicht zuletzt deren Einstellungen zu Fragen der Relevanz von Werten für die Wissenschaft betreffen. Besonders in den letzten Jahren hat es eine Reihe von Untersuchungen gegeben, die diesbezüglich ein differenzierteres Bild zeichnen. Oftmals wird dabei unterschieden zwischen einem rechten Flügel, der eher klassische Positionen vertritt (z. B. Carnap oder Schlick) und einem linken Flügel (z. B. Neurath, Franck), der, im Rückgang auf Duhem, für eine legitime Rolle sozialer Werte bei der Theoriewahl argumentiert (vgl. z. B. Cartwright et al. 1996; Howard 2006, 2009; Neurath 1913; Reisch 2005; Uebel 2000). Insgesamt wird ein stärkeres Gewicht auf den aufklärerischen Impetus der wissenschaftlichen Weltauffassung und Philosophie gelegt, welche für die Neopositivisten durchaus nicht nur abstrakte, sondern auch politisch relevante Ziele waren. Die wissenschaftliche Weltauffassung wurde explizit in der Tradition der Aufklärung verortet und im Bezug zur gesellschaftlichen Situation gedacht:

> So zeigen z. B. die Bestrebungen zur Neugestaltung der wirtschaftlichen und gesellschaftlichen Verhältnisse, zur Vereinigung der Menschheit, zur Erneuerung der Schule und der Erziehung einen inneren Zusammenhang mit der wissenschaftlichen Weltauffassung; es zeigt sich, dass diese Bestrebungen von Mitgliedern des Kreises bejaht, mit Sympathie betrachtet, von einigen auch tatkräftig gefördert werden. (Verein Ernst Mach 1929, S. 304)

Der wissenschaftlichen Weltauffassung wird hier selbst ein Wert zugeschrieben, der mit sozialen Werten in engem Zusammenhang steht und die aufklärerische Position zum Ausdruck bringt, dass rationales und klares

Denken letztlich zu einer Verbesserung der gesellschaftlichen Situation führt. Dieser aufklärerische Wert, der den Neopositivismus motiviert, ist den meisten seiner Vertreter zufolge jedoch keiner, der die logische Analyse der Sprache selbst beeinflusst, sondern steht außerhalb dieser. Diese Analyse könne wertfrei durchgeführt werden, da der oberste Wert, zu dessen Verwirklichung sie beitragen soll, auf ihre konkrete Ausgestaltung keinen Einfluss nehme.

Hier kommt eine Unterscheidung zwischen einem Innen und Außen der Wissenschaft zum Ausdruck, die ihre Ausbuchstabierung in der neopositivistischen Unterscheidung von Entdeckungs- und Rechtfertigungszusammenhang findet. Wissenschaft findet nicht in einem Vakuum statt, sondern ist als sozialer Prozess Teil der Gesellschaft. Dieses soziale Umfeld sei jedoch irrelevant dafür, was den Kern der Wissenschaft ausmache: die Rechtfertigung. Hiermit wird die Prüfung der Gültigkeit von Theorien bezeichnet, die über ihre Akzeptanz oder Zurückweisung entscheidet. Kriterien der Gültigkeit seien dabei wissenschaftsintern (etwa, ob eine Theorie sich empirisch bestätigen lässt oder nicht) und unabhängig von Vorstellungen darüber, wie die Welt sein sollte. Derartige Vorstellungen hätten im Rechtfertigungszusammenhang nichts zu suchen, spielten aber eine mögliche Rolle bei der Entdeckung, d. h. bei der Selektion von Themen und Hypothesen oder auch bei der Anwendung von Theorien.[16]

Die Kontextunterscheidung setzt das Modell der hypothetisch-deduktiven Prüfung voraus, das sich seit dem 19. Jahrhundert als Reaktion auf die Entwicklung der Wissenschaften durchgesetzt hat, welche zunehmend (zeitgenössisch) unbeobachtbare Entitäten in ihre Erklärungen empirischer Phänomene integrierten (z. B. Atome in der Chemie, vergangene Prozesse in der Geologie oder den Äther im Elektromagnetismus.) Diese Entwicklungen ließen sich mit einer Auffassung wissenschaftlicher

---

[16] Die Interpretation der Kontextunterscheidung, insbesondere ihrer Formulierung durch Reichenbach (vgl. Reichenbach 1938, S. 1-16), ist weitaus kontroverser als hier dargestellt; verschiedene Deutungen dieser Unterscheidung sowie die Plausibilität einer Unabhängigkeit der Rechtfertigung von Werten in anderen Zusammenhängen werden jedoch in Kapitel 9 noch ausführlich diskutiert. An dieser Stelle soll nur dargestellt werden, wie die Kontextunterscheidung in Diskussionen um die Wertfreiheit der Wissenschaft häufig verwendet wird und wie ihre Akzeptanz zu einer bestimmten Form des Wertfreiheitsideals führte.

Gesetze als induktiv gewonnenen empirischen Generalisierungen in der Tradition Bacons nicht adäquat beschreiben, sondern erforderten eine größere Rolle der Hypothesenbildung. Im hypothetisch-deduktiven Modell ist die Hypothesenbildung frei und kann legitimerweise durch politische Werthaltungen, metaphysische Ansichten oder religiöse Überzeugungen beeinflusst sein. Aus diesen Hypothesen werden empirische Konsequenzen abgeleitet, die überprüft werden. Das Ergebnis dieser Prüfung ist unabhängig von den anfänglichen Werteinflüssen bzw. ist nur dann objektiv, wenn diese Unabhängigkeit gewährleistet ist. Bestätigte Hypothesen oder Theorien wiederum können zu Anwendungen mit sozialen Konsequenzen führen, was jedoch Gegenstand politischer, nicht wissenschaftlicher Entscheidungen istDurch die Kontextunterscheidung werden diejenigen Elemente des Wertfreiheitsideals bestimmt, die für die Objektivität der Wissenschaft entscheidend sind: der *Ausschluss des Sollens* durch die *methodengeleitete Überprüfung* von Theorien. Die Fragen der *Reinheit* sowie *Neutralität* der Wissenschaft sind diesbezüglich irrelevant – auch Forschung, über deren Direktion anhand politischer Zielvorstellungen entschieden wird und deren Ergebnisse zu politischen Zwecken verwendet werden, kann im relevanten Sinn wertfrei sein. Die Gültigkeit dieser Ergebnisse bleibt von Werteinflüssen unberührt, wenn es sich um gute Wissenschaft handelt.

Im Gegensatz zur verifikationistischen Bedeutungstheorie hat die Kontextunterscheidung das Wertfreiheitsideal nachhaltig geprägt und wird auch heute noch von seinen Verteidigern angeführt, um zwischen Legitimität und Illegitimität von Werteinflüssen in der Wissenschaft zu differenzieren (vgl. z. B. Koertge 2000, S. 50 ff.). Die aktuellen Debatten um das Wertfreiheitsideal drehen sich vor allem um die Wertfreiheit der Rechtfertigung und setzen oftmals voraus, dass Werteinflüsse in Entdeckung oder Anwendung von der Frage der Akzeptanz von Theorien getrennt werden können (und deshalb für die Objektivität der Wissenschaft unerheblich sind). Im folgenden Kapitel soll nun präzisiert werden, in welcher Form das Wertfreiheitsideal heute diskutiert wird.

2 Das Wertfreiheitsideal heute

2.1 Nach dem Neopositivismus: Keine Algorithmen

Es lässt sich wohl ohne Übertreibung sagen, dass der Neopositivismus die entscheidende Bewegung der Wissenschaftstheorie im 20. Jahrhundert war, und zwar nicht nur im Hinblick auf die Institutionalisierung der Disziplin, sondern auch auf ihre Inhalte. Heute wird der Neopositivismus allerdings oftmals für tot erklärt:

> Logical positivism was [by the 1960s] in sad shape. It had lost its connections to scientific practice, could hardly stand up under its own conceptual weight, and the science it aimed to interpret was shown by historical research to be merely an idealized fiction existing only in philosopher's imaginations. (Reisch 2005, S. 5)

Die gegebenen Antworten des Neopositivismus wurden so gut wie sämtlich abgelehnt oder zumindest problematisiert. Ebendiese Problematisierung, die Fragen und Debatten, die sich aus dem Neopositivismus und seinen Schwierigkeiten ergaben – z. B. die Frage nach der Bedeutung theoretischer Terme, der Rationalität und Kumulativität wissenschaftlichen Wandels – prägten jedoch die gesamte Disziplin. Eine dieser Fragen betrifft das Postulat der Wertfreiheit der Wissenschaft und Wissenschaftsphilosophie, das durch die Kritik am Neopositivismus mehr und mehr an Boden verlor. Insbesondere die Duhem-Quine-These der Unterdeterminierung sowie der stärkere Einbezug der Wissenschaftsgeschichte im Anschluss an Kuhn waren diesbezüglich von großem Einfluss und haben vehemente Zweifel daran geweckt, ob die rigiden neopositivistischen Vorstellungen von wissenschaftlicher Rationalität einlösbar sind.

In ihrem Kern konstatiert die Duhem-Quine-These, dass Theorien durch Logik und Erfahrung unterbestimmt sind und Entscheidungen über die Akzeptanz oder Zurückweisung von Geltungsansprüchen durch diese nicht eindeutig determiniert werden können. Die Unterdeterminierungsthese geht dabei ebenfalls von dem hypothetisch-deduktiven Modell wissenschaftlicher Forschung aus, demzufolge theoretische Hypothesen anhand ihrer empirisch beobachtbaren Konsequenzen überprüft werden.

Pierre Duhem hat bereits in *Ziel und Struktur der physikalischen Theorien* (1906) dafür argumentiert (und wurde diesbezüglich auch im Neopositivismus rezipiert, siehe oben zu Neurath), dass diese empirische Prüfung uneindeutige Konsequenzen für den Status der betreffenden Hypothesen habe, da die Ableitung von Konsequenzen aus einer Hypothese nur im Zusammenhang mit weiteren Hypothesen möglich sei. Beispielsweise setze diese Ableitung Theorien über die Messgeräte oder Hintergrundannahmen über den Gegenstandsbereich voraus. Hypothesen könnten auch durch widersprüchliche empirische Ergebnisse nicht eindeutig falsifiziert werden, da es nicht möglich sei, eine einzelne Hypothese, sondern nur Hypothesengeflechte der Erfahrung gegenüberzustellen. Deshalb sei nicht determiniert, welche Hypothese des relevanten Geflechts aufzugeben sei, sondern nur, dass an irgendeinem Punkt Änderungen vorgenommen werden müssten. Ebenso wenig könnten Hypothesen empirisch verifiziert werden, da dies ein logischer Fehlschluss von der Geltung der Folge auf die der Voraussetzung wäre. Auch wenn die ableitbaren Konsequenzen einer Hypothese sich empirisch bestätigen ließen, sei unmöglich auszuschließen, dass alternative Hypothesen durch diese Ergebnisse ebenfalls bestätigt würden. Hypothetisch-deduktive Prüfung könne Theorien daher weder mit Sicherheit bestätigen noch widerlegen.

Willard van Ornam Quine hat in seinem berühmten Aufsatz "Two Dogmas of Empiricism" (1951) einerseits die neopositivistische Unterscheidung von analytischen und synthetischen Sätzen als unhaltbar kritisiert[17] und andererseits die verifikationistische Vorstellung zurückgewiesen, synthetische Sätze seien einzeln empirisch überprüfbar. Auch er argumentiert, dass wissenschaftliche Urteile der Erfahrung nur im Zusammenhang gegenübertreten[18] und auf widersprüchliche Ergebnisse daher

---

[17] Es sei hier darauf hingewiesen, dass Quines Argumentation nur zeigt, dass diese Unterscheidung bis dato nicht mit der wünschenswerten Präzision getroffen wurde. Eine andere Frage ist, ob Quine tatsächlich bewiesen hat, dass eine hinreichend präzise Unterscheidung unmöglich ist und ob die von ihm angelegten Maßstäbe an die Definition analytischer Sätze geeignet oder überzogen sind (vgl. dazu etwa Grice/Strawson 1957; Nimtz 2004).

[18] Eine kritische Frage ist hier, wie groß dieser Zusammenhang zu denken ist. Während Quine (1951) noch von der Gesamtheit wissenschaftlicher Urteile ausgeht ("The unit of empirical significance is the whole of science"; ebd., S. 42), wendet er sich

durch Anpassungen an verschiedenen Stellen dieses Zusammenhangs reagiert werden kann. Diese Anpassungen können dabei ihm zufolge sogar diejenigen Sätze im Kern eines Hypothesennetzwerks betreffen, die von den Neopositivisten als analytisch ausgezeichnet wurden, wie die Sätze der Logik oder Mathematik. Einerseits sei also eine eindeutige Falsifizierung von Hypothesen nicht möglich; andererseits sei auch ihre Verifikation nicht minder problematisch, da prinzipiell auch andere Netzwerke denkbar wären, die mit dem gegebenen in den abgeleiteten Konsequenzen identisch, d. h. empirisch äquivalent zu diesen sind.

Unter dem Stichwort der Unterdeterminierung von Theorien durch die Erfahrung werden eine Reihe verschiedener Argumente mit unterschiedlicher Tragweite subsumiert (hier wäre vor allem die Unterscheidung zwischen holistischer und kontrastiver Unterdeterminierung zu nennen). Diese sollen in Kapitel 6 noch präziser dargestellt werden, um eine differenzierte Diskussion potentieller Werteinflüsse in der Wissenschaft zu ermöglichen.[19] An dieser Stelle ist zunächst nur wichtig, dass die neopositivistische Konzeption einer Rückführung wissenschaftlicher Urteile auf rein beobachtungssprachliche Sätze, die isoliert mit der Empirie abzugleichen und so zu bestätigen oder zu widerlegen sind, einer Auffassung von hypothetisch-deduktiver Prüfung weicht, die keine gesicherten Ergebnisse garantiert – und damit auch argumentativen Spielraum in Bezug auf die Möglichkeit von Werteinflüssen eröffnet.

Weiteren Vorschub erhielt die Anerkennung einer prinzipiellen Unsicherheit wissenschaftlicher Theorien durch Thomas Kuhns *Structure of Scientific Revolutions* (1962). Kuhn plädiert für eine größere Rolle der Wissenschaftsgeschichte in der Wissenschaftsphilosophie, an deren neopositivistischer Ausformulierung er die fehlende historische Anbindung bemängelt. Im Neopositivismus wurde die historische Perspektive auf Wissenschaft aufgrund ihrer deskriptiven Ausrichtung als Teil des Entde-

---

später einem moderateren Holismus zu, der annimmt, dass bereits kleinere Einheiten Beobachtungssätze implizieren können (vgl. Keil 2002, S. 68 f.).

[19] Auch in der Formulierung der Unterdeterminierungsthese durch Duhem und Quine finden sich signifikante Unterschiede, etwa, was die angenommene Generalität betrifft, die der Unterdeterminierung zugeschrieben wird. Während Duhem sich auf konkrete Beispiele aus der Physik bezieht, zieht Quine Schlussfolgerungen für das gesamte System wissenschaftlichen Wissens (vgl. z. B. Gillies 1993, Kap. 5).

ckungszusammenhangs und damit als irrelevant für die Wissenschaftsphilosophie betrachtet.[20] Nach Kuhn muss jedoch auch eine Philosophie der Wissenschaft die Wissenschaftsgeschichte in Betracht ziehen und in der Lage sein, diese angemessen zu beschreiben, statt sich nur mit uneinlösbaren Idealvorstellungen zu befassen: "How could history of science fail to be a source of phenomena to which theories about knowledge may legitimately be asked to apply?" (ebd., S. 9).[21]

Zwar ist kaum davon auszugehen, dass die Geschichte der Wissenschaft sich gänzlich im Sinne normativer Auffassungen von Rechtfertigung erklären lässt; dennoch sollten diese zumindest auf einen großen Teil dieser Geschichte anwendbar sein und nicht dazu führen, sämtliche bisherige Wissenschaft als irrational verwerfen zu müssen. Insofern kann die Wissenschaftsgeschichte zu einem gewissen Grad als Prüfung normativer Positionen fungieren, indem sie diese auf ihre Einlösbarkeit untersucht. Erst eine zumindest potenzielle Einlösbarkeit eröffnet die Möglichkeit, anhand der betreffenden normativen Konzeption zwischen guter und schlechter Wissenschaft zu unterscheiden.[22]

Nach Kuhn zeigt nun eine genauere Betrachtung der Wissenschaftsgeschichte, dass die neopositivistische Charakterisierung von Wissenschaft (oder dem, wie Wissenschaft sein sollte) verfehlt ist. Insbesondere kritisiert auch er die Vorstellung, Hypothesen ließen sich isoliert durch die Erfahrung verifizieren oder falsifizieren (womit er sich ebenso entschieden gegen den Popperschen Falsifikationismus richtet). So zeige die Wissenschaftsgeschichte, dass Theorien oder Hypothesen aufgrund widersprüchlicher Ergebnisse keineswegs direkt aufgegeben würden, sondern erst nach

---

[20] Zu der Kontextunterscheidung als Unterscheidung deskriptiver und präskriptiver Perspektiven auf die Wissenschaft und ihrer respektiven disziplinären Zuordnung siehe genauer Kapitel 9.
[21] Zusätzlich zu dem Einbezug der Wissenschaftsgeschichte ist hier auch der wachsende Fokus auf Wissenschaft als Praxis statt als idealisiertem formalen System zu nennen.
[22] Zur Diskussion um das Verhältnis von Wissenschaftsgeschichte und Wissenschaftsphilosophie siehe auch Kapitel 3. An dieser Stelle soll nur konstatiert werden, dass eine normative Theorie, die sämtliche bisherige Wissenschaft als verfehlt ausweist, fruchtlos scheint, weshalb die Bewertung normativer Ansätze mittels deskriptiver Erkenntnisse zu einem gewissen Teil möglich ist.

dem Auftreten einer kritischen Masse von Anomalien, die zu einer wissenschaftlichen Revolution führten und damit zu einer Aufgabe weitaus größerer Zusammenhänge, die Kuhn als *Paradigmen* bezeichnet.

Der Paradigmenbegriff wurde häufig für seine Unklarheit kritisiert und von Kuhn selbst im Postscript 1969 deshalb zu präzisieren versucht, wobei er zwischen zwei Bedeutungen unterscheidet. Einerseits bezeichne der Begriff eine Menge von theoretischen Annahmen, Techniken, Methoden und Werten, die von einer gegebenen wissenschaftlichen Gemeinschaft geteilt werde, andererseits exemplarische Problemlösungen, die als Modell für zukünftige Lösungen fungierten und so explizite Regeln zu ersetzen vermöchten (vgl. ebd., S. 174 ff.). Entscheidend ist, dass für Kuhn die in einem Paradigma enthaltenen Hintergrundannahmen konstitutiv dafür sind, was überhaupt signifikante Probleme, was mögliche Methoden und was legitime Problemlösungen sind, und dass ihre Stabilität in Zeiten nicht-revolutionärer, normaler Wissenschaft das kumulative Bewältigen paradigmeninterner Puzzles ermöglicht. Insgesamt lässt sich nach Kuhn die Geschichte der Wissenschaft jedoch nicht im Sinne eines kumulativen Fortschritts verstehen, da es letztlich wieder zu einer hinreichend großen Menge von Anomalien komme, um eine erneute Krise auszulösen. In der betreffenden wissenschaftlichen Revolution werde das bisherige Paradigma durch ein neues ersetzt, wobei diese Paradigmen inkommensurabel seien. Diese Inkommensurabilität erklärt sich aus der These der semantischen Theoriebeladenheit der Beobachtung, welche die Bedeutung theoretischer Begriffe als abhängig vom weiteren wissenschaftlichen Kontext (bzw. Paradigma) auffasst sowie aus der Variabilität wissenschaftlicher Bewertungsstandards, worauf im Folgenden näher eingegangen werden soll. Zudem könne der Paradigmenwechsel auch den Verlust von bisherigen Problemlösungen bedeuten (in dem Sinn, dass nun zu einem unerklärten Phänomen wird, wozu es vorher bereits eine akzeptierte Lösung gab).

2.2 Werte als Kriterien der Theoriewahl

Neben Diskussionen um die historische Angemessenheit von Kuhns Beschreibung der Wissenschaft hat insbesondere die These einer Inkommensurabilität von Paradigmen Anlass zu einer Reihe von Einwänden gegeben, die Kuhnsche Auffassung von Wissenschaft sei relativistisch, da sie keine rationalen Kriterien für die Wahl zwischen konkurrierenden Theorien (bzw. Paradigmen) biete.[23] Kuhn konstatiert ein Fehlen bindender Regeln für derartige Entscheidungen: "paradigm change cannot be justified by proof" (Kuhn 1962, S. 152). In dem einschlägigen Aufsatz "Objectivity, Value Judgment and Theory Choice" (1977) verteidigt er sich jedoch gegen den Relativismusvorwurf bezüglich seiner Charakterisierung von Paradigmenwechseln bzw. Theoriewahlentscheidungen.[24] Im Unterschied zu den Neopositivisten geht er davon aus, dass Logik und Erfahrung nicht

---

[23] Vgl. z. B. Lakatos, der kritisiert, Kuhn mache die Akzeptanz von Theorien (oder Paradigmen) zu einer Frage der Sozialpsychologie und der „Unterwerfung unter die kollektive Weisheit der Gruppe" (Lakatos 1978a, S. 90). Diese Folgerung zieht Lakatos aus dem von ihm konstatierten Fehlen paradigmenübergreifender Maßstäbe für Rationalität (vgl. ebd., S. 89 f.). Kuhn geht jedoch von einer (relativen) Konstanz der nun zu erläuternden für die Theoriewahl relevanten Werte aus. Ein Theoriewandel ist daher nicht immer auch ein Wertewandel; auch wenn diese Prozesse zusammenhängen, ist der des Wertewandels nach Kuhn langsamer und geringfügiger, so dass Werte als rationale und übergreifende Kriterien für Theoriewahlentscheidungen nicht von vornherein ausscheiden (vgl. Kuhn 1977, S. 438 ff.).

[24] Kuhns Argumentation an dieser Stelle ist auch unabhängig von seinem spezifischen Ansatz und dem Paradigmenbegriff relevant für das Problem der Theoriewahl, das nur voraussetzt, dass im Falle konkurrierender Theorien keine allein durch Logik und empirische Ergebnisse als die bessere ausweisbar ist. Eine Entscheidung zwischen solchen Theorien erfordert deshalb „nicht-empirische Exzellenzmaßstäbe" (Carrier 2006, S. 97). Angemerkt sei, dass das Problem der Theoriewahl natürlich nicht identisch mit der Frage des Paradigmenwechsels ist. Einerseits ist ein Paradigma bei Kuhn wesentlich umfassender als einzelne Theorien, andererseits ist seine Auffassung von Paradigmen als signifikanter Einheit in Wahlentscheidungen, die zudem nur in Krisenzeiten aufträten, nicht unkontrovers. Entscheidend ist an dieser Stelle aber Kuhns Charakterisierung derartiger Entscheidungen als wertbestimmt (statt regelgeleitet), und es ist diese Charakterisierung, welche die nachfolgenden Diskussionen über Theoriewahl (unabhängig vom Paradigmenbegriff) und das Wertfreiheitsideal entscheidend geprägt hat und damit hier von Belang ist.

hinreichend sind, um über Geltungsansprüche zu urteilen. Insbesondere dann, wenn konkurrierende Theorien vorlägen, die jeweils empirisch adäquat seien, gebe es keinen Algorithmus, zwischen diesen zu entscheiden.[25] Daraus folge jedoch nicht, dass die Wahl zwischen konkurrierenden Theorien irrational sei, sondern zunächst nur, dass es weitere (nicht-empirische) Kriterien geben müsse, um eine begründete Entscheidung zu treffen.

Entsprechend erstellt Kuhn eine Liste relevanter Kriterien für die Theoriewahl. An erster Stelle steht dabei die *Tatsachengerechtheit* bzw. *empirische Adäquatheit*, d. h. die ableitbaren Folgen einer Theorie sollen mit den betreffenden Experimenten und Beobachtungen übereinstimmen. Dies stellt zusammen mit der *internen Widerspruchsfreiheit* die einzig notwendigen, jedoch allein nicht hinreichenden Kriterien dar. Weitere Kriterien sind *externe Kohärenz* mit anerkannten Theorien des jeweiligen Bereichs; *Reichweite*, d. h. die Konsequenzen einer Theorie sollen über diejenigen Phänomene hinaus von Bedeutung seien, welche sie ursprünglich erklären sollte; *Einfachheit*, worunter Kuhn die Vereinheitlichung und Ordnung ansonsten isolierter Einzelbefunde versteht; und schließlich *Fruchtbarkeit*, womit er das Hervorbringen neuer Forschungsergebnisse bezeichnet (vgl. Kuhn 1977, S. 321 f.).[26]

Auf diese Evaluationskriterien können sich nach Kuhn die Wissenschaftler als gemeinsame Entscheidungsgrundlage einigen, wie sich an der wissenschaftlichen Praxis ablesen lässt. Sie stellen geteilte Einschätzungen in Bezug auf die Eigenschaften guter Theorien dar. Allerdings sind diese Kriterien recht abstrakt und allgemein, zudem sind sie häufig miteinander unverträglich und drittens gehen sie nicht mit einer hierarchischen Ord-

---

[25] Für diese Problemkonstitution ist es nicht nötig, eine Unterdeterminierungsthese im starken Sinne einer vollständigen empirischen Äquivalenz zu vertreten; Äquivalenz in bestimmten, als signifikant erachteten Bereichen ist hier ausreichend.

[26] Neben Kuhns Liste von Merkmalen guter Theorien gibt es natürlich eine Reihe weiterer Listen, die einzelne Kriterien hinzufügen, diese Kriterien anders ausbuchstabieren oder gewichten (vgl. dazu Carrier 2006, S. 99 ff; Menke 2009, S. 162). Alternativ siehe auch Buchdahl (1970), der argumentiert, die Wissenschaftsgeschichte unterstütze ein dreiteiliges Modell der Theoriewahl, in dem einerseits empirische Beobachtungen, andererseits die Explikation von Begriffen und die Prüfung ihrer Kohärenz sowie regulative Maximen wie z. B. Einfachheit oder auch metaphysische Prinzipien zusammenwirkten.

nung einher (vgl. ebd., S. 322 ff.). Deshalb sind sie in jeder individuellen Theoriewahlsituation erst noch zu präzisieren und gewichten (vgl. auch Carrier 2006 zu „Kuhn-Unterbestimmtheit", S. 101 ff.). Trotz Berufung auf dieselben Kriterien können verschiedene Personen folglich zu unterschiedlichen und inkompatiblen Ergebnissen kommen. Aufgrund dieser Uneindeutigkeit der durch sie angeleiteten Entscheidungen bezeichnet Kuhn die dargestellten Wahlkriterien als *Werte*.[27] Ihre konkrete Auslegung kann dabei durch verschiedene individuelle Faktoren, wie etwa vorangegangene Erfahrungen und Arbeitsbereiche, biografische Besonderheiten, Persönlichkeitsmerkmale oder Werthaltungen beeinflusst werden (vgl. Kuhn 1977, S. 324 f.). Dennoch will Kuhn durch seine Position nicht der Irrationalität Einlass in die Wissenschaft gewähren, sondern führt an, dass das Verständnis von Theoriewahlentscheidungen als wertgeleitet (und deshalb uneindeutig) es überhaupt erst ermöglicht, wissenschaftlichen Dissens als rational zu betrachten. Dieser Dissens ist dabei von zentraler Bedeutung für den Fortschritt der Wissenschaft; erst die Uneindeutigkeit der Entscheidungen führt zu einer breiten Streuung der wissenschaftlichen Forschung und damit zu einer nach Kuhn unentbehrlichen Risikoverteilung (vgl. ebd., S. 332 ff.).

Ernan McMullin schließt in seinem Aufsatz "Values in Science" (1982) an Kuhns Idee an, Theoriewahlentscheidungen als wertgeleitet zu verstehen, da es keinen Algorithmus gibt, der diese eindeutig bestimmt, und dies als Voraussetzung für Kontroversen zu begreifen, welche für wissenschaftlichen Fortschritt nötig sind. Zudem leistet er eine genauere Spezifizierung des Wertbegriffs und konstatiert, dass ‚Wert' in der Philosophie traditionell zumeist als *emotiver Wert*, d. h. als subjektive Wertschätzung von etwas verstanden werde, die auch McMullin zufolge keine entscheidende Rolle bei der Theoriebeurteilung spielen darf (vgl. McMullin 1982, S. 4 f.). Davon unterscheidet er den *charakteristischen Wert* als wünschenswerte und beurteilbare Eigenschaft einer Entität:

> A property [...] may count as a value in an entity of a particular kind because it is desirable for an entity of that kind. [...] the desirable property is an objective

---

[27] Der Wertbegriff definiert sich also hier darüber, dass Werte zwar Entscheidungen anleiten, diese aber, anders als explizite Regeln, nicht determinieren; siehe das folgende Unterkapitel.

characteristic of the entity. We can thus call it a characteristic value. [...] it serves to make its possessor function better as an entity of that kind. (Ebd., S. 5)[28]

Durch diese Abgrenzung vom emotiven, rein in der subjektiven Erfahrung liegenden Wert (i.e. individuelle Präferenz) wird die Möglichkeit der rationalen Diskussion von (charakteristischen) Werten eröffnet. McMullin unterscheidet diesbezüglich zwischen *evaluation*, der Frage, inwieweit ein bestimmter Wert (i.e. eine wertgeschätzte Eigenschaft) realisiert ist, und *valuing*, der Frage, ob und in welchem Ausmaß es sich bei einer bestimmten Eigenschaft um einen charakteristischen Wert (i.e. eine wertzuschätzende Eigenschaft) für die jeweilige Entität handelt (vgl. ebd., S. 5 f.).

Für Kuhns gemeinsame Werte prägte er die Bezeichnung *epistemische Werte* und eröffnete damit die noch heute andauernde Diskussion, ob und wie diese sich von nicht-epistemischen trennen lassen. Auch bei McMullin sind die epistemischen Werte in der Praxis der wissenschaftlichen Gemeinschaft verankert. Sie sind ihm zufolge Ergebnis eines Lernprozesses in Bezug darauf, welche Eigenschaften einer Theorie die Wahrscheinlichkeit ihrer Wahrheit erhöhen:

> Even though we cannot definitely establish the values appropriate to the assessment of theory, we saw just a moment ago that we can provide a tentative list of criteria that have gradually been shaped over the experience of many centuries, the values that are implicit in contemporary scientific practice. Such characteristic values I will call epistemic, because they are presumed to

---

[28] Wie McMullin konstatiert, geht die Einführung des Wertbegriffs in der Philosophie auf Helmut Lotze zurück. Dieses ursprünglich der Nationalökonomie entstammende Konzept ersetzte im 19. Jahrhundert die ältere Terminologie der Zwecke, welche noch teleologische Bedeutungsaspekte inkorporierte. Es scheint plausibel, dass dieser Terminologiewechsel mit einer generellen Verschiebung metaphysischer Ansichten einherging, sprich der Trennung des Seins vom Sollen in unterschiedliche und unabhängige Bereiche – Tatsachen *sind*, Werte *gelten* (vgl. Schnädelbach 2001, S. 152 ff.). Miriam Solomon verwendet statt des Wertbegriffs den der *decision vectors*, unter welche sie auch institutionelle Rahmenbedingungen, finanzielle Faktoren usw. subsumiert, die zwar mit Werten im Zusammenhang stehen mögen, aber wesentlich weiter gefasst sind (vgl. Solomon 2001, Kap. 4). Da es mir um eine Diskussion der Wertfreiheit als (angenommener) Voraussetzung wissenschaftlicher Objektivität geht, werde ich weiterhin den spezifischeren Wertbegriff (im Sinne wünschenswerter Merkmale von Entitäten, die Entscheidungen – uneindeutig – anleiten) verwenden.

> promote the truth-like character of science, its character as the most secure knowledge available to us of the world we seek to understand. An epistemic value is one we have reason to believe will, if pursued, help toward the attainment of such knowledge. (Ebd., S. 18)

Aufgrund des Problems der Unterdeterminierung können zudem alle möglichen weiteren Werte Eingang in Theoriewahlentscheidungen finden, z. B. politische, moralische, soziale oder religiöse, die McMullin unter der Bezeichnung nicht-epistemisch zusammenfasst. All diese nicht-epistemischen Faktoren könnten zwar Theoriewahlentscheidungen beeinflussen, schieden aber im Laufe der Zeit und des weiteren Prüfens der Theorien aus (vgl. ebd., S. 22 f.). McMullin zufolge bewegen sich Theorien im Prozess ihrer Bewährung demnach auf das Ideal zu, frei von nicht-epistemischen Werten zu sein.

> To the extent that non-epistemic values and other non-epistemic factors have been instrumental in the original theory decision [...], they are gradually sifted by the continued application of the sort of [epistemic] value-judgement we have been describing here. The non-epistemic, by very definition, will not in the long run survive this process. (Ebd., S. 23)

Durch die Unterscheidung epistemischer und nicht-epistemischer Werte verteidigt McMullin damit die Wertfreiheit der Wissenschaft auf einer anderen Ebene: Werte spielen zwar eine Rolle, legitim sind dabei aber nur bestimmte, sozusagen wissenschaftliche Werte. Problematisch an der Unterscheidung zwischen epistemischen und nicht-epistemischen Werten ist, dass sie (hier) von der Annahme abhängt, das Ziel der Wissenschaft sei Wahrheit. Erstens gibt es eine Reihe anderer Kandidaten für das Ziel der Wissenschaft (z. B. instrumenteller Erfolg, empirisch adäquate Theorien usw.), zweitens ist strittig, ob die Annahme eines allgemeinen Ziels überhaupt zu rechtfertigen ist (siehe auch unten zu den Ansätzen Kitchers und Longinos). Darüber hinaus ist der Zusammenhang der epistemischen Werte mit der Wahrheit von Theorien unklar bzw. ist zumindest kontingenter Natur. Auch wenn man die betreffenden Werte als Standards der epistemischen Qualität von Theorien akzeptiert, bedeutet dies nicht, dass man die so ausgezeichneten Theorien als wahr akzeptieren muss. Larry Laudan ersetzt daher die epistemisch-Distinktion durch eine zwischen kognitiven und nicht-kognitiven Werten, wobei erstere sich dadurch definieren, dass sie konstitutiv für gute Theorien bzw. Wissenschaft sind: "an attribute will count as a cognitive value or aim if that attribute represents a property of theories which deem to be constitutive of 'good science'" (Laudan 2004, S. 19). Dieser Terminologie werde ich mich im Folgenden anschließen, um eine Festlegung auf Wahrheit als Ziel der Wissenschaft zu vermeiden.

Die von Kuhn und McMullin etablierte Rolle von Werten bei der Theoriewahl ist heute weithin anerkannt und hat die Diskussionen um das Wertfreiheitsideal der Wissenschaft entscheidend geprägt. Im Vordergrund steht dabei die Frage, ob (und wie) sich zwischen legitimen (kognitiven) und illegitimen (nicht-kognitiven) Werten differenzieren lässt:

> It [the contemporary value-free ideal] does not hold that science is a completely value-free enterprise, acknowledging that social and ethical values help to direct the particular projects scientists undertake, and that scientists as humans cannot completely eliminate other value-judgments. However, the value-judgments internal to science, involving the evaluation and acceptance of scientific results at the heart of the research process, are to be as free as humanly possible of all social and ethical values. Those scientific judgments are to be driven by values internal to the scientific community. Thus, the value-free ideal is more accurately the "internal scientific values only when performing scientific reasoning" ideal. (Douglas 2009, S. 45)[29]

---

[29] Heather Douglas verortet die Entstehung des zeitgenössischen Ideals historisch in der Debatte um induktive Risiken in den 1950/1960ern (vgl. dazu Jeffrey 1956; Levi 1960, 1962; Rudner 1953 sowie Kapitel 8), was nicht ganz stimmig scheint. Das Problem der induktiven Risiken liegt darin zu bestimmen, wie viel Evidenz für die Akzeptanz einer Hypothese genug ist, und ob bei dieser Entscheidung Werte eine Rolle spielen (sollen), die mit den sozialen Konsequenzen einer möglichen Fehlentscheidung zusammenhängen. Da das Problem nur dann entsteht, wenn die Evidenz keine eindeutigen Entscheidungen vorgibt, erfordern diese Entscheidungen nicht-empirische Kriterien oder Werte. Diese müssten allerdings, so Levi (1962), mit den *canons of scientific inference* vereinbar sein – eine Argumentation, die einen Vorläufer zu der Idee bildet, Wertfreiheit durch eine Unterscheidung zwischen legitimen (kognitiven) und illegitimen (nicht-kognitiven) Standards zu sichern. Der Grund für das Verständnis der betreffenden nicht-empirischen Kriterien als Werten liegt hier in ihrer normativen Funktion, Theoriewahlentscheidungen anzuleiten. Nur bestimmte Werte seien dabei zulässig, um wissenschaftliche Hypothesen zu evaluieren; allerdings erklärt sich hier der Unterschied zwischen legitimen und illegitimen Werten nicht aus einer Wissenschaftlichkeit der einen, sondern daraus, welche Werte zu *eindeutigen* Entscheidungen führen:

> The traditional interpretation of the value freedom of modern natural science amounts to a claim that its constitutive and contextual features are clearly distinct from and independent of one another. (Longino 1990, S.4)
>
> "Science is value-free" [...] should be considered compatible with the view that cognitive value judgments play essential roles in the accepting and rejecting of theories; it thus presupposes that cognitive values can be clearly distinguished from other kinds of values. (Lacey 1999, S. 16)

Das heute verhandelte Wertfreiheitsideal setzt nicht voraus, dass Werte in der Wissenschaft überhaupt keine Rolle spielen. Werteinflüsse auf die Ausrichtung von Forschung sind kaum mehr kontrovers. Ebenso wird die Auswirkung wissenschaftlicher Forschung auf gesellschaftliche Wertdebatten zunehmend anerkannt und von der Behauptung Abstand genommen, die Wissenschaft trüge keinerlei Verantwortung für die Konsequenzen einer Anwendung des von ihr generierten Wissens. Wissenschaft muss weder in dem oben erläuterten Sinne *rein* noch *neutral*[30] sein. Die relevanten Elemente des Wertfreiheitsideals sind vielmehr diejenigen, denen eine

---

> These rules might fix the minima in such a way that given the available evidence two different investigators would not be warranted in making different choices among a set of competing hypotheses. If the canons of inference did work in this way, they would embody the value-neutrality thesis. [...] Thus, the tenability of the value-neutrality thesis does not depend upon whether minimum probabilities for accepting or rejecting hypotheses are a function of values but upon whether the canons of inference require of each scientist that he assigns the same minima as every other scientist. (Levi 1960, S. 356)

Diese Auffassung wissenschaftlicher Werte bei der Theoriewahl verneint also noch genau den Aspekt, der im Anschluss an Kuhn definiert, was als Wert zu verstehen ist – Entscheidungsvariablen mit uneindeutigen Konsequenzen. Douglas weist in ihrer Arbeit zu dem Ideal der Wertfreiheit jedoch berechtigterweise daraufhin, dass dieses keineswegs erst in den heutigen Debatten problematisiert worden sei und bis dahin ein (neopositivistischer) Konsens bestanden habe. So wurde die Wertfreiheit der Wissenschaft nicht nur durch den linken Flügel des Wiener Kreises angegriffen, sondern z. B. auch im amerikanischen Pragmatismus hinterfragt (insbesondere durch John Dewey).

[30] Damit ist hier allerdings nicht gemeint, Wissenschaft könne normative Positionen begründen. Dennoch kann sie aber zu der deskriptiven Ebene von Wertkonflikten ihren Teil beitragen; zudem gefährdet die Anerkennung einer Verantwortung für Konsequenzen der Forschung nicht zwingend deren Objektivität. Das Wertfreiheitsideal erfordert vielmehr nur, dass die Rechtfertigung von Theorien von möglichen sozialen Konsequenzen unabhängig ist.

Verbindung zur Objektivität der Wissenschaft zugeschrieben wird: die *Trennung des Seins vom Sollen* und die *methodische Kontrolle*. Selbst in Bezug auf die Beurteilung von Geltungsansprüchen spielen Werte mittlerweile eine anerkannte Rolle. Als entscheidend für Wertfreiheit wird dabei jedoch die diesbezügliche Trennung legitimer und illegitimer Werte sowie der Ausschluss letzterer aus Theoriewahlentscheidungen betrachtet. Auch die legitimen Werte leiten diese Entscheidungen dabei zwar an, determinieren sie jedoch nicht. Der Einbezug von Werten in die Theoriewahl trägt damit einem gewissen Grundmaß an Unsicherheit in der Wissenschaft Rechnung.

Zusammenfassend ist zu konstatieren, dass die betreffende Charakterisierung des Wertfreiheitsideals als Freiheit von nicht-wissenschaftlichen Werten zunächst die Unterscheidbarkeit kognitiver und nicht-kognitiver Werte als *notwendige Bedingung* voraussetzt. Um Wertfreiheit zu ermöglichen, muss zwischen diesen Arten von Werten differenziert werden. Gleichzeitig wird diese Unterscheidung jedoch oftmals auch als *hinreichend* behandelt, d. h. es wird davon ausgegangen, dass sie letztlich auch den Ausschluss nicht-kognitiver Werte aus Theoriewahlentscheidungen ermöglicht. Zudem gehen die potentiellen Werteinflüsse, die im Zusammenhang mit dem Wertfreiheitsideal diskutiert werden, über diese von McMullin als charakteristische Werte beschriebenen hinaus. Nicht nur die Wahl zwischen verschiedenen Theorien soll frei von nicht-kognitiven Werten sein – auch die betreffenden Theorien selbst bieten mögliche Einfalltore, etwa über die Selektion und Interpretation von Daten auf der Basis wertbeladener Hintergrundannahmen. Hier fungieren Werte nicht als Standards, sondern prägen etwa durch die Inkorporierung vorurteilsgeladener Annahmen Hypothesen und Theorien. Dieser Problematik wird dabei in der aktuellen Version des Wertfreiheitsideals durch die Annahme begegnet, dass die Beschränkung auf wissenschaftliche Werte bei der Theoriewahl letztlich dazu führe, in letzterem Sinne wertbeladene Theorien auszusieben (siehe z. B. obiges Zitat von McMullin).

Darüber hinaus beruht diese Form des Wertfreiheitsideals weiterhin (implizit) auf der neopositivistischen Kontextunterscheidung. Der Ausschluss illegitimer Werte aus der Theoriewahl (und die Verwirklichung der notwendigen Kriterien empirischer Adäquatheit und Widerspruchsfreiheit) konstituiert dieser Fassung zufolge die Wertfreiheit der Wissenschaft in dem für ihre Objektivität relevanten Sinn.[31] Die Beschränkung der Forderung nach Wertfreiheit auf bestimmte Elemente der Forschung entspricht der neopositivistischen Konzentration auf den Zusammenhang der Rechtfertigung: die Evaluation von Geltungsansprüchen muss unabhängig von (illegitimen) Werten zu sein, um objektiv sein zu können. Diese Geltungsansprüche stehen in keiner Beziehung dazu, wie es zu der Formulierung einer Theorie kam oder wie diese später verwendet wird, weshalb Werteinflüsse im Entdeckungszusammenhang (respektive Reinheit) oder Anwendungszusammenhang (respektive Neutralität) unproblematisch sind. Es gibt demnach ein Innen und ein Außen der Wissenschaft, die voneinander trennbar und epistemisch unabhängig sind.

Damit geht die heutige Fassung des Wertfreiheitsideals darüber hinaus, was als seine *minimale Version* beschrieben werden kann: direkte Schlüsse vom Sollen auf das Sein (und umgekehrt) sind unzulässig. Werte dürfen die Rolle von Evidenz und Logik nicht einfach ersetzen, sprich Wertkonformität ist nicht auf Kosten der empirischen Adäquatheit und internen Konsistenz durchsetzen. Die zeitgenössische Version des Ideals beruht jedoch nicht nur auf dieser Trennung des Seins vom Sollen, sondern zudem auf drei spezifischeren Annahmen. Erstens wird die Unterscheidbarkeit kognitiver und nicht-kognitiver Werte vorausgesetzt (i). Diese Unterscheidung ist jedoch nur hinreichend für eine Wertfreiheit wissenschaftlicher Inhalte, wenn zusätzliche Annahmen gelten, die häufig implizit vorausgesetzt werden: die auf dieser Unterscheidung beruhende Möglichkeit, nicht-kognitive Werte aus der Beurteilung von Geltungsansprüchen herauszuhalten (ii) sowie die epistemische Unabhängigkeit der Rechtfertigung von Entdeckungs- und Anwendungskontext (iii).

Bevor nun im Folgenden auf die Kritik dieses Wertfreiheitsideals sowie auf mögliche Alternativen näher eingegangen wird, ist es hilfreich, grundlegende Maßstäbe für diese Diskussion zu formulieren. Dazu soll zu-

---

[31] Exemplarisch sei an dieser Stelle auch auf Hugh Lacey als Verteidiger des Wertfreiheitsideals hingewiesen. Lacey unterscheidet zwischen verschiedenen Aspekten dieses Ideals: der Autonomie, der Neutralität und der Impartialität der Wissenschaft (vgl. Lacey 1999). Diese stimmen weitgehend mit den von Proctor herausgearbeiteten Elementen des traditionellen Wertfreiheitsideals überein, wobei hier die Impartialität der Wissenschaft der entscheidende Teil des Wertfreiheitsideals ist, da der Verlust der Autonomie oder Neutralität keine Bedrohung des Objektivitätsanspruches darstelle.

nächst der Wertbegriff etwas genauer betrachtet werden; anschließend werden Kriterien für die Evaluation normativer Ideale formuliert.

2.3 Der Wertbegriff des Wertfreiheitsideals

Vor dem Einstieg in die Debatte um Werteinflüsse in der Wissenschaft soll an dieser Stelle kurz auf die Verwendung des Wertbegriffs in der zeitgenössischen Wissenschaftstheorie eingegangen werden. Problematisch ist hierbei zunächst, dass es sich bei ‚Wert' um einen vagen und umfassenden Begriff der Alltagssprache handelt, dessen Präzisierung kein leichtes Unterfangen ist. Ich möchte an dieser Stelle nicht den Anspruch erheben, eine Definition des Wertbegriffs zu leisten, jedoch seine spezifische Verwendung in den für die Arbeit relevanten Kontexten kurz beleuchten, um eine Grundlage für die spätere Argumentation zu schaffen.

Eine erste Annäherung stellt hierbei der Rückgriff auf die Soziologie dar, in der Werte verstanden werden als „grundlegende bewusste oder unbewusste Vorstellungen vom Wünschenswerten, die die Wahl von Handlungsarten und Handlungszielen beeinflussen" (Peuckert 2006b, S. 352). In der Soziologie geht es dabei vornehmlich um soziokulturelle Werte, die zentrale Elemente einer Gesellschaft darstellen. Sie bieten generelle Orientierungsstandards für das Handeln und werden meist als selbstverständlich empfunden. Dadurch leisten sie eine Entlastung bzw. Kontingenzreduktion im Sinne Luhmanns, indem sie Erwartungssicherheit der sozial Handelnden ermöglichen. Von diesen Erwartungen kann zwar abgewichen werden, was bei vorliegendem Grundkonsens die Orientierungsfunktion von Werten jedoch nicht mindert: „Erwartungssicherheit" ist wichtiger als „Erfüllungssicherheit" (vgl. Luhmann 1969, S. 29).[32] Die Funktion, Orientierung im sozialen Raum zu bieten, ist damit konstitutiv

---

[32] Luhmann unterscheidet zwischen normativen Erwartungen als lernunwillig erwarteten Erwartungen und kognitiven Erwartungen als lernwillig erwarteten Erwartungen. Dieser Unterschied wird nach Luhmann von den Philosophen in eine ontologische Unterscheidung von Sein und Sollen verabsolutiert (vgl. ebd.). An dieser ontologischen, zumindest aber der logischen, Trennung soll hier jedoch festgehalten werden.

für den Wertbegriff. Werte sind entsprechend nicht mit subjektiven Präferenzen oder Bedürfnissen gleichzusetzen, sondern sind immer sozial vermittelt.

Als weiteres definierendes Merkmal von Werten lässt sich ihr hoher Allgemeinheitsgrad benennen. Werte, wie z. B. Gerechtigkeit, sind allgemeiner Natur und liefern keine konkreten Verhaltensanweisungen, sondern wirken nur indirekt über aus ihnen generierten sozialen Normen, die aufgrund von Sozialisationsprozessen und Sanktionierungsmöglichkeiten in den Mitgliedern der Gesellschaft verankert sind (vgl. Peuckert 2006b, S. 353). Hierbei ist wichtig, dass die Normen zu den übergeordneten Werten in keiner logischen Folgerungsbeziehung stehen. So kann sich ein Wert wie Gerechtigkeit in verschiedene, durchaus auch inkompatible Normen umsetzen (etwa in die Idee einer leistungsabhängigen Vergütung in der Arbeitswelt oder in die eines leistungsunabhängigen Grundeinkommens).

Zusammenfassend möchte ich vier zentrale Merkmale des soziologischen Wertbegriffs festhalten: es handelt sich bei Werten um eine handlungsrelevante Vorstellung des Guten (1), sie sind in einem sozialen Kontext verankert (2), sind von hohem Allgemeinheits- oder Abstraktheitsgrad (3) und daher für die Handlungsorientierung noch als situationsbezogene Normen zu spezifizieren (4).

Anzumerken ist, dass es für ‚Wert' in der Soziologie eine spezifische Verwendung gibt, die sich von anderen Begriffen abgrenzt. Als erstes Beispiel wäre hier die ‚Norm' zu nennen, aber auch beispielsweise ‚Vorurteil' und ‚Stereotyp' als Formen sozialer Einstellungen, i. e. relativ stabile Dispositionen von Individuen, auf soziale Objekte wie Personen, Gruppen oder Situationen mit bestimmten Vorstellungen und Verhaltensweisen zu reagieren. Vorurteile sind Urteile, die einerseits auf lückenhaften oder verzerrten Informationen beruhen, andererseits durch neue Informationen nur schwer veränderbar sind (der Begriff des Vorurteils betont dabei die affektive, der des Stereotyps die kognitive Dimension). Zum Ausgangspunkt der Wahrnehmung und Bewertung der Umwelt werden dabei die Normen und Wertvorstellungen der eigenen Gruppe gemacht (vgl. Peuckert 2006a, S. 57 ff).

In der Wissenschaftsphilosophie hingegen ist die Verwendung des Wertbegriffs häufig negativ bestimmt; er bezeichnet Elemente, die nicht der Logik oder der Erfahrung zuzurechnen sind, und die damit nach traditionellen Auffassungen in objektiver Wissenschaft nicht legitim sind. Hierunter fallen also nicht nur Werteinflüsse im eigentlichen Sinn, sondern auch verzerrende Vorurteile, Stereotypen, individuelle Präferenzen, politische oder ökonomische Interessen etc. Allerdings ist festzuhalten, dass die aktuelle Diskussion um Wertfreiheit in der beschriebenen Fassung des Ideals als Freiheit von nicht-kognitiven Werten sich größtenteils auf Werte in einer ganz bestimmten Funktion konzentriert, sprich Werten als Standards der Theoriewahl. Die betreffende Verwendung von ‚Wert' ist dabei insofern analog zu der soziologischen Begriffsbestimmung, als kognitive Werte konstitutiv für gute Theorien sein sollen und damit, wenn nicht handlungsrelevant, so doch entscheidungsrelevant sind (1);[33] sie sind in einem sozialen Kontext verankert, sprich der wissenschaftlichen Gemeinschaft, die sie tradiert (2);[34] und sie weisen einen hohen Abstraktheitsgrad auf (3), weshalb sie in spezifischen Theoriewahlsituationen jeweils noch zu interpretieren sind (4). Ebendiese Notwendigkeit der Interpretation (sowie Hierarchisierung) ist der Grund dafür gewesen, betreffende Kriterien für die Wahl zwischen jeweils empirisch adäquaten Theorien als Werte zu bezeichnen.

---

[33] Differierend zum soziologischen Wertbegriff sind diese Werte daher *instrumentelle Werte*, die zur Verwirklichung eines übergeordneten Wertes (Wahrheit, Verstehen, Erkenntnis o. ä.) beitragen sollen und nur über diese Verwirklichungsbeziehung zu Werten werden.

[34] Auch kognitive Werte sind also in diesem Sinn soziale Werte, weshalb eine Gegenüberstellung von wissenschaftlichen und sozialen Werten problematisch ist. Unter letztere werden dabei häufig ethische, religiöse, ästhetische, ökonomische oder politische Werte subsumiert. Unter sozialen Werten werde ich im Folgenden nur solche Werte verstehen, die sich auf den sozialen Status sowie die Möglichkeit der Mitwirkung und Teilhabe gesellschaftlicher Gruppen beziehen (vgl. Carrier 2006, S. 164).

2.4 Maßstäbe der Kritik normativer Ideale

Nachfolgend werden nun zunächst einige grundlegende Kriterien für die Qualität normativer Ideale formuliert, die als Basis der Evaluation des Wertfreiheitsideals sowie seiner Alternativen dienen sollen. Eine notwendige Bedingung für eine positive Evaluation normativer Ideale stellt ihre *interne Kohärenz* dar. Sie dürfen keine miteinander inkompatiblen Forderungen stellen oder beispielsweise Werteinflüsse in einem Bereich der Forschung erlauben, welche letztlich die geforderte Wertfreiheit für andere Bereiche unterminieren. Interne Kohärenz allein ist jedoch nicht hinreichend für die Evaluierung der normativen Fruchtbarkeit eines Ideals, welche auf weitere Kriterien zurückgreifen muss.

Eine wichtige Anforderung liegt in der *Operationalisierbarkeit* eines Ideals. Während sich empirische Adäquatheit natürlich nicht einfordern lässt und aufgrund des Idealcharakters unerheblich ist, liegt die Funktion von Idealen doch darin, ein regulatives Ziel bereitzustellen, dem (in diesem Fall) Wissenschaft sich annähern sollte. Deshalb ist es erforderlich, dass eine potentielle Zielerreichung erkennbar und empirisch überprüfbar ist sowie dass sich aus dem Leitbild Schritte zu dieser Annäherung ableiten lassen. Nur so ist entscheidbar, inwiefern diese Annäherung gegeben ist; und nur diese Entscheidbarkeit verleiht dem Ideal normative Fruchtbarkeit, d. h. ermöglicht es, zwischen guten und schlechten wissenschaftlichen Inhalten und Praktiken zu differenzieren. Damit zusammen hängt die Forderung nach *Realisierbarkeit*. Ein normatives Ideal muss nicht vollständig zu verwirklichen sein; wohl aber müssen sich Schritte dieser Verwirklichung auf seiner Grundlage nicht nur konzipieren, sondern auch in praktischer Hinsicht (zumindest potentiell) durchführen lassen.[35] Ein weiteres Kriterium liegt in der *Reichweite* von Idealen, d. h. sie müssen in ihrer normativen Funktion auf alle oder so viele als relevant erachtete Aspekte wie möglich anwendbar sein.

Wie bei den Kriterien der Theoriewahl lassen sich auch diese Anforderungen am Besten als Werte verstehen, d. h. sie sind jeweils noch genauer zu spezifizieren und ihre Bedeutung jeweils abzuwägen. Der

---

[35] Vgl. dazu auch Laudan (1984) und seine Diskussion rationaler Kriterien für die Diskussion von Zielen in der Wissenschaft.

internen Kohärenz kommt jedoch auch hier ein besonderer Status zu: zuallererst muss ein Ideal konsistent sein. Nur wenn diese Bedingung erfüllt ist, stellen sich überhaupt Fragen nach seiner normativen Fruchtbarkeit. Der Fokus wird daher im Folgenden auf diesem grundlegenden Standard für normative Ideale liegen.

Wichtig in Bezug auf das Wertfreiheitsideal ist zudem, zwischen dessen *epistemischer* und *politischer Rolle* zu unterscheiden (vgl. Kourany 2008). In epistemischer Hinsicht hat das Ideal der Wertfreiheit wie erläutert die Funktion, die Objektivität der Wissenschaft zu ermöglichen (indem sie die Prozesse der Produktion wissenschaftlichen Wissens als vertrauenswürdig auszeichnet, insofern diese systematische Verzerrungen aufgrund individueller Präferenzen oder geteilter Werte ausschließen können). Darüber hinaus kann das Wertfreiheitsideal jedoch auch verschiedene politische Rollen spielen, d. h. in politisch geprägten Diskursen als Argumentation dienen, etwa als Verteidigung wissenschaftlicher Autonomie gegenüber politischer Einflussnahme auf die Agenda-Setzung und auf die Evaluation von Geltungsansprüchen, oder auch um die Verantwortung für die Konsequenzen der Anwendung wissenschaftlicher Ergebnisse zu verneinen. Zudem haben wissenschaftliche Debatten oftmals Bedeutung für politische. Auch wenn es keine logischen Folgerungsbeziehungen zwischen deskriptiven und normativen Annahmen gibt, so setzen doch viele normative Positionen Annahmen über die Beschaffenheit der Welt voraus, z. B. über die Funktionsweise des Marktes, die Entstehung biologischer Arten oder Eigenschaften bestimmter sozialer Gruppen. Durch wertfreie Wissenschaft soll es möglich sein, diese Debatten auf dem Boden der Tatsachen auszutragen und inadäquaten, dogmatischen Sichtweisen ebendiesen zu entziehen. Nicht zuletzt erlaubt das Wertfreiheitsideal, die Inkorporierung von entsprechenden Werthaltungen in wissenschaftliche Theorien als schlechte Wissenschaft zurückzuweisen. So haben etwa feministische Kritiken androzentristischer und sexistischer Forschung mittlerweile eine umfangreiche Tradition. Es ist kein Zufall, dass selbst der Neopositivismus das Programm der wissenschaftlichen Philosophie explizit in einen gesellschaftlichen Kontext stellte und in der Tradition der Aufklärung sah. Wie Gerald Doppelt schreibt:

> There are few philosophical distinctions as central to twentieth-century thought as the distinction between fact and value. Indeed, the distinction has proven its

> utility for enlightenment and emancipation by providing a powerful tool for exposing ideological distortion and political manipulation. [...] Certainly, this logic played a key role in the process through which many came to question the value of racial segregation or gender hierarchy, on the basis of an empirical-scientific critique of the pseudo-science(s) and factual distortions underlying beliefs in essential difference or inferiority. (Doppelt 2007, S. 188).

Zu beachten ist, dass diese politische Rolle des Wertfreiheitsideals voraussetzt, dass es seine epistemische Funktion erfüllt, weshalb ich mich hier auf diesen Aspekt konzentrieren werde. Mein Interesse gilt dabei der Frage, ob einerseits die Kritik des Wertfreiheitsideals berechtigt ist und ob es andererseits genuine Alternativen gibt, welche die ihm zugeschriebenen Funktion, epistemische Vertrauenswürdigkeit zu ermöglichen, erfüllen können. Allerdings geht nicht jede Zurückweisung des Wertfreiheitsideals mit der Bereitstellung funktionsäquivalenter Gegenvorschläge einher; im Gegenteil wurde häufig auf die fehlende Berechtigung wissenschaftlicher Objektivitätsansprüche geschlossen. Im Folgenden soll zunächst kurz auf die notorischen Ansätze vor allem des *Strong Programme* der Soziologie wissenschaftlichen Wissens eingegangen werden, bevor ich mich der Diskussion sozialepistemologisch ausgerichteter Idealformulierungen zuwende.

3 Alternativen in der Sozialen Erkenntnistheorie

3.1 Philosophie, Geschichte und Soziologie der Wissenschaft

Die neopositivistische Konzeption von Wissenschaft und die entsprechenden Maßstäbe für epistemische Güte haben sich als zu strikt erwiesen. Ein stärkerer Einbezug der Wissenschaftsgeschichte hat gezeigt, dass auch historische Fälle, die gemeinhin als Meilensteine der Wissenschaft betrachtet werden (wie die kopernikanische Wende oder die chemische Revolution), mit diesen Maßstäben nicht angemessen beschrieben werden können. Zudem haben systematische Argumente darauf hingewiesen, dass Logik und Erfahrung allein für Urteile über Geltungsansprüche nicht ausreichen. Auf dieser Grundlage wird nun weithin anerkannt, dass entsprechende Urteile oft nicht eindeutig sind und Entscheidungen über die Akzeptanz oder Zurückweisung von Theorien sowohl komplexer als auch ergebnisoffener, als ein verifikationistischer Empirismus zulässt.

> According to earlier logicist views, science consists primarily of law-like assertions, and these are assessed in a relatively definitive way by means of a set of rules. The newer stress is on science as *theory*, and on the variety of criteria, none of them coercive, which govern theory appraisal. (McMullin 1984, S. 145)

Die Reaktionen auf dieses prinzipielle Maß an Unsicherheit wissenschaftlichen Wissens und die Einschätzungen seiner Reichweite sind allerdings so divers wie konfliktträchtig. Etwas vereinfacht gesagt, lässt sich eine Opposition zwischen der Wissenschaftsphilosophie und verschieden konstruktivistischen Ansätzen mit vorwiegend sozialwissenschaftlichem Hintergrund konstatieren. In der Wissenschaftsphilosophie gibt es gravierende Vorbehalte und Einwände dagegen, die Möglichkeit einer normativen Betrachtung von Wissenschaft aufzugeben. Eine solche sollte einerseits von der tatsächlichen Wissenschaft einlösbar sein, andererseits zwischen guter und schlechter Wissenschaft differenzieren (und so die Grundlage für Evaluierungen von Geltungs- und Objektivitätsansprüchen bilden) können.

Larry Laudan und Imre Lakatos sind prominente Beispiele für metamethodologische Ansätze, die zum einen die Wissenschaftsgeschichte stärker reflektieren, zum anderen Kriterien für die Rationalität wissenschaftlichen Wandels formulieren. Beide inkorporieren die Einsicht, dass Hypothesen nicht einzeln mit der Empirie abgeglichen werden können, wenden sich jedoch gegen die irrationalen Implikationen (oder Interpretationsmöglichkeiten) des Kuhnschen Paradigmenansatzes. Lakatos plädiert dafür, Forschungsprogramme auf der Grundlage ihrer Progressivität zu evaluieren, die sich vor allem an dem Treffen erfolgreicher, neuer Vorhersagen bemisst (vgl. Lakatos 1978a). Laudan hingegen bewertet die Progressivität von Forschungstraditionen anhand der Anzahl und Frequenz hervorgebrachter Problemlösungen (vgl. Laudan 1977).

Beide Ansätze räumen dabei trotz ihrer Normativität der tatsächlichen Geschichte der Wissenschaft eine wichtige Rolle ein und verwenden historische Fallstudien zur Untermauerung ihrer Argumentation. Allerdings ist dieses Verhältnis der Wissenschaftsphilosophie zur Wissenschaftsgeschichte aufgrund ihrer normativen respektive deskriptiven Ausrichtung nicht unproblematisch. So betrachtet etwa Lakatos die Wissenschaftsgeschichte als Prüfmöglichkeit normativer Ansätze insofern, als deren Qualität auch dadurch bestimmt werden soll, wie weite Bereiche dieser Geschichte sie als rational auszuzeichnen vermögen, und ob sie eine rationale Rekonstruktion von Fällen erlauben, die gemeinhin als wissenschaftliche Erfolge betrachtet werden (vgl. Lakatos 1978b). Eine Rationalität dieser Fälle wird demnach vorausgesetzt, was zu dem Vorwurf der Zirkularität geführt hat. Hilfreich ist an dieser Stelle eine von McMullin eingeführte Unterscheidung zwischen der *impliziten Rationalität* historischer Fallbeispiele, die sich auf die tatsächlich zeitgenössisch verwendeten Maßstäbe von Rationalität bezieht, und *zugeschriebener Rationalität*, die begründet, warum diese Episoden auch nach heutigen Maßstäben als wissenschaftliche Erfolge gelten können. Solange zwischen diesen Formen der Rationalitätszuschreibung differenziert werde, sei es durchaus legitim, die Möglichkeit der Zuschreibung bestimmter Rationalitätsmaßstäbe als indirekte Unterstützung für diese Maßstäbe zu betrachten. Problematisch sei nur, die gemachten Zuschreibungen als historische Erklärung auszugegeben und als These über die implizite Rationalität der Wissenschaftsgeschichte zu präsentieren (vgl. McMullin 1984, S. 136-141).

Hierbei bleibt allerdings unklar, wo die Grenzen der Rekonstruktion liegen, wie weit diese von der historischen Evidenz abweichen darf und wie der Gefahr begegnet werden kann, dass die Geschichte schlicht entsprechend der jeweiligen metamethodologischen Auffassung interpretiert wird, wodurch diese sich wiederum selbst bestätigen würde. Laudan grenzt sich deshalb von einer Abgleichung philosophischer Ansätze mit rationalen Rekonstruktionen ab, obschon auch für ihn die Wissenschaftsgeschichte eine wichtige Rolle in Bezug auf die Prüfung der Wissenschaftstheorie spielt. Er geht davon aus, dass wir bestimmte Intuitionen über gute Wissenschaft teilen und uns auf eine Grundmenge großer wissenschaftlicher Erfolge einigen können. Genau diese wiederum müssten durch eine adäquate Wissenschaftstheorie auch als solche erfassbar und erklärbar seien. Hierbei werden offensichtlich ebenfalls Intuitionen und philosophische Ansichten in die Interpretation der Geschichte hineingetragen; dies sei unvermeidlich, Ziel sei jedoch eine möglichst tatsachengetreue Darstellung (vgl. Laudan 1977, Kap. 5).

Zwei Punkte sind in Bezug auf die Relation von Wissenschaftsphilosophie und -geschichte festzuhalten. Erstens lässt sich eine gewisse Zirkularität nicht umgehen, wenn normative philosophische Ansätze durch bestimmte Episoden der Geschichte unterstützt oder unterminiert werden sollen, da auch in der Geschichte keine theoriefreie Interpretation möglich ist. Um überhaupt Relevanzentscheidungen treffen zu können, braucht der Wissenschaftshistoriker ein gewisses Vorverständnis davon, was Wissenschaft ist, und inkorporiert so möglicherweise bestimmte philosophische Annahmen. Dieser Zirkel muss jedoch nicht zwingend geschlossen sein, sondern kann auch spiralförmig gedacht werden. Buchdahl (1987) etwa betrachtet dieses Verhältnis als eines der quasi-dialektischen Koevolution, in welchem die Philosophie und die Geschichte jeweils offen für die Kritik der anderen Disziplin sind und sich so gemeinsam weiterentwickeln können. Zweitens ergeben sich keine direkten normativen Schlussfolgerungen aus deskriptiver Geschichte. Bestimmte Kriterien werden vielmehr immer schon vorausgesetzt, wie etwa, dass die Meilensteine der Wissenschaftsgeschichte wirkliche Erfolge und rational erklärbar sind (eine Annahme, die zumindest sehr plausibel scheint).

Auf der anderen Seite wird jedoch gerade die hier verwendete Prämisse einer Rationalität der großen Erfolgsgeschichten der Wissenschaft von den verschiedenen sozialkonstruktivistischen Ansätzen nicht geteilt, weshalb der betreffende Konflikt so leicht nicht beizulegen ist (vgl. Brown

2001, S. 71 ff.). Der Sozialkonstruktivismus beinhaltet eine Reihe unterschiedlicher Ansätze, die differenziert wiederzugeben hier nicht möglich ist (für einen ausführlicheren Überblick vgl. z. B. Hess 1997).[36] Brown (2001) unterscheidet grob zwischen einer nihilistischen und einer naturalistischen Ausrichtung. Unter erstere subsumiert er verschiedene postmoderne und dekonstruktivistische Ansätze (wie etwa Lyotard, Lacan oder Derrida), die den Objektivitätsanspruch der Wissenschaft gänzlich zurückweisen. Der naturalistische Flügel geht hingegen selbst mittels wissenschaftlicher Methoden vor, um Wissenschaft zu beschreiben. Entscheidend ist, dass hier, im Gegensatz etwa zu einer Wissenschaftssoziologie in der Tradition Mertons,[37] auch der *Inhalt* wissenschaftlichen Wissens zu einem Gegenstand der Forschung wird und sozialwissenschaftlich erklärt werden soll.

Eine prominente Rolle hat in diesem Kontext vor allem das *Strong Programme in the Sociology of Knowledge* der Edinburgh School (im Folgenden: SSK) gespielt, für das David Bloor (1976) die folgenden programmatischen Prinzipien aufstellte: *Kausalität,* d. h. Ziel sind kausale Erklärungen wissenschaftlicher Überzeugungen; *Impartialität,* d. h. diese Erklärungen sollten unabhängig von Aussagen über die Berechtigung von Geltungsansprüchen dieser Überzeugungen sein; *Symmetrie,* d. h. akzeptierte Überzeugungen erfordern dieselbe Art kausaler Erklärung wie zurückgewiesene; und schließlich *Reflexivität,* d. h., diese Prinzipien sollen auch auf die Soziologie wissenschaftlichen Wissens selbst angewendet werden.

Kontrovers ist dabei vor allem die Frage, ob rationale Gründe Ursachen für Überzeugungen darstellen können, was von den Vertretern des SSK verneint wird. Diese gehen davon aus, dass die Ursachen von Theoriewahlentscheidungen in sozialen Faktoren wie z. B. politischen Interes-

---

[36] Die folgende Diskussion bezieht sich zudem nur auf einen epistemologischen Sozialkonstruktivismus, nicht auf ontologische Thesen.

[37] Merton beschreibt den sozialen Kontext als Erfolgsbedingung der Wissenschaft und konzentriert sich dabei vor allem auf die bekannte Reihe institutioneller Werte (Kommunitarismus, Universalismus, Uneigennützigkeit, organisierte Skepsis). Die Einflüsse dieser Werte sind jedoch mit dem Wertfreiheitsideal kompatibel, da sie für die Evaluierung von Geltungsansprüchen nicht von Bedeutung sein sollen (vgl. z. B. Merton 1942).

sen bestehen,[38] während die meisten Wissenschaftsphilosophen an der kausalen Relevanz guter Gründe festhalten. Viel Kritik hat zudem auch das Symmetrieprinzip erfahren. Exemplarisch sei hier Laudan genannt, der dafür argumentiert, dass eine Erklärung mittels sozialer Faktoren nur dann berechtigt sei, wenn es keine rationale Erklärung der betreffenden Überzeugungen gebe (eine rationale Erklärung, sofern möglich, einer sozialen also immer vorzuziehen sei; vgl. Laudan 1977, S. 201 ff.). Wie McMullin konstatiert, beruht dieser Einwand nicht nur auf der Voraussetzung eines transhistorischen Rationalitätsstandards, sondern zusätzlich auf einer ebenso problematischen (und mit dem SSK geteilten) Dichotomie in Bezug auf rationale und soziale Faktoren. Ihm zufolge müssen die soziale und die rationale Seite nicht in exklusiver Opposition zu einander stehen, sondern

---

[38] Im Gegensatz dazu postuliert beispielsweise Latours Akteur-Netzwerk-Theorie, dass die kausalen Einflüsse keineswegs unidirektional sind, wobei Latour einen Begriff des (kausal relevanten) Aktanten benutzt, der nicht mehr zwischen belebter und unbelebter Materie differenziert und dafür kritisiert wird, letzterer Handlungen zuzuschreiben. Zusätzlich zu diesen makrosoziologischen und eher historisch ausgerichteten Ansätzen gibt es auch eine Reihe mikrosoziologischer Arbeiten, wobei insbesondere die Laborstudien von Knorr-Cetina (und anderen) zu erwähnen sind. Hier wird durch eine kleinteilige Beobachtung von Forschungsabläufen nachzuweisen versucht, wie soziale Faktoren und individuelle Interessen Einfluss auf die Resultate nehmen und gleichzeitig in diesen Resultaten unsichtbar gemacht werden.
Eine entscheidende Größe in diesen Debatten waren nicht zuletzt verschiedene feministische Ansätze; da sich diese mit den dargestellten Standpunkten zum Teil überschneiden und ebenfalls keine einheitliche Position bilden, werde ich sie hier nicht gesondert darstellen. Im Rückgang auf Harding (1986) unterscheidet man drei Arten feministischer Erkenntnistheorie: *feminist empiricism,* der androzentrische Verzerrungen als empirisch inadäquat kritisiert und an den herkömmlichen Maßstäben guter Wissenschaft festhält; *standpoint epistemologies,* die von der Perspektivgebundenheit wissenschaftlichen Wissens sowie der epistemologischen Überlegenheit politisch marginalisierter Perspektiven ausgehen, und *feminist postmodernism,* welcher die epistemische Autorität der Wissenschaft insgesamt bezweifelt. In dieser Arbeit werde ich vor allem auf die Position Helen Longinos eingehen, die insofern zwischen diesen Kategorien steht, als sie einerseits von einem empiristischen Ansatz ausgeht, andererseits jedoch die Perspektivgebundenheit wissenschaftlichen Wissens betont (ohne dabei die epistemologische Bedeutung einzelner Perspektiven zu hierarchisieren).
Darüber hinaus gibt es noch eine Vielzahl von Arbeiten in den *Science and Technology Studies,* auf die einzugehen hier nicht der Raum ist; vgl. auch dazu Hess (1997) für eine erste Annäherung.

können sich durchaus ergänzen. Zumindest aber sei nicht a priori, sondern nur mittels detaillierter Fallstudien entscheidbar, ob die Wissenschaftsgeschichte soziale oder rationale Erklärungen erfordere (vgl. McMullin 1984, S. 151 f.).

Mehr als dieser oberflächliche Blick kann hier auf die verschiedenen sozialkonstruktivistischen Ansätze nicht geworfen worden, vor allem da sie im Hinblick auf die Frage, wie Objektivität ohne Wertfreiheit zu denken ist, durch ihre grundsätzliche Ablehnung wissenschaftlicher Objektivitätsansprüche nicht hilfreich sind. Zudem wurden sie bereits häufig kritisiert und offenbaren verschiedene gravierende Probleme. Wie kann auf dieser Grundlage der so evident erscheinende Erfolg der empirischen Wissenschaften erklärt werden? Wie werden aus sozialen Einflüssen komplexe Theorien? Wie ist der Ausschluss rationaler Gründe aus der Menge möglicher Kausalfaktoren für die Akzeptanz von Theorien zu etablieren? Die dargestellte logische Lücke, welche die Unterdeterminierungsthese eröffnet, wird in sozialkonstruktivistischen Argumentationen häufig als Legitimation eines *anything goes* verstanden. Dazu ist zu sagen, dass hier für Interpretationen ein mögliches Kontinuum von „nicht vollständig logisch determiniert" bis „vollkommen unbestimmt" besteht. Unterdeterminierung allein zeigt nicht, dass Empirie und Rationalität überhaupt keine Rolle spielen. Um Überreaktionen zu vermeiden, sollte zwischen der logischen Unterdeterminierung von Hypothesen durch Beobachtungen und dem Spielraum bei der tatsächlichen Beurteilung von Hypothesen unterschieden werden (siehe auch Kapitel 6).

Zusammengefasst negieren die sozialkonstruktivistischen Positionen, dass das Wertfreiheitsideal realisierbar im Sinne einer Annäherung an eben dieses ist und deshalb, dass dieses Ideal seine epistemische Funktion erfüllt, Objektivität zu ermöglichen. Dies wiederum impliziert die Unmöglichkeit einer fruchtbaren politischen Funktion im Sinne von Aufklärung; im Gegenteil führe die (nur) vorgebliche Erfüllung der epistemischen Funktion zu einer Festigung bestehender Machtverhältnisse. Sowohl die Kohärenz dieser Kritik als auch das Fehlen einer konstruktiven Alternative, die es erlauben würde, Wissenschaft von anderen Modi der Glaubensproduktion und gute von schlechter Wissenschaft zu unterscheiden, sind dabei jedoch als hoch problematisch einzustufen.

Insgesamt scheint diese soziale Überdeterminierung ebenso unplausibel wie die neopositivistische Überidealisierung. Im SSK wird den sozialen Aspekten wissenschaftlicher Entscheidungen die exklusive explanatorische Funktion zugeschrieben, welche in der neopositivistischen Wissenschaftstheorie der Empirie und Logik und in metamethodologischen Ansätzen etwas weiter gefassten Rationalitätskriterien zukam. Daraus ergibt sich eine Opposition soziologischer und epistemologischer Ansätze, die sich als wenig fruchtbar erwiesen hat, was einen der Ausgangspunkte der *Sozialepistemologie* konstituiert. Unter diesem Stichwort lassen sich eine Reihe von wissenschafts- und erkenntnistheoretischen Ansätzen zusammenfassen, die seit etwa zwei Jahrzehnten zunehmend an Bedeutung gewinnen und sich durch die Suche nach einem dritten Weg zwischen idealisierten philosophischen Rationalitätsentwürfen und empirisch arbeitenden Skeptikern auszeichnen. Dabei stehen eine Reihe verschiedener Fragestellungen im Mittelpunkt (vgl. dazu auch Wilholt 2007). Ein Beispiel ist das Problem der *cognitive agency*, d. h. die Frage danach, ob der (wissenschaftliche) Erkenntnisprozess sich prinzipiell auf Individuen reduzieren lässt oder aber essentiell sozialer Natur ist. Selbst wenn an einer prinzipiellen Reduzierbarkeit festgehalten wird, steht jedoch außer Frage, dass die heutige Wissenschaft zum allergrößten Teil nicht das Ergebnis der Arbeit Einzelner ist, sondern komplexe soziale Zusammenhänge voraussetzt. Eine weitere zentrale Thematik der Sozialepistemologie liegt daher darin, diese sozialen, politischen und institutionellen Rahmenbedingungen in ihrer wissenschaftstheoretischen Bedeutung zu reflektieren. Dabei zielt sie vor allem auch darauf zu erklären, wie wissenschaftliches Wissen in einem sozialen Rahmen produziert wird, ohne deshalb seine epistemische Autorität zu verlieren, d. h. es geht um die Vereinbarkeit normativer philosophischer Konzepte wie Rationalität und Objektivität mit dem Vorhandensein sozialer Einflüsse. Zu den diesbezüglich diskutierten Einflüssen gehört dabei insbesondere auch die mögliche Wertbeladenheit der Wissenschaft.

In den nächsten Unterkapiteln soll ein Überblick über zwei besonders einflussreiche Ansätze innerhalb der sozialen Erkenntnistheorie gegeben werden – Kitchers *Well-Ordered Science* (im Folgenden: WOS) und Longinos *Social Value Management* (im Folgenden: SVM). Beide kritisieren nicht nur die Vorstellung einer wertfreien Wissenschaft, sondern formulieren auch jeweils ein alternatives normatives Ideal. Während diese Positionen zwar die Prämisse einer wissenschaftstheoretischen Relevanz des sozialen Kontextes von Wissenschaft teilen, unterscheiden sie sich erheblich in Bezug auf die genauere argumentative Bestimmung dieser Relevanz und insbesondere auch auf die Einschätzung der Reichweite möglicher Werteinflüsse in der Wissenschaft.

3.2 Philip Kitcher: Well-Ordered Science

Philip Kitcher entwickelt sein Ideal einer demokratisch ausgerichteten und sozial verantwortlichen Wissenschaft in *Science, Truth, and Democracy* (2001) ausgehend von der Annahme, dass die aktuelle Opposition im Hinblick auf die Reichweite sozialer Einflüsse in der Wissenschaft einen mittleren Weg zwischen sozialkonstruktivistischen und naiv wissenschaftsgläubigen Ansätzen erfordere. Letztere operierten auf Grundlage der Annahme, dass Wissenschaft dem einen übergeordneten und intrinsisch wertvollen Ziel folge, Wissen über die Welt zu erlangen, und auf diesem Weg sehr erfolgreich sei. Als Bedingung dieses Erfolgs werde jedoch die Freiheit der Wissenschaft betrachtet. Diese Freiheit sei als Freiheit von Einflüssen sozialer Werte oder politischer Kräfte zu verstehen und beziehe sich zum einen auf die Ausrichtung von Forschung, zum anderen auf die Bewertung von Geltungsansprüchen. Während Einflüsse auf die Agenda-Setzung die Effizienz der Wissenschaft verminderten (siehe oben zum Reinheitsaspekt des Wertfreiheitsideals), untergrüben Einflüsse auf den Rechtfertigungskontext die Objektivität der Wissenschaft und damit ihren Anspruch auf epistemische Autorität. Dies entspreche wiederum dem Ziel der gegnerischen Seite: wissenschaftliche Objektivität auf der Basis der Unterdeterminierungsthese als Mythos auszuweisen, der den politischen Interessen einer mächtigen Elite diene (vgl. Kitcher 2001, Kap. 1).

Kitcher nimmt zwischen diesen beiden Extremen insofern eine Zwischenposition ein, als er zwar an der Forderung nach einer Wertfreiheit der Rechtfertigung festhält, die Idee einer Reinheit der Agenda-Setzung jedoch als verfehlt kritisiert. Der erste Punkt basiert vor allem auf seiner

Zurückweisung der Unterdeterminierungsthese. Diese unterteilt er in drei Versionen mit unterschiedlicher Reichweite: erstens *transiente Unterdeterminierung,* die sich auf die Situation bezieht, dass eine Theoriewahlentscheidung aktuell durch die verfügbare Evidenz unterbestimmt ist; zweitens *permanente Unterdeterminierung,* die vorliegt, wenn diese Entscheidung auch durch alle zukünftige Evidenz nicht determiniert werden kann; und drittens *globale Unterdeterminierung,* womit er die These bezeichnet, dass sämtliche Theoriewahlentscheidungen aufgrund der Möglichkeit empirisch äquivalenter Alternativen immer unterbestimmt bleiben (also alle Wissenschaft permanent unterdeterminiert ist).

In Bezug auf den ersten Fall konstatiert er, diese Situation sei zwar allgegenwärtig, jedoch für den Objektivitätsanspruch der Wissenschaft irrelevant: "*Transient* underdetermination is familiar and unthreatening" (ebd., S. 30). Den Grund für diese Einschätzung führt er nicht weiter aus; vermutlich basiert sie auf der Annahme, dass die betreffenden Theoriewahlentscheidungen durch zukünftige Belege determiniert werden können und diese Entscheidungen entsprechend bis zu diesem Zeitpunkt auszusetzen sind.[39] Des Weiteren räumt Kitcher zwar ein, dass die Möglichkeit permanenter Unterdeterminierung bestehe, betrachtet diese aber nicht als prinzipielles Problem, da die meisten Konflikte zwischen Alternativen letztlich doch einer (evidenzbasierten) Lösung zugeführt werden könnten, wie unter anderem die Wissenschaftsgeschichte zeige. Globale Unterdeterminierung zieht er generell in Zweifel. Zum einen sei fraglich, ob es tatsächlich immer echte Alternativen gebe; zum anderen sei die These einer globalen Unterdeterminierung inkonsistent mit der Annahme, die durch die Erfahrung unterbestimmten Entscheidungen würden durch soziale Einflüsse und politische Präferenzen determiniert. Annahmen über den Zusammenhang der jeweiligen Theorien mit bestimmten Werten oder sozialen Konsequenzen seien von der globalen These gleichfalls betroffen und

---

[39] Diesem *Agnostizismus-Argument* werden wir im Verlauf der Arbeit noch mehrfach begegnen. Es besagt, dass in Fällen, in denen ohne Rückgriff auf außerwissenschaftliche Werte keine Entscheidung über den Geltungsanspruch einer Theorie getroffen werden kann, dieses Urteil auszusetzen und auf einen weiteren Fortschritt der Wissenschaft zu warten ist (etwa auf neue empirische Daten). Es wird zu diskutieren sein, ob eine solche Aussetzung des Urteils immer möglich ist.

vermöchten daher eine solche Determinierung ebenso wenig zu leisten (vgl. ebd., Kap. 4).

Anzumerken ist, dass Kitchers Zurückweisung einer Unterdeterminierung sich vorrangig gegen deren kontrastive Fassung richtet, d. h. sich auf die Frage bezieht, ob die Wahl zwischen verschiedenen Theorien anhand empirischer Evidenz möglich ist. In Bezug auf die Problematik holistischer Unterdeterminierung, welche die Frage der Isolierbarkeit zu überprüfender Hypothesen und ihren Zusammenhang mit bestimmten empirischen Konsequenzen betrifft, postuliert er, dass die Ableitung dieser Konsequenzen aus Theorien wertfrei möglich sei: "it is at least possible to take the first step and to identify the predictions and interventions that flow from a theory without the intrusion of value judgements" (ebd., S. 30).[40]

Auf der Grundlage seiner Zurückweisung des Unterdeterminierungsproblems vertritt Kitcher einen moderaten wissenschaftlichen Realismus[41] und geht davon aus, dass Theoriewahlentscheidungen wertfrei möglich seien, was wiederum die Grundlage des wissenschaftlichen Anspruches auf Objektivität bilde:

> [T]he resolution of scientific debate on the basis of evidence is possible. The ideal of objectivity need not be dismissed as a fond delusion. Hence there is no basis for believing that value judgments inevitably enter into our appraisal of which of a set of rival hypotheses (if any) is approximately correct. (Ebd., s. 41)

Kitcher hält folglich an dem herkömmlichen Objektivitätsverständnis fest, welches die Wertfreiheit von Theoriewahlentscheidungen voraussetzt. Während er damit genau den Aspekt der Wertfreiheit verteidigt, der oben

---

[40] Argumente zu holistischer und kontrastiver Unterdeterminierung (und damit die Haltbarkeit von Kitchers diesbezüglicher Position) werden in Kapitel 6 respektive 7 noch genauer diskutiert; an dieser Stelle soll zunächst ein Überblick über die Grundlagen von WOS gegeben werden.

[41] Auf Kitchers Argumentation für einen wissenschaftlichen Realismus soll an dieser Stelle nicht genauer eingegangen werden, da mich vornehmlich seine Haltung zur Frage der Wertfreiheit der Wissenschaft interessiert (die hier unabhängig von realistischen Voraussetzungen diskutiert werden soll). Er behandelt einige antirealistische Argumente, wobei er erstens die empiristische Distinktion zwischen Beobachtbarem und Nicht-Beobachtbarem als kontingent und kontextabhängig bezeichnet, sich zweitens angesichts von Laudans pessimistischer Meta-Induktion auf die Wahrheit bestimmter Teile von Theorien zurückzieht und drittens sozialkonstruktivistische Positionen als inkohärent beschreibt (vgl. ebd., Kap. 2).

als entscheidend für das zeitgenössische Ideal beschrieben wurde (i.e., Theoriewahlentscheidungen dürfen nicht auf außerwissenschaftliche Werte rekurrieren), versucht er andererseits, die Agenda-Setzung stärker an demokratischen Prinzipien auszurichten und damit explizit an gesellschaftliche Wertdebatten zu koppeln. Auch wenn die von ihm identifizierte Wertbeladenheit der Ausrichtung von Forschung bereits seit längerem mehrheitsfähig ist, so ist es doch Kitchers Verdienst, den Entdeckungszusammenhang stärker in die wissenschaftsphilosophische Diskussion einzubeziehen und systematisch als in einem sozialen Kontext stehend und normativ relevant zu reflektieren. Seine Kritik an der Forderung nach einer Autonomie der Ausrichtung richtet sich dabei vor allem gegen die Prämisse, Wissenschaft verfolge ein einziges und eindeutiges Ziel: die Erkenntnis der Wahrheit. Diese Zielformulierung reiche nicht aus, um über die thematische Ausrichtung von Forschung zu entscheiden. Wissenschaft suche keineswegs nach einer unendlichen Menge (auch noch so trivialer) Wahrheiten, sondern nach *signifikanten* Wahrheiten. Die Bestimmung dieser Signifikanz sei relativ zu spezifischeren Zielen und damit wertbeladen. Zwar sei es durchaus möglich, zwischen epistemischer Signifikanz und praktischer Signifikanz zu unterscheiden, auch erstere sei aber nicht kontextfrei zu denken. Entscheidend ist an dieser Stelle Kitchers Konzept der *Signifikanzgraphen*. Dieses bringt zum Ausdruck, dass selbst epistemische Signifikanz von der historischen Entwicklung des jeweiligen Forschungsbereichs abhängig ist. Was aktuell aus einer wissenschaftlichen Perspektive heraus als interessante Frage erscheine, sei auch dadurch bestimmt, welche Erkenntnisse bereits erlangt und welche Bereiche bisher ausgeklammert wurden. Dies wiederum könne auch durch soziale oder praktische Belange in der Vergangenheit beeinflusst worden sein (vgl. ebd., Kap. 6 und 7).

Der angenommene Einfluss der verschiedenen Ziele, die durch Wissenschaft verfolgt werden können, reicht dabei über die reine Themenwahl hinaus. Forschung sei nicht einfach ein direkter Spiegel der Natur, sondern nähere sich dieser immer aus einer bestimmten Perspektive. Deshalb sei beispielsweise auch die Identifizierung relevanter Objekte sowie ihre Klassifizierung und Beschreibung im Hinblick auf die verfolgten Zwecke zu sehen. Die entstehenden Taxonomien prägen wiederum die spätere Sicht auf Gegenstandsbereiche, da andere Möglichkeiten dann nicht entwickelt würden:

> All kinds of considerations, including moral, social, and political ideals, figure in judgments about scientific significance, and hence in the evolution of significance graphs. Inquiries that appeal to us today, and that we characterize as epistemically significant, sometimes do so because of the practical projects our predecessors pursued in the past. With our eyes focused on the present, it's easy to deny that these inquiries are in any way connected with broader values. A longer view would reveal that the questions we pose, the apparatus we employ, the categories that frame our investigations, even the objects we probe, are as they are because of the moral, social, and political ideals of our predecessors. (Ebd., S. 86)

Unsere Ziele prägen demnach unsere Kategorien, und zwar auch in einem historisch relevanten Sinn derart, dass spätere Forschung – selbst wenn sie abweichende Ziele verfolgen sollte – diese Prägung weiterhin inkorporiert. Darüber hinaus beeinflussen diese Ziele auch die Standards der Theoriebewertung, da empirische Adäquatheit nicht ausreiche, deren Güte zu bestimmen. Zusätzlich müssten diese Theorien Kriterien erfüllen, die sich daraus ableiteten, in welcher Hinsicht wir ihnen Signifikanz zuschrieben. Kitcher vergleicht diesbezüglich Theorien mit Karten, die sich je nach Zweck unterscheiden, dennoch aber, eben im Hinblick darauf, wie gut oder schlecht sie diesen Zweck erfüllen, evaluierbar sind (an dieser Stelle sei an McMullins Unterscheidung von *valuing* und *evaluation* erinnert). In Bezug auf die Ziele von Forschung vertritt Kitcher damit einen Pluralismus, der sich auf Inhalt und Bewertung von Theorien auswirkt. Er geht jedoch davon aus, dass diese unterschiedlichen Karten ineinander übersetzbar sind und nicht miteinander inkompatibel sein dürfen (vgl. ders. 2002a, 2002b).[42]

Die Abhängigkeit wissenschaftlicher Signifikanz – auch epistemischer Signifikanz – von bisherigen und aktuellen Zielen und der vorhergehenden Entwicklung eines Forschungsbereichs bildet einen Grundpfeiler von Kitchers Argumentation gegen die Freiheit der Agenda-Setzung.

---

[42] Damit vertritt er eine schwache Pluralismusthese im Gegensatz zu Longino, welche die Möglichkeit inkompatibler, jeweils akzeptierbarer Theorien für gegeben hält und kritisiert, dass auch Kitchers Auffassung kontextabhängiger Signifikanzzuschreibungen und entsprechender Evaluierungsstandards diese Möglichkeit impliziere (vgl. Longino 2002b, 2002c; zur Diskussion dieser Problematik siehe Kapitel 7).

Entscheidungen, die wir heute in Bezug auf die Auswahl von Themen und Hypothesen treffen, sind zwar durch diese Historizität der Wissenschaftsentwicklung nicht determiniert, wohl aber in entscheidender Weise geprägt und eingeschränkt. Jede Wahl zwischen verschiedenen Möglichkeiten nimmt Einfluss auf zukünftige Wahlmöglichkeiten und ist nicht einfach rückgängig zu machen. Eine solche Wahl ist aber aufgrund der Begrenztheit der zur Verfügung stehenden Ressourcen immer erforderlich. Dabei ist nach Kitcher nicht davon auszugehen, dass jede dieser Entscheidungen gleich gut wäre, da sie jeweils zu einem Wissenszuwachs führten, nur in anderen Bereichen. Der Wert der Wissensgewinnung ist für ihn nicht allen anderen Werten übergeordnet und kein reiner Selbstzweck, sondern sollte durch demokratische Prinzipien reguliert werden.

WOS ist eine Wissenschaft, deren Ausrichtung sich in Bezug auf ihre politische Bedeutung verantwortungsvoll verhält. Idealerweise würden in dieser Wissenschaft Entscheidungen über die Ausrichtung von Forschung (via die Verteilung von Ressourcen), die ethische Beschränkung von Methoden sowie die Anwendung von Ergebnissen durch eine Konsensfindung der Repräsentanten verschiedener gesellschaftlicher Interessen gefällt. Diese Repräsentanten sind als ideale Deliberatoren konzipiert, die – angeleitet durch unparteiische Experten – sowohl hinreichend Informationen über den Stand der Forschung und die bisherige Entwicklung bereichsspezifischer Signifikanzgraphen verarbeiten können als auch die Interessen der anderen Parteien in ihre Entscheidung einbeziehen (vgl. ebd., Kap. 10).

Ein solches Verfahren ist natürlich nicht praktisch durchführbar. WOS ist als normatives Ideal gedacht, dem Wissenschaft sich anzunähern versuchen sollte. Allerdings, so Kitcher, sollte diese Annäherung nicht auf die prozedurale Verwirklichung einer idealen deliberativen Konsensfindung zielen, sondern darauf, Ergebnisse hervorzubringen, die den Ergebnissen des idealen Prozederes glichen:

> For *perfectly* well-ordered science we require that there be institutions governing the practice of inquiry within the society that *invariably* lead to investigations that *coincide* [...] with the judgments of ideal deliberators, representative of the distribution of viewpoints in society. [...] there's no thought that well-ordered science must *actually institute* the complicated discussions I've envisaged. The thought is that, however inquiry proceeds, we want it to match

the outcomes those complex procedures would achieve at the points I've indicated. (Ebd., S. 122 f.)

Der Einwand liegt nahe, nach der Möglichkeit eines Vergleichs der Wirklichkeit mit den Ergebnissen idealer, nicht reproduzierbarer Verfahren zu fragen. Wie bestimmen wir die Ergebnisse dieser Verfahren, denen wir uns annähern sollen, ohne eine Möglichkeit sie durchzuführen? Diese strukturelle Konzeption einer Evaluierung, die auf einem Ideal auf der Prozessebene beruht, dieses Ideal jedoch mit Ergebnissen auf der Produktebene abzugleichen zielt, ist zweifelhaft. Kitcher zufolge erfordert WOS auf der Prozessebene, dass Institutionen entwickelt werden, die in etwa die Ergebnisse einer idealen Deliberation hervorbrächten (vgl. ebd., S. 123); auch deren Evaluierung ist demnach von dieser strukturellen Schwierigkeit betroffen. Zwar benennt er einige Punkte, in denen die gegebene Wissenschaft von einer wohl-geordneten abweiche, etwa die Vernachlässigung bestimmter Interessensgruppen oder die zunehmende Ausrichtung von Forschung nach kommerziellen Motiven. In Fällen, die der Idee einer demokratisch akzeptablen Agenda-Setzung offensichtlich widersprechen, mag eine solche Identifizierung möglich sein. Es ist jedoch problematisch vorauszusetzen, die Ergebnisse der idealen Deliberation würden, auch in komplexeren Situationen, stets mit unseren diesbezüglichen Intuitionen übereinstimmen. Die normative Fruchtbarkeit von Kitchers Ideal ist zumindest fragwürdig, da die Operationalisierbarkeit und Realisierbarkeit einer Annäherung an WOS unklar sind.[43]

Eine Diskussion über normative Fruchtbarkeit würde jedoch zunächst voraussetzen, dass die argumentativen Grundlagen des Ideals kohärent und überzeugend sind, was im Folgenden noch genauer untersucht werden soll. Insgesamt ist die Position Kitchers am eher konservativen Ende im Spektrum der Sozialepistemologie einzuordnen. In der Praxis ist Wissenschaft ein sozialer Prozess. Um diesen effektiv zu gestalten, etwa in Bezug auf die Arbeitsorganisation und Ressourcendistribution, sind soziale

---

[43] Ratsam scheint hier vielmehr eine Annäherung an den idealen Deliberationsprozess auf der Prozessebene, die auch auf dieser Ebene evaluiert wird. Diese könnte beispielsweise auf einen Einbezug von Laienperspektiven und verschiedenen Interessensgruppen und die Umsetzung des Ideals durch partizipative Verfahren zielen. Damit wären zumindest Schritte für eine Annäherung identifizierbar und auch in einem gewissen Grad realisierbar.

Mechanismen und Normen nötig (vgl. dazu auch ders. 1993). Diese sozialen Bedingungen sind aber nicht entscheidend für die Beurteilung wissenschaftlicher Geltungsansprüche. Von der herkömmlichen Wissenschaftstheorie unterscheidet Kitcher sich vor allem dadurch, dass er traditionell eher der Wissenschaftssoziologie zugeordnete Themenbereiche zu einem Gegenstand der philosophischen Reflexion macht. Sein Ideal einer demokratischeren Wissenschaft bezieht sich auf die Ausrichtung und Anwendung von Forschung, nicht auf deren Rechtfertigung. Die neopositivistische Kontextunterscheidung wird beibehalten, die disziplinäre Relevanz der verschiedenen Kontexte allerdings neubewertet. Deshalb stellt Kitchers Ideal keine genuine Alternative zu dem Ideal der Wertfreiheit dar, sondern eher eine Ergänzung zu dessen zeitgenössischer Formulierung.

Seine Position basiert dabei auf einer Zurückweisung der Unterdeterminierungsthese, die problematisch scheint, insbesondere im Hinblick auf die angenommene Irrelevanz transienter Unterdeterminierung. Im weiteren Verlauf werde ich dafür argumentieren, dass Kitchers eigene Argumente in Bezug auf die Perspektiv- bzw. Zielgebundenheit von Klassifikationssystemen und Bewertungsstandards sowie für die historische Dimension des Signifikanzbegriffs weitreichendere Konsequenzen für die Wertfreiheit der Wissenschaft haben, als er selbst annimmt.

3.3 Helen Longino: Social Value Management

Helen Longinos kritischer kontextueller Empirismus steht in der Tradition der feministischen Erkenntnistheorie empiristischer Ausrichtung und unterscheidet sich von Kitchers Ansatz durch eine weitergehende Abweichung von traditionellen wissenschaftstheoretischen Positionen. Sie geht davon aus, dass Wissenschaft nicht nur kontingenterweise, sondern essentiell ein sozialer, d. h. durch Interaktion gekennzeichneter Prozess ist. Deshalb sei der soziale Rahmen, in welchem Wissenschaft stattfinde, nicht nur relevant in Bezug auf eine mögliche Optimierung etwa der Verteilung finanzieller oder humaner Ressourcen, sondern habe auch eine normative Bedeutung für wissenschaftstheoretische Kernbegriffe wie Objektivität oder Wissen. Die soziale Dimension von Forschung könne daher auch im Bezug auf wissenschaftliche Inhalte und ihre Bewertung nicht ausgeklammert werden, was jedoch nur dann Probleme generiere, wenn sozial und rational als dichotome Gegensätze verstanden würden. Damit zusammenhängend weist Longino die Idee einer wertfreien Wissenschaft zurück, wobei sie (anders als Kitcher) nicht nur Werteinflüsse auf die Ausrichtung von Forschung, sondern auch auf Inhalte und Evaluationskriterien als unter Umständen legitim erachtet.

Ausgangspunkt des kontextuellen Empirismus ist die Annahme einer Unterdeterminierung von Theorien, welche über die bloße Generalisierung von Beobachtungen hinausgehen und auf das Verständnis zugrunde liegender Prozesse und Entitäten zielen. Einerseits sei nicht eindeutig, anhand welcher Konsequenzen eine Hypothese zu überprüfen ist; andererseits bestehe die Möglichkeit, dass dieselben Daten verschiedene, auch inkompatible Hypothesen (oder Theorien) stützen. Deshalb sei die Beziehung zwischen theoretischen Hypothesen und empirischen Konsequenzen nicht als eine direkte, sondern als eine unterdeterminierte und durch Hintergrundannahmen vermittelte zu verstehen. Diese Hintergrundannahmen könnten sowohl methodologischer als auch substantieller Art sein und enthielten beispielsweise Annahmen über Kausalitätsbeziehungen oder ontologische Strukturen eines Gegenstandsbereichs. Entscheidend ist, dass diese zwischen Theorie und Empirie vermittelnden Hintergrundannahmen ihr zufolge wertbeladen sein können (vgl. Longino 1990, Kap. 3).

Exemplarisch sei an dieser Stelle ein bekanntes Beispiel aus der evolutionären Anthropologie erwähnt, in welchem es um die Erklärung der Entwicklung des Werkzeuggebrauchs geht. Hier bilden Fossilien von Knochen, Fußabdrücken oder Werkzeugen (neben nicht gerade unproblematischen Analogien zu zeitgenössischen Primaten und Jäger-und-Sammler-Völkern) die (schmale) empirische Basis, welche jeweils zum Beleg für inkompatible Hypothesen angeführt wird. Im *man-the-hunter Modell* wird der Gebrauch von Werkzeugen mit den Erfordernissen der Jagd in Verbindung gebracht. Dadurch wird ein traditionell hauptsächlich männlicher Tätigkeitsbereich zu der Aktivität, die entscheidend den Fortschritt der Menschheit beeinflusste. In den 1970ern wurde von einigen Wissenschaftlerinnen das dem entgegengesetzte *women-the-gatherer-Modell* entwickelt, welches den Werkzeuggebrauch auf das Sammeln, Ausgraben und

Zubereiten vorwiegend pflanzlicher Nahrung zurückführt. Allein die empirischen Funde reichen in diesem Fall nicht aus, ein Modell vor dem anderen auszuzeichnen; vielmehr setzt ihre Anführung als Evidenz jeweils bereits bestimmte Hintergrundannahmen voraus, wie etwa, dass Männer auf die Jagd gingen und Frauen derweil für den Haushalt sorgten. Auffällig ist, dass beide Modelle mit herkömmlichen geschlechtsspezifischen Rollenbildern konform gehen. Zudem scheint plausibel, dass die Zuordnung des Werkzeugsgebrauchs zu dem als männlich betrachteten Gebiet durch wertbeladene Annahmen unterstützt wird, die im Gegenmodell nicht geteilt werden (vgl. Brown 2001, S. 201 ff; Longino 1990, S. 106 ff; Longino/Doell 1983).

Longinos Argumentation setzt dabei keine starke Interpretation der Unterdeterminierungsthese im Sinne vollständiger empirischer Äquivalenz voraus, sondern betrifft (wie bei Kuhn) auch Fälle, in denen die für rivalisierende Theorien angeführte Evidenz sich nicht vollständig deckt, sondern diese Theorien in Bezug auf unterschiedliche Teilaspekte ihre jeweiligen Stärken und Schwächen haben. Es geht ihr an dieser Stelle zudem nur darum, die *Möglichkeit* von Werteinflüssen via Hintergrundannahmen zu etablieren. Diese Möglichkeit ergibt sich prinzipiell bereits an dem Punkt, an dem von dem deterministischen Bestätigungsmodell des Neopositivismus abgerückt wird (was, wie dargestellt, zeitgenössisch dem philosophischen Mainstream entspricht).

> One of the main lessons of the underdetermination argument is that there are no formal rules, guidelines, or processes that can guarantee that social values will not permeate evidential relations. If this is so, then it is a contingent matter whether a given theory produced according to the best rules is value-laden or not. There are two consequences: it can be asked about any given theory whether it is value-laden and, if so, with which values; and it becomes imperative to produce an analysis of objectivity (understood as social value management rather than absence of social values) that does not invoke formal rules. (Longino 2002a, S. 50)

Longino behauptet also nicht, dass alle Wissenschaft notwendig wertbeladen sei, sondern dass es aufgrund der prinzipiellen Möglichkeit wertbeladener Hintergrundannahmen unmöglich sei, Wertfreiheit durch wissenschaftliche Verfahren generell zu garantieren.[44] Ebenso ist ihre Argumentation damit vereinbar, dass bestimmte Bereiche (die eine größere Relevanz für soziale Fragen aufweisen) anfälliger für Werteinflüsse sind als andere. Andererseits ist es nach Longino nicht so, dass die Wertbeladenheit gleichbedeutend mit schlechter Wissenschaft ist und zur Aufgabe des Objektivitätsanspruchs führen muss. Vielmehr sei ein neues Verständnis von Objektivität erforderlich, das die Rolle von Hintergrundannahmen berücksichtige. Diese Rolle erinnert an Kuhnsche Paradigmen, da Hintergrundannahmen vorstrukturieren, welche Fragen gestellt werden, was als mögliche Lösung gilt und was als empirische Prüfung welcher Hypothesen betrachtet wird. Hintergrundannahmen seien jedoch prinzipiell isolierbar und artikulierbar und sollten durch einen *Prozess der gegenseitigen Kritik* innerhalb der wissenschaftlichen Gemeinschaft sichtbar gemacht werden.[45]

---

[44] Kritiker richten sich oftmals gegen Longinos vermeintliche Annahme einer notwendigen Wertbeladenheit aller Wissenschaft (vgl. z. B. Ruphy 2006, S.191 f.: "the charge is essentially about the *theoretical impossibility* of value-neutral results"; Haack 1996, S. 88: "Longino [is] committed to the thesis that social values are inextricable from science". Diese Interpretation halte ich für verfehlt. Es geht Longino nicht um die Unmöglichkeit von Wertfreiheit, sondern vielmehr darum, dass Wertfreiheit auch durch die Einhaltung wissenschaftlicher Standards nicht immer garantiert werden kann (vgl. auch Rolin 2002). Derartige irreführende Interpretationen stehen häufig im Zusammenhang mit einer generellen Ablehnung der Idee einer feministischen Erkenntnistheorie. Diese Ablehnung begründet sich nicht nur in einer Sorge um den Verlust der epistemischen Funktion des Wertfreiheitsideals, sondern auch um seine politische Funktion, beispielsweise sexistischen Vorurteilen durch Forschung den Boden zu entziehen. Entsprechend wird argumentiert, dass feministische Erkenntnistheorie nicht nur Objektivität, sondern damit zugleich den Feminismus untergräbt (vgl. Haack 1996, Koertge 2000). Wie noch dargestellt werden soll, läuft Longinos Ablehnung des Wertfreiheitsideals jedoch nicht auf die Unmöglichkeit einer Kritik sexistischer Werteinflüsse in Theorien hinaus. Allerdings sei angemerkt, dass es innerhalb der feministischen Erkenntnistheorie große Unterschiede gibt. Ich stimme Haack zu, wenn sie Ansätze, die z. B. eine besondere kognitive Natur der Frau postulieren und weibliches Wissen der männlichen Wissenschaft gegenüberstellen, als ausgesprochen sexistisch kritisiert.

[45] Diese permanente Artikulation und Diskussion grundlegender strukturierender Prämissen ist natürlich enorm aufwendig. Gerade die Konsensfähigkeit paradigmatischer Annahmen stellte bei Kuhn die Voraussetzung für den Fortschritt in nicht-revo-

Ebendieser Prozess der Kritik bildet die Basis der alternativen Konzeption von Objektivität, die Longino vorschlägt. Durch die gegenseitige Kritik könnten implizite Werthaltungen aufgedeckt und individuelle Präferenzen der Wissenschaftler gradweise ausgesiebt werden. Allerdings gebe es kein natürliches Ende dieses Prozesses, da auch diese Kritik wiederum von Hintergrundannahmen abhängig sei. Objektivität nach Longino ist daher nicht gleichzusetzen mit der Eliminierung von Werteinflüssen durch den sozialen Prozess der Kritik, da das Erreichen einer solchen Eliminierung nicht identifizierbar wäre – die Möglichkeit weiterer Werteinflüsse ließe sich nie ganz ausschließen. Im Gegenteil entkoppelt sie den Objektivitätsbegriff von dem Ideal der Wertfreiheit. Die für Longino relevante Ebene von Objektivität ist diejenige, die sich auf den Prozess der Produktion wissenschaftlichen Wissens bezieht. Dabei verlagert sie jedoch den Fokus von Methoden oder Regeln, die prinzipiell von Individuen anwendbar sind, auf deren Interaktion. Deshalb ist für sie die soziale Ebene des Forschungsprozesses konstitutiv für die Objektivität der Wissenschaft:

> It is the possibility of intersubjective criticism [...] that permits objectivity in spite of the context dependence of evidential reasoning. [...] Objectivity, then, is a characteristic of a community's practice of science (Dies. 1990, S. 71, 74).

Objektiv ist die Praxis einer wissenschaftlichen Gemeinschaft, und sie ist es dann, wenn sie effektive Kritik ermöglicht. Hierfür stellt Longino vier Bedingungen auf, welche die Annäherung an das Ideal sozialer Objektivität gleichzeitig operationalisieren. Erstens müsse es etablierte Verfahren und Kanäle der Kritik geben (*recognized avenues for criticism*), z. B. funktionierende peer-review Prozesse bei wissenschaftlichen Zeitschriften, Diskussionsmöglichkeiten auf Konferenzen usw. Wichtig sei zudem auch die Anerkennung kritischer Arbeiten statt einer einseitigen Ausrichtung auf originelle Forschung. Zweitens müsse diese Kritik transformative Wirkung zeigen, d. h. die wissenschaftliche Gemeinschaft müsse sich mit ihr auch angemessen auseinandersetzen (*community response* oder *uptake*). Dies sei wiederum nur möglich auf der Basis geteilter Evaluierungskriterien (*shared standards*), welche die dritte Bedingung von Objektivität darstellen. Viertens fordert sie die gleichberechtigte Verteilung intellektueller

---

lutionären Phasen dar. Für Longinos Ansatz könnte dies, angesichts begrenzter Ressourcen, zumindest im Hinblick auf die praktische Umsetzbarkeit problematisch sein.

Autorität unter allen entsprechend qualifizierten Teilnehmern und den Einbezug aller relevanten Alternativen in die Diskussion (*tempered equality of intellectual authority*). Sie geht davon aus, dass Werthaltungen oftmals mit einer großen Selbstverständlichkeit der damit verknüpften Ansichten und Urteile einhergehen, und geteilte Werte daher durch den Prozess der Kritik nicht oder nur schwer sichtbar gemacht werden können. Zudem setzt sie die (durchaus plausible empirische) Annahme voraus, dass diese Werte zu einem großen Teil mit dem sozialen und kulturellen Hintergrund der betreffenden Personen korrelieren. Je größer daher die Diversität dieser Personen (etwa in Bezug auf Schichtzugehörigkeit, kulturellen oder ethnischen Hintergrund, Religion, Geschlecht, politische Orientierung usw.), desto kleiner sei der gemeinsame und damit unsichtbare Nenner (vgl. ebd., Kap. 4).

Wie Kitchers WOS integriert damit auch Longinos SVM egalitäre demokratische Elemente: wenn Werte Einfluss auf die Wissenschaft nehmen, sollten diese Werte nicht einseitig politische Machtstrukturen widerspiegeln. Allerdings ist das für sie nicht nur ein politisches, sondern auch ein epistemisches Erfordernis hinsichtlich der Sichtbarkeit vorhandener Werteinflüsse. Sozial und rational seien entsprechend nicht als Gegensätze zu denken; stattdessen werde die soziale Ebene des Forschungsprozesse optimalerweise zu einer epistemischen Ressource. Insbesondere die Forderung nach Diversität und intellektueller Gleichberechtigung erinnert dabei an Jürgen Habermas Theorie und Ideal kommunikativen Handelns. Im Gegensatz zu Habermas, für den dieses Ideal auf der prozeduralen Ebene mit Wahrheit auf der Produktebene verknüpft ist, ist soziale Objektivität zwar eine Bedingung, jedoch nicht entscheidend für die Geltungsansprüche der Resultate (vgl. ebd., S. 197 ff.).

Longino versteht Objektivität demnach als wesentlich *soziales* und *prozedurales* Kriterium. Dieser Objektivitätsbegriff erfordert weder eine Unparteilichkeit der beteiligten Individuen,[46] noch ist er mit dem Ergebnis des Prozesses der gegenseitigen Kritik gleichzusetzen.[47] Sie löst damit die

---

[46] Sie fordert von den Individuen die Teilnahme an dem Prozess der Kritik; dies muss jedoch keine letztliche Abhängigkeit von einer Objektivität Einzelner bedeuten, sofern dies durch soziale Mechanismen (wie etwa Reputationszuweisung) geregelt würde.

[47] Im Gegensatz dazu vertritt etwa Miriam Solomon eine konsequentialistische Auffassung, die sich auf das Ergebnis der gegenseitigen Aufhebung individueller Wertein-

von Fine (1998) kritisierten Gleichsetzungen der verschiedenen Ebenen des Objektivitätsbegriffs auf und ermöglicht dadurch die Loslösung wissenschaftlicher Objektivität von der Voraussetzung der Wertfreiheit.

Eine häufige Kritik an diesem Objektivitätsverständnis lautet, dass es relativistisch sei, worauf hier kurz exemplarisch eingegangen werden soll:[48] "Essentially, what social objectivity delivers is merely a bridled relativism. At core, it is no more objective than the unbridled relativism that Longino wishes to avoid" (Smith 2004, S. 145). Dieser Vorwurf resultiert aus einem Missverständnis von Longinos Kontextualismus als Konsenstheorie in Bezug auf die Frage der Rechtfertigung:

> Knowledge certainly does often benefit from the contributions of many people. It does not follow from this, however, that others' beliefs should become the standard of objective knowledge. Yet this is the implication of the social conception, which replaces the relevant reality as the arbiter of knowledge with a group's critical consensus. (Ebd., S.148)

Der kontextuelle Empirismus zielt jedoch nicht darauf, Evidenz durch Konsens zu ersetzen, sondern geht von der Unmöglichkeit aus, der Realität die Rolle einer unparteiischen Prüfinstanz zuzuschreiben. Diese Unmöglichkeit erklärt sich aus der Perspektivgebundenheit unserer Repräsentationen dieser Realität, die auf der von Longino postulierten Rolle von Hintergrundannahmen beruht. Dennoch ist weder jedes Resultat ein möglicher Konsens, noch ist Konsens allein hinreichend für Objektivität (des Prozesses) oder Gültigkeit (der Ergebnisse). Entscheidend ist hier, dass die Bedingungen effektiver Kritik geteilte Standards enthalten, die unter anderem empirische Adäquatheit zu einer notwendigen Bedingung der Theoriewahl machen.

Während Longino Objektivität als prozedurale Eigenschaft wissenschaftlicher Gemeinschaften versteht, benutzt sie den Begriff des Wissens, um zwischen erfolgreichen und erfolglosen wissenschaftlichen Inhalten zu unterscheiden. Ihr Wissensbegriff[49] erfordert dabei einerseits eine hinrei-

---

flüsse auf der Ebene der Gemeinschaft bezieht (vgl. Solomon 2001; siehe dazu auch Wilholt 2009b).

[48] Siehe auch Büter (2010).

[49] Auch wissenschaftliches Wissen ist für Longino essentiell sozial, da es auf wesentlich durch Interaktion bestimmten kognitiven Prozessen beruhe. So sei etwa Beobachtung nicht mit individuellen Wahrnehmungen zu identifizieren, sondern mit

chende Übereinstimmung von Theorie und Empirie, andererseits das Überstehen des kritischen Prozesses in einer als sozial objektiv charakterisierbaren Gemeinschaft. Dadurch leistet er eine Integration von Normen der Rechtfertigung und Normen der Interaktion, d. h. der rationalen und der sozialen Ebene von Forschung.

> Some content A is *epistemically acceptable* in community C at time t if A is or is supported by data d evident to C at t in light of reasoning and background assumptions which have survived critical scrutiny from as many perspectives as are available to C at t, and C is characterized by venues for criticism, uptake of criticism, public standards, and tempered equality of intellectual authority. [...] A given content, A, accepted by members of C counts as *knowledge* for C if A conforms to its intended object(s) (sufficiently to enable members of C to carry out their projects with respect to that/those object(s)) and A is epistemically acceptable in C. (Longino 2002a, S. 135 f.)

Durch den Begriff *conformation* ersetzt Longino die Evaluation wissenschaftlicher Inhalte als wahr oder falsch durch die Evaluation des Erfolgs von Beiträgen zu bestimmten Forschungszielen. Wie Kitcher illustriert auch Longino ihre Auffassung des Erfolgs wissenschaftlicher Inhalte durch eine Analogie zu Karten: ihre Qualität bemesse sich danach, inwieweit sie den betreffenden Gegenstand in der Hinsicht erfolgreich abbildeten, die sie ihren spezifischen Zweck erfüllen lasse. Ein Vorteil der conformation-Kategorie liege dabei darin, dass diese sich unproblematisch auf verschiedene Formen der Repräsentation von Inhalten anwenden ließe, also nicht nur auf Theorien als Mengen von Sätzen oder Propositionen, sondern auch auf Modelle, visuelle Repräsentationen usw. (vgl. ebd., S. 108-121; siehe auch Kitcher 2002a).

Epistemisch akzeptierbares Wissen wäre dabei nicht notwendigerweise wertfrei: auch wertbeladenes Wissen könnte in einem objektiven Prozess effektiver Kritik entstanden sein. Durch die Forderung nach einer (zielspezifischen) hinreichenden Übereinstimmung mit der Empirie und geteilten Standards der Kritik soll andererseits jedoch eine direkte Folgerung vom Sollen auf das Sein ausgeschlossen werden. Des Weiteren ist diese Auffassung mit einem Pluralismus in Bezug auf erfolgreiche wissen-

---

durch interaktive Prozesse stabilisierten, geteilten und wiederholbaren Wahrnehmungen, ebenso wie wissenschaftliches Argumentieren und Schlussfolgern prinzipiell dialogischer Natur sei (vgl. dies. 2002a, Kap. 5).

schaftliche Inhalte vereinbar. Wie gesagt ist dieser Pluralismus weitreichender als bei Kitcher, da Longino auch die Möglichkeit inkompatibler, jeweils erfolgreicher Inhalte zulässt. Dies beruht vor allem darauf, dass sie auch in Bezug auf die Standards der Kritik eine pluralistische Position vertritt. Wie Kitcher geht sie davon aus, dass ein Ziel wie Wahrheit oder Wissen zu unspezifisch ist, um konkrete Forschung anzuleiten. Stattdessen nimmt sie bereichsspezifische Ziele einzelner Forschungsprogramme an, die wiederum auch mit Werthaltungen verbunden sein könnten, z. B. genderspezifisches Verhalten biologisch zu erklären oder genderspezifische Diskriminierung in der Wissenschaft sichtbar zu machen. Statt zwischen kognitiven und nicht-kognitiven Werten unterscheidet sie zwischen kontextuellen und konstitutiven Werten, wobei konstitutiv die Werte sind, welche die jeweiligen Ziele befördern sollen. Aus derartigen Zielen könnten nun bestimmte, z. B. feministisch motivierte Werte für die Theoriewahl abgeleitet werden, die jedoch gleichzeitig eine legitime kognitive Rolle hätten (vgl. Longino 1995, 1996).

Insgesamt räumt der kritische kontextuelle Empirismus Werteinflüssen eine wesentlich größere Rolle ein als Kitchers moderater Realismus. Das Ideal der Wertfreiheit ist für Longino nicht nur in Bezug auf diejenigen Aspekte problematisch, die traditionell als von der Rechtfertigung von Theorien unabhängig gelten. Vielmehr bezweifelt sie gerade auch das Element, welches oben als notwendige Bedingung der Wertfreiheit beschrieben wurde: die Trennbarkeit kognitiver und nicht-kognitiver Werte bei der Theoriewahl. Insbesondere diese These einer kontextabhängigen Legitimität von Theoriewahlkriterien ist entsprechend kontrovers und wird unten noch ausführlich diskutiert (siehe Kapitel 7). Dabei wird auch der Frage nachzugehen sein, ob Longinos Pluralismus in Bezug auf evaluative Standards ein Problem für ihren sozialen Objektivitätsbegriff darstellt. Die mit diesem verknüpfte Forderung nach einer möglichst diversen Kritik scheint zumindest in einer gewissen Spannung zu der Annahme zu stehen, dass die Grundlagen dieser Kritik abhängig von einzelnen wissenschaftlichen Gemeinschaften und deren spezifischen (möglicherweise auch wertbeladenen) Zielen sind. Wie kann auf dieser Basis eine effektive gemeinschaftsübergreifende Kritik ermöglicht werden, d. h. eine Kritik aus verschiedenen Perspektiven, die bestimmte Werthaltungen gerade nicht teilen?

Neben der Bedingung einer Unterscheidbarkeit kognitiver und nichtkognitiver Werte zieht die von Longino konstatierte Rolle von Hintergrundannahmen und deren Einfluss auf die Charakterisierung von Gegenstandsbereichen dabei eine weitere Voraussetzung des zeitgenössischen Wertfreiheitsideals in Frage, dass nämlich Werteinflüsse des Entdeckungszusammenhangs in ihrer Wirkung auf diesen beschränkt werden können. Hintergrundannahmen beeinflussen bei Longino nicht nur die Auswahl von Hypothesen, sondern auch die Entscheidung darüber, woran diese überhaupt überprüft werden. Auch dieser Punkt soll im weiteren Verlauf noch geklärt und diskutiert werden.

Anders als Kitchers Ideal einer WOS, das als Ergänzung des Wertfreiheitsideals um eine normative Betrachtung des Entdeckungs- und Anwendungszusammenhangs beschrieben wurde, stellt Longinos SVM eine genuine Alternative dar. Es ist diesbezüglich wichtig zu sehen, dass ihre Neukonzeption von Objektivität nicht darauf zielt, sich der Wertfreiheit durch einen sozialen Prozess anzunähern, sondern vorhandene Werte sichtbar zu machen, um entsprechende Einflüsse demokratisieren zu können. Dieses demokratische Element begründet sich dabei nicht nur in der gesellschaftlichen Verantwortung von Wissenschaft, sondern auch in dem epistemischen Erfordernis, Selbstverständliches hinterfragbar zu machen. Wie gesagt argumentiert Longino andererseits nicht dafür, dass alle Wissenschaft notwendig wertbeladen sei; so ließe sich auch die Eliminierung idiosynkratischer Werte durchaus im Sinne einer Annäherung an Wertfreiheit verstehen. Der Punkt ist jedoch, dass sie eine Gleichsetzung wertfreier mit guter und wertbeladener mit schlechter Wissenschaft ablehnt. Die Frage ist ihr zufolge nicht, ob bestimmte Ergebnisse wertfrei seien, sondern ob etwaige Werteinflüsse *in diesem spezifischen Fall* legitim seien, d. h. ob diese Werteinflüsse mit den Bedingungen für soziale Objektivität vereinbar sind.

Zuletzt sei noch darauf hingewiesen, dass SVM und WOS nicht die einzigen sozialepistemologischen Alternativen zu dem Ideal der Wertfreiheit sind. So plädiert beispielsweise Janet Kourany für eine *Socially Responsible Science*. Sie geht dabei ebenfalls von der Möglichkeit von Werteinflüssen auch im Zusammenhang der Rechtfertigung aus und argumentiert, dass im Falle empirisch adäquater Alternativen die politisch progressivere gewählt werden sollte, wobei diese Progressivität im Sinne egalitärer demokratischer Werte zu verstehen sei. Anzumerken ist, dass dies nicht Longinos Position zur Theoriewahl entspricht: auch wenn diese Wahl ihr zufolge nicht zwingend wertfrei ist, erfordert der soziale Objektivitätsbegriff doch den Einbezug *diverser* Perspektiven und Werte. Problematisch an Kouranys Ansatz ist, dass dieser eine Entscheidung darüber voraussetzt, welches die *richtigen* Werte sind. Da diese Möglichkeit zumindest sehr strittig ist, werde ich ihren Ansatz im Folgenden nicht eingehender diskutieren. Kourany geht davon aus, dass ein hinreichender Konsens in Bezug auf egalitäre Werte besteht, um diese Entscheidungen zu treffen; auch das halte ich jedoch für sehr fraglich (gerade Beispiele der feministischen Erkenntnistheorie für androzentristische Forschung etwa zur weiblichen Intelligenz usw. scheinen eher das Gegenteil zu belegen). Selbst wenn eine Einigung in Bezug auf Wertfragen gegeben wäre, bliebe zudem offen, wie auf dieser Grundlage die epistemische Vertrauenswürdigkeit der Wissenschaft zu begründen wäre (vgl. dazu Kourany 2003a, 2003b sowie Giere 2003).[50]

Diese kursorischen Anmerkungen sind natürlich unzureichend für eine abschließende Bewertung des Ideals sozial verantwortlicher Wissenschaft. Dennoch werde ich mich vorwiegend auf die bisher einflussreichs-

---

[50] Außerdem nimmt Kitcher in seinem neuesten Buch (2011) einige Änderungen seiner hier dargestellten Position vor. Insgesamt räumt er nun Werten einen weitreichenderen Einfluss auf die Rechtfertigung ein, was er vor allem durch das Problem der induktiven Risiken begründet. Gleichzeitig vertritt auch er eine Position derart, dass diese Werteinflüsse von den richtigen Werten ausgehen sollten. Welches das sind, ließe sich naturalistisch bestimmen, indem der evolutionäre Beitrag von Werten zu sozialen Koordinierungsproblemen und einer entsprechenden Sozialtechnologie betrachtet werde. Dieser Möglichkeit (das Sollen aus dem Sein herzuleiten) stehe ich ebenfalls sehr skeptisch gegenüber. Zumindest scheint es aber aufgrund der Kontroversität einer solchen Position nicht ratsam, sie zur Grundlage eines wissenschaftsphilosophischen Ideals zu machen. Leider ist Kitchers Buch zu spät erschienen, um es in der vorliegenden Arbeit ausführlich zu diskutieren; ich werde mich daher auf die Darstellung wohlgeordneter Wissenschaft von 2001 konzentrieren.
Es sei noch erwähnt, dass auch Heather Douglas einen Alternativvorschlag zum Wertfreiheitsideal macht, der nicht auf einer Unterscheidung legitimer und illegitimer Werte beruht, sondern zwischen einer direkten und indirekten Rolle von Werten differenziert. Da ihr Ansatz wesentlich auf ihrer Argumentation zu induktiven Risiken beruht, werde ich ihn im entsprechenden Kap. 8 näher erläutern und diskutieren.

ten Ansätze von Kitcher und Longino konzentrieren. Beide beziehen den sozialen Kontext von Wissenschaft in die wissenschaftsphilosophische Reflexion ein und verbinden diese mit einer demokratischen Zulassung verschiedener wertbeladener Perspektiven, unterscheiden sich jedoch eklatant hinsichtlich der legitimen Reichweite dieser Werteinflüsse. Entsprechend unterschiedlich stehen sie zur Frage der Wertfreiheit, weshalb eine Diskussion dieser beiden Alternativen geeignet scheint, Licht auf das Verhältnis von Wissenschaft und Werten zu werfen. Im folgenden Teil werden zunächst einige empirische Beispiele für diese Diskussion erarbeitet; in Teil III werden darauf aufbauend die einzelnen Argumente für und wieder das Wertfreiheitsideal eingehend diskutiert, um schließlich eine Bewertung der verschiedenen Idealformulierungen zu erlauben.

II Feministische Wissenschaft?
Die Frauengesundheitsforschung

4 Von der politischen Bewegung zur Wissenschaft

4.1 Das Beispiel der Frauengesundheitsforschung

Im bisherigen Verlauf der Arbeit wurde zunächst die zentrale Rolle beschrieben, welche die Wertfreiheit der Wissenschaft traditionell für ihren Objektivitätsanspruch spielt. Diese Verknüpfung mit wissenschaftlicher Integrität und Autorität erklärt den hohen Stellenwert, welcher der Wertfreiheit in der Wissenschaft wie auch der Wissenschaftsphilosophie gemeinhin zugeschrieben wird. Wertfreiheit wird hierbei als normatives Ideal verstanden: Ihre Verteidigerinnen behaupten nicht, dass alle Wissenschaft wertfrei sei, sondern dass sie so wertfrei wie möglich sein sollte. Die Annäherung an das Ideal wertfreier Wissenschaft dient entsprechend als Merkmal epistemischer Qualität.

Sowohl diese Verbindung zur Objektivität als auch das Wertfreiheitsideal selbst wurden zunächst einer genaueren Betrachtung unterzogen. Objektivität ist ein vielschichtiger Begriff, der sowohl in historischer als auch systematischer Hinsicht unterschiedlich interpretiert wird. Im Anschluss an Fine wurde zwischen Objektivität der Prozesse und der Resultate wissenschaftlicher Wissensproduktion differenziert und ein Verständnis von Objektivität als allgemeingültigem Wissen, das auf dem Ausschluss subjektiver Einflüsse (wie etwa Werten) auf der prozeduralen Ebene beruht, problematisiert. Alternativ dazu wird Objektivität hier als Grad der epistemischen Vertrauenswürdigkeit von Forschungsresultaten verstanden, die auf der Verwendung der bestmöglichen Prozesse basiert.

Mit diesem Verständnis von Objektivität ist zunächst noch nichts darüber gesagt, ob die Qualität dieser Prozesse abhängig von der Eliminierung von Werteinflüssen auf das entstehende Wissen ist. Der Intuition, dass Objektivität unvereinbar mit einem direkten Schluss vom Sollen auf das Sein (oder umgekehrt) ist, kann jedoch auch mit einem alternativen Verständnis von Objektivität als größtmöglicher epistemischer Vertrauenswürdigkeit Rechnung getragen werden. An der als minimale Version des Wertfreiheitsideals beschriebenen Forderung, Empirie und Logik nicht schlicht durch Wunschdenken, politische Konformität oder Opportunität zu ersetzen, halte ich fest. Problematisch wird das Ideal der Wertfreiheit erst da, wo Empirie und Logik nicht eindeutigerweise Resultate implizieren. Die vorliegende Arbeit geht der Frage nach, wie groß der so entstehende Spielraum ist.

In Bezug auf das Wertfreiheitsideal ist zusammenfassend noch einmal zu sagen, dass dieses Ideal sich in seiner zeitgenössischen Form in Forderungen übersetzt, die über diese minimale Fassung hinausgehen. Seine heutige Version inkorporiert die Annahme eines signifikanten Ausmaßes von Unsicherheit in der Wissenschaft. Dieses Wertfreiheitsideal betrachtet Empirie und Logik gerade nicht als hinreichend für die Evaluation wissenschaftlicher Inhalte. Im Gegenteil erlaubt das Wertfreiheitsideal nun Werteinflüsse in der Theoriewahl. Es beruht nicht auf einem vollständigen Ausschluss von Werten, sondern auf der Differenzierung von wissenschaftlichen und außerwissenschaftlichen Werten. Wie erläutert, geht mit dieser Fassung des Ideals seine Beschränkung auf den Rechtfertigungszusammenhang einher, welche dessen epistemische Unabhängigkeit von Entdeckungs- und Anwendungszusammenhang voraussetzt.

Dieses Wertfreiheitsideal ist nicht ohne Kritiker; insbesondere in der Sozialen Erkenntnistheorie wird es von verschiedenen Autoren abgelehnt, wie anhand der Positionen von Kitcher und Longino aufgezeigt wurde. Kitchers Ideal einer wohlgeordneten Wissenschaft hält dabei an einer traditionellen Auffassung von Objektivität fest, welche die Wertfreiheit der Rechtfertigung voraussetzt, ergänzt diese aber um eine Demokratisierung von Entscheidungen bezüglich der Ausrichtung von Forschung sowie der Anwendung ihrer Ergebnisse. An der Annahme einer epistemischen Unabhängigkeit der Rechtfertigung von Entdeckungs- und Anwendungszusammenhang hält er damit fest, bewertet letztere aber als wissenschaftsphilosophisch relevant. Longinos Ideal eines sozialen Werte-Managements fordert hingegen eine interne Demokratisierung der Wissenschaft, die sich auch auf Kriterien der Theoriewahl auswirkt. Ihr Ansatz liefert eine Neukonzeptualisierung von Objektivität als prozedural und sozial, die nicht auf einem Ausschluss nicht-kognitiver Werte beruht, sondern auf deren Sichtbarmachung durch das Vorhandenensein *diverser* Werthaltungen in der wissenschaftlichen Gemeinschaft.

Beide Ideale und die zugrunde liegenden Argumente sollen in Teil III noch eingehender analysiert werden. Um nicht auch hier wieder in die Falle einer philosophischen Überidealisierung zu laufen, wie sie in Bezug auf den Neopositivismus kritisiert wurde, soll dies unter Berücksichtigung von Beispielen aus der Forschungspraxis geschehen. Als Fallstudie ziehe ich hierzu die Entwicklung der Frauengesundheitsforschung und die Gewinnung geschlechtsspezifischer medizinischer und gesundheitswissenschaftlicher Erkenntnisse heran. In den letzten drei Jahrzehnten hat sich zunehmend gezeigt, dass das Geschlecht eine ausschlaggebende und bisher zu stark vernachlässigte Variable in der Gesundheitsforschung darstellt. Der Institutionalisierung einer akademischen Frauengesundheitsforschung ging dabei die politische Frauengesundheitsbewegung in den 1960/70ern voraus, welche sich über die Kritik an einer Diskriminierung von Frauen in der medizinischen Forschung und Versorgung definierte.

In der mittlerweile akademisch etablierten Frauengesundheitsforschung geht es einerseits um eine zunehmende Berücksichtigung geschlechtsspezifischer Aspekte in klinischen Studien, wodurch sehr erfolgreich organische Unterschiede aufgespürt wurden, z. B. bei koronaren Herzerkrankungen, Nierenerkrankungen oder Autoimmunerkrankungen. Andererseits formierte sich eine interdisziplinär ausgerichtete Frauengesundheitsforschung unter dem Dach der Gesundheitswissenschaften, die sich dadurch auszeichnet, dass sie soziale Aspekte der Geschlechtsvariable in Betracht zieht und Gesundheit nicht nur biologisch versteht, sondern auch durch die gesellschaftliche Diskriminierung von Frauen bedroht sieht.

Für die Ziele meiner Arbeit bietet sich die Frauengesundheitsforschung als Beispiel an, da ihre Entwicklung durch eine explizit politische Bewegung mit feministischer Zielsetzung angestoßen wurde. Einer ihrer Grundpfeiler ist der Vorwurf des Androzentrismus in Bezug auf die medizinische Forschung, welche, so die Kritik, in weiten Bereichen auf der Vorstellung eines geschlechtsneutralen Modellmenschen basiere, der sich faktisch jedoch an der biologischen und sozialen Realität von Männern orientiere. Das Vorhandensein von Werteinflüssen scheint hier daher eine plausible Möglichkeit, sowohl in Bezug auf die bisherige androzentristische als auch auf die im Gegensatz dazu stehende feministisch geprägte Forschung.

Die Entwicklung der Frauengesundheitsforschung stellt ein gutes Beispiel für Longinos These der epistemischen Fruchtbarkeit *unterschiedlicher* Werteinflüsse im Rahmen der sozialen Konzeption von Objektivität dar, sofern sich stützen lässt, dass erst der Einbezug der feministischen Perspektive die Wahrnehmung androzentristischer Verzerrungen in der Medizin ermöglichte. Andererseits bietet sich hier der argumentative Rückzug auf die Kontextunterscheidung an – die Entdeckung des Themas Frauengesundheit sei zwar durch politische Motive angestoßen worden, dies sei aber für die Beurteilung der Gültigkeit betreffender Theorien unerheblich. Prima facie könnte damit auch Kitchers WOS geeignet sein, die betreffende Entwicklung zu erklären. Letzteres hieße, diese Entwicklung im Sinne einer externen Demokratisierung und politischen Einflussnahme auf die Ausrichtung von Forschung zu interpretieren, die mit einem traditionellen Verständnis von Wertfreiheit als Voraussetzung von Objektivität vereinbar wäre.

Die Frauengesundheitsforschung soll im Kontext der Arbeit dazu dienen, die wissenschaftstheoretischen Argumente zu illustrieren und zu plausibilisieren. Insbesondere wird zu klären sein, inwieweit der Vorwurf einer androzentristischen Verzerrung medizinischen Wissens haltbar ist und ob die Frauengesundheitsforschung diese Verzerrungen im Sinne einer Annäherung an das Wertfreiheitsideal aufhebt – oder aber selbst Werteinflüsse feministischer Art inkorporiert. Ich werde die These vertreten, dass sowohl androzentristische als auch feministische Werteinflüsse gegeben sind sowie dass die so beeinflusste Forschung sich nicht schlicht insgesamt als schlechte Wissenschaft verwerfen lässt. Das Verhältnis der philosophischen Auseinandersetzung mit Wertfreiheit und Objektivität zu dem Beispiel der Frauengesundheitsforschung ist dabei allerdings nicht als eines der Überprüfung gedacht. Die Angemessenheit, Kohärenz und Fruchtbarkeit normativer Ideale lässt sich durch einzelne empirische Beispiele weder widerlegen noch beweisen – wohl aber unterstützen oder in Zweifel ziehen. Insofern bietet es sich auch an, ein Beispiel wie das der Frauengesundheit zu wählen, in welchem das Vorhandensein von Werteinflüssen eine hohe initiale Wahrscheinlichkeit aufweist, um eben die Art dieser Werteinflüsse und ihre epistemische Legitimität oder Illegitimität zu diskutieren. Ziel ist nicht zu zeigen, dass alle Wissenschaft unumgänglich wertbeladen ist, sondern dass die Möglichkeit von Werteinflüssen in vielen

Bereichen gegeben und zudem komplexerer Art ist, als es die herkömmliche Auffassung von Wertfreiheit als Indikator epistemischer Qualität zulässt. Das Beispiel der Frauengesundheitsforschung zeichnet sich demnach nicht durch Repräsentativität für die gesamte Wissenschaft aus, sondern ist in seiner Besonderheit als Bereich einer hohen Plausibilität von Werteinflüssen bewusst so gewählt. Nicht nur die Entwicklung aus einer politischen Bewegung heraus spielt hierbei eine Rolle, sondern auch der spezifische Status der Medizin zwischen Wissenschaft und Praxis. Medizin ist eine Handlungswissenschaft, d. h., sie ist prinzipiell auf ihre Anwendung im Einzelfall ausgerichtet (vgl. Paul 2006a, S. 59). Aller medizinischen Forschung inhärent ist die Zielsetzung, die erfolgreiche Behandlung von Krankheitsfällen zu ermöglichen. Das Verhältnis von theoretischem Wissen und dessen konkreter Umsetzung ist dabei aus zwei Gründen problematisch. Das erste Problem bezeichnet Paul als Wissensdilemma des behandelnden Arztes: der enorme Umfang und das Wachstum medizinischer Forschungsergebnisse und Publikationen machen es für ihn nahezu unmöglich, auf der Höhe des Forschungsstands zu bleiben. Demgegenüber steht jedoch die Handlungsnotwendigkeit angesichts des erkrankten Patienten. Schon aus rein praktischen Gründen ist ärztliches Handeln daher in den meisten Fällen durch epistemische Unsicherheiten gekennzeichnet. Die zweite Schwierigkeit wird in der Medizintheorie als erkenntnistheoretische Kluft zwischen Theorie und Praxis bezeichnet. Die Medizin kann nicht einfach als angewandte Naturwissenschaft verstanden werden kann, da naturwissenschaftliches Wissen noch keine Garantie für erfolgreiches ärztliches (Be-)Handeln liefert. Allgemeine biomedizinische Erkenntnisse stellen meist nur statistische Zusammenhänge dar, welche die Komplexität und Variabilität der im einzelnen Krankheitsfall relevanten (nicht sämtlich experimentell zu kontrollierenden) Faktoren nicht abbilden können (vgl. ebd., S. 62 ff.).[1]

---

[1] Mit dieser erkenntnistheoretischen Kluft ist auch einer der Hauptkritikpunkte an der evidenzbasierten Medizin benannt. Deren Kritikern geht es natürlich nicht darum, in klinischen Studien gewonnene Evidenz als Grundlage ärztlichen Handelns abzulehnen, sondern um die Entscheidungsfreiheit des Arztes angesichts ebenjener epistemischen Lücke, die zwischen Richtlinien auf der Basis statistischer Verhältnisse und der konkreten Situation des individuellen Patienten besteht.

Auch in Bezug auf die Naturwissenschaften ist die Annahme einer direkten Abhängigkeit erfolgreicher Anwendung von einem Wissen um theoretische Prinzipien und kausale Mechanismen (das Kaskadenmodell der Beziehung von Wissen und Anwendung) nicht unproblematisch. Carrier und Finzer (2011) konstatieren in einer Diskussion dieses Modells, dass technologische Innovationen keineswegs immer auf Wissen um grundlegende kausale Zusammenhänge beruhten, sondern häufig aus einem praktisch ausgerichteten Prozess von Versuch und Irrtum entstanden seien (vgl. ebd., S. 85 ff.). Gerade in der Medizin sei es oftmals möglich, auf der Basis beobachtbarer Korrelationen beispielsweise wirksame Medikamente zu entwickeln, ohne die zugrunde liegenden kausalen Mechanismen vollständig zu kennen (vgl. ebd., S. 91). In der Wissenschaftstheorie hat Nancy Cartwright prominent dafür argumentiert, dass allgemeine theoretische Prinzipien oftmals der empirisch gegebenen Komplexität nicht gerecht würden. Hilfreicher seien phänomenologische Modelle, welche auf einen konkreten Erklärungsbedarf reagierten und nicht zwingend auf Verallgemeinerbarkeit zielen müssten ("the emergentist model", ebd., S. 86 ff.). Carrier und Finzer plädieren angesichts des starken Kontrasts zwischen dem Kaskaden- und dem emergentistischen Modell für eine interaktive Zwischenposition: Während Theorien von hoher Reichweite und Allgemeinheitsgrad oftmals problematisch in ihrer Anwendung auf spezifische Probleme seien, spielten doch Annahmen über allgemeine kausale Zusammenhänge eine wichtige Rolle bei der Erfassung und Strukturierung dieser Einzelfälle, indem sie signifikante Faktoren bestimmten und so etwa die Suche nach wirksamen Medikamenten anleiten könnten (vgl. ebd., S. 88 ff.).

In der Medizin sei nun dieses Verhältnis des Allgemeinen zum Spezifischen (bzw. der allgemeinen Theorie zur Anwendung im Einzelfall) besonders problematisch. Dies begründe sich in der hohen Variabilität und Unterschiedlichkeit von Menschen in Bezug auf ihre grundlegende genetische Verfasstheit wie auch eventuell relevante Umweltfaktoren:

> [T]he cascade model is of no avail for illuminating the relationship between theoretical modeling and therapeutic intervention in medical research. Contextual factors like genetic constitution, unwelcome interactions between agent substances and body tissue, age or pre-existing condition may block the pathway from understanding to control. (Ebd., S. 97)

Dieser Umstand hat in den letzten Jahren zur Formulierung der Idee einer individualisierten Medizin geführt. Hier ist zunächst fraglich, inwieweit eine solche in der Praxis (aus zeitlichen wie finanziellen Gründen) tatsächlich realisierbar ist. Darüber hinaus steht jedoch auch eine Medizin, die alle jeweils individuell signifikanten Faktoren in Betracht zieht, vor dem Problem des Wissensdilemmas des behandelnden Arztes sowie der epistemologischen Kluft zwischen Theorie und Praxis. So erlaube auch das Wissen etwa um individuell gegebene genetische Risiken häufig nur probabilistische Schlussfolgerungen. Zudem setze auch eine individualisierte Medizin Entscheidungen darüber voraus, welche Faktoren im Einzelfall als relevant zu betrachten sind (vgl. Paul 2006c, S. 148 ff.).

Durch ihre explizite Handlungsorientierung ist die Medizin damit einerseits in epistemischer Hinsicht ein Sonderfall. Andererseits ist sie es auch durch ihren Bezug zu einem Ziel – Gesundheit – dem ein hoher gesellschaftlicher und individueller Wert zugeschrieben wird:[2]

> Die Ausrichtung medizinischen Problemlösens an den Schlüsselbegriffen *Gesundheit und Krankheit* führt dabei dazu, dass medizinisches Wissen, Entscheiden und Handeln immer auch in einen normativen Kontext eingebettet ist. Es ist also nicht nur der immanente Anwendungsbezug, sondern auch ein prinzipieller Wertbezug, durch den sich die Medizin grundlegend von einer rein naturwissenschaftlichen Auseinandersetzung mit dem menschlichen Organismus und seinen Krankheiten unterscheidet. Medizin ist keine angewandte Humanbiologie. (Ders. 2006a, S. 60)

In der medizinischen Forschung, so Paul, gehe es nicht primär um Erkenntnis, sondern um das Lösen konkreter Probleme, die zunächst einmal für die Betroffenen nicht-epistemische Probleme darstellen. Eine Medizin, die nicht auf ein wertbeladenes Ziel wie Gesundheit ausgerichtet ist, sprich den menschlichen Körper nur zwecks des Erkenntnisgewinns erforscht und nicht um diese Erkenntnisse in *Hilfe* umzusetzen, wäre zwar grundsätzlich denkbar. Die dadurch implizierte höhere Wertschätzung dieser Erkenntnisse gegenüber der Verminderung menschlichen Leids ließe sich jedoch

---

[2] Natürlich gibt es auch andere Bereiche anwendungsorientierter Forschung, die nicht nur den Erkenntnisgewinn zum Ziel haben. Hier soll nur der Umstand ausgedrückt werden, dass ein Beispiel aus der Entwicklung der Medizin nicht als repräsentativ für die gesamte Wissenschaft betrachtet werden kann, da sie sich aufgrund ihrer Zielsetzung sozusagen am äußeren Ende eines Spektrums befindet.

kaum als neutralere Position vertreten. Auch war sicher nicht jegliche medizinische Forschung immer und ausschließlich auf den Wunsch zu helfen gegründet. Durch ihren prinzipiellen Anwendungsbezug in einem so sensiblen Bereich wie Gesundheit und Krankheit ist in ihrem Fall jedoch die Zuschreibung einer ethischen Verantwortung unmittelbar gegeben; d. h. es wird nicht ernsthaft in Frage gestellt, dass die Medizin zu helfen versuchen *sollte*.

Die Ausrichtung medizinischer Forschung auf ein wertbeladenes Ziel schließt natürlich nicht aus, dass das zu diesem Ziel relevante Wissen objektiv im Sinne von wertfrei ist; auch hier ließe sich wieder die Unterscheidung von Rechtfertigung und Anwendung anführen. Anzumerken ist, dass die Begriffe von Gesundheit und Krankheit selbst wiederum immer in spezifischen historischen und kulturellen Kontexten zu sehen und relativ deutungsoffen sind. Vorstellungen von Gesundheit sind auch immer Vorstellungen davon, was normal ist, während Zuschreibungen von Krankheit gleichzeitig ärztliches Handeln legitimieren. Besonders einleuchtend scheint dies in Bezug auf mentale oder psychische Gesundheit, deren Definition immer auch mit gesellschaftlichen Normen verknüpft ist. „Die jeweilige Deutung von Gesundheit vermittelt zwischen dem Körper und den gesellschaftlichen Anforderungen an ein bestimmtes Verhalten" (ebd., S. 70; vgl. auch ders. 2006b).[3] Der Frage, inwieweit Gesundheits- und Krankheitsbegriffe wertbeladen sind und ob sich die Implikationen einer solchen Wertbeladenheit auf den Entdeckungskontext beschränken lassen, soll später unter Berücksichtigung von Gesundheitsmodellen in der Frauengesundheitsforschung noch genauer nachgegangen werden (siehe Kapitel 6 sowie 9). Festhalten lässt sich, dass die Medizin aufgrund ihres Status zwischen Wissenschaft und Praxis sowie ihrer enormen gesellschaftlichen Bedeutung ein Feld darstellt, in welchem kontextuelle Einflüsse, z. B. öko-

---

[3] Wechselwirkungen zwischen naturwissenschaftlichen und gesellschaftlichen Krankheitsverständnissen bestehen allerdings nicht nur in Bezug auf psychische Krankheiten. Siehe dazu etwa Susan Sontags berühmten Essay zur metaphorischen Aufgeladenheit von Krankheiten wie Krebs oder Tuberkulose, für welche, so lange sie nicht oder nur schwer zu heilen seien, charakterliche Merkmale der Betroffenen zur Erklärung herangezogen würden, die wiederum von wissenschaftlichen Studien zu einer vermeintlichen Krebspersönlichkeit bestärkt worden seien (vgl. Sontag 1978, S. 50 ff.).

nomischer, politischer oder soziokultureller Natur, eine große Rolle spielen. Derartigen Einflüssen im Falle der Frauengesundheitsforschung soll nun im Folgenden nachgegangen werden.[4]

4.2 Sexismus in der Medizin

Medical sexism is especially pernicious, for it is veiled in the medical mystique of science and rationality. [...] although medicine purports to be grounded in science, many medical practices have neither been systematically examined nor scientifically validated. They are simply practices grounded in untested assumptions, beliefs, and stereotypes that have been embedded in the general culture and incorporated into clinical practice. (Ruzek 1978, S. 12)

Der Institutionalisierung einer akademischen Frauengesundheitsforschung ging, wie bereits erwähnt, eine soziale Bewegung, die Frauengesundheitsbewegung im Rahmen der allgemeinen zweiten Frauenbewegung der 1960/1970er voraus. Diese kritisierte die Diskriminierung von Frauen durch eine sexistische Medizin und führte zu entscheidenden Veränderungen sowohl in der medizinischen Forschung als auch gesundheitlichen Versorgung. Die enorme Breitenwirkung und Unterstützung, welche die Erfolge der Frauengesundheitsbewegung erst möglich machten, liegen einerseits in ihrer Verankerung in der zeitgenössischen Frauenbewegung begründet, andererseits in der Plausibilität einer Verknüpfung des Kampfes für Gleichberechtigung mit Fragen der Gesundheit. Erstens haben gesundheitsbezogene Themen eine lange Tradition in der Frauenbewegung, etwa der Eintritt für Mutterschutz, verbesserte Arbeitsbedingungen und vor allem auch der Kampf um reproduktive Selbstbestimmung (vgl. Marieskind 1975 und 1977 zu Vorläufern und Geschichte der Frauengesundheitsbewegung). Zweitens wurde die Diskriminierung von Frauen in Bezug auf gesellschaftliche und politische Teilhabe, insbesondere ihre Beschränkung

---

[4] In Bezug auf die Frauengesundheitsforschung wird im Folgenden vorwiegend auf Einflüsse letzterer Art eingegangen, womit jedoch die Bedeutung ökonomischer Faktoren nicht herabgespielt werden soll (vgl. zu dieser Problematik z. B. Carrier 2008a; Wise 2011; Brown 2011).

auf reproduktive Aufgaben und häusliche Tätigkeiten, stets durch ihre körperliche Andersartigkeit zu begründen versucht.

> The oppression of women is derived from her ‚womanness': her biologic differences and her ability to bear children. These differences have been used to build social structures and a supportive ideology of female submissiveness – an ideology so entrenched that woman herself came to believe it. Medical science in turn reinforced the ideology. (Marieskind 1975, S. 219).

In der Tat ist die Medizin[5] historisch gesehen nicht gerade eine Vorreiterin der Geschlechtergerechtigkeit gewesen. Der Einfluss von Werten auf (zumindest den vergangenen) wissenschaftlichen Umgang mit biologischen Geschlechtsunterschieden lässt sich kaum bezweifeln. Wie Londa Schiebinger zusammenfasst:

> Von Aristoteles Erklärungen, Frauen seien kalt und feucht, bis zu Darwins Vorstellung, die Frau sei ein Mann, dessen Evolution stehen geblieben ist, haben Akademiker die Frau für eine unvollständige oder minder ausgereifte Version des Mannes gehalten. (Schiebinger 1999, S. 150)

Diese Idee der Frau als eines unvollkommenen Mannes hat Thomas Laqueur (1990) als *Ein-Geschlecht-Modell* beschrieben. Exemplarisch sei hierfür Galen genannt, der die weiblichen Geschlechtsorgane als analog zu den männlichen auffasste, wobei erstere jedoch aufgrund der mangelnden Hitze der Frau nach innen statt nach außen gestülpt seien.[6] Diese Analogie wurde jedoch nicht im Sinne einer fundamentalen Gleichheit der Geschlechter, sondern im Gegenteil als Zeichen der mangelnden Perfektion der Frau im Vergleich zum Mann aufgefasst. Der Mann, „die Krone der Schöpfung", stellt den zu erreichenden Maßstab dar, dem die Frau zwar ähnelt, jedoch nicht genügt.

---

[5] Hier in einem breiten Sinn als wissenschaftliche Beschäftigung mit dem menschlichen Körper zum Zweck der Therapie verstanden.

[6] Hitze ermöglicht in der aristotelischen Tradition jedwede körperliche und geistige Entwicklung und stellt damit ein Kriterium der Perfektion dar, nach welchem sich biologische Lebewesen hierarchisch ordnen lassen. Menschen verfügen über mehr Hitze als Tiere, Männer jedoch über mehr als Frauen. Als Beweis hierfür wurde etwa die Menstruation der Frau angesehen; das Menstruationsblut wird als analog zu männlicher Samenflüssigkeit verstanden, wobei aber nur letztere das Blut zu Samen kochen könnten (vgl. z. B. Tuana 1993, S. 18 ff.).

Gegen Ende des 18. Jahrhunderts kam es nach Laqueur zu einem umfassenden Paradigmenwechsel vom Ein-Geschlecht-Modell zum *Zwei-Geschlechter-Modell*, in welchem die Frau nicht länger als Abweichung vom männlichen Standard, sondern als fundamental andersartig aufgefasst worden sei (vgl. dazu Laqueur 1990; Schiebinger 1999, S. 147 ff.).[7] Auch diese Konzeption von Unterschiedlichkeit ging mit hierarchisierenden gesellschaftlichen Wertvorstellungen und Rollenzuweisungen einher. Die Basis des Unterschieds liegt hier in den Geschlechtsorganen sowie den reproduktiven Fähigkeiten der Frau, welche als ursächlich für ihre allumfassende Andersartigkeit betrachtet werden. Die Frau gilt nicht etwa als Mensch, der unter anderem gebärfähig ist, sondern als ein Wesen, dass durch seine Sexualität und sein Geschlecht vollständig bestimmt ist. Dies basierte gemeinhin auf der Annahme, dass die reproduktiven Funktionen der Frau derart viel Energie benötigten, dass an darüber hinausgehende Tätigkeiten nicht zu denken sei – zumindest nicht ohne gesundheitlichen Risiken (vgl. Ehrenreich/English 1978a, S. 43 ff.). Ein Ursprung dieser Annahme findet sich bei Darwin und in der sozialdarwinistischen Tradition, die davon ausging, dass der Körper über ein begrenztes Maß an Energie verfüge und energieintensive Funktionen wie eine Schwangerschaft die Entwicklung anderer Funktionen verhinderten.[8] Die wissenschaftliche Beschreibung des biologischen Geschlechts dient auch hier der Rechtfertigung sozialer Strukturen, welche Frauen benachteiligen; aufgrund ihrer körperlichen Konstitution seien sie für männliche Aktivitäten schlichtweg nicht geeignet.[9]

> Nach alledem ist der weibliche Schwachsinn nicht nur vorhanden, sondern auch nothwendig, er ist nicht nur ein physiologisches Factum, sondern auch ein

---

[7] Laqueurs Auffassung eines Paradigmenwechsels von einem ein- zum zweigeschlechtlichen Modell ist in den letzten Jahren zunehmend in die Kritik geraten. Es wird argumentiert, dass historische Auffassungen von Geschlecht durch eine höhere Komplexität und Diversität gekennzeichnet seien, als Laqueurs Darstellung einfange (vgl. dazu etwa Voß 2010).
[8] Zu (sozial-)darwinistischen Erklärungen einer Minderwertigkeit der Frau vgl. Tuana (1993), S. 34-50 und S. 74-78.
[9] Siehe auch Krieger/Fee (1996) zur Parallelität von biologischem Determinismus und biologistischer Rechtfertigung sozialer Strukturen in Bezug auf Geschlecht und Rasse im 19. Jahrhundert.

> physiologisches Postulat. Wollen wir ein Weib, das ganz seinen Mutterberuf erfüllt, so kann es nicht ein männliches Gehirn haben. Liesse es sich machen, dass die weiblichen Fähigkeiten den männlichen gleich entwickelt würden, so würden die Mutterorgane verkümmern, und wir würden einen hässlichen und nutzlosen Zwitter vor uns haben. Jemand hat gesagt, man solle vom Weibe nichts verlangen, als dass es „gesund und dumm" sei. Das ist grob ausgedrückt, aber es liegt in dem Paradoxon eine Wahrheit. Uebermässige Gehirnthätigkeit macht das Weib nicht nur verkehrt, sondern auch krank. (Möbius 1900, S. 24 f.)

Gerade intellektuelle Tätigkeiten scheinen um die Jahrhundertwende – eine Zeit, in der die erste Welle der Frauenbewegung unter anderem für ein Recht auf Bildung und die Zulassung zu Universitäten kämpfte – besonders gefürchtet gewesen zu sein.[10] So vertrat Edward Clarke in seinem einflussreichen Buch *Sex in Education* die Ansicht, geistiges Studium in der Jugend schade der Fortpflanzung, da die hierfür aufgewendete Energie dann für den Prozess der sexuellen Reifung von Mädchen nicht zur Verfügung stehe: "a girl upon whom Nature [...] imposes so great a physiological task, will not have as much power left for the tasks of the school, as the boy" (Clarke 1873, S. 34). Ein zu hohes Maß an Bildung für junge Mädchen gefährde daher den Fortbestand der Nation. Eine andere Erklärung findet sich bei F. W. Van Dyke, dem Präsidenten der Oregon State Medical Society (1905), der annahm, dass Bildung einerseits zu einer Unterent-

---

[10] Körperliche Arbeit, etwa in einer Fabrik, wurde als weniger gefährlich eingestuft (vgl. Bullough/Voght 1973, S. 70 f.). Die Ansicht, bestimmte (traditionell männliche) Tätigkeiten seien mit Weiblichkeit in gesundheitlicher und sozialer Hinsicht unverträglich, informiert immer wieder Argumente zum Ausschluss von Frauen aus den verschiedensten Bereichen. 1955 begründete etwa der Deutsche Fußball-Bund das Verbot des Frauenfußballs in einer beispielhaften Verknüpfung von sozialer Rolle und Gesundheit: „Im Kampf um den Ball verschwindet die weibliche Anmut, Körper und Seele erleiden unweigerlich Schaden, und das Zurschaustellen des Körpers verletzt Schicklichkeit und Anstand." Als wissenschaftliche Quelle dieser Ansicht berief sich der DFB dabei auf den Psychologen Johannes Butendijk, der z. B. für das folgende Zitat verantwortlich ist: „Das Treten ist spezifisch männlich, ob das Getretenwerden weiblich ist, lasse ich mal dahingestellt. Jedenfalls ist das Nichttreten weiblich" (Meuren 2011, 25.06.). In diesem Jahr findet erstmals ein Weltcup der Skispringerinnen statt; noch in den 1990ern wurde eine weibliche Beteiligung in dieser Sportart mit dem Argument zurückgewiesen, die Medizin sei zu dem Ergebnis gekommen, Frauen sollten nicht Skispringen, „weil es ihnen bei der Landung die Gebärmutter zerreiße" (Hahn 2011, 02.12.).

wicklung des weiblichen Beckens, andererseits zu einem größeren Gehirn und damit größerem Schädel von Embryonen führe – was im Hinblick auf den Geburtsvorgang natürlich eher ungünstig ist (vgl. Bullough/Voght 1973, S. 74 f.). Frauen werden so in ihre gesellschaftlichen Schranken verwiesen, da unweibliches Verhalten zu gesundheitlichen Problemen führe, und zwar meist aufgrund ihrer körperlichen Abweichung vom Mann; sprich, die Stellung der Frau wurde biologistisch und in Verbindung zu ihren reproduktiven Organen gerechtfertigt.

> Generally, [the doctors] traced female disorders either to women's inherent "defectiveness" or to any sort of activity beyond the mildest "feminine" pursuits – especially sexual, athletic, and mental activity. (Ehrenreich/English 1978a, S. 44)

Ob Weiblichkeit innerhalb eines Ein- oder Zwei-Geschlechtermodells, immer wurde die Unterschiedlichkeit von Frau und Mann mit Interpretationen und Erklärungen verbunden, welche die Frau als minderwertig auffassten und ihrer gesellschaftlichen Unterdrückung Vorschub leisteten. „Die akademische Erforschung der körperlichen Geschlechtsunterschiede diente größtenteils dem Zweck, Frauen in ihre Schranken zu verweisen", so Londa Schiebinger (1999, S. 152).[11]

Nachdem die Antike die Frau als einen unvollständigen Mann begriff, dessen innere Hitze zur Vervollkommnung nicht ausreichte, wurde im christlich geprägten Mittelalter der Sündenfall Evas zum entscheidenden Faktor. Die Minderwertigkeit der Frau wird hier als moralischer und religiöser Natur gesehen, für welche sie durch ihr Frausein büßen und zur

---

[11] Diese Feststellung scheint keineswegs nur eine dunkle Vergangenheit vor dem Entstehen einer objektiven Wissenschaft zu betreffen. In diesem Licht besehen scheinen die zahlreichen heutigen Studien, welche Geschlechtsunterschiede neurologisch und/oder endokrinologisch erklären, vielleicht weniger extrem, jedoch nicht minder problematisch, insofern als sie geschlechtsspezifisches Verhalten als wesentlich biologisch begründet ansehen. Zumindest in der populärwissenschaftlichen Literatur werden daraus häufig genug Annahmen darüber abgeleitet, warum Frauen, sei es weil ihr Gehirn anders strukturiert wäre, sei es aufgrund ihres Hormonhaushalts, für bestimmte Tätigkeiten von Natur aus weniger geeignet seien; meist für solche, die mit hohem gesellschaftlichen Prestige einhergehen, z. B. intellektuelle Arbeit in hochkompetetiven Bereichen. Für aktuelle Arbeiten dieses Typs siehe u. a. den Bestseller von Brizendine, Louanne (2007), *The Female Brain*, London: Bantham; Pinker, Susan (2008), *The Sexual Paradox: Men, Women, and the Real Gender Gap*, New York: Scribner.

Sühne die Schmerzen der Geburt und den Fluch der Menstruation ertragen müsste.[12] Während in den folgenden Jahrhunderten die Aufklärung Diskussionen über die Gleichberechtigung der Frau überhaupt erst ermöglichte, zeichnet sich gerade das spätere 19. Jahrhundert – die Zeit der ersten Frauenbewegung ebenso wie der Hysterie – wieder verstärkt durch Misogynie aus (vgl. Fischer-Homberger 1969, S. 39 ff.). Gleichzeitig entsteht zu dieser Zeit ein neues Erklärungsmodell: Weiblichkeit zeichne sich durch eine Schwäche des Nervensystems aus, die zu allerlei gesundheitlichen Problemen führen (weibliches Fehlverhalten allerdings unter Umständen auch entschuldigen) könne.

Das Phänomen der Hysterie ist ein Paradebeispiel für die Medizingeschichte der Frau. Bereits in der Antike bezeichnete Hysterie eine Reihe krankhafter Symptome (Kopfschmerzen, Krämpfe, Angst, Atemnot, Lähmungserscheinungen usw.), die durch Dislokationen der Gebärmutter verursacht würden. Zwar hat sich die Begründung eines umherwandernden Uterus nicht gehalten, wohl aber das Krankheitsbild:

> Als die Wissenschaft die Gebärmutter später ihrer freien Beweglichkeit beraubte, erfuhr die 'Hysterie' mannigfache Interpretationswandlungen; die Idee von einem vorwiegend weiblichen Leiden mit prinzipiell vielfältiger und launischer Symptomatik aber hat sich durch die Jahrhunderte erhalten. (Dies. 1975, S. 13)

Im Mittelalter, entsprechend der Betrachtung von Frauen als moralisch minderwertig, werden klassische Symptome der Hysterie als Anzeichen teuflischer Besessenheit und Hexerei gedeutet (vgl. dies. 1969, S. 34 ff.). Im Zeitalter der Aufklärung wird der Hexenglauben zum Aberglauben; die Hysterie als Ausdruck weiblicher Schwäche aber bleibt. Im 18. Jahrhundert erklärte Sydenham die Hysterie bei Frauen als äquivalent zur Hypochondrie bei Männern; es handele sich um dieselbe Krankheit, die jedoch unterschiedlich benannt werde. Im späten 19. Jahrhundert schließlich kommt es, zeitgleich mit einem massiven Anstieg von Hysteriefällen unter

---

[12] Die Idee der Weiblichkeit als göttliche Strafe für frühere Verfehlungen findet sich allerdings schon früher, so etwa in Platons *Timaios* zur Entstehung der Menschheit: „Unter den als Männern Geborenen gingen die Feiglinge, und die während ihres Lebens Unrecht übten, der Wahrscheinlichkeit nach, bei ihrer zweiten Geburt in Frauen über" (ebd., 91a), oder auch in Hesiods *Theogonie*, in welcher die Frau (Pandora) zur Strafe für die Verfehlung Prometheus geschaffen wurde (vgl. Tuana 1993, S. 3-6).

(vorwiegend wohlhabenden) Frauen, zu einem Höhepunkt des medizinischen Interesses an diesem Phänomen. Sie wird nun als eine Krankheit des Nervensystems verstanden, die vorwiegend Frauen (oder „weibische", sprich schwächliche Männer) befällt. Begründet wird dies mit ihrer generell schwächeren Konstitution und einem Zusammenhang von Nervensystem und Geschlechtsorganen, welche bei Frauen eine dominantere Rolle spielten und sämtliche Aspekte ihres Wesens beeinflussen würden.

Dies ist zwar eine physiologische Erklärung, beschränkt sich aber nicht auf die Postulierung einer rein körperlichen Schwäche der Frau im Vergleich zu Mann, sondern bezieht sich auch auf Nervenstärke im Sinne psychischer Belastbarkeit und charakterlicher Integrität. Hysterikerinnen sind nicht nur körperlich schwach, sie werden zudem als egoistisch, tyrannisch, intrigant, rachsüchtig, verlogen und launisch beschrieben (vgl. ebd., S. 39 ff.). Die Hysterie wird zunehmend als Geisteskrankheit aufgefasst, die jedoch körperliche, d. h. geschlechtliche Ursachen habe. Entsprechend wird sie durch verschiedene Arten der „Psychochirurgie" behandelt: je nach Interpretation durch Kliterodektomien, Ovarektomien oder Hysterektomien (vgl. Tuana 1993, S. 106 ff.). Auch diese nervliche Erklärung der Hysterie rechtfertigt den geringeren sozialen Status von Frauen; die Hysterikerin sei eine „säkularisierte Hexe", so Fischer-Homberger (1975, S. 41).

> So wird der Glaubensdefekt der fe-mina des ‚Hexenhammers' zum Intelligenzdefekt der Frau des 19. und 20. Jahrhunderts, zur angeborenen Willensschwäche, zur Infantilität, zu *Möbius'* physiologischem Schwachsinn des Weibes. (Ebd., S. 42)[13]

Mit dem Aufkommen der Psychoanalyse wird die Hysterie schließlich zu einer neurotischen Störung ohne körperliche Ursachen (wenn man von dem Penisneid der Frau absieht, der ihre psychologische Entwicklung Freud zufolge behindert; vgl. Tuana 1993, S. 88-92.). Im späteren 20. Jahrhundert wird die Hysterie dann aufgrund ihrer einerseits unklaren

---

[13] Dieser Intelligenzdefekt liegt bei Möbius nicht nur an der weiblichen Nervenschwäche, sondern auch an ihren kleineren Gehirnen und folglich Köpfen (vgl. die Abbildung weiblicher und männlicher Schädelmaße in Fischer-Homberger 1975, S. 43) – ganz in der Tradition der Kraniologie, Rechtfertigungen für die Inferiorität benachteiligter sozialer Gruppen zu liefern (zur Kraniologie vgl. auch Tuana 1993, S. 44 ff. und 68 ff.).

Definition, andererseits pejorativen Bedeutung aus der Liste der psychischen Erkrankungen gestrichen und im ICD-10 durch die Diagnosen der dissoziativen oder histrionischen Persönlichkeitsstörung ersetzt.

So vielfältig die Erklärungsmodelle sind, so konstant hält sich doch das Leitmotiv, Hysterie als Ausdruck einer prinzipiellen weiblichen Schwäche und psychischen wie körperlichen Krankheitsanfälligkeit zu deuten, deren Ursache in den weiblichen Geschlechtsorganen liegt – eine wissenschaftliche Deutung, die immer auch in Wechselwirkungen mit kulturellen Auffassungen von Weiblichkeit steht (zur Kulturgeschichte der Hysterie vgl. auch Schaps 1983). Das Beispiel der Hysterie verdeutlicht in besonderem Maße die Tendenz, Frauen für prinzipiell körperlich, charakterlich, intellektuell oder psychisch schwächer als den Mann zu begreifen. Diese Sichtweise auf Frauen als krank und schwach begründe sich in einer Definition von Gesundheit und Normalität, die sich am Mann als Standard orientiere und Frauen hauptsächlich in Bezug auf ihre Abweichung von diesem Standard erfasse, wobei diese Abweichung als Defizit interpretiert werde (vgl. Kolip 2000, S. 12). Einerseits werden dabei biologische Ursachen für die mangelnde Eignung von Frauen für Tätigkeiten angeführt, die dem traditionellen Rollenverständnis zufolge Männern vorbehalten sind. Andererseits lässt sich immer wieder beobachten, dass tatsächliche körperliche Beschwerden von Frauen auf psychische Ursachen zurückgeführt werden – sei es im Sinne einer hysterischen Hypochondrie, sei es als Ausdrucks ihres Unvermögens, sich in die klassische weibliche Rolle zu fügen (schon in der Antike galt etwa Kinderlosigkeit als eine wichtige Ursache des umherwandernden Uterus). Diese Psychologisierung weiblicher Beschwerden steht dabei nicht im Widerspruch zu der Annahme der körperlichen Krankheitsanfälligkeit, da diese ein Ausdruck der Schwäche des weiblichen Geschlechts ist, die wiederum auch ihre geistige und emotionale Natur bestimmt. Frauen gelten als durch ihr Geschlecht in stärkerem Maß determiniert als Männer, was mit der Annahme einhergeht, dass sie zu weniger Rationalität fähig seien und sich stattdessen von Ängsten und Leidenschaften leiten ließen.

Sexismus in der medizinischen Literatur beschränkt sich aber keineswegs auf sozusagen vorwissenschaftliche Zeitalter, sondern war zumindest zum Zeitpunkt der beginnenden Frauengesundheitsbewegung noch sehr präsent. Da Frauengesundheit damals noch vorwiegend solche Aspekte umfasste, die mit den weiblichen Reproduktionsorganen in direktem Zusammenhang standen, sich also auf die Gynäkologie beschränkte, lohnt sich ein Blick in entsprechende zeitgenössische Lehrbücher. Eine Analyse von 27 verschiedenen, in den USA gebräuchlichen Gynäkologielehrbüchern (erschienen 1943 -1972) kommt zu dem Ergebnis, dass diese Texte äußerst androzentristisch sind; eine Einseitigkeit und Vorurteilsbeladenheit, die aus heutiger Sicht nur noch extremer erscheint.

> Indeed, examination of gynecology textbooks, one of the primary professional socialization agents for practitioners in the field, revealed a persistent bias toward greater concern with the patient's husband than with the patient herself. Women are consistently described as anatomically destined to reproduce, nurture, and keep their husbands happy. So gynecology appears to be another of the forces committed to maintaining traditional sex-role stereotypes, in the interest of men and from a male perspective. (Scully/Bart 1973, S. 1045)

Insbesondere Themen der weiblichen Sexualität bieten zahlreiche Fundstellen wertbeladener, sexistischer Annahmen über die Natur die Frau, aber auch des Mannes, der den dazu passenden Gegenpart spielt:

> An important feature of sex desire in the man is the urge to dominate the woman and subjugate her to his will; in the women acquiescence to the masterful takes high place.[14]

> The normal sexual act [...] entails a masochistic surrender to the man [...] there is always an element of rape.[15]

> The frequency of intercourse depends entirely upon the male sex drive [...]. The bride should be advised to allow her husband's sex drive to set their pace and she should attempt to gear hers satisfactorily to his. If she finds after several months or years that this is not possible, she is advised to consult her physician.[16]

Sollten Probleme auftreten, liegt das vorwiegend an ihr; möglicherweise ist sie frigide, was aber wiederum keine körperlichen Ursachen habe (oder in irgendeiner Form mit dem Ehemann zusammenhänge): "[Vaginal] Orgasm

---

[14] Jeffcoate, Thomas (1967). *Principles of Gynecology* (3. Aufl.). London: Butterworth; zitiert nach Scully/ Bart (1973), S. 1048.

[15] Willson, James R. et al. (1971). *Obstetrics and Gynecology* (4. Aufl.). Saint Louis: Mosby; zitiert nach Weiss (1978), S. 215.

[16] Novak, Edmund; Jones, Georgeanna S.; Jones, Howard (1970). *Novak's Textbook of Gynecology*. Baltimore: Williams & Wilkens; zitiert nach Scully/Bart (1973), S. 1048.

represents the woman's ability to accept her own feminine role in life."[17]
Diese Rolle entspricht dem weiblichen Charakter:

> The traits that compose the core of female personality are feminine narcissism, masochism, and passivity.[18]

> The (normal) woman gives up her outwardly oriented active and aggressive strivings for the rewards involved in identification with her family [...] and sacrifices her own personality to build up that of her husband.[19]

Häufig findet sich dabei auch die Tendenz, körperliche Beschwerden von Frauen, vorwiegend solche, die in Bezug zu ihren Geschlechtsorganen stehen, als psychosomatisch („hysterisch") zu beschreiben. Frauen würden beispielsweise oftmals neurotisch auf den Geburtsprozess reagieren oder über menopausale Beschwerden klagen, wobei die Ursache dieser Beschwerden emotionaler Natur sei (vgl. Weiss 1978, S. 214 f.). Dasselbe gilt für Dysmenorrhoe (schmerzhafte, oftmals auch durch Übelkeit begleitete Menstruation): "The adult woman who presents this symptom very often is resentful of the feminine role. Each succeeding period reminds her of the unpleasant fact that she is a woman."[20]

Diese Annahme eines psychischen Ursprungs ausschließlich Frauen betreffender Symptome kritisieren auch Lennane und Lennane (1973), die konstatieren, dass an der Psychogenität von Menstruationsbeschwerden,[21] aber auch beispielsweise von Schwangerschaftsübelkeit (und sogar von Schmerzen während der Geburt) oftmals ohne wissenschaftliche Basis festgehalten werde, wenn nicht gar trotz gegenteiliger Evidenz. Dysmenorrhoe beispielsweise trete bei etwa 50% aller menstruierenden Frauen auf; bereits 1940 sei die Abhängigkeit dieses Phänomens vom Auftreten eines Eisprungs gezeigt worden. Dem entspreche, dass hormonelle Anti-

---

[17] Willson (1971); zitiert nach Weiss (1978), S. 217.
[18] Willson (1971); zitiert nach Scully/Bart (1973), S. 1048.
[19] Willson (1971); zitiert nach Weiss (1978), S. 216.
[20] Willson (1971); zitiert nach Weiss (1978), S. 218.
[21] Vgl. auch Fischer-Homberger (1974) zur Menstruation in der Medizingeschichte und ihrem Zusammenhang mit hysterischen Beschwerden sowie Martin (1989), Kap. 3 und 4 zu Metaphern in der Gynäkologie. Martin kritisiert unter anderem die Beschreibung der Menstruation in Lehrbüchern der 1970/1980er Jahre mit Begriffen wie degenerieren, absinken, entziehen, geschwächt, sterbend oder verlierend, die negative Vorstellungen von Zusammenbruch und Auflösung beinhalteten.

kontrazeptiva, welche die Ovulation unterdrücken, sich in 92% aller Fälle positiv auswirkten. Eine biologische Ursache scheine damit zumindest naheliegend. Dennoch werde an der Idee eines vorwiegend emotionalen (wenn nicht gar charakterlichen) Problems festgehalten: "an exaggeration of minor discomfort [...] may even be an excuse to avoid doing something that is disliked."[22] Obwohl psychometrische Tests einen Zusammenhang mit psychologischen Faktoren nicht bestätigt hätten, halte sich die Annahme der Psychogenität hartnäckig (vgl. Lennane/Lennane 1973, S. 288 f.). Die Erklärung gerät dabei zum Teil explizit pejorativ, indem unterstellt wird, Frauen klagten über Beschwerden ohne biologische Ursache, um emotionalen Gewinn daraus zu schlagen oder sich vor der (Haus-)Arbeit zu drücken: "very little can be done for the patient who prefers to use menstrual symptoms as a monthly refuge from responsibility and effort".[23] Diese mangelnde Berücksichtigung wissenschaftlicher Evidenz beschreibt auch Weiss (1978) als in sexistischen Vorurteilen begründet: "Medical diagnosis is being made on the basis of myths about women rather than on any scientific understanding of painful menstruation" (ebd., S. 218).

Die Verbreitung von Schwangerschaftsübelkeit ist nach Lennane und Lennane (1973) sogar noch höher: 75-88 % der Frauen würden im Zeitraum der fünften bis sechzehnten Schwangerschaftswoche darunter leiden. Eine plausible körperliche Ursache wäre der nachgewiesen erhöhte Östrogenspiegel in dieser Zeit. Dafür spreche auch das Auftreten von Übelkeit bei der Einnahme östrogenhaltiger Verhütungsmittel. Dennoch werde an der Annahme psychischer Ursachen (wie etwa Ambivalenz gegenüber der Mutterrolle) festgehalten, obwohl es dafür keinerlei wissenschaftliche Belege gebe (vgl. ebd, S. 289). "Nosologically classified with the neuroses [...] [nausea of pregnancy] may indicate resentment, ambivalence and inadequacy in women ill-prepared for motherhood."[24]

Die Autorinnen ziehen den naheliegenden Schluss, dass die hartnäckige Annahme psychischer Ursachen in diesen und anderen Fällen wertbeladenen Sichtweisen über Frauen geschuldet sei – wie etwa, dass diese

---

[22] Jeffcoate (1967); zitiert nach Lennane/Lennane (1973), S. 288.
[23] Benson, Ralph C. (1972). Gynaecology and Obstetrics. In M. Krupp & M. Chatton (Hrsg.), *Current Diagnosis and Treatment*. Los Altos: Lange Medical Publications, S. 377-434; zitiert nach Lennane/ Lennane (1973), S. 289.
[24] Benson (1972), zitiert nach Lennane/Lennane (1973), S. 289.

zu Hysterie und Irrationalität neigten und aufgrund ihres biologischen Geschlechts eine ganz bestimmte soziale Rolle zu erfüllen hätten. Diese führten zur Missachtung wissenschaftlicher Standards. Zu einem ähnlichen Schluss kommen auch Bullough/Voght (1973) in einem Aufsatz zur Medizingeschichte der Menstruation:

> [T]he reluctance [to accept new scientific findings] is not attributable to any medical reason but results when new findings upset the emotional attachments, some would say political prejudices, that most physicians hold and which have little to do with medicine itself. [...] Since medical practitioners were almost all men, and many of them were hostile to any change in the status quo in male-female relationships, they inevitably entered the struggle with what today appears not only as ludicrous arguments, but which even in the period they were writing were not based upon any scientific findings and in fact went contrary to those findings. This is particularly true in their understanding of the consequences of menstruation. (ebd., S. 66)

Es wird an Hypothesen festgehalten, die sich nicht empirisch bestätigen lassen; so zeigen etwa Studien keine Korrelation zwischen psychischen Problemen oder Rollenkonflikten und den genannten körperlichen Beschwerden. Andererseits liegen plausible Hypothesen über biologische Ursachen vor, in deren Fall sich entsprechende Korrelationen (etwa zwischen Östrogenspiegel und Übelkeit oder Ovulation und Menstruationsbeschwerden) nachweisen lassen, die jedoch nicht beachtet werden. Für die Vertreterinnen der Frauengesundheitsbewegung wirken diese Werteinflüsse in der Medizin wiederum zurück auf die Gesellschaft, indem sie zur Unterdrückung und Entmündigung von Frauen beitragen:

> The effect of psychosomatic diagnosis, which is prejudically applied to women, is to make the patient feel mentally incompetent, foolish and childlike. That is, the psychosomatic diagnosis reinforces conventional sex stereotypes and thus contributes to the social control of women. (Ehrenreich 1975, S. 12)

Dieser direkte Einfluss von Werten auf wissenschaftliche Inhalte ist hier in der Tat problematisch, da Werte und Vorurteile vorhandene empirische Evidenz übertrumpfen und letztere schlicht ignoriert wird. Derartige Fälle lassen sich folglich bereits mit der minimalen Version des Wertfreiheitsideals als epistemisch minderwertig auszeichnen. Die Frage nach der Legitimität von Kriterien für die Wahl zwischen verschiedenen empirisch adäquaten Theorien oder auch der Gewichtung unterschiedlicher Forschungsergebnisse stellt sich hier gar nicht erst.[25]

Das medizinische Wissen über Frauen weist damit auch in den 1970ern, d. h. zum Zeitpunkt der beginnenden Frauengesundheitsbewegung, noch offensichtlich sexistische Verzerrungen auf. Im Folgenden soll nun ein Überblick über die betreffende Kritik durch die Frauengesundheitsbewegung und die anschließende Institutionalisierung der Frauengesundheitsforschung gegeben werden.

4.3 Feminismus und Frauengesundheitsbewegung

Grundlage der Entstehung einer wissenschaftlichen Frauengesundheitsforschung war historisch gesehen die feministische Frauengesundheitsbewegung der 1960er/70er Jahre, die sich durch die Kritik einer patriarchalischen Medizin definierte. Diese Kritik betrifft dabei einerseits die Medizin als Praxis und Versorgungssystem, andererseits damit zusammenhängend auch die medizinische Wissenschaft. Thematische Schwerpunkte liegen zunächst in der Problematisierung paternalistischer und autoritärer Beziehungen zwischen den (meist männlichen) Gynäkologen und ihren Patientinnen, der Forderung nach besseren Zugangsbedingungen für Frauen zu Positionen in Medizin und Wissenschaft sowie der Bemängelung einer unzureichenden Informationsweitergabe an Frauen durch das etablierte Medizinsystem.

Als Initialzündung der Bewegung wird meist das Boston Women's Health Book Collective (BWHBC) beschrieben, das zunächst aus einer kleinen Diskussionsgruppe von Frauen bestand, die zu ihnen relevant erscheinenden Gesundheitsthemen recherchierten. 1970 druckten sie die

---

[25] Gleiches gilt natürlich auch für die erwähnten Beispiele aus der Medizingeschichte; so bilden etwa Spekulationen über die körperlichen Auswirkungen intellektueller Anstrengungen oder die chirurgische Behandlung hysterischer Frauen nicht gerade Meilensteine der Wissenschaft. Solche Fälle von Werteinflüssen kritisieren zu können, sollte auch auf der Grundlage von alternativen Ansätzen zum Wertfreiheitsideal möglich sein.

Broschüre *Women and their Bodies* mit den Ergebnissen dieser Recherche. Aus dieser wurde schließlich das berühmte Buch *Our Bodies, Ourselves* (BWHBC 1973), das sich bis heute millionenfach verkauft hat und mittlerweile in der 8. Auflage erschienen ist (vgl. dazu auch Morgen 2002, S. 16 f.). Dieses Buch avancierte zum Programm der sich international formierenden Frauengesundheitsbewegung. Es gibt Informationen von Laien an Laien weiter, die spezifisch weibliche Gesundheitsthemen betreffen (z. B. das Selbstbild von Frauen in einer sexistischen Gesellschaft, Familien- und Beziehungsstrukturen, Menstruation, Schwangerschaft oder Menopause) und übt politische Kritik an dem bestehenden Gesundheitsversorgungssystem sowie der Rechtslage in Bezug auf die Abtreibungsproblematik. Schlüsselkonzepte dieses Buchs sind Selbstbestimmung, Selbsterfahrung und Selbsthilfe von Frauen. Das BWHBC grenzt sich dabei explizit von der etablierten Medizin ab und zielt darauf, wissenschaftliches Wissen zu entmystifizieren sowie nichtwissenschaftliches Erfahrungswissen von Frauen (etwa verschiedene Hausmittel gegen Menstruations- und Schwangerschaftsbeschwerden) verfügbar zu machen. Die Frauengesundheitsbewegung ist zunächst eine Laienbewegung, die sich gegen die Monopolisierung medizinischen Wissens durch Experten wendet: "The Women's Health Movement is attempting to redefine what falls logically within the field of medical expertise and what may be classified as 'people's medicine'" (Marieskind 1975, S. 222).

Es entstehen zahlreiche Selbsthilfegruppen, in denen beispielsweise vaginale Selbstuntersuchungen vermittelt werden, außerdem organisierte alternative Versorgungsangebote wie feministische Gesundheitszentren. Ein wichtiges Thema ist hierbei immer auch die Bereitstellung sicherer und kostengünstiger Abtreibungsmöglichkeiten. So wurde 1969 die Organisation *Jane* gegründet, die Beratung und Anlaufstellen für betroffene Frauen bot und deren Mitglieder zunächst Ärzten bei (damals noch illegalen) Schwangerschaftsabbrüchen assistierten, diese später dann gänzlich selbst durchführten. Dieses Angebot wurde von etwa 11000 schwangeren Frauen wahrgenommen und führte zu Verhaftungen und Anklagen, die nach der Liberalisierung des Abtreibungsverbots in den USA 1973 jedoch fallen gelassen wurden (vgl. Morgen 2002, S. 5 ff., S. 31 ff.).

Inspiriert durch das amerikanische Beispiel, entstand auch in Deutschland Anfang der 1970er eine Frauengesundheitsbewegung. So wurde 1974 das erste feministische Frauengesundheitszentrum (FFGZ) in Berlin gegründet, über 20 weitere folgten. Ziele dieser Zentren sind einerseits die Bereitstellung von Informationen und Vermittlung von Selbsthilfekompetenzen für Frauen, andererseits eine politische Einflussnahme auf die Medizin und das Versorgungssystem (vgl. Burgert 2004, S. 5). Es erschien ein deutsches Äquivalent zu *Our bodies, Ourselves* unter dem Titel *Hexengeflüster – Frauen greifen zur Selbsthilfe* (vgl. Ewert et al. 1974), seit 1976 gibt das FFGZ Berlin die Zeitschrift *Clio* (das Sprachrohr der Frauengesundheitsbewegung) heraus. Mitte der 1980er entstanden die ersten Geburtshäuser, die vor dem Hintergrund der Kritik einer Übermedikalisierung und -technisierung des Geburtsvorgangs alternative Angebote für schwangere Frauen bereitstellen und vorwiegend von Hebammen geleitet werden. Heute gibt es in Deutschland circa 150 Geburtshäuser, welche die Geburt als einen natürlichen Prozess begreifen und auf eine Stärkung der Selbstbestimmung von Frauen sowie ihre umfassende Betreuung in der Schwangerschaft zielen. Gerade die Geburtshäuser stießen zunächst auf erheblichen Widerstand seitens Ärzteschaft und Öffentlichkeit. Geburten außerhalb von Kliniken und ohne ärztliche Betreuung wurden als äußerst riskant und verantwortungslos kritisiert. Die Mehrzahl diesbezüglicher Studien kommt jedoch zu dem Schluss, dass außerklinische Geburten bei komplikationslosen Schwangerschaften keineswegs riskanter sind und das Geburtserlebnis zudem von vielen Frauen als positiver bewertet wird (vgl. Stolzenberg 2000). Dem entspricht, dass seit 2008 die Kosten für Betreuung und Geburt in Geburtshäusern auch von den gesetzlichen Krankenkassen, die noch 1997 vor Geburtshäusern gewarnt hatten, übernommen werden (wodurch dieses Angebot nun natürlich einem größerem Kreis von Frauen auch tatsächlich zur Verfügung steht).

In ihren Anfängen grenzt die Frauengesundheitsbewegung sich insgesamt stark von der etablierten Medizin ab und versucht, über alternative Versorgungsangebote und das Konzept der Selbsthilfe und Informationsweitergabe von Laien die gesundheitliche und soziale Situation von Frauen zu verbessern. Besonders diese fehlende Anerkennung medizinischer Expertise und Autorität ist auf vehementen Widerstand gestoßen. In den USA gab es polizeiliche Durchsuchungen von Frauengesundheitszentren und Beschlagnahmung von Materialien (z. B. von Joghurt zur Behandlung von Pilzinfektionen) sowie Gerichtsverfahren wegen der illegalen Praktizierung von Medizin. Im deutschen Ärzteblatt wurde 1979 die Beschäftigung von Laien mit medizinischen Themen als „hybride Selbstüberschätzung" bezeichnet und gewarnt, die Bewegung stelle einen Nährboden für „Ultralinke und Terroristen" dar, sei ein „Prototyp einer aggressiv-politisch destruktiv wirkenden Minderheit"; eine Bundestagsabgeordnete der CDU bezeichnete die vaginale Selbstuntersuchung als lesbisch und gesundheitsgefährdend (vgl. Schultz 2004). Auch in der BRD kam es zu Durchsuchungen von feministischen Gesundheitszentren oder Buchhandlungen. Derartige Reaktionen wurden von der Frauengesundheitsbewegung als patriarchalische Gegenwehr verstanden:

> Auch hier zeigte sich, dass der Anspruch der Frauen auf Selbstbestimmung über ihren Körper – der damit beginnt, ihn überhaupt erst einmal kennenzulernen – auf vehementen Widerstand etablierter gesellschaftlicher Kräfte stößt. (Kickbusch 1981, S. 194)

Die beschriebene Betonung von Selbsthilfe und Information für Laien sowie die Schaffung von Versorgungsangeboten außerhalb der etablierten Medizin spielen dabei vor allem für den radikaleren Flügel der Bewegung eine große Rolle, der nicht auf Verbesserungen innerhalb des bestehenden Systems abzielte, sondern auf dessen generelle sozialistisch-feministische Umwälzung (zu den Unterschieden innerhalb der Bewegung vgl. z. B. Fee 1978). Wie etwa Barbara Ehrenreich in den Proceedings der ersten Konferenz zu Frauengesundheit schreibt:

> To me all this has an importance which goes even beyond health and health issues. The revolution we are working for is not just a change of administration. It is a total transformation of society in every realm – cultural as well as economic, "personal" as well as public. Building a feminist vision and culture of health care is part of the entire revolutionary struggle to turn this country around – to build a socialist and feminist society. (Ehrenreich 1975, S. 12)

Eine prominente Rolle in der Selbsthilfebewegung spielt dabei die Kritik einer übermäßigen Medikalisierung spezifisch weiblicher Lebensphasen.[26]

---

[26] Der Ursprung der Medikalisierungsthese liegt in den 1960ern/1970ern und bezieht sich zunächst nicht auf geschlechtsspezifische Fragen, sondern konstatiert generell eine Ausweitung medizinischer Autorität in immer größere Bereiche des Alltags, die als Form sozialer Kontrolle und Entmündigung interpretiert wird (vgl. z. B. Conrad/Schneider 1985; Illich 1976, 1977; Szasz 1961; Zola 1972). Eine große Rolle spielt hier vor allem die Kritik an der Postulierung psychischer Krankheiten wie etwa der

Es wird angezweifelt, dass junge Mädchen ab der ersten Menstruation regelmäßig einen Gynäkologen aufsuchen müssten (Vorsorge könne durch Selbstuntersuchung oder feministische Gesundheitszentren gewährleistet werden), dass Geburten in herkömmlichen Kliniken unter Aufsicht von Ärzten durchzuführen seien, oder dass Klimakterium und Menopause als prinzipiell problematisch zu betrachten wären, weil sie das Ende von Fruchtbarkeit und damit Weiblichkeit bedeuteten (zur Menopause siehe auch Kapitel 5). Vor dem Hintergrund historischer Arbeiten zur Pathologisierung der Frau aufgrund ihrer körperlichen Abweichung vom Mann (siehe oben) werden diese Prozesse als normal und gesund reinterpretiert. Ihre Medikalisierung wird als eine Form sozialer Kontrolle kritisiert:

> As women, we are encouraged to depend on the medical system from puberty, through child-bearing and raising, to menopause, until we eventually die a medicated death. [...] But the significance of this kind of expansion [of the role of medicine] is clear: the medical system is in a better position than ever to exert social control. As medicine has penetrated more and more aspects of our daily lives, it has come to be a more effective vehicle for sexism or any other ideology it cares to promote. (Ebd.)

Durch die Behandlung spezifisch weiblicher Erfahrungen als per se medizinischen Problemen (i. e. nicht nur bei auftretenden Komplikationen) werde ein Tätigkeits- und Wissensmonopol der professionellen Ärzteschaft geschaffen, dass den (weiblichen) Laien die Kompetenz der Selbstein-

---

Aufmerksamkeitsdefizits-/Hyperaktivitätsstörung bei Kindern, aber auch die Behandlung von Übergewichtigkeit, Schlafstörungen oder sexueller Unlust als Problemen, die nach einer medizinischen Lösung verlangten (statt nach einer Betrachtung in ihrem psychosozialen Kontext oder auch als normalen Phänomenen des Lebens). Die Frauengesundheitsbewegung griff die Medikalisierungsthese auf und betrachtete sie als besonders relevant für Frauen, da diese schon qua ihrer spezifisch weiblichen Körperprozesse und Umbruchphasen wie der Menopause häufigeren Kontakt mit dem Medizinsystem hätten (vgl. dazu Ehrenreich/English 1978b; Levy 1992; Miles 1991, Kap. 7). Diese Medikalisierungsthese in Bezug auf körperliche Umbruchphasen von Frauen steht dabei nicht zwingend in einem Widerspruch zu der kritisierten Psychologisierung damit zusammenhängender Beschwerden, insofern diese psychischen Beschwerden als psychologisch oder psychiatrisch behandlungsbedürftig angesehen werden. Zu genderspezifischer Medikalisierung in Bezug auf Männer (diskutierte Beispiele sind hier etwa die Postulierung männlicher Wechseljahre, aber auch Haarausfall, vorzeitiger Samenerguss oder erektile Dysfunktionen) vgl. Conrad (2007), Kap. 2.

schätzung abspreche, aber auch etwa die Geburtshilfe durch Hebammen als unzureichend erkläre. Weibliche Körpervorgänge würden pathologisiert, wodurch dann wiederum ärztlicher Handlungsbedarf geschaffen werde. So würden beispielsweise in der BRD bis zu 80% aller Schwangerschaften als Risikoschwangerschaften klassifiziert (vgl. Kolip 2000; diese sehr hohe Zahl kommt vermutlich auch dadurch zustande, dass immer mehr Gebärende das Alter von 35 Jahren überschritten haben).

Der gemäßigtere liberale Flügel der Frauengesundheitsbewegung zielte hingegen nicht auf die Ersetzung des etablierten Medizinsystems, sondern auf dessen Reformierung; also beispielsweise nicht so sehr auf Versorgungsangebote durch Laien, sondern auf den Zugang von Frauen zu einer medizinischen Ausbildung und zu Entscheidungspositionen in der Politik. Besonders einflussreich war hier auch die Kritik von Fällen, in denen gegebene Standards medizinischer Forschung oder Praxis nicht eingehalten wurden. Beispiele finden sich in den bereits beschriebenen Analysen zu Werteinflüssen und Sexismus in gynäkologischen Lehrbüchern oder bei der Interpretation weiblicher Beschwerden als psychosomatisch. Weitere Fälle sind etwa die frühe Kritik in Bezug auf hormonelle Antikontrazeptiva, den DES-Skandal und die Risiken von Hormonersatztherapien in der Menopause.

Die Anti-Baby-Pille, ein hormonelles Verhütungsmittel auf der Basis synthetischer Östrogene, wurde erstmals 1960 von der FDA für den amerikanischen Markt zugelassen. Sie wurde gerade auch von Feministinnen sehr begrüßt, da diese unkomplizierte und effektive Verhütungsmethode die Trennung von Sexualität und Reproduktion, folglich eine größere Freiheit und selbstbestimmtere Familienplanung für die Frau ermöglichte. Es gab jedoch auch kritische Stimmen. Aufsehen erregte vor allem die Journalistin Barbara Seaman mit ihrem Buch *The Doctor's Case against the Pill* (1969), in welchem sie bemängelte, dass die möglichen Nebenwirkungen und Langzeiteffekte der Pille weder hinreichend erforscht seien noch Frauen über bekannte Risiken angemessen informiert würden. Die Zulassung der Pille durch die FDA genüge nicht den üblichen Ansprüchen an klinische Studien: Die für die Zulassung entscheidende erste Studie beinhaltete zunächst 881 (puerto-ricanische) Teilnehmerinnen, von denen jedoch lediglich 132 Teilnehmerinnen die Pille überhaupt bis zum Ende der Studie und damit länger als ein Jahr tatsächlich eingenommen hätten. Der

Großteil habe mit der Einnahme bereits vorher aufgrund der direkten Nebenwirkungen wie etwa Kopfschmerzen, Libidoverlust, Übelkeit, Erbrechen, Stimmungsschwankungen, Gewichtszunahme oder Harnwegsinfekten aufgehört. Diese Sample-Größe sei keinesfalls ausreichend, um auf die hinreichende Sicherheit einer Langzeiteinnahme der Pille durch Millionen von Frauen zu schließen. Auch sei auf die signifikanten Nebenwirkungen zunächst nicht durch weitere Tests zur Anpassung und Absenkung der Dosierung reagiert worden, die etwa das Dreifache der heutigen betrug. Unter den Teilnehmerinnen gab es zudem drei Todesfälle, die nicht autopsiert und deren Zusammenhang mit der Einnahme nicht geklärt wurde (vgl. ebd., S. 184 ff.).

Seaman versammelt in ihrem Buch die verfügbare Evidenz für mögliche Nebenwirkungen wie etwa Thrombosen, Herzinfarkte, Schlaganfälle oder Krebserkrankungen und kritisiert, dass diese Informationen nicht an die Patientinnen weitergegeben würden. Diese Praxis wurde seitens der Ärzteschaft auch vielfach zugegeben, aber als gerechtfertigt verteidigt: einmal informiert über mögliche Nebenwirkungen, würden die Patientinnen prompt die entsprechenden Symptome entwickeln, wären verängstigt und verlören das Vertrauen in ihren Arzt (vgl. Seaman 1969, S. 12-23; dies. 1978a; Ruzek 1978, S. 36 f.). Auch diese Informationsverweigerung wird von der Frauengesundheitsbewegung als Form sozialer Kontrolle durch das sexistische medizinische Establishment gedeutet. Es werde Frauen nicht zugetraut, eigene Entscheidungen zu treffen, weshalb der Verzicht auf die Bedingung informierter Einwilligung in eine risikoreiche Medikation nur natürlich scheine.

Das Buch wurde zum Auslöser der *Nelson Pill Hearings* im amerikanischen Senat 1970, welche die Sicherheit der Pille thematisierten. Resultat dieser Anhörungen war die Auflage der FDA, die Pille (und andere östrogenhaltige Medikamente) mit Patienteninformationen zu den Nebenwirkungen und klaren Warnhinweisen zu versehen. Zwar gab es schon vorher Packungsbeilagen, diese richteten sich jedoch an Arzt oder Apotheker und wurden von diesen auch aus den Verpackungen entfernt (um keine Epidemie psychosomatischer Beschwerden auszulösen). Die neuen Informationsbeilagen sollten sich dagegen an die Benutzerinnen richten und in klarer, verständlicher Sprache über Risiken informieren (vgl. Morgen 2002, S. 26 ff.; Seaman 2003, S. 139 ff.)[27]

Vorwürfe wegen der unzureichenden Beachtung von Sicherheits- und Informationsstandards wurden von der Frauengesundheitsbewegung auch in Bezug auf den Umgang mit Diethylstilbestrol (kurz DES, ebenfalls ein synthetisches Östrogen) erhoben. DES wurde von 1943-1970 circa 3 Millionen Schwangeren verschrieben, um Fehlgeburten vorzubeugen, obschon es bereits in den 1950ern erste Studien gab, welche die diesbezügliche Wirksamkeit von DES in Zweifel zogen. Anfang der 1970er wurde ein Zuwachs von Vaginalkrebs-Fällen entdeckt, einer Krebsform, die bis dahin sehr selten auftrat. 85% dieser neuen Fälle betrafen Töchter von Frauen, die während der Schwangerschaft DES eingenommen hatten; 90% aller untersuchten Töchter wiesen abnorme Veränderungen des vaginalen Drüsengewebes auf. Heftig kritisiert wurde hier vor allem auch das Versäumnis, sämtliche betroffenen Töchter auf Vorformen und Erkrankungen zu untersuchen sowie die Weigerung vieler Ärzte und Kliniken, Auskunft über einen eventuellen Gebrauch von DES zu geben (etwa von bereits verstorbenen Müttern). Ab 1970 finanzierte die FDA Studien zur Effektivität von DES als „Pille danach" an zehn universitären Gesundheitszentren; ab 1972 wurde DES von den meisten US-amerikanischen University Health Services Studentinnen als Mittel der Wahl verschrieben. Oftmals seien diese dabei weder über den experimentellen Status noch über mögliche Nebenwirkungen informiert worden, was besonders bereits gefährdete DES-Töchter hohen Risiken aussetzte (vgl. Ruzek 1978, S. 38 ff.; Weiss 1975). Gleichzeitig verbot die FDA 1972 aufgrund der Karzinogenität den Einsatz von DES als Viehfutterzusatz, nicht jedoch die Verschreibung wesentlich höherer Dosen an Studentinnen. Als Gründe für diesen Umgang mit DES wurden ökonomische und bevölkerungspolitische Motive vermutet, die höher als die Sicherheit der betroffenen Frauen bewertet worden sein:

---

[27] Seaman gehörte auch zu den Gründerinnen des National Women's Health Networks (1976), das der Frauengesundheitsbewegung eine zentrale organisatorische Basis verlieh und bis heute eine relevante Stimme bei betreffenden Policy-Entscheidungen darstellt (vgl. Norsigian 1996).

> Both industrial pressures and population control interests appear to have influenced FDA approval of the oral contraceptive, the anti-miscarriage drug, and the morning-after pill prior to the accomplishment of sufficient testing to prove their safety. The anti-miscarriage drug was developed during a period of social and economic pressure for population growth (1945-1955). Spontaneous abortion was seen as a condition to be avoided albeit at unknown risks. In present times of population expansion, the same drug is being used to achieve the opposite effect [...]. With the development of both uses of DES as a fertility regulator, social and economic determinants appear to take precedence over concern for long-term effects on women. (Weiss 1975, S. 246 f.)

Auch die flächendeckende Verschreibung synthetischer Östrogene für menopausale Frauen wurde von der Frauengesundheitsbewegung bereits früh hinterfragt; so wies etwa Seaman wieder und wieder auf bereits seit den 1940ern vorliegende Evidenz für den Zusammenhang mit Krebserkrankungen hin (vgl. Seaman 1978b; Seaman/Seaman 1977) – ein Verdacht, der schließlich durch die Women's Health Initiative bestätigt werden würde (siehe dazu Kapitel 5.4). Diesbezüglich wurde ebenfalls kritisiert, dass Frauen nicht hinreichend über Nebenwirkungen und experimentellen Status in Bezug auf Langzeitfolgen informiert würden. Weitere Themen sind die Kritik an der Durchführung unnötiger oder ethisch unzulässiger Operationen, z. B. Sterilisationen an farbigen oder armen Frauen ohne deren Einverständniserklärung (vgl. z. B. Dreifus 1978), radikaler Mastektomien angesichts wissenschaftlicher Evidenz für die äquivalente Wirksamkeit schonenderer Verfahren (vgl. z. B. Kushner 1978) sowie überflüssiger Ovarektomien und Hysterektomien bei Frauen nach der Menopause (vgl. z. B. Larned 1978; Ruzek 1978, S. 44-53). Im folgenden Kapitel soll nun die Entwicklung der Frauengesundheitsforschung dargestellt sowie auf einige signifikante Beispiele eingegangen werden.

5 Frauengesundheitsforschung

5.1 Etablierung der Frauengesundheitsforschung

Insbesondere die beschriebenen Auseinandersetzungen mit wissenschaftlichen Themen und Standards innerhalb der Frauengesundheitsbewegung setzten entscheidende Impulse für die Entstehung einer Frauengesundheitsforschung, die als "feminist knowledge revolution" (Munch 2006, S. 19) beschrieben wurde. Dieses neue Forschungsfeld ist sich dabei seiner feministischen politischen Wurzeln bewusst und konstatiert diese auch explizit:

> Die Frauengesundheitsforschung war eng mit dieser sozialen Bewegung verbunden und verstand sich als deren theoretischer Arm. Sie hat deshalb immer die Verbindung zur Praxis gesucht, denn es ging ihr nie nur um die reine Forschung, sondern stets auch darum, die gesundheitliche Lage von Frauen zu verbessern. [...] Die Frauengesundheitsforschung war damit immer auch politisch verankert; sie verstand sich – in den Achtzigerjahren vielleicht expliziter als heute – als Teil einer politischen Bewegung, der es auch darum ging, einen konkreten Beitrag zum Abbau geschlechtlicher Ungleichheit zu leisten. (Hurrelmann/Kolip 2002, S. 13)

Die Frauengesundheitsforschung basiert auf der beschriebenen politischen Bewegung – sowohl im Hinblick auf ihre Institutionalisierung als auch auf ihre inhaltliche Ausrichtung. Historisch gesehen hat die Frauengesundheitsbewegung entscheidend zu der Etablierung eines neuen Forschungsfeldes beigetragen.[28] Erst durch sie wurde die Wahrnehmung geschlechtsspezifischer Forschungslücken und sexistischer Darstellungen von Frauen in der Medizin angestoßen und öffentliches sowie wissenschaftliches Interesse an den entsprechenden Problemen geschaffen. Wie Schmerl (2002) in Bezug auf die Geschichte der Frauengesundheitsbewegung konstatiert, hat diese zunächst einen öffentlichen Diskurs über Frauengesundheit initiiert und darüber letztlich auch Veränderungen in der Wissenschaft angestoßen:

---

[28] Von der Frauengesundheitsbewegung wurde diese Entwicklung allerdings nicht uneingeschränkt begrüßt, sondern die Institutionalisierung auch als Gefahr der Kooptation, sprich des Verlusts der politischen Ausrichtung, gesehen (vgl. z. B. Ruzek 1978, 232 ff.; Morgen 2002, S. 165 ff.).

„Der erfolgreichste Veränderungsdruck kam nicht aus der Medizin selbst und schon gar nicht von ihren männlichen Koryphäen" (ebd., S. 34).

Gleichzeitig wurden im Zusammenhang mit der allgemeinen Frauenbewegung entscheidende gesamtgesellschaftliche Verbesserungen in Bezug auf den gesellschaftlichen Status von Frauen erzielt, die unter anderem zu einem höheren Anteil von Frauen in der Medizin führten. Natürlich ist dies ein kontingenter Sachverhalt, d. h. die Entstehung der Frauengesundheitsforschung setzt nicht notwendig eine politische Bewegung voraus; auch wäre prinzipiell denkbar, dass die Entdeckung der Frauengesundheit von Männern geleistet worden wäre. Faktisch war es aber gerade die feministische Perspektive und der Einbezug weiblicher Akteure, welche diese Entwicklungen förderte.[29] Dieser Einbezug einer feministischen Perspektive in die Wissenschaft steht dabei zunächst insofern in Bezug zu deren Wertfreiheit, als wertbeladene, sprich androzentristische Verzerrungen in Bezug auf die Themensetzung wie auch die inhaltliche Bearbeitung von Themen kritisiert werden: "As women became scientists and as feminist critiques evolved, sources of bias and absence of value-neutrality in science, particularly biology, were revealed" (Rosser 2002, S. 357; vgl. auch dies. 1994, Kapitel 1).

Die Frauengesundheitsforschung ist ihrem Selbstverständnis nach weder rein noch neutral: politische Motive beeinflussen die Themenwahl und Ausrichtung des Feldes, und ihr Ziel liegt neben der Wissensgenerie-

---

[29] Dieser Zusammenhang zwischen einer höheren Anzahl weiblicher Forscherinnen und der Aufmerksamkeit für bisherige geschlechtsspezifische Forschungslücken sowie sexistische Werteinflüsse findet sich auch in anderen Disziplinen. Vgl. dazu etwa Wylie (1997): "the emergence of feminist initiatives in archaelogy had followed roughly the same course as in other closely affiliated disciplines (e.g., sociocultural anthropology, history, paleontology): they appeared when a critical mass of women entered the field who had been politicized in the women's movement and were therefore inclined to notice, and be sceptical of, the taken-for-granteds about gender". Wie Wylie bemerkt, setzt eine derartige Entstehung anderer Sichtweisen nicht zwingend einen explizit feministischen Standpunkt voraus, wohl aber eine gewisse Sensibilität für Gender-Fragen. Sie ist also nicht schlicht eine Folge des Geschlechts der Wissenschaftlerinnen (wie auch nicht alle Forschung von Männern androzentristisch sein muss). Eine solche Sensibilität wiederum wäre im Sinne der Standpunkttheorie bei Frauen eher zu vermuten als bei Männern, da erstere als die Leidtragenden diskriminierender Strukturen und Inhalte diese eher bemerkten und kritisierten.

rung in einem Beitrag zur Geschlechtergerechtigkeit. Reinheit und Neutralität kämen auch der herkömmlichen Medizin nicht zu, nur weil diese ihren Androzentrismus nicht explizit mache. Wie beschrieben werden beide Aspekte durch das heutige Ideal der Wertfreiheit jedoch auch nicht gefordert. Entscheidend ist vielmehr, ob auch die Inhalte dieser Theorien und ihre Evaluierung von außerwissenschaftlichen Werten beeinflusst sind – und ob die Frauengesundheitsforschung diesbezüglich als eine größere Annäherung an die Wertfreiheit zu verstehen ist (wie obiges Zitat suggeriert). Die hier verfolgte These ist, dass sich die betreffenden Entwicklungen durch das Wertfreiheitsideal gerade nicht angemessen beschreiben lassen (vgl. dazu genauer Teil III; im vorliegenden Kapitel soll zunächst die Entwicklung der Frauengesundheitsforschung skizziert werden).

Der Vorwurf von Gender-Bias (i. e. geschlechtsspezifischen Verzerrungen) in der medizinischen und gesundheitswissenschaftlichen Forschung bezieht sich dabei nicht nur auf offensichtlichen Sexismus, wie er etwa am Fall der Äußerungen in verschiedenen Gynäkologielehrbüchern beschrieben wurde. Die Vertreterinnen der Frauengesundheitsforschung gehen vielmehr davon aus, dass Gender Bias ubiquitär und in einen Großteil der Forschung inkorporiert sind – also nicht etwa nur besonders schlechte Wissenschaft kennzeichnen. Diesbezüglich lässt sich grob zwischen zwei Arten von Gender Bias unterscheiden. Zum einen kommt es aufgrund einer (ungerechtfertigten) Annahme der Gleichheit der Geschlechter in Bezug auf ein bestimmtes gesundheitliches Problem häufig zu *Übergeneralisierungen,* die zumeist androzentristischer Natur sind. Ergebnisse klinischer Studien an männlichen Probanden werden unhinterfragt auf Frauen übertragen, die Diagnostik richtet sich nach typischen männlichen Symptomen, die Erforschung von Gesundheitsrisiken bezieht sich vorwiegend auf solche, die eher für Männer gegeben sind, usw. Hierbei geht es sowohl um die Vernachlässigung des biologischen Geschlechts (Sex) als auch des sozialen (Gender), wenn dieses etwa mit risikoreichem Verhalten im Zusammenhang steht oder aus Geschlechterrollen bestimmte Gesundheitsprobleme und -potentiale folgen können. Zweitens ist auch die Annahme einer grundsätzlichen Unterschiedlichkeit von Frauen und Männern dann problematisch, wenn sie zur Verwendung eines *doppelten Bewertungsmaßstabs* führt, z. B. ähnliche Symptome bei Frauen und Männern unterschiedlich evaluiert oder Beschwerden bei Frauen häufiger als psychogen gedeutet werden (vgl. Ruiz/Verbrugge 1997; Eichler/Fuchs/ Maschewsky-Schneider 2000).

Zielsetzung der Frauengesundheitsforschung ist zum einen, derartige Verzerrungen in der bestehenden Forschung aufzudecken, zum anderen die Produktion von Wissen, das den gesundheitlichen Bedürfnissen von Frauen eher gerecht wird. Frauenspezifische Gesundheitsthemen wurden zunächst in den 1980ern durch die Sozial- und Gesundheitswissenschaften aufgegriffen. Die Themensetzung deckt sich dabei noch weitgehend mit den durch die Frauengesundheitsbewegung angestoßenen Debatten. Im Fokus stehen einerseits Fragen der reproduktiven Gesundheit sowie des Umgangs mit dieser in Gesellschaft und Medizin, andererseits gesundheitliche Folgen der sozialen Stellung der Frau. Die frühe Frauengesundheitsforschung geht von der gesellschaftlichen Diskriminierung von Frauen als Ursache einer Vielzahl gesundheitlicher Probleme aus:

> Women's health cannot be considered in isolation from the social, political, and economic forces influencing the health of women. [...] From incest in prepubescent females through the economic poverty of old age, women as a whole have been unable to make connections between their individual health and the impact of sexism on their individual and collective wellness. (Lempert 1986, S. 255)

Entsprechende Forschungsthemen betreffen etwa die Folgen (sexualisierter) Gewalt gegen Frauen, die gesundheitliche Bedeutung reproduktiver Entscheidungsfreiheit, Implikationen der gesellschaftlichen Stellung der Frau für ihr Selbstbild und Probleme wie beispielsweise Essstörungen oder Depressionen, die Doppelbelastung durch Berufs- und Familienarbeit, usw. (vgl. ebd.). In dem ersten deutschsprachigen Sammelband zur Frauengesundheit enthält die Zusammenfassung der Hauptgegenstandsbereiche Themen wie die „Medikalisierung der weiblichen Heilkultur", „Medikalisierung des Frauenkörpers", „Strukturmerkmale des gynäkologischen Imperialismus", „Feministische Behandlungstechnologie", die Benachteiligung von Frauen als beruflichen und familiären Gesundheitsarbeiterinnen und die Diskriminierung von Frauen in verschiedenen Bereichen der medizinischen Versorgung (etwa in der Psychiatrie oder bei überflüssigen Mastektomien und Hysterektomien). Diese Themen stehen dabei immer auch im Zusammenhang mit Prozessen der Selbstermächtigung und dem Kampf für Geschlechtergerechtigkeit als Basis einer verbesserten Frauengesundheit (vgl. Kickbusch 1981, S. 197 f.). Die Anfänge der Frauengesundheitsforschung sind noch stark politisch geprägt, der Ursprung aus der feministischen Bewegung ist unverkennbar. Frauengesundheit wird nicht nur aus feministischen Erwägungen auf die Agenda gesetzt, sie wird auch aus einer bestimmten Perspektive betrachtet, aus welcher sich die Relevanz von Fragestellungen und zu untersuchenden Faktoren ableitet.

> Es geht um die gesellschaftliche Benachteiligung und Diskriminierung der Frau, daraus resultierenden Belastungen und widersprüchlichen Anforderungen [...] es geht um eine Veränderung der gesellschaftlichen Stellung und sozialen Lage der Frau, alles andere leitet sich daraus ab. Gesundheit und Krankheit von Frauen sind abhängig von diesen, Frauen diskriminierenden Lebensbedingungen. (Schneider 1981, S. 11 f.)

Innerhalb der Frauengesundheitsforschung selbst wurde an dieser frühen Ausrichtung häufig kritisiert, dass durch die Konzentration auf gesundheitliche Probleme, die im Zusammenhang mit offensichtlichen Geschlechtsunterschieden stehen, die Annahme eines sexuellen Essentialismus übernommen werde, d. h. dass Frauen als eine mehr oder weniger homogene Gruppe und in ihrem Unterschied zu Männern angemessen konzeptualisierbar wären (vgl. dazu Kuhlmann/Kolip 2005, S. 39; McCormick/Kirkham/Hayes 1998). Aus dieser Kritik folgt einerseits die Zielsetzung, die Interaktion des Geschlechts mit anderen sozial relevanten Kategorien zu untersuchen, wie etwa Einkommens- und Bildungsstatus oder ethnischem Hintergrund. Andererseits kommt es zu einer Ausweitung der Forschung bezüglich biologischer Unterschiede über klassische Bereiche der Gynäkologie (wie Schwangerschaft und Geburt, Menopause, Brustkrebs, Gebärmutterhalskrebs) hinaus.

Diese Ausweitung einer geschlechterdifferenzierenden Betrachtung auf prinzipiell alle gesundheitsrelevanten Fragen wurde begleitet von der zunehmenden akademischen Institutionalisierung der Frauengesundheitsforschung in den 1990ern. In Deutschland wurde diese Etablierung durch den Institutionalisierungsschub der Gesundheitswissenschaften begünstigt. Dieser verdankte sich vorrangig der Förderung einer Reihe von Public Health Forschungsverbünden durch die Bundesregierung 1992, welche wiederum die Entstehung eines Arbeitskreises *Frauen und Gesundheit* im Norddeutschen Forschungsverbund ermöglichte. Erstmals gab es damit eine gemeinsame Plattform der Frauengesundheitsforscherinnen, wurden

Tagungen zu dieser Thematik organisiert, Netzwerke und Fachgesellschaften gegründet, spezielle Themenhefte in verschiedenen Fachzeitschriften herausgegeben, usw. 1996 wurde die erste Professur für Frauengesundheitsforschung an der WWU Münster geschaffen, worauf die MH Hannover und die Universität Bremen folgten. 2003 wurde an der Charité Berlin das erste Zentrum für Geschlechterforschung in der Medizin gegründet sowie eine Professur für „Frauenspezifische Gesundheitsforschung mit Schwerpunkt Herzkreislauf-Erkrankungen" ins Leben gerufen; seit 2002 gibt es an der Charité zudem ein DFG-Graduiertenkolleg „Geschlechtsspezifische Mechanismen bei Myokard-Hypertrophie", um nur einige markante Errungenschaften zu nennen (vgl. zur Institutionalisierung Arbeitskreis Frauen und Gesundheit 1998; Helfferich 1996; Helfferich/Troschke 1993; Koppelin 1997; Maschwesky-Schneider 1996; Nippert 2000). Zu diesem Erfolg trugen auch politische Bedingungen bei, wie etwa die Verpflichtung der Bundesregierung auf das Konzept des Gender Mainstreaming, dass auch in der Gesundheitsforschung und -versorgung zunehmend umgesetzt werden soll. Entsprechend erschien 2001 der erste Frauengesundheitsbericht des Bundesministeriums für Familie, Senioren, Frauen und Jugend (vgl. BMFSFJ 2001). Auf internationaler Ebene wird das Thema Frauengesundheit von der WHO ebenfalls seit den 1990ern gefördert, angefangen mit der Kampagne *Women's Health Counts* 1994. Seit 2002 verfolgt die WHO offiziell das Ziel der Geschlechtergerechtigkeit in Gesundheitsbelangen (vgl. WHO 2002).[30]

Insgesamt hat sich die Frauengesundheitsforschung in den letzten 20 Jahren grob in zwei verschiedene Richtungen entwickelt. Zum einen gibt es eine sehr interdisziplinär ausgerichtete Frauengesundheitsforschung zwischen Medizinsoziologie, Psychologie, Epidemiologie, Pflegewissenschaft u. a. unter dem Dach der Gesundheitswissenschaften. Zum anderen hat sich in der medizinischen und pharmazeutischen Forschung durch den zunehmenden Einbezug von Frauen in klinische Studien eine *gender-based* oder *sex-based medicine* etabliert, die zahlreiche Geschlechterunterschiede, z. B. bei koronaren Herzerkrankungen, Nierenerkrankungen, Autoimmun-

---

[30] In internationaler Hinsicht umfasst das Thema Frauengesundheit natürlich auch Aspekte, die für die westlichen Industrienationen keine so große Rolle spielen, z. B. Müttersterblichkeit oder genitale Verstümmelungen.

erkrankungen, Organtransplantationen oder Krebserkrankungen entdeckt hat. Wie bereits bei der Frauengesundheitsbewegung haben die USA auch diesbezüglich eine Vorreiterrolle gespielt. In den späten 1980ern fand hier die Kritik einer mangelnden Inklusion von Frauen – als Akteuren wie auch als Forschungsobjekten – zunehmend Gehör. Im Folgenden soll diesbezüglich auf zwei wichtige Meilensteine der Frauengesundheitsforschung etwas detaillierter eingegangen werden. Erstens werde ich einen Blick auf die Debatten um den *NIH Revitalization Act* von 1993 werfen, welcher den Einbezug von Frauen in klinische Studien auch bei Fragestellungen, die in keinem direkten Zusammenhang zu weiblichen Geschlechtsorganen stehen, obligatorisch für staatliche Förderung in den USA machte. Zweitens soll die *Women's Health Initiative* (WHI, 1992) beleuchtet werden, welche die bisher größte klinische Studie zu frauenspezifischen Gesundheitsfragen darstellt.

Die WHI untersuchte unter anderem die Hypothese eines schützenden Einflusses von Hormontherapien in der Menopause in Bezug auf das Auftreten kardiovaskulärer Erkrankungen. Letztere haben auch in der Diskussion um den Einbezug weiblicher Forschungsobjekte in klinische Studien eine zentrale Rolle gespielt und hier als Paradebeispiel einer problematischen Unterrepräsentierung von Frauen und Übergeneralisierung von an Männern gewonnenen Ergebnissen gedient. Mittlerweile ist Konsens, dass es diesbezüglich signifikante Geschlechterunterschiede gibt, die zuvor aufgrund der Fokussierung auf Männer nicht erfasst wurden. Diese Entdeckung des „weiblichen Herzinfarkts" ist eine der prominentesten Erfolgsgeschichten der Frauengesundheitsforschung. Eine kurze Zusammenfassung der gewonnenen Ergebnisse soll deshalb zunächst die Vielfältigkeit von geschlechtsspezifischen Unterschieden wie auch möglicher androzentristischer Verzerrungen verdeutlichen.

5.2 Koronare Herzkrankheit

Krankheiten des Herzkreislaufsystems stellen in den westlichen Industrienationen für Frauen und Männer die häufigste Todesursache dar. Die geschlechtsspezifische Forschung hat sich in diesem Bereich vor allem auf die Koronare Herzkrankheit konzentriert, welche unter den kardiovaskulären Erkrankungen die größte Gruppe darstellt. Koronare Herzkrankheit (KHK) ist wiederum selbst ein Oberbegriff für chronische Krankheiten in der Folge einer verminderten Blutversorgung der Herzkranzgefäße aufgrund von Verengungen und Ablagerungen in den Arterien, die unter Umständen zu akuten Ereignissen wie einem Herzinfarkt führen können (vgl. Kuhlmann/Kolip 2005, S. 141 f.; die Autorinnen weisen auch darauf hin, dass die Terminologie zum Teil uneinheitlich ist, beispielsweise was die Subsumierung von Schlaganfällen unter KHK betrifft). Aus epidemiologischen Studien ist bekannt, dass KHK bei Frauen mit einer höheren Sterblichkeitsrate verbunden ist. Zum Teil lässt sich dies damit erklären, dass das durchschnittliche Erkrankungsalter bei Frauen 10-15 Jahre über dem von Männern liegt und durch altersabhängige Komorbiditäten beeinflusst wird (vgl. ebd., S. 144-148; Weber et al. 2008, S. 345 f.; allerdings ist die Mortalität auch bei jüngeren Frauen erhöht, vgl. Kuhlmann 2004, S. 54). Darüber hinaus wird als Grund für die höhere Mortalität die Wahrnehmung der KHK bzw. des Herzinfarkts als Männerkrankheit angeführt, die zu einer Unterrepräsentierung von Frauen als Forschungsobjekten und damit zu mangelhaftem Wissen über geschlechtsspezifische Unterschiede geführt hat, was sich wiederum auf die medizinische Versorgung in der Praxis niederschlägt.

> Der vermutlich wichtigste Risikofaktor für KHK bei Frauen ist immer noch die irrige Meinung, dass diese bei Frauen weniger bedeutsam sei und benigner verlaufe als bei Männern [...]. Obwohl sich dieser Irrglaube sowohl bei ÄrztInnen als auch bei PatientInnen langsam ändert, beeinflusst er immer noch alle Aspekte der Prävention, Diagnose und Behandlung. (Weber et al. 2008, S. 346)

> Die Orientierung der gesamten Herzkreislauf-Forschung an dem ‚Standardmodell Mann' und die Unterrepräsentanz von Frauen in klinischen Studien haben dazu geführt, dass Geschlechterunterschiede in der Anatomie und Physiologie des Herzens sowie in den Verlaufsformen einer KHK kaum erforscht sind. (Kuhlmann 2004, S. 57)

So habe etwa die American Heart Association 1960 eine Konferenz über Frauen und kardiovaskuläre Erkrankungen veranstaltet, die den Titel „Wie kann ich meinem Gatten helfen, mit seiner Herzkrankheit umzugehen?" trug. Dem entspricht nach wie vor eine generelle Unterschätzung des Risikos weiblicher Herzinfarkte in Ärzteschaft und Bevölkerung (vgl. ebd., S. 344). Problematisch hierbei ist, dass KHK faktisch auch für Frauen die häufigste Todesursache darstellt sowie dass es eine Vielzahl geschlechtsspezifischer Unterschiede gibt, deren Erforschung erst in den 1990ern begonnen hat. Mittlerweile gilt als gesichert, dass das Geschlecht eine entscheidende Variable in allen Krankheitsstadien und auf den entsprechenden Versorgungsebenen darstellt.

Zum ersten gibt es geschlechtsspezifische *Risiken* wie etwa die Einnahme oraler Kontrazeptiva, insbesondere in der Kombination mit Zigarettenkonsum. Darüber hinaus sind klassische Risikofaktoren, die beide Geschlechter betreffen, häufig geschlechtsspezifisch unterschiedlich verteilt und unterscheiden sich zudem teilweise bezüglich ihrer Bedeutung. So sind etwa Bluthochdruck, körperliche Inaktivität oder auch sozioökonomische Aspekte wie Altersarmut unter Frauen häufiger vertreten, während beispielsweise Rauchen und Diabetes Mellitus bei Frauen das Erkrankungsrisiko stärker erhöhen als bei Männern.[31]

Auch im Hinblick auf *Präventionsmaßnahmen* gibt es erhebliche Unterschiede. So richten sich etwa Informationskampagnen und Angebote zur Erhöhung der körperlichen Aktivität nach wie vor vorwiegend an Männer. In Bezug auf Frauen wird vor allem der möglicherweise protektive Einfluss einer Hormonersatztherapie in der Menopause diskutiert, obschon der Einfluss psychosozialer Bedingungen und Lebensstilentscheidungen bekanntermaßen auch bei Frauen eine erhebliche Rolle spielen.

Von entscheidender Bedeutung sind zudem Unterschiede in der *Symptomatik* beispielsweise des Herzinfarkts. Dessen klassische Sym-

---

[31] Bezüglich der Verteilung der Risikofaktoren ist anzumerken, dass es nicht nur signifikante Geschlechtsunterschiede gibt, sondern auch der sozioökonomische Status eine Rolle spielt, da sich Einflüsse wie Zigarettenkonsum oder schlechte Ernährung verstärkt in einkommensschwachen Schichten finden. Frauen wie Männer können daher in Bezug auf die KHK nicht als homogene Gruppen behandelt werden, sondern weisen in Interaktion mit anderen Kategorien spezifische Risikoprofile auf (vgl. Kuhlmann/Kolip 2005, S. 149).

ptome wie Schmerzen in Brust, Schulter und Arm treten zwar bei Männern und Frauen etwa gleich häufig auf, Frauen geben aber häufiger auch andere Symptome an, z. B. Übelkeit, Erbrechen, Rücken-, Nacken- und Kieferschmerzen. Die Bezeichnung dieser Beschwerden als *atypisch* verdeutlicht sehr schön die androzentristische Konzentration auf männliche KHK-Patienten und die Behandlung männlicher Symptome als allgemeinem Standard, von dem Frauen dann abweichen. Hinzu kommt, dass auch typische Symptome anders bewertet werden, wenn sie von Frauen angegeben werden. Studien haben ergeben, dass bei identischer Präsentation von Beschwerden männliche Patienten häufiger einer weitergehenden Diagnostik zugeführt werden als Frauen (diese Unterschiede finden sich auch bei ethnischen Hintergründen; die größte Spanne zeigt sich in der Behandlung schwarzer Frauen und weißer Männer, vgl. Kuhlmann/Kolip 2005, S. 152 f.). Zudem stellen Frauen ihre Symptome häufig anders dar als Männer, sind diesbezüglich häufiger unsicher, unterschätzen ihre eigene Gefährdung und neigen dazu, Anzeichen zu verdrängen, um ihren Familienangehörigen nicht zur Last zu fallen, welche die Gefahr wiederum ebenfalls unterschätzen.

All diese Unterschiede führen zu einer späteren *Diagnose* von Herzinfarkten bei Frauen, was wiederum für einen Teil der höheren Sterblichkeitsrate verantwortlich ist. Frauen werden zudem seltener und oftmals erst nach mehrfachem Besuch in Notfallaufnahmen stationär aufgenommen. Außerdem werden seltener weitergehende diagnostische Maßnahmen wie Echokardiographien oder Koronarangiographien bei ihnen durchgeführt, wobei sich diese Unterschiede allerdings mittlerweile verringern. Hinzu kommt, dass einige (an Männern entwickelte) diagnostische Standardverfahren bei Frauen weniger aussagekräftig sind.

Weitere Differenzen finden sich im Bereich der *Arzneimitteltherapie*. Obwohl die Leitlinien zur Behandlung der KHK bisher nicht geschlechtsspezifisch sind, werden betroffenen Frauen die Standardmedikationen seltener auch verschrieben. Insbesondere teure und neue Medikamente werden Männern wesentlich häufiger verordnet. Auch eine diesbezügliche Gleichbehandlung wäre jedoch noch problematisch, da die meisten dieser Medikamente vorwiegend an Männern getestet wurden und bezüglich ihrer Wirksamkeit oftmals signifikante Unterschiede bestehen. Bekannt ist etwa, dass Aspirin als präventive Medikation bei Männern hilfreicher ist als bei

Frauen und eine Reihe von Medikamenten, z. B. Betablocker, bei Frauen mit häufigeren Nebenwirkungen verbunden sind. Schließlich gibt es auch erhebliche Unterschiede in der *Rehabilitation*, da Frauen in allen Bereichen von Rehabilitationsmaßnahmen unterrepräsentiert sind, d. h. in der stationären wie ambulanten Behandlung. Als Gründe hierfür werden angeführt, dass diese Maßnahmen (z. B. Herzsportgruppen) eher auf die Situation von (etwas jüngeren) Männern zugeschnitten sind und es für Frauen außerdem höhere Zugangsbarrieren gibt, die einerseits mit Fragen der Finanzierung verbunden sind, andererseits aber auch mit der geringeren Mobilität von Frauen dieser Altergruppe und ihrer stärkeren Einbindung in familiäre Arbeit. Die geringere Teilnahme an Reha-Maßnahmen spielt dabei eine wichtige Rolle für die höheren Reinfarktraten bei Frauen (vgl. dazu Kuhlmann/Kolip 2005, S. 141-172; Kuhlmann 2004, S. 48-97; Weber et al. 2008, die jeweils einen Überblick über geschlechtsspezifische Ergebnisse in der KHK-Forschung geben).

Das Geschlecht als Variable der KHK spielt damit insgesamt eine entscheidende Rolle, und es lassen sich geschlechtspezifische Verzerrungen konstatieren, die dem oben beschriebenen Rahmen für Gender Bias in der Forschung entsprechen. Einerseits finden *Übergeneralisierungen* statt: frauenspezifische Bedarfe werden nicht berücksichtigt. Forschung zur KHK wurde vorwiegend an Männern durchgeführt, was zur Folge hat, dass Symptome, die häufiger bei Frauen auftreten, als untypisch gelten, Ärzte und Laien weniger sensibilisiert für die Gefahr eines Herzinfarkts sind, diagnostische Verfahren bei Frauen weniger aussagekräftig, therapeutische Maßnahmen weniger wirksam usw. Andererseits findet sich auch die Problematik des *doppelten Bewertungsmaßstabs* wieder, etwa, wenn die gleichen Symptome unterschiedliche diagnostische Maßnahmen nach sich ziehen oder für das gleiche Krankheitsbild seltener Arzneimittel verschrieben werden, welche durch die betreffenden Leitlinien vorgegeben sind. Darüber hinaus verdeutlicht das Beispiel der KHK, dass eine geschlechtsspezifische Gesundheitsforschung nicht nur biologische, sondern auch soziale Aspekte des Geschlechts berücksichtigen sollte, insofern diese beispielsweise in einem Zusammenhang mit der Verteilung von Risikofaktoren oder dem Zugang zu Rehabilitationsmaßnahmen stehen.

5.3 Inklusion von Frauen in klinische Studien

Das Beispiel der Koronaren Herzkrankheit und das an dieser demonstrierte Fehlen wissenschaftlicher Erkenntnisse über bestehende geschlechtsspezifische Unterschiede ist ein entscheidender Motor für die Etablierung der Frauengesundheitsforschung und die Ausweitung von Frauengesundheit auf nicht-reproduktive Bereiche gewesen. Insbesondere hat dieses Beispiel eine zentrale Rolle für einen der in institutioneller Hinsicht wohl größten Erfolge der Frauengesundheitsforschung gespielt, indem es Argumente für den Einbezug von Frauen in klinische Studien lieferte. Dieser ermöglichte wiederum erst die Entdeckung und Erforschung weiterer Unterschiede in anderen Bereichen der Medizin.

Bernadine Healy, die 1991 zur ersten weiblichen Direktorin der National Institutes of Health (NIH) berufen wurde, kritisierte in einem einflussreichen Aufsatz aus demselben Jahr die Unterrepräsentierung von Frauen als Forschungsobjekten in der kardiovaskulären Forschung. Diese resultiere aus der Wahrnehmung von Herzkrankheiten als primär männlichem Problem und habe eine beträchtliche Unterversorgung von Frauen zur Folge. "Decades of sex-exclusive research have reinforced the myth that coronary artery disease is a uniquely male affliction and have generated data sets in which men are the normative standard" (Healy 1991, S. 275)

Eine Reihe der wichtigsten Studien zu kardiovaskulären Erkrankungen in den USA beinhalteten keine weiblichen Versuchspersonen: beispielsweise der *Multiple Risk Factor Intervention Trial* („Mr. Fit"), eine randomisierte primäre Präventionsstudie an 12.866 Männern zwischen 35-57, die zwischen 1973 und 1982 die Korrelationen zwischen dem Auftreten von KHK und einer Reihe von Faktoren wie Zigarettenkonsum, Bluthochdruck und Cholesterinspiegel untersuchte (vgl. MRFIT Research Group 1982). Weitere wichtige Studien waren etwa die *Physician's Health Study,* welche insbesondere den protektiven Einfluss von Aspirin auf kardiovaskuläre Erkrankungen an 22.071 Ärzten untersuchte und diesbezüglich zu einem positiven Ergebnis kam (vgl. Steering Committee of the Physicians' Health Study Research Group 1989), einem Ergebnis, dass allerdings auf Frauen nicht eins zu eins übertragbar ist (siehe oben); oder die

Health Professionals Follow-Up Study zum Einfluss von Kaffeekonsum an 45.589 Männern (1986) (vgl. zur Unterrepräsentation z. B. Healy 1991, S. 275; Rosser 1994, S. 6). Es gab jedoch auch Studien, in denen weibliche Teilnehmerinnen berücksichtigt wurden. Während die erste britische Whitehall-Studie zum Zusammenhang von sozioökonomischer Situation und Erkrankungsraten 18.000 Männer untersuchte, schloss die zweite Phase der Studie Frauen ein, die circa ein Drittel der Studienpopulation ausmachten (vgl. Marmot et al. 1978, 1991). Die *Framingham Heart Study*, eine noch andauernde, 1948 angelaufene epidemiologische Längsschnittstudie unter anderem zu umwelt- und lebensstilbedingten Risikofaktoren, schloss von Beginn an Frauen mit ein. Zu nennen ist in diesem Zusammenhang außerdem die *Nurses' Health Study,* die bis dahin wohl größte epidemiologische Studie mit ausschließlich weiblicher Population, zu Risikofaktoren für kardiovaskuläre und Krebserkrankungen (angelaufen 1976, seitdem mehrere Kohorten; insgesamt bisher 121.000 Teilnehmerinnen).

Insgesamt lässt sich jedoch in Bezug auf kardiovaskuläre Erkrankungen (vor allem auch hinsichtlich klinischer Interventions- statt epidemiologischer Studien) eine Unterrepräsentierung des weiblichen Geschlechts feststellen. So kommen etwa Gurwitz, Col und Avorn (1992) zu dem Ergebnis, dass nur etwa 20% der klinischen Arzneimittelstudien mit Bezug zu KHK, die zwischen 1960 und 1991 im *Journal of the American Medical Association* veröffentlicht wurden, Frauen in die Studienpopulation einbezogen hatten. Auch hat sich diese Situation bisher nicht aufgelöst: eine jüngere Studie, die sich auf die veröffentlichten Ergebnisse klinischer Studien im *New England Journal of Medicine* zwischen 1994 und 1999 bezieht, fand einen durchschnittlichen Frauenanteil von 24,6%, wobei allerdings nur in 14% der Studien auch eine geschlechtsspezifische Analyse der Ergebnisse vorlag (vgl. Ramasubbu/Gurm/ Litaker 2001; siehe zu Unterrepräsentierung auch Blake/Ince/Dean 2005; Khaw 1993).

Gurwitz, Col und Avorn weisen allerdings darauf hin, dass das Geschlechterverhältnis in den Populationen zum Teil eine Folge des Ausschluss älterer Teilnehmer (über 75 Jahre) in 40% der untersuchten Studien ist. Bei Frauen tritt die KHK im Durchschnitt später als bei Männern auf, weshalb durch diese Altersverteilung innerhalb der Population auch geschlechtsspezifische Verzerrungen auftreten. Gründe für diesen Ausschluss von älteren Teilnehmern seien die höhere Prävalenz anderer, interferierender Erkrankungen sowie das höhere Risiko von Nebenwirkungen. Allerdings sei dies problematisch, da gerade Ältere häufig von kardiovaskulären Problemen betroffen seien und dann auch auf der Basis der vorliegenden Evidenz (gewonnen in Studien, die ältere Teilnehmer ausschlossen) behandelt würden: "a priori exclusion of the elderly prevents collection of the very data clinicians and researchers need to make informed decisions when treating this important population" (dies. 1992, S. 1421).[32] Klassische Argumente für den Ausschluss von Frauen aus klinischen Studien seien wiederum Risiken teratogener Schäden, der Einfluss hormoneller Fluktuationen auf die Ergebnisse, deren Homogenität so beeinträchtigt würde, sowie im Fall der KHK die Annahme eines schützenden Einflusses von Östrogenen, die jedoch auf ältere Frauen sämtlich nicht zuträfen (vgl. ebd.).

Seitens der Frauengesundheitsbewegung und -forschung wurde der mangelnde Einbezug von Frauen in klinische Studien als Ausdruck androzentristischer, wertbeladener Sichtweisen kritisiert:

> In the past, major areas in cardiovascular research on women have gone unstudied. This shortfall, which is the product of gender biases and androcentric worldviews being applied to women, has led to a lack of knowledge. (McCormick/ Bunting 2002, S. 820 f.)

Diesem Zusammenhang liegen dabei unterschiedliche Interpretationen zugrunde. Eine Möglichkeit liegt etwa in der Unterstellung eigennütziger Motive der (vorwiegend männlichen) Elite, d. h. von Personen mit relevanten Entscheidungsbefugnissen über die Ausrichtung von Forschung sowie deren Förderung. Entsprechend wird die Unterrepräsentierung von

---

[32] Ein weiterer Faktor scheint die Annahme gewesen zu sein, dass kardiovaskuläre Probleme schlicht eine natürliche Folge des Alterungsprozesses wären und daher nicht zwingend nach einer medizinischen Lösung verlangten. Als problematisch wurde vielmehr das Auftreten von Erkrankungen unter jüngeren, noch berufstätigen Männern wahrgenommen (vgl. King/Paul 1996). Der Fokus auf Patienten mittleren Alters wiederum wirkt sich auf die Wahrnehmung von Herzpatienten als vorwiegend männlich aus. Auch die oben angeführten epidemiologischen Studien beziehen sich zumeist auf berufstätige Probanden (Ärzte, Krankenschwestern, Beschäftigte im öffentlichen Dienst), die entsprechend einer bestimmten Altersklasse zuzurechnen sind. Auch die Framingham-Studie, die sich nicht auf eine bestimmte Berufsgruppe konzentriert, inkludiert nur Probanden zwischen 36 und 68 Jahren.

Frauen als Konsequenz der männlichen Dominanz in der Wissenschaft sowie den entsprechenden Förderinstitutionen betrachtet:

> The choice of problems for study in medical research is substantially determined by a national agenda that defines what is worthy of study, i.e., funding. [...] the research that is undertaken reflects the societal bias toward the powerful, who are overwhelmingly white, middle- to upperclass, and male in the United States. (Rosser 1994, S. 5)

> Moreover, most researchers and physicians were interested only in the health status of whites and, in the case of women, only in their reproductive health. (Krieger/Fee 1996, S. 21)

Die hier unterstellte Ignoranz gegenüber frauenspezifischen Gesundheitsbedarfen, die über reproduktive Aspekte hinausgehen, wird jedoch meist nicht auf bewusste Entscheidungen zurückgeführt (in dem Sinne, dass die gesellschaftliche Elite nur zu einem Forschungsthema mache, was ihr selbst dienlich sei), sondern vielmehr auf größtenteils unbewusste, als selbstverständlich erscheinende Sichtweisen über die Natur der Frau. Diese Interpretation beruht auf der These, dass in (medizin-)historischer Hinsicht die Frau oftmals als durch ihren geschlechtlichen Status determiniert gesehen wurde (beispielsweise durch ihren umherwandernden Uterus, ihre Neigung zur Hysterie oder ihren Hormonhaushalt). Die Konzentration auf biologische Geschlechtsunterschiede, die gleichzeitig den gesellschaftlichen Status der Frau mitbestimmten, habe zu blinden Flecken in Bezug auf davon unabhängige Unterschiede geführt:

> Women were perceived as wives and mothers [...]. Outside the specialized realm of reproduction, all other health research concerned men's bodies and men's diseases. Reproduction was so central to women's biological existence that women's nonreproductive health was rendered virtually invisible. (Krieger/Fee 1996, S. 20f)

Der Ausschluss von Frauen aus vielen Bereichen der medizinischen Forschung habe also keineswegs auf der Annahme einer weitgehenden Gleichheit beruht, die einer Generalisierbarkeit von an Männern gewonnenen Ergebnissen Plausibilität verlieh, sondern auf der Annahme einer fundamentalen Unterschiedlichkeit, die mit einer sozialen Hierarchisierung einherging:

> For the most part, the health of women and men of color and the nonreproductive health of white women was simply ignored. It is critical to read these

> omissions as evidence of a logic of difference rather than as an assumption of similarity. (Ebd., S. 21)

Der so generierte Fokus auf die Gesundheit von Männern als repräsentativ für die Allgemeinheit habe wiederum dazu geführt, dass in vielen Bereichen Männer die Standards für Gesundheit liefern und beispielsweise weibliche Symptome eines Herzinfarkts als atypisch klassifiziert werden, Frauen sozusagen als eine Variation des Mannes betrachtet werden. Diese Sichtweise wird z. B. deutlich in dem Argument, Frauen seien aus klinischen Studien auszuschließen, da die zyklischen Veränderungen ihres hormonellen Status zu weniger eindeutigen Ergebnissen führten. Diese Argumentation ist bemerkenswert inkonsistent – gerade die hier eingestandenen Differenzen unterstützen eher den Schluss, dass geschlechtsspezifische Analysen nötig und Generalisierungen problematisch sind (vgl. auch Epstein 2007, S. 67). Wenn die Ergebnisse von Frauen und Männern in klinischen Studien uneinheitlich sind, stellt sich erstens die Frage, warum diese nicht gesondert erforscht werden sollten; und wenn eine gesonderte Erforschung abgelehnt wird, fragt sich, welches Geschlecht als Norm und welches als störende Variable gesetzt wird.

> Cardiovascular research [...] continues to be haunted by a past where women were deliberately excluded from research protocols. [...] By adopting this protocols, a message has been sent to women: being male is "normal" and being female is "abnormal". These "abnormalities" became confounding variables for research that needed to be empirically controlled and climinated. (McCormick/ Bunting 2002, S. 822)[33]

Wie Bernadine Healy zusammenfasst: "The simple premise underlying women's health is that men are not the normative standards for behavior, or for mental or physical health" (Healy 2003, S. 17 f.). Die Kritik der Frauengesundheitsforschung an der Exklusion von Frauen aus klinischen Studien hat sich als enorm einflussreich erwiesen und fungierte als Wegbereiter der zunehmenden Inklusion verschiedener Gruppen wie etwa Senioren, Kindern und Angehörigen ethnischer Minderheiten. Epstein bezeich-

---

[33] In diesem Zusammenhang kritisieren die Autorinnen u. a. die Durchführung von Studien zum Einfluss weiblicher Hormone auf Bluthochdruck an kastrierten männlichen Ratten als Ausdruck einer Sichtweise von Frauen als deformierten Männern: "It seems somewhat misguided to assume that a castrated male would be the biological equivalent of a female without hormones (i.e., a postmenopausal female)" (ebd.).

net diese Entwicklung zu einem „Biomultikulturalismus" als Etablierung eines neuen Paradigmas in der biomedizinischen Forschung: "the inclusion-and-difference-paradigm" (Epstein 2007, S. 7). 1977 hatten die NIH als Reaktion auf verschiedene Skandale (wie etwa das DES-Debakel) Frauen im gebärfähigen Alter aus Arzneimittelstudien ausgeschlossen. Dieser Protektionismus wurde einerseits als paternalistisch kritisiert (insbesondere in einem Zeitalter vielfältiger Möglichkeiten der Empfängnisverhütung), andererseits als problematisch in Bezug auf die Generalisierbarkeit der so gewonnenen Resultate. Zudem betraf dieser Ausschluss faktisch auch Frauen nach der Menopause sowie weibliche Versuchstiere in vorhergehenden Phasen der Forschung. 1986 wurden daraufhin von der NIH Richtlinien für die Beantragung finanzieller Förderung erlassen, welche den Einbezug von Frauen vorsahen, es sei denn, eine Exklusion lasse sich wissenschaftlich begründen (etwa durch Ergebnisse von Experimenten mit Labortieren *beider* Geschlechter). 1987 erschienen analoge Richtlinien für die Inklusion von Minderheiten. 1990 wurde die Einhaltung dieser Richtlinien überprüft und ihr Effekt als mangelhaft evaluiert; im selben Jahr wurde das *NIH Office of Research on Women's Health* gegründet. 1991 wurde Healy Direktorin der NIH. 1993 schließlich verabschiedete der amerikanische Kongress den *NIH Revitalization Act*, der die protektionistischen Richtlinien von 1977 aufhob und den Einschluss von Frauen und Minderheiten in klinische Studien sowie eine genderspezifische Analyse der Ergebnisse zur Bedingung der Förderung machte (siehe die Chronologie in Epstein 2007, S. 303-306 für einen Überblick).[34]

Anzumerken ist, dass diese Entwicklung eine signifikante Verschiebung von Debatten um die Teilnahme an klinischen Studien markiert – von einem Diskurs über den Schutz vor Risiken und Ausbeutung zu einem über das Recht auf Teilnahme.[35] Historisch betrachtet ist die These des weißen

---

[34] In Deutschland hingegen wurde eine angemessene Berücksichtigung von Frauen als Teilnehmerinnen in klinischen Studien erst 2004 im Rahmen des zwölften Gesetzes zur Änderung des Arzneimittelgesetzes festgeschrieben (vgl. Kuhlmann/Kolip 2005, S. 121). Insgesamt ist in der BRD zunächst vorwiegend die sozial- und gesundheitswissenschaftliche Ausrichtung einflussreich in Bezug auf frauenspezifische Themen gewesen.
[35] Anteil an dieser Entwicklung hatte dabei nicht nur die Frauengesundheitsbewegung, sondern auch der AIDS-Aktivismus. In dessen Rahmen wurde für ein Recht auf Teil-

Mittelklasse-Manns als Standard der medizinischen Forschung zumindest fraglich, da sich diese meist an leicht verfügbaren und/oder marginalisierten sozialen Gruppen vollzog, wie etwa Soldaten, Gefängnisinsassen, Waisen, Krankenhauspatienten oder Afro-Amerikanern. Bekannte Beispiele wie etwa die Tuskegee-Experimente wirken dabei auch heute noch nach. Die Konzentration auf den weißen Mann ist ein jüngeres Phänomen, dass mit der zunehmenden Standardisierung der medizinischen Forschung seit Mitte des 20. Jahrhunderts und der wachsenden Bedeutung der Statistik in diesem Zusammenhang einhergeht (vgl. Epstein 2007, Kapitel 2).

Auch wurden diese Veränderungen der Inklusionskriterien keineswegs uneingeschränkt begrüßt. Das durch die Frauengesundheitsbewegung angestoßene Inklusionsparadigma differenziert sich immer weiter aus und bietet eine Grundlage für verschiedenste Aktivistinnen, Gleichberechtigung zu fordern. Neben Frauen, ethnischen Minderheiten, Älteren und Kindern gibt es beispielsweise Stimmen, die eine jeweils gesonderte Erfassung von homosexuellen, bisexuellen und Transgender-Menschen fordern (vgl. ebd., S. 258-271). Problematisch ist diese Entwicklung insofern, als es bei der Inklusion in klinische Studien um die Erforschung vorwiegend biologischer Unterschiede geht. Die Kategorisierung der verschiedenen Gruppen geschieht jedoch auch anhand von Kriterien sozialer Unterschiede und Identitäten.[36]

In historischer Hinsicht ist es durchaus erstaunlich, dass sozial marginalisierte Gruppen selbst auf die Erforschung ihrer biologischen Besonderheit pochen, wurde aus der wissenschaftlichen Annahme von Differen-

---

nahme an klinischen Studien gestritten, das auch beispielsweise gebärfähige Frauen oder Betroffene einschloss, die bereits mehrere andere Medikamente nahmen. Die Teilnahme wird hier zu einer Frage des politischen Rechts in einem Kampf um Leben und Tod gegenüber dem wissenschaftlichen Ausschluss möglichst vieler Variablen (vgl. Epstein 1995, 1996).

[36] Von Interesse ist hierbei natürlich auch die Frage, welche sozialen Gruppen in Bezug auf Inklusionskriterien nicht diskutiert werden. Epstein nennt als Beispiele etwa bestimmte religiöse Gruppen, Übergewichtige sowie die Bedeutung der sozialen Schicht (also etwa: die Arbeiterklasse) und argumentiert, dass diese Gruppen letztlich nicht weniger einleuchtend wären – vor allem, da sie in plausiblem Zusammenhang mit Verhalten und Lebensbedingungen stehen. Der Unterschied liege vielmehr darin, dass diese Gruppen über keinen organisierten Aktivismus verfügten (vgl. Epstein 2007, S. 143-146).

zen doch bisher immer eine Grundlage der Verteidigung sozialer Exklusion. In den USA wird eine kritische Debatte diesbezüglich vor allem über den Einschluss rassischer und ethnischer Minderheiten geführt. Einerseits ist hierbei die Klassifizierung verschiedener „Rassen" hoch problematisch und unklar, ob diese sich nach genetischen, geographischen oder eher sozialen Kriterien richten soll. So wird beispielsweise bezweifelt, ob Schwarze eine hinreichend einheitliche Gruppe darstellen. 2005 wurde etwa das erste Medikament speziell für Afro-Amerikaner zugelassen: BiDil, ein Mittel gegen Herzprobleme. Dementgegen stehen Argumente, dass erhöhte Raten von Bluthochdruck in dieser Bevölkerungsgruppe wahrscheinlich zumindest auch, wenn nicht gar eher soziale als biologische Ursachen haben. Durch die Konzentration auf die Erforschung biologischer Besonderheiten geraten soziale Bedingungen von Gesundheit aus dem Blick. Diese Bedingungen manifestieren sich aber letztlich in biologischen Unterschieden, deren Entdeckung so zu einer Naturalisierung sozialer Ungleichheiten als biologischen Gegebenheiten führt und zu einer Bestärkung der getroffenen Kategorisierung von bestimmten Gruppen als anders.

Zudem beinhaltet eine jeweils gesonderte statistische Auswertung die Gefahr falsch positiver Ergebnisse, also des Auffindens statistischer Unterschiede, die keine tatsächliche biologische Aussagekraft haben, jedoch die Wahrnehmung von essentiell unterschiedlichen menschlichen Rassen wiederum verstärken (vgl. zu der Diskussion um Rasse Epstein 2007, Kap. 10; zu statistischen Artefakten siehe Hacking 2005). In diesem Zusammenhang sei auf eine Studie von 2006 hingewiesen, die statistisch signifikante gesundheitsbezogene Unterschiede zwischen Menschen mit verschiedenen astrologischen Sternzeichen fand (Austin et al. 2006). Ziel war hier, die Wahrscheinlichkeit statistischer Artefakte in Bezug auf Gruppenunterschiede zu verdeutlichen, wenn man nur hinreichend viele Faktoren und Gruppen untersucht.[37] Statistische Zusammenhänge als solche sind oftmals fehleranfällig, vor allem ohne eine Verbindung mit plausiblen

---

[37] Diese Intention geht zumindest in der massenmedialen Wahrnehmung und Präsentation der Ergebnisse vollständig verloren. So titelte etwa die Bildzeitung „Endlich alle Sternzeichen erforscht!" (als hätten wir nur noch auf die letzten drei gewartet; 17.02.07); auf Spiegel Online (10.09.2007), „Statistik statt Sternzeichen: Was der Geburtsmonat über ihr Leben verrät", erfährt man, dass ich als Widder beispielsweise leider anfällig für multiple Sklerose und Herzinfarkte bin.

Hypothesen über die zugrunde liegenden Mechanismen; eine Plausibilität, die im Falle der Geschlechter laut Hacking (etwa aufgrund des bekanntermaßen unterschiedlichen Fett- und Hormonstoffwechsels usw.) viel eher gegeben ist als bei ethnischen Unterschieden.

Ähnliche Probleme gibt es jedoch auch in Bezug auf die gesonderte Analyse von Frauen in klinischen Studien. Es wird argumentiert, dass diese Herangehensweise und die resultierende Entdeckung biologischer Unterschiede einer essentialistischen Sichtweise auf Geschlecht Vorschub leiste, d. h. einem Verständnis von Frauen als homogene Gruppe, die sich durch ihre Andersartigkeit gegenüber Männern auszeichnet.

Das Problem liegt jedoch in beiden Fällen nicht unbedingt in der gesonderten Erfassung dieser Gruppen, sondern in der Abstraktion der biologischen Unterschiede von ihrem sozialen Kontext.[38] Innerhalb der Frauengesundheitsbewegung wird diese Entwicklung stark kritisiert und immer wieder darauf hingewiesen, dass zwar biologische Unterschiede, z. B. in Arzneimittelstudien, erfasst werden sollten, dies aber immer unter Berücksichtigung des sozialen Kontextes geschehen sollte. Aufgrund des Zusammenhangs von Gesundheit und Krankheit mit Verhaltensweisen und Lebensbedingungen, die wiederum von sozialem Status und Rollenanforderungen beeinflusst seien, müssten diese miterfasst werden (vgl. dazu genauer Kapitel 6). Hinzu kommt, dass dieser soziale Kontext nicht stabil ist, sondern gerade in Bezug auf Fragen der Gleichberechtigung einem erheblichen Wandel unterliegt. Auch bereits entdeckte biologische Unterschiede sollten daher regelmäßig reevaluiert werden (vgl. MacIntyre/Hunt/Sweeting 1996).

Diese Debatte um die Gefahr eines biologischen Essentialismus wird dabei vorwiegend innerhalb der betreffenden Aktivistinnengruppen und der eher sozial- und gesundheitswissenschaftlich ausgerichteten Frauenge-

---

[38] Die zunehmende Ausdifferenzierung des Inklusionsparadigmas in immer weitere Subgruppen muss deshalb auch nicht unbedingt als Entwicklung hin zu immer kleineren Einheiten gesehen werden, die letztlich zu einer individualisierten Medizin führe, da die Kategorisierungen im Zusammenhang mit sozialen und politisch relevanten Gruppierungen stehen. Gerade diejenigen Teile der Frauengesundheitsforschung, die den Biologismus der *sex-based medicine* kritisieren, wenden sich gegen eine solche Individualisierung mit dem Argument, dass diese den Einfluss soziopolitischer Bedingungen auf bestimmte Gruppen nicht erfassen kann.

sundheitsforschung geführt, welche die Inklusion von Frauen jedoch grundsätzlich begrüßen. Für andere kritische Stimmen gilt dies hingegen nicht. So gibt es die Befürchtung, dass eine wohlgemeinte Richtlinie für die betroffenen Gruppen letztlich mehr Schaden anrichtet als Nutzen bringt. Neben einer Beförderung der Annahme biologischer Unterschiede zwischen den Gruppen und einer damit einhergehenden Abstraktion von Rasse und Geschlecht als soziopolitischen Kategorien steht hier insbesondere die so entstehende Notwendigkeit im Mittelpunkt, innerhalb dieser Gruppen vermehrt Teilnehmer für klinische Studien zu rekrutieren. Die Rekrutierungsfrage ist verbunden mit der (historisch nicht ganz unbegründeten) Sorge, dies werde zu erhöhtem Druck auf Angehörige von Gruppen mit eher niedrigem sozialen Status führen, wodurch einerseits die Bedingung der informierten Einwilligung bedroht werden könne, andererseits diese Gruppen auch vermehrt dem Risiko von Nebenwirkungen ausgesetzt würden (vgl. z. B. Brawley 1995).

Ein weiterer Strang der Argumentation gegen die Inklusionskriterien der NIH betrifft die Verteidigung der wissenschaftlichen Autonomie und den Vorwurf einer unzulässigen Politisierung der medizinischen Forschung:

> It has been said that the law and guidelines that are derived from them are "science-based". It is perhaps more accurate to say that they are politically driven and rationalized by means of a largely unsupported scientific hypothesis. (Ebd., S. 294)

> The fault is with Congress for having put politics ahead of rationality and the logic of the science of trials. (Meinert 1995a, S. 304)

Dieser Vorwurf beruht insbesondere auf einer Zurückweisung der These, Frauen seien bisher in der medizinischen Forschung in einem relevanten Ausmaß unterrepräsentiert gewesen (vgl. z. B. ebd., S. 305; Mann 1995, S. 767). Hier wird z. B. angeführt, dass die NIH mehr Geld für frauenspezifische Forschung (wie etwa Brust- oder Gebärmutterhalskrebs) aufwenden als für männerspezifische (wie etwa Prostatakrebs). Ein weiteres Argument ist die durchschnittlich längere Lebenserwartung von Frauen (die allerdings nicht so sehr eine Folge ihres Einschlusses in klinische Studien, sondern zumindest zu einem großen Teil vielmehr von genderspezifischem

Verhalten zu sein scheint).[39] Dies ist jedoch mit dem Argument der Frauengesundheitsbewegung und -forschung, die Medizin fokussiere sich in Bezug auf Frauen vorwiegend auf gynäkologische Aspekte und verwende ansonsten männlich geprägte Standards, durchaus kompatibel. Problematisch ist an der Behauptung einer diesbezüglichen Unterrepräsentierung allerdings, dass es zu deren Überprüfung keine ausreichende Datengrundlage gibt, da in bisherigen Studien das Geschlecht der Studienteilnehmer nicht immer angegeben wurde. Klar ist damit jedoch zumindest, dass keine geschlechtsspezifische Analyse stattgefunden hat, wie sie der *NIH Revitalization Act* fordert. Insgesamt bekräftigen die vorliegenden Daten zudem, dass in gemischtgeschlechtlichen Studien Männer meist mit einem wesentlich höheren Anteil vertreten waren. In einigen Bereichen ist die Unterrepräsentierung von Frauen mittlerweile konsensfähig, z. B. bei traditionell als eher „männlich" wahrgenommenen Krankheiten wie KHK oder AIDS. In diesen Fällen lassen sich allerdings auch durchaus plausible Gründe für die Unterrepräsentierung finden, wie etwa der Ausschluss von Frauen als Folge der Altersstruktur bei der KHK-Forschung oder der anfänglichen Konzeptualisierung und Inzidenz von AIDS als Krankheit homosexueller Männer (vgl. zur Unterrepräsentierung auch Epstein 2007, S. 96-101).

Weitere Kritikpunkte betreffen vor allem die Umsetzbarkeit der Richtlinien in der Praxis. Der Einschluss einer Reihe verschiedener Subgruppen, die jeweils einzeln auszuwerten sind, würde eine enorme Vergrößerung jeder Studie bedeuten, wenn sämtliche Gruppen in einer Größenordnung vertreten sein sollen, die aussagekräftige statistische Schlüsse erlaubt. Hierbei gibt es zunächst einmal Probleme in Bezug auf die Rekrutierung einer ausreichenden Zahl von Teilnehmern, vor allem auch in Ge-

---

[39] Die Kritik, für Frauengesundheitsforschung werde sowieso schon zu viel Geld ausgegeben, läuft letztlich darauf hinaus, dass der neue Fokus auf Frauen in der Forschung eine Diskriminierung von Männern bedeute (vgl. Meinert 1995a; Mann 1995). Dies ist allerdings keinesfalls die Intention der Frauengesundheitsforschung und des Kampfes für den Einbezug in klinische Studien. Im Gegenteil wird davon ausgegangen, dass eine genderspezifische Analyse auch für Männer von Vorteil ist, da so bisher implizite Annahmen und geschlechtsabhängige Faktoren explizit gemacht und eingehender untersucht werden können. Entsprechend beginnt sich seit den 2000ern nun eine Männergesundheitsforschung zu entwickeln, die ebenfalls biologische wie soziale Aspekte des Geschlechts in Betracht zieht.

genden mit einer eher homogenen Bevölkerungsstruktur. Zudem würde ein solches Design die Kosten für klinische Studien erheblich erhöhen – mit der Folge, dass insgesamt weniger Studien durchgeführt werden könnten, was wiederum für niemanden von Vorteil sei.[40] Die Konzentration auf Subgruppen, so etwa Curtis Meinert, gefährde den medizinischen Fortschritt durch die wissenschaftlich unsinnige Einführung von Quoten. Bevor untersucht werde, ob z. B. ein Medikament in verschiedenen Bevölkerungsgruppen unterschiedlich wirke, müsse zunächst einmal erwiesen sein, dass es überhaupt wirke: "There is no point in worrying about whether a treatment works differently in men and women until it has been shown to work in someone" (Meinert 1995b, S. 795). Meinert versteht dabei das Verhältnis von nicht-gruppenspezifischen zu gruppenspezifischen Studien als analog zu einem von grundlagen- zu anwendungsorientierter Forschung: "The preoccupation [with differences] distracts us from more basic questions and will not, in the long run, be beneficial to any of us" (Meinert 1995a, S. 306). Diese Argumentation lässt allerdings die Möglichkeit außer Acht, dass eine allgemeine Studie (an weißen Männern) zu keinem positiven Ergebnis über Wirksamkeit kommt, eine solche aber Umständen bei anderen Gruppen gegeben sein könnte. Außerdem wird hier ein Bild von wissenschaftlicher Forschung vorausgesetzt, dass davon ausgeht, dass das Allgemeine dem Speziellen immer vorausgehen müsste (siehe dazu oben Carrier/ Finzer); und es ist naheliegend anzunehmen, dass mit allgemeinen oder grundlegenden Ergebnissen hier faktisch Ergebnisse in Bezug auf Männer gemeint sind. Wieder stellt sich damit die Frage, wer als Standard des Modells Mensch gilt und wer als Abweichung von diesem.

Ein anderes Argument, dass sich nicht nur gegen eine gruppenspezifische Analyse, sondern gegen die Inklusion verschiedener Gruppen überhaupt richtet, lautet, dass gerade die Möglichkeit von Unterschieden problematisch sei, da inhomogene Ergebnisse die Aussagekraft einer Studie insgesamt verringern würden (vgl. Buist/Greenlick 1995, S. 297 f.). Der zugrunde liegende Gedanke ist hier, die Analyse von Ergebnissen möglichst einfach zu halten, indem so viele Variablen wie möglich ausge-

---

[40] Es gibt jedoch auch Stimmen, die zwar von einer Erhöhung der Kosten ausgehen, dies jedoch angesichts des möglichen Nutzens, der sich für die verschiedenen Subgruppen ergeben könnte, für gerechtfertigt halten (vgl. z. B. Fraser 1995).

schaltet werden. Diese Verteidigungslinie ist analog zu der, Frauen seien aufgrund ihres fluktuierenden Hormonstoffwechsels und dessen Einfluss auf die Wirkung von Medikamenten aus Studien auszuschließen, da sie durch ihre wechselhafte Natur quasi alles durcheinanderbringen. Wie oben bereits angemerkt, ist gerade dies nun aber ein Eingeständnis der fehlenden Generalisierbarkeit von ausschließlich an Männern gewonnenen Daten, und es ist nicht ersichtlich, inwiefern das gegen die Forderung geschlechtsspezifischer Analysen (die natürlich zunächst einmal Inklusion erfordern) spricht (vgl. dazu auch Healy 2003).

Ein entscheidender Punkt für den Erfolg des Inklusionsparadigmas ist nach Epstein die Reaktion der NIH auf diese Kritiken gewesen (vgl. Epstein 2007, S. 110 ff.). Die NIH hat den *Revitalization Act* in ihren Richtlinien derart interpretiert, dass sie verschiedene dieser Punkte ausgehebelt hat. So bezieht sie das Erfordernis der Inklusion nur auf Phase III-Studien, für welche keine Daten vorliegen, die die Annahme einer Gleichheit zwischen den Gruppen in Bezug auf Sicherheit und Wirksamkeit unterstützen (was allerdings zunächst Experimente mit Tieren beider Geschlechter erfordert). Außerdem muss die Inklusion von ethnischen Minderheiten nicht zwingend repräsentativ in Bezug zu deren Bevölkerungsanteil sein; auch sei von Fall zu Fall zu entscheiden, in welchem Maß ihr Einschluss (etwa aus demographischen/geographischen Gründen) überhaupt möglich ist. Frauen sollten allerdings circa 50% der Studienpopulation ausmachen. Zuletzt sei die Erfordernis der gruppenspezifischen Auswertung nicht so zu verstehen, dass jede Gruppe über eine ausreichende Größe für statistisch signifikante Schlussfolgerungen verfügen solle; es müsse nur die Möglichkeit gegeben sei, dass Unterschiede bemerkt würden, was dann wiederum Anlass für spezifischere Studien mit größeren Samples wäre (vgl. Freedman et al. 1995). In diesen Richtlinien wird die Forderung nach Inklusion damit erheblich abgeschwächt. Einerseits ermöglichte dies ihre verstärkte Akzeptanz,[41] andererseits wurde jedoch auch kritisiert, dass sie kaum mehr die ursprünglichen Intentionen des *Revitalization Act* einfingen (vgl. Piantadosi 1995, S. 308 f.)

---

[41] Siehe z. B. Piantadosi (1995), S. 307: "The NIH clinical trials community has done a service to us all by making some workable guidelines out of an unreasonable law."

Insgesamt zeichnet die Diskussion um die Inklusion von Frauen in klinische Studien sich – auf beiden Seiten der Debatte – durch eine Verbindung von wissenschaftlichen, pragmatischen, ethischen und politischen Argumenten aus. Der Konflikt lässt sich nicht als einer zwischen wertfreier und politisierter (feministischer oder androzentristischer) Wissenschaft beschreiben. Es ist durchaus plausibel, dass die Blindheit gegenüber dem Problem der mangelhaften Generalisierbarkeit zum Teil androzentristische Ursachen hatte. Wenn etwa die hormonellen Fluktuationen von Frauen als Grund für ihre Exklusion angeführt werden, wird damit ziemlich eindeutig der Mann als Norm gesetzt, von welcher Frauen abweichen. Andererseits hat auch der feministische Kampf für die Inklusion sowohl eine politische Zielsetzung als auch wissenschaftliche Argumente aufzuweisen (z. B. dass signifikante Unterschiede in der Wirksamkeit von Medikamenten bisherige Generalisierungen in Frage ziehen) und hat sich insgesamt bisher als fruchtbare Forschungsstrategie erwiesen.

5.4 Die Women's Health Initiative

Auf Grundlage der Kritik einer Vernachlässigung von Frauen in klinischen Studien lief 1992 die Women's Health Initiative (WHI) an. Die WHI ist mit 160.000 Probandinnen und einem Budget von 625 Millionen US-Dollar die bisher größte Studie zu frauenspezifischen Gesundheitsthemen und untersuchte die häufigsten Erkrankungen postmenopausaler Frauen (im Alter von 50-79). Sie wurde maßgeblich von Bernadine Healy initiiert und konzentrierte sich vor allem auf den Einfluss einer Hormonersatztherapie (HET) auf Krebserkrankungen, Herz-Kreislauf-Erkrankungen und Osteoporose. Insgesamt bestand die WHI aus einer Beobachtungsstudie sowie vier placebo-kontrollierten randomisierten Interventionsstudien, deren geplante Laufzeit jeweils 15 Jahre betrug. Zwei der Studien konzentrierten sich auf den Zusammenhang der Einnahme von synthetischen Östrogenen mit den genannten Erkrankungen, die anderen auf die diesbezüglichen Auswirkungen der Gabe von Vitamin D und Calcium respektive der Einhaltung einer fettarmen Diät. Die erste Studie zu Hormonersatzpräparaten untersuchte den Einfluss der Einnahme einer Östrogen-Gestagen Kombination auf gesunde Frauen, die zweite den einer Einnahme ausschließlich Östrogens bei Frauen mit vorhergehender Hysterektomie (vgl. WHI Study Group 1998).[42]

Entscheidende Intentionen der WHI waren zum einen die Überprüfung der Sicherheit der Hormonersatztherapie, deren Verschreibung an Millionen von Frauen vermehrt als wissenschaftlich nicht hinreichend gerechtfertigt kritisiert worden war. Zum anderen hatte sich diese Verschreibungspraxis zunehmend in Richtung einer präventiven Gabe von Hormonpräparaten gegen Osteoporose und kardiovaskuläre Erkrankungen entwickelt, deren Effektivität die WHI prüfte. Wie oben bereits dargestellt, erkranken Frauen im Schnitt etwa 10-15 Jahre später als Männer an der KHK – eine Verzögerung, die wesentlich der schützenden Rolle von Östrogenen zugeschrieben wurde. Zu diesem Zusammenhang gab es bereits einige epidemiologische Studien, die eine Korrelation der Einnahme von Hormonpräparaten während und nach der Menopause mit einer verringerten Inzidenz von KHK bestätigten. Aus diesen Studien wurde geschlossen, dass die HET das Risiko von KHK um bis zu 50% verringere (vgl. z. B. Barrett-Connor/Grady 1998). Tierexperimente schienen diesen Zusammenhang zu bestätigen und die Einwirkung von Östrogen auf Cholesterinlevel als kausalen Mechanismus nahezulegen (vgl. Derry 2004, S. 213 f.). Vor diesem Hintergrund wurde an der WHI mehrfach kritisiert, dass hier zu viel Geld ausgegeben werde, um ein bereits bekanntes Ergebnis zu erzielen (vgl. dazu Gura 1995, S. 771; Healy 2003, S. 18).

Beide Östrogenarme der WHI wurden vor Ende der geplanten Laufzeit (2007) gestoppt (die Östrogen-Gestagen-Studie 2002, die Östrogen-Studie 2004), da die Verantwortlichen zu dem Ergebnis kamen, dass die Risiken die Vorteile der HET in einem Maße überwiegen, die eine Fortsetzung unzulässig mache. Insgesamt hatte sich zwar ein präventiver Einfluss auf Osteoporose sowie (geringfügig) Darmkrebs gezeigt; demgegenüber standen jedoch vergleichsweise stärker erhöhte Raten von Brustkrebs. Darüber hinaus hat sich auch die Hypothese einer schützenden Wirkung in

---

[42] Die krebserregende Wirkung der Einnahme von Östrogenen auf die Gebärmutter war zu diesem Zeitpunkt bereits bekannt und sollte im Falle der gesunden Frauen durch die zusätzliche Gabe von Gestagenen verhindert werden.

Bezug auf kardiovaskuläre Erkrankungen nicht bestätigen lassen – im Gegenteil scheint die Einnahme von Hormonpräparaten betreffende Risiken, etwa für Thrombosen, Schlaganfälle oder KHK, eher zu erhöhen (vgl. Derry 2004, S. 215 f.; Krieger et al. 2005; Writing Group for the WHI Investigators 2002; WHI Steering Committee 2004).

Der Abbruch der HET-Studien wurde in der Fachliteratur wie in den populären Medien mit Erstaunen wahrgenommen und als große Überraschung dargestellt (vgl. Derry 2004, S. 212; Krieger et al. 2005, S. 740). Vertreterinnen der Frauengesundheitsforschung haben an dieser Präsentation kritisiert, dass die Ergebnisse angesichts der bereits vorher vorliegenden Evidenz keineswegs so unerwartet gewesen seien:

> The current debates over HRT would suggest that serious concerns about use of HRT are a novel phenomenon. They also imply that current scientific awareness of possible risks associated with HRT is attributable chiefly to scientific progress, with new studies debunking old ideas. Such a rendering of the scientific discourse, however, is grossly inaccurate. (Krieger et al. 2005, S. 740 f.)

Bereits in den 1940ern hatten Experimente an Tieren eine Karzinogenität von exogenen Östrogenen festgestellt; auch hatten sich andere Hormonpräparate bereits früher als problematisch erwiesen, etwa DES in Verbindung zu Vaginalkarzinomen oder die Anti-Baby-Pille in Verbindung zu Thrombosen (siehe Kap. 4.3). Zudem gab es in den 1970ern epidemiologische Studien, die das Risiko einer Hormonersatztherapie für Krebserkrankungen der Gebärmutter bestätigten. Auch die Erwartung eines positiven Einflusses auf kardiovaskuläre Erkrankungen auf der Grundlage bisheriger Studien wurde keineswegs von allen Forscherinnen geteilt.

Die erste Studie zum präventiven Einfluss von Östrogenen in Bezug auf KHK wurde in den 1960ern an Männern durchgeführt – auch sie wurde abgebrochen, und zwar aufgrund einer erhöhten Rate kardiovaskulärer Probleme (vgl. Coronary Drug Project Research Group 1973; Krieger et al. 2005, S. 743). An den epidemiologischen Studien mit diesbezüglich positiven Ergebnissen war zudem bereits vor der WHI kritisiert worden, dass diese Korrelation durch andere Variablen beeinflusst sei. Bereits seit Mitte der 1980er war bekannt, dass die Gruppe der Hormonnutzerinnen sich im Gegensatz zu Nichtnutzerinnen durch ein höheres Gesundheitsbewusstsein und einen gesünderen Lebensstil auszeichneten. Zudem wurde HET nicht für Frauen mit vorhergehenden kardiovaskulären Problemen verschrieben.

Auch zeigte die epidemiologische Evidenz, dass sich klassische Risikofaktoren wie etwa Bluthochdruck oder Rauchen stärker auf die Raten von KHK auswirkten als HET und die Veränderung entsprechender Verhaltensweisen einen stärkeren präventiven Effekt hatte als diese. Die Hypothese des Zusammenhangs von Östrogen und KHK wurde zudem auch aufgrund der Altersverteilung der KHK bei Frauen kritisiert, die eben gerade nicht in ihren 50ern, sondern eher den 70ern erkranken (vgl. z. B. Derry 2004, S. 213 f., MacPherson 1992, S. 42). Zusätzlich gab es bereits einige Jahre vor dem Abbruch der WHI-Studie eine kleinere klinische Studie zu HET und KHK bei Frauen (Heart and Estrogen/Progestin Replacement Study: HERS). Diese kam zu ähnlichen Ergebnissen, dass nämlich HET kardiovaskuläre Risiken bei bereits betroffenen Frauen eher erhöhe, zumindest aber nicht mindere (vgl. Hulley et al. 1998). Die vorliegende Evidenz war damit keineswegs so eindeutig, dass der Abbruch der WHI-Studie ein Schock hätte sein müssen:

> In fact, biological, clinical, and epidemiological evidence emphasising risks and discounting purported benefits associated with what is now conventionally termed HRT has been published for well over a half century [...]. At issue, then, is not simply the "advance" of scientific knowledge – but also why decades of repeated warnings about dangers of manipulating and prescribing hormones to "treat" menopause were ignored and not translated into health politics. (Krieger et al. 2005, S. 741)

Insgesamt war der Zusammenhang von Östrogenen und KHK vor der WHI keineswegs bereits geklärt. Einerseits gab es durchaus Evidenz für einen präventiven Einfluss von HET, andererseits jedoch auch Kritik und Studien, die diesen Zusammenhang nicht bestätigten. In diesem Fall lässt sich nicht schlicht sagen, eine Seite der Debatte hätte die Wissenschaft auf ihrer Seite. Die Frage ist vielmehr, wie die vorhandenen uneinheitlichen Ergebnisse gewichtet werden. Bemerkenswert ist in diesem Zusammenhang, dass den korrelativen epidemiologischen Studien mehr Aussagekraft zugeschrieben wurde als kontrollierten, randomisierten Doppelblind-Studien (dem Goldstandard der medizinischen Forschung) und Erkenntnisse über selektive Verzerrungen bezüglich der epidemiologischen Studienpopulationen nicht beachtet wurden. Andererseits lässt sich anführen, dass die Evidenz für einen präventiven Einfluss (vor der WHI) wesentlich umfangreicher war und es plausible Hypothesen über den zugrunde liegenden Mechanismus gab, die in Tierstudien bestätigt wurden. Dass jedoch sogar die Notwendigkeit großer klinischer Studien zur Überprüfung des Zusammenhangs bestritten wurde, scheint vor diesem Hintergrund wiederum erstaunlich und belegt, welch ein hohes Maß an Plausibilität der präventiven Rolle von Östrogenen zugeschrieben wurde.

Die WHI hat zu einem weitgehenden Konsens geführt, dass HET diese Rolle nicht erfüllt und zudem das Krebsrisiko steigert – und damit zu einem massiven Einbruch der Verschreibungszahlen. Die FDA hat 2003 die Empfehlung ausgegeben, Hormonersatzpräparate nur gegen Hitzewallungen und vaginale Trockenheit zu verschreiben, und dies auch nur so kurz und niedrig dosiert wie möglich (der präventive Gebrauch war allerdings auch vorher nicht ratifiziert). Dennoch gibt es weiterhin Stimmen, die diese Ergebnisse kritisieren und an Sicherheit und Wirksamkeit der HET festhalten. In diesem Rahmen wird beispielsweise angeführt, dass die Teilnehmerinnen von HERS und WHI nicht repräsentativ seien – ein Einwand, der in Bezug auf die positiven epidemiologischen Studien ignoriert wurde. Außerdem wird argumentiert, dass die Ergebnisse nicht auf andere Hormonpräparate oder Verabreichungsformen anwendbar seien – dass also etwa der Gebrauch von Hormonpflastern im Vergleich zur oralen Einnahme ungefährlich sei – oder auch schlicht, dass HET dennoch insgesamt die Lebensqualität (post-)menopausaler Frauen erhöhe. Insbesondere die Pharmaindustrie, für die HET ein Milliardengeschäft ist, verfolgt nun die Strategie, andere Zusammensetzungen, Dosierungen oder Darreichungsformen als sicher zu verkaufen. Das Gegenteil sei durch die WHI nicht bewiesen und es bestehe auch weiterhin die Möglichkeit, dass andere Formen der HET sich positiv auf KHK auswirkten (vgl. Derry 2004, S. 216 f.). Sicher bis zum Beweis der Unsicherheit – dieses Prinzip möchte man als Verbraucher nicht verallgemeinert sehen.

Die hohe Plausibilität, die der HET gemeinhin zugeschrieben wurde sowie die zum Teil einseitige Gewichtung und Beurteilung von Forschungsresultaten scheinen nicht nur von wissenschaftlichen Kriterien geleitet gewesen zu sein. Die Interpretation der Frauengesundheitsbewegung und -forschung läuft diesbezüglich einerseits auf erhebliche Einflüsse durch aggressives Pharmamarketing hinaus sowie andererseits auf zugrunde liegende sexistische Annahmen über die Natur der Frau: "The idea that for men heart disease is a disease of civilization while for women it is a disease of the ovaries is consistent with another underlying metatheory, that for women biology is destiny" (ebd., S. 214).

Der wissenschaftliche Umgang mit Menopause und HET fügt sich in ein historisches Bild, in welchem körperlichen Umbruchphasen von Frauen ein Krankheitswert zugeschrieben wird sowie Frauen als weitgehend durch ihr Geschlecht determiniert angesehen werden – sei es durch ihren Uterus, ihre Eierstöcke oder ihre Hormone, die sie lebenslangen "hormonal hurricanes" (Fausto-Sterling 1985, S. 90)[43] aussetzten, welche sie im Vergleich zum Mann zu weniger rationalen Wesen machten. Folgendes Zitat verdeutlicht diese Sichtweise sehr schön: "Woman is a pair of ovaries with a human being attached, whereas man is a human being furnished with a pair of testes" (Rudolf Virchow, zitiert nach Fausto-Sterling 1985, ebd.). Die Frau ist bestimmt durch ihre geschlechtliche Natur, die sie zugleich auch krankheitsanfälliger macht. Vor diesem Hintergrund erklärt sich z. B., so die feministische Kritik, warum der HET in Bezug auf die KHK ein so großes Gewicht zugeschrieben wurde, obwohl bekannt war, dass andere Risikofaktoren eine wesentlich größere Rolle spielen. Weiblichkeit werde zu einem unabhängigen und hauptsächlichen Risikofaktor, weil postmenopausale Frauen generell als körperlich und sozial minderwertig gälten (vgl. McCormick/Bunting 2002, S. 830). Die Betrachtung von Frauen als "naturally abnormal" (Fausto-Sterling 1985, S. 95) mache plausibel, dass das Eintreten der Menopause zu allerlei Krankheiten führe:

> The premise that women are by nature and inherently diseased dominates past research on menstruation and menopause. While appointing the male reproductive system as normal, this viewpoint calls abnormal any aspect of the female reproductive life cycle that deviates from the male's. (Ebd., S. 121)

Die Etablierung der Hormonersatztherapie in den 1960ern stand im Zusammenhang mit ganz spezifischen Sichtweisen der Menopause als Verlust der Weiblichkeit sowie daraus folgend jeglicher Lebensqualität. Als Pionier dieser Herangehensweise ist Robert Wilson zu nennen, der die Menopause und Postmenopause als Hormonmangelkrankheit mit dramatischen Konsequenzen beschrieb (bzw. „entdeckte", dass sie eine solche sei). Sie sei jedoch durch die Einnahme von Östrogenen behandelbar – ähnlich

---

[43] Im Deutschen ist die wohl am häufigsten verwendete Phrase die von Frauen als Spielball ihrer Hormone.

wie eben auch Diabetes behandelt werden müsse. Die Menopause wird hier zu einem Krankheitsstatus in sich selbst, weshalb auch Frauen, die über keine Symptome klagten (bzw. diese nicht wahrnähmen) Hormone verschrieben werden müssten (und zwar auch als Krebsvorsorge). Diese Sichtweise vertrat Wilson dabei nicht nur einflussreich innerhalb der Medizin (vgl. z. B. Wilson/Wilson 1963), sondern popularisierte sie auch in Form des Buchs *Feminine Forever* (Wilson 1966). Unbehandelte Frauen würden nicht nur ausnehmend hässlich, körperlich gebrechlich und emotional wie mental unzurechnungsfähig, sondern beeinträchtigten damit auch die Menschen (Männer) in ihrer Umgebung, etwa durch Frigidität oder Nachlässigkeit im Haushalt (vgl. dazu McCrea 1983, S. 112 ff.). Ein wahrscheinlich (hoffentlich) etwas extremes Zitat von Reuben verdeutlicht diese Einstellung zur Menopause:

> As estrogen is shut off, a woman comes as close as she can to being a man. Increased facial hair, deepened voice, obesity, and decline of breasts and female genitalia all contribute to a masculine appearance. Not really a man but no longer a functional woman, these individuals live in a world of intersex. Having outlived their ovaries, they have outlived their usefulness as human beings. (David Reuben 1969, zitiert nach McCrea 1983, S. 114)

Hormonersatztherapie gibt Frauen zwar nicht ihre Gebärfähigkeit zurück, halte sie aber äußerlich jung und emotional stabil und damit weniger abstoßend und anstrengend für ihre Umwelt. Der 1960er Diskurs über die Hormonmangelkrankheit Menopause ist dermaßen sexistisch, dass es dafür kaum einer feministischen Interpretation bedarf. McCrea identifiziert vier grundlegende Annahmen, die diesen Diskurs informieren:

> (1) [W]omen's potential and function are biologically destined; (2) women's worth is determined by fecundity and attractiveness, (3) rejection of the female role will bring physical and emotional havoc; (4) aging women are useless and repulsive. (McCrea 1983, S. 111)

Diese Herangehensweise an Hormonersatztherapie zum Zweck der Bewahrung jugendlichen Aussehens und des Einfügens in klassische weibliche Rollen hat sich im Zuge der Frauenbewegung nicht halten können. Stattdessen gab es eine Verschiebung des Diskurses von "feminine forever" zu "healthy forever", sprich zur Verwendung von Hormonersatzpräparaten zur Behandlung körperlicher Beschwerden sowie vor allem auch zur

Prävention von KHK und Osteoporose (vgl. Leysen 1996).[44] Auch diese Sichtweise transportiert aber die Annahme weiter, dass die Menopause als solche problematisch ist und der Behandlung bedarf. Demgegenüber steht die Position der Frauengesundheitsbewegung und -forschung, in welcher die Menopause als prinzipiell natürlicher Prozess ohne eigenen Krankheitswert verstanden und ihre Medikalisierung kritisiert wird (vgl. z. B. Kaufert 1982; McCrea 1983, S. 117 ff.). Hinterfragt wird hier z. B., warum der Fokus in Bezug auf die Menopause immer auf damit einhergehenden Beschwerden liegt, obwohl Studien belegen, dass bis zu 75% der Frauen selbst angeben, nicht erheblich beeinträchtigt zu sein. Auch leiden nicht alle Frauen unter dem Verlust ihrer Gebärfähigkeit, sondern erleben diesen zum Teil als Befreiung von der Angst vor Schwangerschaften, wie auch das Leere-Nest-Syndrom nicht einheitlich als tragisch, sondern auch als Zugewinn an Zeit und Möglichkeiten beschrieben wird (vgl. z. B. Fausto-Sterling 1985, S. 116 ff; Lademann 2000, S. 147-149; BWHBC 1973, S. 327-336 und 2005, S. 527-552). Zudem behandeln Frauengesundheitsforscherinnen die Menopause nicht nur als körperliches Ereignis, sondern fragen auch nach dem Einfluss sozialer Faktoren wie etwa dem gesellschaftlichen Status älterer Frauen auf das Erleben der Menopause. Dem entspricht, dass es, auch wenn es einige universelle Symptome gibt, die subjektive Beurteilung dieser Symptome in Bezug auf ihren Leidenswert erheblich von kulturellen Unterschieden geprägt wird (vgl. Lademann 2000, S. 149-151).

Die Interpretation der Menopause als Hormonmangelkrankheit, ob nun mit vorwiegend ästhetischen oder gesundheitlichen Folgen verbunden, wird zurückgewiesen, ebenso wie der Begriff der Hormonersatztherapie. Es sei keinesfalls klar, dass es sich bei der Veränderung des Hormonspie-

---

[44] Kritisiert wird auch, dass im Zuge dieser Entwicklung der HET zur Präventionsmaßnahme die geringe Knochendichte, die durch Östrogengabe beeinflusst wird, zum definierenden Kriterium von Osteoporose wurde, während sie vorher nur einer von verschiedenen Risikofaktoren (wie z. B. Bewegungs- oder Calciummangel) war, um eine neue Verschreibungsmöglichkeit zu finden (vgl. Krieger et al. 2005, S. 742). Als ein weiteres Anwendungsfeld war auch die Prävention von Altersdemenz propagiert worden, allerdings mit wenig Erfolg – der 2004 abgebrochene Arm der WHI kam diesbezüglich zu dem Ergebnis, dass die HET das Risiko von Demenz eher leicht erhöht.

gels um einen Mangel handele, der einer Gegenaktion bedürfe (statt um einen normalen Veränderungsprozess ähnlich der Pubertät). Die Gabe von Hormonen sei vielmehr als hormonelle Manipulation zu verstehen (vgl. z. B. Krieger et al. 2005, S. 746) – eine Sichtweise, die den beschriebenen Hypothesen über die HET und Menopause ihre Plausibilität raubt und das Ergebnis der WHI keinesfalls so erstaunlich scheinen lässt.

5.5 Zwischenfazit

Zusammenfassend lässt sich sagen, dass der Androzentrismus- und Sexismusvorwurf seitens der Frauengesundheitsbewegung und -forschung gut begründet war. Die eindeutigsten Belege finden sich hierfür wohl in den offen sexistischen Äußerungen der 1960er/1970er, welche die Gesundheit der Frau sehr eindeutig mit ihrer Unterwerfung unter soziale Rollenanforderungen sowie mit dem historischen Bild ihres Wesens als schwach, irrational und durch ihr Geschlecht determiniert verknüpfen. Einerseits lassen sich Probleme in der medizinische Praxis identifizieren, wie etwa die Informationsverweigerung über die Nebenwirkungen der Pille oder die Karzinogenität von DES. Andererseits werden zum Teil aufgrund wertbeladener Sichtweisen wissenschaftliche Standards verletzt und Hypothesen trotz mangelnder Evidenz beibehalten. Als ein Beispiel wurde diesbezüglich die Interpretation weiblicher Beschwerden wie etwa Schwangerschaftsübelkeit als psychosomatisch genannt.

Die Frauengesundheitsforschung hat durch ihre Kritik an Androzentrismus und Sexismus in der Medizin entscheidend dazu beigetragen, derartige Werteinflüsse aufzudecken. Zum einen beschränkt sich diese Kritik dabei jedoch nicht auf Fälle aus vergangener Forschung, sondern bemängelt auch heute noch die Existenz von Gender Bias. Zum anderen ist die betreffende Forschung nicht immer so leicht als schlechte Wissenschaft zu verwerfen.

Beispielsweise wurden geschlechtsspezifische Wissenslücken am Beispiel der KHK illustriert, die aus einer einseitigen Fokussierung auf Männern als Standardmodell resultieren, wobei es sowohl zu Übergeneralisierungen als auch ungerechtfertigten Differenzierungen (vor allem im Bezug auf die Behandlung) kommt. Diese androzentristische Ausrichtung steht im Zusammenhang mit der Diskussion um einen Einschluss von Frauen in klinische Studien, welcher die Entdeckung geschlechtsspezifischer Gesundheitsunterschiede überhaupt erst ermöglichte. Diese Inklusionsdebatte ist durch ein Nebeneinander verschiedener Argumentationsebenen gekennzeichnet: es werden sowohl eventuell problematische soziale Folgen einer solchen Inklusion diskutiert als auch forschungspragmatische Argumente. Zudem wird kritisiert, die Forderung nach geschlechtsspezifischer Forschung kompromittiere wissenschaftliche Rationalität aus politischen Motiven; entweder, weil die Behauptung der bisherigen Unterrepräsentierung nicht stimme, weil die Annahme signifikanter Unterschiede nicht gerechtfertigt sei oder weil ebendiese Unterschiede zu einer problematischen Inhomogenität von Ergebnissen aufgrund zu vieler nicht-kontrollierbarer Faktoren führe. Es wurde dargelegt, dass diese Argumente für einen Ausschluss des weiblichen Geschlechts (sowohl bei Menschen als auch Versuchstieren) nicht überzeugen. Andererseits gab es jedoch für den bisherigen Ausschluss von Frauen auch durchaus plausible Gründe, etwa die Abhängigkeit der Geschlechtsverteilung von der Altersstruktur im Falle der KHK oder der Schutz vor teratogenen Schäden. Ein weiteres Argument ist die Gefahr statistischer Artefakte bei der gesonderten Analyse immer weiterer Gruppen, die zudem einem biologischen Essentialismus Vorschub leisten kann. Der resultierende Androzentrismus in Bereichen nicht-reproduktiver Gesundheit ist damit nicht eindeutig als Einfluss von Werten zu verstehen, die männliche über weibliche Gesundheit stellen.

Als weiteres Beispiel wurde die HET und insbesondere die Einschätzung ihrer präventiven Wirkung in Bezug auf KHK geschildert. Diese Hypothese wurde von der WHI letztlich zurückgewiesen. Auch hier ist die Situation nicht eine, in der von wertbeladenen Sichtweisen über menopausale Frauen direkt auf eine Wirksamkeit der HET geschlossen wurde. Vielmehr war die empirische Evidenz vor der WHI uneinheitlich und erforderte eine Gewichtung epidemiologischer und klinischer Ergebnisse. Dennoch scheint einleuchtend, dass etwa die Kritik der WHI als unnötig, die Ignoranz gegenüber Verzerrungen in den epidemiologischen Studienpopulationen und auch das weitere Festhalten an einer positiven Einschätzung von HET nach der WHI auf wertbeladenen Hintergrundannahmen beruhen, welche der Notwendigkeit einer hormonellen Manipulation menopausaler Frauen Plausibilität verliehen. Hier sind etwa die historisch dominante Sichtweise von Frauen als durch ihr Geschlecht determiniert und die darauf beruhende Annahme ihrer Krankheitsanfälligkeit zu nennen oder auch der Glaube an die zentrale Bedeutung der Reproduktionsfähigkeit für die Frau.

Der Frauengesundheitsforschung geht es um eine Aufdeckung derartiger Hintergrundannahmen und androzentristischer Verzerrungen sowie um die Generierung adäquateren Wissens. Dabei geht sie von einer explizit feministischen Perspektive aus, aus der etwa abgeleitet wird, dass Frauengesundheit nicht bei der klinischen Erforschung biologischer Unterschiede stehen bleiben kann, sondern diese im Zusammenhang mit dem sozialen Kontext und der gesellschaftlichen Situation von Frauen zu betrachten sind. Politische und wissenschaftliche Argumente stehen im Fall der Frauengesundheit in einem engen Zusammenhang. Dieser Zusammenhang beginnt bereits mit der Entstehung der Frauengesundheitsforschung aus einer feministischen Bewegung. Ihre Integration und erfolgreiche akademische Institutionalisierung lässt sich dabei kaum als simpler Fortschritt einer autonomen Wissenschaft verstehen, die ein neues Thema entdeckt. Im Gegenteil war diese Entwicklung nur möglich aufgrund einer Reihe von wissenschaftsexternen Faktoren: dem organisierten Aktivismus der Frauengesundheitsbewegung und allgemeinen Frauenbewegung, die zu gesamtgesellschaftlichen Veränderungen geführt haben, die Besetzung entscheidender Positionen mit Frauen und ihr zunehmender Einbezug in die Forschung. Eine wichtige Rolle spielten politische Rahmenbedingungen wie der *NIH Revitalization Act* des amerikanischen Kongresses oder die Verpflichtung der Bundesregierung auf Gender Mainstreaming. Nicht zuletzt ist es aber auch der wissenschaftliche Erfolg, welcher die genderspezifische Betrachtung von Gesundheitsfragen als fruchtbare Strategie erwies, der zur Anerkennung der Frauen-gesundheitsforschung beitrug.

Sowohl die bisherige männerzentrierte als auch die frauenspezifische Forschung weisen Werteinflüsse auf, die über die Themensetzung, sprich den Entdeckungskontext, hinausgehen und etwa das Design klinischer Studien oder die Gewichtung uneinheitlicher Resultate beeinflussen. Dieser Frage der Reichweite betreffender Werteinflüsse soll nun im folgenden Teil genauer nachgegangen und das Beispiel der Frauengesundheitsforschung mit wissenschaftsphilosophischen Argumenten verknüpft werden. Auf der Grundlage dieser Diskussion soll eine Einschätzung ermöglicht werden, ob Werteinflüsse auf die Inhalte und Evaluierung medizinischen Wissens sich hierbei als schlechte Wissenschaft identifizieren lassen, während die Frauengesundheitsforschung eine Annäherung an Wertfreiheit ermöglicht – und ob entsprechend das Ideal der Wertfreiheit in der Lage ist, diese Entwicklung angemessen zu beschreiben. Ich werde zu zeigen versuchen, dass hier ein sozialepistemologischer Ansatz in Anlehnung an Longino, der Wertvielfalt statt Wertfreiheit als Grundlage von Objektivität versteht, besser geeignet ist – und dass sich diese Schlussfolgerung nicht auf den spezifischen Fall der Frauengesundheitsforschung beschränken muss.

III Werte in der Wissenschaft

6 Unterdeterminierung und Hintergrundannahmen

6.1 Unterdeterminierungsargumente

Die These einer Unterbestimmtheit wissenschaftlicher Theorien hat für Debatten um wissenschaftliche Rationalität eine entscheidende Rolle gespielt. Zusammengefasst sind Entscheidungen über die Zurückweisung oder Akzeptanz von Theorien in einem hypothetisch-deduktiven Modell wissenschaftlichen Prüfens nicht eindeutig durch Empirie und Logik vorgegeben. Begründet liegt dies in dem Netzwerkcharakter von Theorien respektive der Möglichkeit ebenfalls adäquater Theorien. Oftmals wird in diesem Zusammenhang von der *Duhem-Quine-These* gesprochen, um deren Berechtigung und Implikationen kontrovers gestritten wird – nicht zuletzt aufgrund ihrer Bedeutung für die Wertfreiheit der Wissenschaft. Kennzeichnend für diese Debatte ist, dass sie sich keineswegs um eine einzige klar umrissene These dreht. Vielmehr werden in diesem Rahmen verschiedene Argumente verhandelt, denen zudem häufig eine unterschiedliche Reichweite und Generalität zugeschrieben wird. Im Folgenden werden diese Unterschiede kurz erläutert, um eine Einordnung der Diskussion um Wertfreiheit und Frauengesundheitsforschung zu erlauben. Der Darstellung der verschiedenen Unterdeterminierungsthesen folgt eine Vorschau auf ihre jeweilige Relevanz für den weiteren argumentativen Verlauf.

In Bezug auf den vielfältigen Gebrauch von Unterdeterminierungsargumenten ist zunächst eine Unterscheidung zwischen *holistischer* und *kontrastiver* Unterdeterminierung hilfreich (vgl. dazu Stanford 2009). Holistische Unterdeterminierung bringt zum Ausdruck, dass widersprüchliche empirische Ergebnisse eine Hypothese nicht eindeutig als falsch auszeichnen, da jede Hypothese mit anderen zusammenhängt. Dieser Zusammenhang erlaubt oftmals überhaupt erst die Ableitung bestimmter empirischer Konsequenzen aus einer theoretischen Hypothese.[45] Erweisen sich diese

---

[45] Wichtig ist in dieser Hinsicht die Annahme einer semantischen und/oder mensurellen Theoriebeladenheit der Beobachtung. Erstere postuliert, dass es keine reinen

Konsequenzen als empirisch unzutreffend, ist deshalb nicht eindeutig, wo der verantwortliche Fehler zu lokalisieren ist. Wie bereits beschrieben, vertrat Quine die Ansicht, dass jede Hypothese prinzipiell beibehalten werden könne, sofern man bereit sei, ausreichend drastische Änderungen innerhalb des relevanten Netzes vorzunehmen. Auch sei keine Aussage von dieser Möglichkeit der Revision a priori ausgeschlossen.

Daraus folgt allerdings erstens noch nicht, dass auch jede Veränderung des holistischen Netzes als gleichermaßen rational zu betrachten wäre, zweitens sind diesen Anpassungen in der wissenschaftlichen Praxis Grenzen gesetzt. In Bezug auf die Rationalität spielt etwa die Ablehnung von ad-hoc-Aussagen eine wichtige Rolle, welche die Einführung weiterer Hypothesen zum ausschließlichen Zweck der Erklärung widersprüchlicher Ergebnisse problematisiert. Darüber hinaus können die Revisionsmöglichkeiten auch durch weitere Kriterien wie Einfachheit oder Reichweite eingeschränkt werden. Die wissenschaftlichen Möglichkeiten sind zudem nicht identisch mit rein logischen; in der Praxis zumindest ist nicht jede Revision überhaupt durchführbar. Ein wichtiger Grund hierfür liegt *gerade* in der holistischen Natur wissenschaftlichen Wissens. Theorien repräsentieren nicht nur selbst komplexe Zusammenhänge von Aussagen, sondern stehen oftmals auch in einem Zusammenhang mit weiteren Theorien. Änderungen innerhalb eines theoretischen Netzes ziehen deshalb unter Umständen Revisionsbedarf für andere Theorien nach sich, die es wiederum mit der vorliegenden empirischen Evidenz zu vereinbaren gilt. Wenn Quine beispielsweise Änderungen mathematischer oder logischer Gesetze für prinzipiell möglich erklärt, heißt das noch nicht, dass dadurch auch tatsächliche Möglichkeiten für die Wissenschaft entstünden.[46] Derartige Ge-

---

Beobachtungssätze gibt, sondern auch Beschreibungen der Empirie Begriffe enthalten, die in einem größeren theoretischen Zusammenhang stehen. Mensurelle Theoriebeladenheit beschreibt den Sachverhalt, dass die Frage, an welchen empirischen Konsequenzen eine Hypothese überprüft wird, auch abhängig von den vorhandenen Methoden oder technologischen Möglichkeiten ist, die wiederum theoretisches Wissen voraussetzen (vgl. dazu Carrier 2006, Kap. 3).

[46] Diesen Punkt hat auch Quine später dafür angeführt, dass der holistischen Revision wenn nicht prinzipielle, so doch faktische Grenzen gesetzt sind: "We should note that the sciences do link up more systematically than people are apt to realize who forget about logics and mathematics, for logic is shared by all branches of science, and much

setze sind Teil vieler wissenschaftlicher Theorien, die dann entsprechend geändert werden müssten, und zwar in einer Weise, die sie ihrer empirischen Adäquatheit und Widerspruchsfreiheit nicht beraubt – ein Vorhaben, das kaum durchführbar scheint.

Ein entsprechend beschränkter Holismus ist in der Wissenschaftstheorie mittlerweile nicht mehr kontrovers, da er den wissenschaftlichen Anspruch auf Objektivität nicht untergraben muss:

> Holism [...] is the thesis that single hypotheses cannot be tested in isolation from the auxiliary hypotheses required to draw out their empirical consequences. [...] This leads to an obvious underdetermination problem: The empirical data at hand do not logically preclude a theoretical framework including the individual hypothesis at hand, or one including its denial. Such underdetermination of theory choice is ubiquitous and unavoidable in actual science. However, as the portion of science that we are inclined to hold constant and unrevised increases, holism becomes increasingly unreasonable. [...] Holism is a license neither for scientific willfulness nor for relativism. At most it reveals that testing scientific theories is far more complicated than empiricists have traditionally supposed. (Hoefer/Rosenberg 1994, S. 593)

Holistische Unterdeterminierung eröffnet einen Spielraum für Entscheidungen über die Akzeptanz oder Zurückweisung von Hypothesen, der jedoch nicht gleichbedeutend mit einer Irrationalität dieser Entscheidungen ist. Dennoch ermöglicht ein solches Verständnis wissenschaftlichen Prüfens unter Umständen Werteinflüsse auf betreffende Entscheidungen, z. B. wenn es darum geht, welche Hypothesen verworfen und welche zu retten versucht werden, oder was als entscheidende empirische Konsequenz und damit signifikante Evidenz ausgezeichnet wird.

Von der holistischen Unterdeterminierung ist die kontrastive zu unterscheiden, die sich im Gegensatz zu dieser nicht auf die Möglichkeit der Widerlegung, sondern auf die Möglichkeit der Bestätigung bezieht. Die grundsätzliche Idee ist, dass auch positive empirische Ergebnisse eine Theorie nicht eindeutig als zu akzeptieren ausweisen, da immer die Möglichkeit alternativer, ebenfalls empirisch adäquater Theorien besteht. Diese Möglichkeit folgt bereits aus der holistischen Annahme, dass auf wider-

---

of mathematics is shared by many. [...] Little is gained by saying that the unit [of testing and revising] is in principle the whole of science, however defensible this claim may be in a legalistic way". (Quine 1975, S. 314 f.)

sprüchliche Ergebnisse unterschiedlich reagiert werden kann – diese unterschiedlichen Revisionen würden per Definition inkompatible, aber empirisch äquivalente Alternativen ergeben. Holistische Unterdeterminierung ist demnach eine hinreichende Bedingung für kontrastive Unterdeterminierung. Sie ist jedoch nicht auch notwendig, da die Möglichkeit inkompatibler Hypothesen auch ohne verschiedene Revisionsmöglichkeiten denkbar wäre (vgl. Carrier 2011, S. 194).

In Bezug auf kontrastive Unterdeterminierung muss ebenfalls wieder zwischen verschieden starken Ausprägungen unterschieden werden. Hilfreich ist an dieser Stelle Laudans Differenzierung einer *nonuniqueness thesis* und einer *egalitarian thesis*. Erstere postuliert, dass für jede Theorie empirisch äquivalente Rivalen möglich sind. Letztere behauptet, dass zwischen diesen rivalisierenden Theorien nicht rational entschieden werden kann, weshalb die Theoriewahl notwendig wertbeladen ist (vgl. Laudan 1990, S. 271). Laudan problematisiert diese Auffassung empirischer Äquivalenz von Theorien als Grundlage für eine Ablehnung wissenschaftlicher Rationalität, da es für das Bestehen solcher Rivalen keine Garantie gebe. Zudem basiere ein solcher Schluss auf einer zu simplizistischen Auffassung wissenschaftlichen Prüfens. Einerseits könnten Theorien zu empirischen Daten in verschiedenen Relationen stehen, beispielsweise mit diesen nur logisch kompatibel sein, sie logisch enthalten oder sie erklären. Empirisch äquivalente Theorien seien daher nicht zwingend auch durch die Empirie gleich gut gestützt, d. h. auch evidentiell äquivalent (vgl. ebd., S. 275 ff.) Evidentielle Äquivalenz gehe folglich über empirische hinaus und sei wesentlich schwerer hervorzubringen. Selbst wenn es Fälle evidentieller Äquivalenz gäbe, sei andererseits zudem unwahrscheinlich, dass diese Äquivalenz stabil ist. Dies liege in der Rolle von Hintergrundannahmen und deren Fluktuation begründet. Hintergrundannahmen könnten ebenfalls durch unabhängige empirische Evidenz bestätigt sein und so weitere indirekte Unterstützung für Theorien liefern – oder eben nicht (vgl. dazu auch Laudan/Leplin 1991). Es ist folglich auch hier wieder gerade der holistische Charakter wissenschaftlicher Theorien und Prüfverfahren, der gegen die Wahrscheinlichkeit evidentiell gleichwertiger, zeitlich stabiler Äquivalenzen spricht (vgl. auch Okasha 2002).

Diese Argumentation schränkt die Plausibilität äquivalenter Alternativen und einer daraus folgenden *notwendigen* Wertbeladenheit von Theoriewahlentscheidungen erheblich ein. Dennoch ist das Problem der kontrastiven Unterdeterminierung damit nicht ausgeräumt.[47] Gerade in Bezug auf die Frage der Wertfreiheit ist zu konstatieren, dass Laudans Argumentation gegen eine starke Unterdeterminierungsthese auf der Grundlage empirischer Äquivalente die *Möglichkeit* von Werteinflüssen nicht aufhebt. Für diese Möglichkeit ist das Bestehen evidentiell oder auch nur empirisch äquivalenter Rivalen nicht erforderlich, sondern nur die Annahme, dass empirische Befunde nicht ausreichen, um die Theoriewahl eindeutig zu bestimmen. Theoriewahlsituationen bestehen auch zwischen Theorien, die nicht vollständig empirisch äquivalent sind, jedoch jeweils empirisch adäquat (vgl. Potter 1996, S. 132 f.). Aufgrund der holistischen Unterdeterminierung der Ableitung empirischer Konsequenzen aus Theorien bestehen Entscheidungsmöglichkeiten bereits im Hinblick darauf, welche Konsequenzen für die Prüfung einer Theorie vorrangig sind. Zudem erfordert wissenschaftliche Rationalität nicht, Theorien beim Auftreten jedweder Anomalien sofort zurückzuweisen. Kontrastive Unterdeterminierung ist deshalb auch in Fällen relevant, in denen die Rivalen jeweils durch empirische Stärken, aber auch Schwächen gekennzeichnet sind. Diese Situationen erfordern eine Gewichtung der gegebenen Evidenz sowie vorhandener Anomalien. Ein Beispiel wäre hier die Debatte um die präventive Funktion von HET und die Frage, ob angesichts der unterschiedlichen Ergebnisse die epidemiologischen oder die klinischen Studien als entscheidend zu betrachten sind.

Holistische Unterdeterminierung wird im folgenden Teil dieses Kapitels (6.2 und 6.3) noch genauer diskutiert. Sie spielt vor allem für Longinos kontextuellen Empirismus eine wesentliche Rolle. Dieser setzt die Abhängigkeit wissenschaftlicher Theorien und ihrer Prüfung von Hintergrundannahmen voraus, wodurch Möglichkeiten für Werteinflüsse entstehen. Hintergrundannahmen seien erforderlich für die Ableitung bestimmter empirischer Konsequenzen; daraus folgt, dass bereits die Bestimmung von

---

[47] In Reaktion auf Laudan wurde argumentiert, dass die Möglichkeit von Äquivalenzen in Bezug auf globale Theorien zu betrachten sei, was Probleme für den wissenschaftlichen Realismus generiert. Wenn auch eine allumfassende Theorie, die sämtliche empirische Evidenz integriert, potentiell äquivalente Rivalen hat, kann selbst von dem größtmöglichen Erfolg einer Theorie nicht auf ihre Wahrheit geschlossen werden (vgl. dazu Hoefer/Rosenberg 1994).

signifikanten Prüfungsinstanzen wertbeladen sein kann, nicht erst die letztliche Ablehnung oder Akzeptanz einer Hypothese. Werte spielen demnach bereits vor dieser Entscheidung eine Rolle und sind ein potentieller Teil des theoretischen Rahmens, innerhalb dessen Forschung betrieben und überhaupt erst bestimmte Hypothesen aufgestellt und an bestimmten Daten überprüft werden.

Kitcher behauptet zwar die Möglichkeit einer eindeutigen Ableitbarkeit empirischer Konsequenzen aus theoretischen Hypothesen (siehe Kap. 3.2), dennoch spielen holistische Argumente auch in seinem Ansatz eine Rolle, insbesondere in Bezug auf die Theorie- sowie mögliche Wertbeladenheit von Klassifikationen und Signifikanzentscheidungen. Aus den entsprechenden Annahmen folgt, dass die Beschreibung empirischer Sachverhalte im Zusammenhang mit weiteren Hypothesen steht, deren Wertfreiheit wiederum nicht von vornherein garantiert werden kann.

Es wird zu diskutieren sein, wie die Tragweite dieser holistischen Argumente in Bezug auf das Ideal der Wertfreiheit einzuschätzen ist und ob sie eine Wertbeladenheit des Rechtfertigungskontextes implizieren. Dabei wird es insbesondere auch um die Integration einer feministischen Perspektive in die medizinische Forschung gehen. Ich möchte zeigen, wie diese Perspektive der Forschung einen Rahmen gibt (z. B. durch eine bestimmte Auffassung von Gesundheit), der bestimmte Fragen und Ergebnisse überhaupt erst ermöglicht oder als primär auszeichnet.

In <u>Kapitel 7</u> wird die Frage einer kontrastiven Unterdeterminierung der Wahl zwischen verschiedenen Alternativen behandelt. Wie beschrieben, setzt das Problem der Theoriewahl im Anschluss an Kuhn keine starke These über die Existenz empirisch äquivalenter Theorien voraus, sondern nur die Rivalität inkompatibler, jeweils (weitgehend) empirisch adäquater Theorien. Zur Lösung derartiger Entscheidungssituationen wird oftmals auf kognitive Werte rekurriert, um die Freiheit der Wissenschaft von außerwissenschaftlichen Werten zu erhalten. Dies soll insbesondere im Hinblick auf Longinos Kritik der Möglichkeit einer Trennung kognitiver und nicht-kognitiver Werte diskutiert werden. Longino argumentiert, dass einerseits die traditionellen kognitiven Werte mit wertbeladenen Sichtweisen in Verbindung stehen können; andererseits könnten auch andere (z. B. feministisch motivierte) Werte unter Umständen als legitime Kriterien der Theoriewahl dienen. Dabei geht es nicht darum, schlicht die politisch passendere Theorie zu wählen, sondern um die Abhängigkeit der Wahlkriterien von übergeordneten Zielen der Wissenschaft. Diesbezüglich müssen sich soziale und kognitive Ziele nicht zwingend widersprechen, sondern könnten sich ergänzen – wie beispielsweise bei der Zielsetzung, Aspekte von Frauengesundheit besser zu verstehen, um dadurch die Situation von Frauen zu verbessern. Wie Longino geht auch Kitcher von unterschiedlichen konstitutiven Zielen der Wissenschaft aus; es wird zu diskutieren sein, ob seine Verteidigung wertfreier Theoriewahl in diesem Zusammenhang kohärent ist.

Wie beschrieben, unterscheidet Kitcher zudem zwischen Formen kontrastiver Unterdeterminierung mit unterschiedlicher Reichweite. Transiente Unterdeterminierung, die durch später hinzukommende Evidenz aufgelöst wird oder doch werden kann, beschreibt er als zwar ubiquitär, jedoch für die Wertfreiheit unproblematisch. Als Grundlage dieser Position dient das Agnostizismus-Argument, dass in diesen Situationen das endgültige Urteil ausgesetzt werden müsse. Hiergegen lässt sich einerseits einwenden, dass Wissenschaftler in der Praxis dennoch häufig Entscheidungen fällen, ohne auf weitere empirische Ergebnisse zu warten – etwa, wenn dringender Handlungsbedarf in anwendungsorientierten Feldern besteht. Dieser Sachverhalt lässt allerdings die normative epistemologische Aussage, sie *sollten* damit warten, zunächst unberührt.

Eine ähnliche Argumentationslinie, nämlich dass Urteile über epistemische Gültigkeit von solchen über praktische Konsequenzen der Akzeptanz einer Theorie zu trennen seien, findet sich auch in der Verteidigung gegen Werteinflüsse in Fällen induktiver Risiken wieder. Diese Thematik wird in Kapitel 8 ausführlich behandelt. Das Problem der induktiven Risiken beschreibt Situationen, in welchen mögliche Fehler in der epistemischen Beurteilung von Hypothesen ethisch relevante Konsequenzen haben (etwa bei einer Fehleinschätzung der Sicherheit von Medikamenten). Hier stellt sich die Frage, ob in diese Beurteilung daher auch ethische Werte einbezogen werden sollen oder müssen. Wie ich darstellen werde, lassen sich aus dem Problem induktiver Risiken sowohl ethische als auch epistemologische Argumente gegen das Agnostizismusargument sowie generell gegen das Wertfreiheitsideal entwickeln.

In der Diskussion induktiver Risiken wird dabei ein weiterer wichtiger Punkt für die Kritik der zeitgenössischen Version des Wertfreiheitsideals erneut deutlich werden: Relevante Entscheidungen sind nicht erst bei der endgültigen Beurteilung von Hypothesen oder Theorien nötig, sondern bereits in vorhergehenden Stadien, etwa bei der Wahl von Methoden oder der Interpretation von Ergebnissen. Auf kontrastive Unterdeterminierung bezogen läuft eine analoge Argumentation darauf hinaus, dass die Aussetzung von Urteilen nicht nur in der Praxis oftmals nicht eingehalten wird, sondern dass eine solche Aussetzung noch nicht gleichbedeutend mit Wertfreiheit ist, sofern man alle relevanten Entscheidungen und Phasen des Forschungsprozesses betrachtet. Diese umfassendere Sicht auf Werteinflüsse in der Wissenschaft lässt es dabei fraglich erscheinen, ob die Enthaltung von allen möglicherweise wertbeladenen Entscheidungen überhaupt möglich ist, was wiederum auch für den normativen Umgang mit betreffenden Situationen relevant ist.

Insgesamt werde ich im Folgenden für die These argumentieren, dass es für Werte viele mögliche Einfallstore in wissenschaftliche Inhalte gibt – angefangen bei der Wahl von Themen und der Formulierung konkreter Fragestellungen, der Bestimmung relevanter Variablen und methodischer Überlegungen bis zu Kriterien und Resultaten der Theoriewahl. Diese Argumentation soll zeigen, dass nicht nur die Wertfreiheit des Rechtfertigungskontextes problematisch ist, sondern auch dessen wissenschaftsphilosophische Trennung von Entdeckung und Anwendung. Am Beispiel der Frauengesundheitsforschung soll deutlich gemacht werden, wie eine politisch motivierte Herangehensweise nicht nur bestimmte Fragen und Entdeckungen nahe legt, sondern auch weitergehende Entscheidungen und damit wissenschaftliche Inhalte und Beurteilungskriterien prägt. Dabei setze ich keine starken Unterdeterminierungsthesen voraus, sondern gehe lediglich davon aus, dass Empirie und Logik einen Rahmen bilden, innerhalb dessen es Wahlmöglichkeiten gibt.

Entsprechend folgt in Kapitel 9 eine Diskussion der Kontextunterscheidung und Kritik der Vernachlässigung des Kontextes der Theorieverfolgung, sprich der Frage von Werteinflüssen in der Phase zwischen einer ersten Idee und der letztlichen Beurteilung einer Theorie. In Bezug auf Entscheidungen darüber, welche Theorien weiter verfolgt und bearbeitet werden, spielen nicht nur wissenschaftliche Faktoren eine Rolle, sondern auch politische und institutionelle Rahmenbedingungen sowie wertbeladene Motive. Dies gilt nicht minder für Theorien, die *nicht* weiter verfolgt werden. Diese blinden Flecken sind dabei für ein weiteres Argument gegen die Wertfreiheit der Theoriewahl entscheidend. Wenn bestimmte theoretische Alternativen aus wertgebundenen Gründen nicht entwickelt und daher auch bestimmte Daten nicht erhoben wurden, transportieren sich die Werte des Entdeckungszusammenhangs in die Theoriewahl: Einschätzungen der epistemischen Qualität einer Theorie beruhen so möglicherweise auf der systematischen Ausgrenzung anderer und auf einem einseitigen Datenkorpus.[48] Im Schlusskapitel werden dann noch einmal die Konsequenzen der vorliegenden Arbeit für das Ideal der Wertfreiheit und die Objektivität der Wissenschaft systematisch zusammengefasst.

6.2 Hintergrundannahmen und Erklärungsmodelle

Im Folgenden soll die Rolle holistischer Argumente in der Sozialen Erkenntnistheorie behandelt und auf Beispiele aus der Frauengesundheitsforschung bezogen werden. Holistische Unterdeterminierung wird hier, wie beschrieben, nicht in einem starken Sinn verstanden, der eine Irrationalität wissenschaftlicher Entscheidungen impliziert, sondern als die moderatere (und wesentlich plausiblere) These, dass Theorien und Hypothesen nicht isoliert überprüfbar sind. Im Gegenteil ist Wissenschaft durch komplexe Zusammenhänge gekennzeichnet und setzen wissenschaftliche Entscheidungen vielfach Hintergrundannahmen voraus, für deren Wertfreiheit es keine prima facie Garantie gibt. Zwar sind derartige Hintergrundannahmen

---

[48] Dieses Argument ist ähnlich zu dem der Unterdeterminierung via unbekannter, aber möglicher Alternativen. Kyle Stanford etwa argumentiert, dass transiente Unterdeterminierung problematisch sei, da die Wissenschaftsgeschichte zeige, dass diese immer wieder auftrete sowie dass es weitere Alternativen gebe, die jedoch zum Zeitpunkt der ursprünglichen Theorieakzeptanz noch nicht entwickelt gewesen wären (vgl. Stanford 2001, 2009; siehe auch Sklar 1985). Stanford zielt damit gegen den wissenschaftlichen Realismus; seine Argumentation ist jedoch nur erfolgreich, wenn bereits vorausgesetzt wird, dass die Wissenschaftsgeschichte sich nicht als Fortschritt im Sinne einer Annäherung an die Wahrheit verstehen lässt. Dies werde ich hier nicht weiter diskutieren, da es mir um Alternativen geht, die aus wertbeladenen Gründen nicht entwickelt wurden und um die Bedeutung derartiger blinder Flecken für das Ideal der Wertfreiheit.

prinzipiell identifizierbar und wiederum selbst prüf- oder zumindest diskutierbar; es ist jedoch fraglich, ob dadurch Wertfreiheit erreichbar wird.

Um die Rolle von Hintergrundannahmen in der Forschung zu verdeutlichen, ist Longinos Begriff des *Erklärungsmodells* hilfreich. Dieser bezeichnet eine Menge von Hintergrundannahmen, die vorgibt, welche Entitäten und Relationen relevant für die Erforschung eines bestimmten Phänomens sind. Ein Beispiel für unterschiedliche Erklärungsmodelle findet sich in Longinos Fallstudie zu Forschungsarbeiten über geschlechtsspezifisches Verhalten, die auf der Grundlage eines linear-hormonellen respektive selektionistischen Modells operieren. Ersteres basiert auf empirischer Evidenz für Korrelationen zwischen Verhalten und pränatalen Hormonkonzentrationen. Diese Korrelationen werden als kausale Beziehung zwischen Hormonen und neurophysiologischer Entwicklung gedeutet und damit als Erklärung von Verhaltensunterschieden. Im Gegensatz dazu geht das selektionistische Modell von einer permanenten (postnatalen) Anpassung neuronaler Strukturen an Umwelteinflüsse aus und integriert so soziale Faktoren (z. B. Rollenanforderungen) in die biologische Erklärung geschlechtsspezifischer Unterschiede. Der selektionistische Ansatz legt entsprechend größeres Gewicht auf Evidenz für Korrelationen zwischen Umwelt und Verhalten und hinterfragt die unidirektionale Auffassung des Zusammenhangs von biologischem und sozialem Geschlecht.

Longino konstatiert, dass beide Modelle empirisch adäquat in Bezug auf diejenigen Daten sind, die sie als primär signifikant auszeichnen und keines als eindeutig epistemisch überlegen zu beurteilen ist. Beide setzen eine Reihe von Hintergrundannahmen voraus, die ihr zufolge mit wertbeladenen Sichtweisen im Zusammenhang stehen: das lineare Modell gehe von einem sexuellen Essentialismus aus, d. h. der Idee, dass es spezifisch weibliches und spezifisch männliches Verhalten gebe und dass dieses (zumindest zu einem großen Teil) biologisch erklärbar sei. Als Beispiele für männliches oder atypisches weibliches Verhalten dienten etwa Wettbewerbsorientierung, Aggressivität oder ein hohes Ausmaß an sportlicher Aktivität (wahrscheinlich in der Art von Frauenfußball oder Skispringen, vgl. Kap. 4.2). Diese würden mit den jeweiligen Hormonkonzentrationen abgeglichen. Die Zuschreibung von Maskulinität zu bestimmten Tätigkeiten und Verhaltensweisen stehe dabei in einem deutlichen Zusammenhang mit gesellschaftlichen Rollenvorstellungen. Die Idee, dass es ein natürliches weibliches und männliches Verhaltensmuster gibt, werde bereits vorausgesetzt; nur so könne bestimmt werden, welche Variablen relevant sind und was in der Folge als abweichendes Verhalten zu beschreiben ist. Das selektionistische Modell gehe im Gegenteil davon aus, dass es keine biologisch fixierten Verhaltensunterschiede gibt, sondern diese durch die soziale Umwelt entscheidend geprägt werden – und entsprechend soziale Ungleichheiten nicht biologistisch zu rechtfertigen, sondern kontingent und veränderbar sind (vgl. Longino 1990, S. 112-161).

Anders als in dem in Kapitel 3.3 angeführten Beispiel der *man-the-hunter* versus *women-the-gatherer* Theorien in der evolutionären Anthropologie ist es in diesem Fall nicht so, dass dieselben Daten zur Unterstützung verschiedener Hypothesen herangezogen werden. Vielmehr besteht der Unterschied darin, welche Daten aufgrund von Hintergrundannahmen als ausschlaggebend erachtet werden. Hier wird auch deutlich, dass derartige Theoriewahlentscheidungen nicht immer durch das Warten auf weitere Evidenz aufgeschoben werden können: auch wenn die relevanten Hintergrundannahmen, etwa bezüglich der primären Bedeutung sozialer oder biologischer Einflüsse auf das Verhalten, identifiziert werden können, heißt dies nicht, dass ihre Gültigkeit deshalb empirisch eindeutig entscheidbar ist. Diese Annahmen zeichnen jeweils bestimmte Variablen und Beziehungen als primär aus; hinzu kommt die Komplexität des betreffenden Gegenstandsbereichs. Es ist zu vermuten, dass die Suche nach Korrelationen zwischen neurophysiologischen Strukturen und Verhalten weitere positive empirische Ergebnisse hervorbringen wird (und so die Prämisse eines Geschlechteressentialismus rückwirkend verstärkt) – ebenso aber auch die Suche nach Korrelationen mit sozialen Einflüssen.[49]

Werte finden so über Hintergrundannahmen Einlass in wissenschaftliche Inhalte und sind in diesem speziellen Fall zwar identifizierbar, aber selbst nicht empirisch entscheidbar. Vielmehr formen sie erst den konzeptionellen Rahmen, innerhalb dessen Hypothesen aufgestellt und überprüft

---

[49] Damit soll hier nicht behauptet werden, dass wertbeladene Hintergrundannahmen via Signifikanzzuschreibungen zu einer Selbstbestätigung dieser Annahmen führen müssen. Fragen, die auf den Einfluss von Natur versus Kultur zielen, sind jedoch speziell dadurch charakterisiert, dass sich oft jeweils Korrelationen finden, sich dadurch jedoch nur bedingt Rückschlüsse auf die Dominanz von *nature* oder *nurture* ziehen lassen.

werden. Wertbeladene Sichtweisen spielen damit bereits bei der Auszeichnung von bestimmten Fragen und Variablen eine Rolle, z. B. via Annahmen über normales und abweichendes Verhalten und entsprechender Signifikanzeinschätzungen. Zu beachten ist bei obigem Beispiel, dass diese Hintergrundannahmen selbst nicht wissenschaftlich gestützt sind und es auf dieser Grundlage unzulässig ist, von Korrelationen zwischen bestimmten Daten zu kausalen Hypothesen überzugehen. Die betreffende Forschung ist deshalb nicht unbedingt als ein Beispiel guter Wissenschaft zu sehen. Dennoch ist dieser Fall ein gutes Beispiel für Longinos These der epistemischen Fruchtbarkeit unterschiedlicher Perspektiven, die Hintergrundannahmen erst sichtbar machen, sie damit ihrer Selbstverständlichkeit berauben und die Plausibilität auf ihnen beruhender Schlussfolgerungen in Frage stellen. Zudem zeigt sich hier, dass die Signifikanz von Daten in Bezug auf die Beurteilung einer Hypothese nicht durch die Hypothese festgeschrieben ist, sondern perspektivgebunden variieren kann.

Eine solche Wertbeladenheit der Perspektive scheint dabei zunächst durchaus mit dem Wertfreiheitsideal vereinbar (das seit Weber nicht mehr mit einer Forderung nach Reinheit der Themenwahl einhergeht), kann tatsächlich jedoch weitreichendere Implikationen haben. Wenn Werte Einfluss darauf nehmen, welche Hypothese woran überprüft wird, heißt das, dass die Einnahme einer bestimmten Perspektive dazu führt, dass ein ganz bestimmter Korpus von Daten erhoben wird – und andere Daten, die diese Hypothese eventuell unterminieren würden, nicht.[50] Deshalb kann die Perspektivgebundenheit von Relevanz- und Irrelevanzentscheidungen sich darauf auswirken, ob eine Hypothese als akzeptabel erscheint – und nimmt damit Einfluss auf den Rechtfertigungskontext (siehe Kap. 9, in welchem dieser Punkt noch ausführlicher thematisiert wird).

Zudem führt diese Perspektivität, d. h. die Abhängigkeit der Forschung von bestimmten Hintergrundannahmen, dazu, dass die empirische Stützung von Hypothesen unterschiedlich beurteilt werden kann. Gerade in der Medizin und Frauengesundheitsforschung ist aufgrund der beschriebe-

---

[50] Hier ist nicht der Fall gemeint, dass widersprüchliche Daten bewusst nicht erhoben oder ignoriert werden, um die eigene These nicht zu gefährden – vielmehr geht es um Situationen, in denen alternative Sichtweisen auf einen Bereich fehlen und so bestimmte Aspekte nicht mutwillig, sondern unbewusst übersehen oder als irrelevant betrachtet werden.

nen Komplexität potentiell relevanter Faktoren eine eindeutige Beurteilung von Hypothesen aufgrund der Daten häufig nicht möglich; wohl aber das Festhalten an Hypothesen unter Zuhilfenahme weiterer Annahmen. Beispielsweise hat die Frauengesundheitsforschung an ihrer kritischen Position bezüglich der präventiven Rolle von Hormonersatztherapien trotz der positiven epidemiologischen Evidenz festgehalten. Dies wurde durch den Verweis auf Verzerrungen in den betreffenden Studienpopulationen gerechtfertigt. Ebenso wird auf der anderen Seite weiterhin die Hypothese eines präventiven Effekts trotz gegenteiliger Ergebnisse klinischer Studien unterstützt und argumentiert, dass diese auf andere Darreichungsformen wie Hormonpflaster nicht übertragbar seien. In beiden Fällen werden Hintergrundannahmen für die Beurteilung von Geltungsansprüchen herangezogen, die sich auf methodische Angemessenheit respektive Generalisierbarkeit beziehen. Klar wird an diesen Beispielen jedoch auch, dass nicht jedwede Entscheidung gleichermaßen plausibel ist – so ist im ersten Fall empirische Evidenz für die kritisierten Verzerrungen vorhanden, während im zweiten Fall keine plausiblen Gründe für die Sicherheit und Effektivität von Hormonpflastern im Vergleich zu -pillen vorliegen.

Die Diskussion um Menopause und Hormonersatztherapie ist insgesamt ein gutes Beispiel für die Bedeutung von Hintergrundannahmen. Sowohl die traditionelle Forschung als auch deren Kritik durch die Frauengesundheitsbewegung gehen von bestimmten Voraussetzungen darüber aus, wie die Wechseljahre zu konzeptualisieren sind – als Hormonmangelkrankheit oder als natürlichem Prozess, der zwar zu Beschwerden führen kann, aber nicht prinzipiell medizinischer Behandlung bedarf. Das jeweils vorausgesetzte Verständnis führt dabei zu bestimmten Fragestellungen und methodischen Entscheidungen. Auf der einen Seite steht dabei die Konzentration auf die Behandlung der Hormonmangelkrankheit und die Prävention anderer Erkrankungen durch HET. Diese Hypothesen wurden beispielsweise anhand epidemiologischer Studien überprüft, welche Hormonnutzerinnen mit Nichtnutzerinnen verglichen und bei letzteren eine höhere Prävalenz der betreffenden Krankheitsbilder oder Beschwerden feststellten. Die kritische Frauengesundheitsforschung erhob hingegen zum ersten Mal Daten dazu, ob tatsächlich alle oder zumindest die meisten Frauen die Menopause als problematisch erleben. Dies galt zuvor als selbstverständlich – ließ sich jedoch empirisch nicht bestätigen. Ebenso wurde hier der

Zusammenhang der betreffenden Risiken für KHK oder Osteoporose mit anderen Faktoren wie Rauchen, Ernährung und körperlicher Aktivität betont. Diese erwiesen sich als statistisch bedeutsamer als die Einnahme von Hormonen, wodurch Ergebnisse zu deren positiven Effekten, die Aspekte des Lebensstils nicht einbezogen, sondern nur Hormonnutzerinnen mit Nichtnutzerinnen verglichen, in einem anderen Licht erschienen.

Die betreffenden Hintergrundannahmen sind dabei keineswegs wertfrei, sondern stehen auf der einen Seite in einer Tradition von Auffassungen über Frauen, die ihnen einerseits als primäre Lebensaufgabe die Reproduktion zuschreiben und sie andererseits als krankheitsanfällig und irgendwie problematisch begreifen. Das muss nicht zwingend bedeuten, dass die betreffenden Forscher sich dieser inhärenten Wertung von Frauen bewusst sind. Wie dargestellt zeichnet sich gerade die Medizingeschichte in weiten Teilen durch Androzentrismus und Sexismus aus. Derartige Traditionen können weiterhin Sichtweisen und wissenschaftliche Herangehensweisen an betreffende Phänomene prägen, gerade indem die vorausgesetzten Annahmen einen Status der Selbstverständlichkeit erreichen. So bleibt unsichtbar, wie sie bestimmte Fragestellungen, Signifikanzzuschreibungen, Entscheidungen für Vergleichsgruppen oder Plausibilitätseinschätzungen anleiten (siehe auch Kap. 3.2 zu der historischen Dimension von Kitchers Signifikanzgraphen). Demgegenüber ist die Frauengesundheitsforschung explizit feministisch ausgerichtet und verfolgt das Ziel der Geschlechtergerechtigkeit und Entpathologisierung von Weiblichkeit. Sie hinterfragt die vorausgesetzten Annahmen und Werte der traditionellen Forschung und öffnet dadurch den Blick für alternative Herangehensweisen, setzt jedoch selbst ebenso ihre eigenen Annahmen und Werte voraus.

Die Beschreibung der Menopause als Krankheit, die der Therapie bedarf, wie auch als gesundem Veränderungsprozess, der keinen prinzipiellen Krankheitswert hat, ist kein reiner Beobachtungssatz. In diesem Zusammenhang ist darauf hinzuweisen, dass nicht nur Hypothesen und die Ableitung ihrer empirischen Konsequenzen im Zusammenhang mit weiteren Annahmen stehen, sondern auch die verwendeten Terme bereits bestimmte theoretische (und unter Umständen wertende) Sichtweisen transportieren können. Die wissenschaftliche Beobachtung und Beschreibung der Welt ist nicht voraussetzungslos. Wäre sie es, fiele damit zugleich jedwedes Selektionskriterium weg. Wie Kitcher diesbezüglich konstatiert, ist es nicht das Ziel der Wissenschaft, eine vollständige Inventur der Welt zu leisten, sondern bestimmte Dinge zu verstehen, zu erklären usw. Die jeweiligen Ziele nehmen dabei Einfluss darauf, wie wir empirische Gegebenheiten wahrnehmen und konzeptualisieren, in welche Kategorien wir sie einordnen, was uns als geeignetes Klassifikationsschema erscheint – und welche Aspekte wir als irrelevant betrachten (vgl. Kitcher 2001, Kapitel 4).

Besonders in der Medizin scheint diese Theorieabhängigkeit der verwendeten Terme evident. Wann gilt etwas als Krankheit? Und als was für eine Krankheit? Eine Bezeichnung wie Krebs ist nicht nur eine Beschreibung, sondern bringt eine kausale Annahme zum Ausdruck. Zugleich können Krankheitszuschreibungen wertbeladen sein. Sind die Wechseljahre eine (Hormonmangel-)Krankheit, oder schlicht ein Veränderungsprozess? Hier wie auch in anderen Fällen nehmen Werte und der gesellschaftliche Kontext Einfluss auf die medizinische Betrachtung; man denke etwa an die frühere Einstufung von Homosexualität als Krankheit oder an das Verschwinden der Hysterie, aber auch an die Auffassung koronarer Herzkrankheiten als natürlicher Begleiterscheinung des Alters.

Dass Werte oftmals Einfluss auf die Klassifikation eines Phänomens als Krankheit nehmen, muss natürlich nicht heißen, dass dies notwendigerweise der Fall ist. Versuche, den Krankheitsbegriff wertfrei zu definieren, stoßen allerdings auf eine Reihe von Problemen. Den wichtigsten Ansatz in diesem Zusammenhang bildet der Funktionalismus von Christopher Boorse, der Krankheit als Einschränkung der normalen Funktionen von Organen oder Organsystemen begreift. Was eine normale Funktion ist, wird von ihm im Sinne des typischen Beitrags dieses Organs zu dem individuellen Überleben und Reproduktionsvermögen und damit letztlich zu dem evolutionären Erfolg der Spezies verstanden. ‚Typisch' oder ‚normal' wird als statistische Frequenz konzeptualisiert (vgl. Boorse 1977). Fraglich ist hier etwa, welche Funktionen für den evolutionären Erfolg relevant sind – nur solche, die für den individuellen Organismus lebenswichtig sind oder deren Einschränkung die Reproduktion beeinträchtigt, oder auch solche, die temporär das normale Funktionieren im Alltag einschränken, wie etwa eine Grippe oder Erkältung? Problematisch ist zudem die Bestimmung von Normalität als statistischer Häufigkeit – welchen Bereich soll diese Normalität genau umfassen? Spezifiziert werden muss auch, was als ein wesentlicher Beitrag zum kollektiven Überleben gilt, ob ein solcher beispielsweise auch von Homosexuellen geleistet werden kann oder von Frauen nach der Menopause, usw. (vgl. zu einer Kritik an Boorse Funktionalismus Agich 1983; Engelhardt 1996, S. 199 ff.; Nordenfeldt 1993).

Die häufigere Position ist die, dass die Klassifikation von etwas als Krankheit normative Aspekte hat, da sie Einstellungen dazu voraussetzt, welche Funktionen für einen Menschen wesentlich sind, welche Fähigkeiten und welche Tätigkeitsmöglichkeiten für ein gutes Leben nötig sind, oder was als persönliche Verantwortung des Individuums gilt (man denke etwa an Suchterkrankungen oder Pädophilie).

> Symptoms, signs, pains, deformities, illnesses, diseases, even the body and well-being, appear within a nest of descriptive, evaluative, explanatory, and social expectations. The values presumed in seeing particular circumstances as diseases or clinical problems are conditioned by societies, their views of the good life, and the social roles they support. (Engelhardt 1996, S. 218)

Damit soll nicht gesagt werden, dass Krankheit eine rein soziale Konstruktion ist, wohl aber, dass Auffassungen von Krankheit und Gesundheit durch den kulturellen Kontext geprägt sind. Gleichzeitig haben entsprechende Auffassungen auf diesen Kontext entscheidende Auswirkungen, wenn es etwa darum geht, was ein strafbares und was ein behandlungsbedürftiges Verhalten ist, von welchen sozialen Anforderungen kranke Personen ausgenommen oder ausgegrenzt werden, oder ob die Finanzierung von Therapiemöglichkeiten von den Krankenkassen übernommen werden. Dem widerspricht auch nicht, dass es sicher möglich ist, Phänomene eindeutig als Krankheit zu definieren, die unbehandelt zu einer sehr weitreichenden Funktionseinschränkung oder zum Tod führen, z. B. HIV-Infektionen, Lungenkrebs oder Mukoviszidose. Dennoch beschreiben wir auch weniger drastische Fälle als Krankheit, und es scheint plausibel, von einem Kontinuum in Bezug darauf auszugehen, wie eindeutig die Zuschreibung des Krankheitsstatus und inwieweit diese auch vom sozialen Kontext abhängig ist.[51]

---

[51] Ein sehr extremes Beispiel für die Kontextabhängigkeit solcher Zuschreibungen ist die Drapetomania, eine Krankheit amerikanischer Sklaven, die sich in dem Drang zu einer Flucht in die Nordstaaten äußerte (vgl. Engelhardt 1976, S. 262). Gleichzeitig ist dies auch ein Beispiel dafür, dass Kontextabhängigkeit nicht heißt, dass es keine Möglichkeiten fundierter Kritik gibt, etwa an der Unklarheit der vermeintlichen Natur

Die Möglichkeit kontextueller Einflüsse schließt jedoch auch hier wieder nicht aus, dass es gute wissenschaftliche Gründe dafür geben kann, etwas als Krankheit zu klassifizieren oder eben diese Klassifikation zu bezweifeln. In Bezug auf die Frauengesundheitsforschung wurde bereits mehrfach auf die Kritik einer Medikalisierung spezifisch weiblicher Phänomene hingewiesen. Diese Kritik bezieht sich dabei einerseits auf das zugrunde gelegte Bild von Weiblichkeit, andererseits aber auch auf die Verletzung wissenschaftlicher Standards. Als ein weiteres Beispiel soll nun kurz die Entdeckung des prämenstruellen Syndroms (PMS) diskutiert werden. Das Phänomen prämenstrueller Beschwerden wurde erstmals 1931 von Robert Frank als prämenstruelle Spannung beschrieben; 1964 prägte Katharina Dalton die Bezeichnung prämenstruelles Syndrom und definierte die betreffenden Beschwerden in diesem Zusammenhang als ein Problem, dass der medizinischen Behandlung bedürfe. Feministische Forscherinnen haben diese Auffassung sowohl auf wissenschaftlicher als auch politischer Grundlage kritisiert.

Zunächst einmal gibt es für PMS keine eindeutige Definition. In der Fachliteratur werden bis zu 100 verschiedene Symptome aufgeführt, die einzeln oder in jedweder Kombination als Indikator für PMS gelten. Viele dieser Symptome sind traditionell Anzeichen der Hysterie gewesen, etwa epileptische Anfälle, verschwommene Sicht oder allgemeine Abgeschlagenheit. Darüber hinaus sind viele der Symptome Beschwerden, die allgemein mit Stress in Verbindung gebracht werden, z. B. Kopfschmerzen, Rückenschmerzen oder Müdigkeit. Dem entspricht, dass verschiedene Studien Korrelationen von prämenstruellen Beschwerden mit dem Grad der individuellen Belastung belegen, auch z. B. mit früheren oder fortgesetzten Erlebnissen sexualisierter Gewalt sowie dem Vorliegen psychischer Erkrankungen wie Angststörungen und Depressionen. Bei anderen Symptomen wiederum wird hinterfragt, ob diese überhaupt als problematisch bewertet werden müssten, z. B. ein vermehrter Appetit, ein verstärkter Sexualtrieb oder das Auftreten von Streitereien mit Familienmitgliedern –

---

dieser Krankheit und des zugrunde liegenden biologischen Mechanismus. Letztlich hat sich hier die Erklärung von Fluchtversuchen als Ausdruck einer rationalen Entscheidung durchgesetzt. Die Plausibilität dieser Erklärung hängt allerdings ebenfalls von Hintergrundannahmen ab, z. B. davon, welcher Grad an Menschlichkeit und Rationalität den Betroffenen überhaupt zugeschrieben wurde.

Bedürfnisse und Verhaltensweisen, die für Männer als ganz normal gelten. Damit zusammenhängend wird auch kritisiert, dass in der herkömmlichen Forschung nicht darauf eingegangen wird, dass viele Frauen sich prämenstruell nicht erheblich eingeschränkt fühlen, über positive Effekte wie vermehrte Energie berichten oder Symptome wie eine höhere Libido als Gewinn beschreiben.

Weiterhin werden als Auswirkungen des PMS kognitive Defizite und Konzentrationsprobleme angegeben, für die es jedoch wenig positive Evidenz gibt. Diese ist zudem möglicherweise dadurch verzerrt, dass PMS durch die Massenmedien sehr stark wahrgenommen und verbreitet wurde (meist im Einklang mit Sichtweisen von Frauen als hormongesteuerten Wesen, die vor und während ihrer Periode noch irrationaler sind als sonst). Individuen, die von sich selbst eine schlechte Leistung erwarten, schneiden in solchen Tests jedoch tatsächlich schlechter ab (dieser Effekt ist aus der Forschung zu mathematischen Fähigkeiten von Männern und Frauen bekannt, und zwar für beide Geschlechter).

All diese Symptome können zudem in 2-3 Wochen des gesamten Zyklus auftreten, d. h. zu so gut wie jeder Zeit. Diese Schwammigkeit der Definition führt zu einer Selbstbestätigung von PMS, da wohl die meisten Menschen im Laufe eines Monats irgendwelche Kopfschmerzen, Hautunreinheiten oder Verdauungsprobleme haben, irgendwann einmal müde, traurig oder aggressiv sind. Entsprechend schwanken Einschätzungen der Prävalenz von PMS zwischen 2-100%. Hinzu kommt, dass bisher keine organische Ursache bestimmt werden konnte. Entsprechende Hypothesen beziehen sich vorwiegend auf Hormonschwankungen als kausalem Faktor, konnten jedoch durch klinische Studien nicht bestätigt werden (vgl. Chrisler/Caplan 2002, Chrisler/Johnston-Robledo 2002).[52]

---

[52] Anzumerken ist, dass sowohl somatische (hormonelle) als auch psychologische Erklärungen sexistisch sein bzw. durch sexistische Hintergrundannahmen informiert sein können. So wird PMS zum Teil auch als mentale Krankheit mit körperlichen und psychischen Symptomen aufgefasst (Premenstrual Dysphoric Disorder), die der Behandlung mittels Antidepressiva bedürfe. Auch diese Interpretation obliegt ähnlichen Problemen wie etwa der ungenauen Bestimmung der Zyklusphase und der Betrachtung jedweder Emotion, z. B. Hoffnungslosigkeit, Anspannung, Ärger oder Lethargie als Ausdruck von Krankheit (vgl. Chrisler/Caplan 2002).

Dass das Bild von PMS als eigenständiger, hormonell basierter Krankheit sich trotzdem in der Wissenschaft wie auch den Massenmedien hartnäckig hält, wird von Feministinnen dem Zusammenhang mit bestimmten Hintergrundannahmen zugeschrieben. Das Bestehen dieses Syndroms fügt sich in ein Bild von Frauen, dass diese als durch ihre geschlechtliche Natur determiniert sieht, als Spielball ihrer Hormone, wobei diese Natur anfällig für verschiedenste Probleme ist und Frauen der Fähigkeit zu rationalem Denken und Handeln berauben kann. Diesem Muster sind wir nun schon vielfach begegnet.

> Each time women make substantial gains in political, economic, or social power, medical and scientific experts step forward to warn that women cannot go any farther without risking damage to their delicate physical and mental health. (Chrisler/Caplan 2002, S. 284)

Die wissenschaftliche Behandlung wirkt dabei wiederum verstärkend auf gesellschaftlich verankerte Sichtweisen ein. So gibt es etwa Selbsthilfebücher zu dem Thema, die als Therapie Ruhe empfehlen sowie die Vermeidung wichtiger Termine im Berufsleben; das Beste sei, seinem Chef diesen Umstand der zyklischen Unfähigkeit zu erklären und die Arbeit entsprechend zu organisieren. Berüchtigt ist auch die Akzeptanz von PMS als Ursache einer momentanen Unzurechnungsfähigkeit in zwei britischen Gerichtsverhandlungen zu Mordfällen (vgl. dazu z. B. Kourany 2010, S. 50 f.; Chrisler/Caplan 2002).

Die Behandlung von PMS als medizinisch relevantem und weit verbreitetem Syndrom ist also einerseits in wissenschaftlicher Hinsicht problematisch, andererseits im Hinblick auf sexistische Hintergrundannahmen. Es geht dabei nicht darum zu leugnen, dass einige oder vielleicht auch viele Frauen unter prämenstruellen Beschwerden leiden. Fraglich ist jedoch, ob dies auf alle Frauen zutrifft, ob es sich bei den Symptomen um ein zusammenhängendes Syndrom handelt, wie mit diesen Symptomen umzugehen ist, ob sie medizinischer Behandlung bedürfen und welche Folgerungen daraus über die Rationalität und Zurechnungsfähigkeit von Frauen gezogen werden. Es scheint zumindest sehr plausibel, dass die Betrachtung dieser Beschwerden als eigenständiger Krankheit durch Werte beeinflusst ist, die in einem bestimmten sozio-kulturellem Kontext verankert sind. Offensichtlich ist dies z. B. da, wo erhöhter Sexualtrieb oder

Emotionalität als Anzeichen gesundheitlicher Probleme eingestuft werden, auch wenn die betroffenen Individuen darunter nicht leiden.

Was als Krankheit beschrieben wird, kann demnach von wertbeladenen Hintergrundannahmen abhängig sein. Gleichzeitig ist zweifelhaft, ob eine vollkommen neutrale Definition von Krankheit möglich ist, die hinreichend inklusiv ist und nicht nur extreme Fälle erfassen kann. Im folgenden Unterkapitel soll nun auf den analogen Gesundheitsbegriff eingegangen und dargestellt werden, inwiefern die Frauengesundheitsforschung von einer feministisch motivierten Auffassung von Gesundheit ausgeht. Dieser Gesundheitsbegriff lässt sich als ein Erklärungsmodell im Sinne Longinos verstehen, da er spezifiziert, welche Faktoren für die Erfassung von Gesundheit und Krankheit signifikant sind und in welchen Relationen diese stehen können. Es handelt sich folglich um eine Reihe von Hintergrundannahmen, welche zumindest die inhaltliche Ausrichtung der Frauengesundheitsforschung entscheidend prägen, dadurch jedoch auch Einfluss darauf nehmen, welcher Datenkorpus für die Prüfung von Hypothesen letztlich als relevant erachtet wird.

6.3 Gesundheitsmodelle in der Frauengesundheitsforschung

Jeder Krankheitsbegriff geht mit einer analogen Auffassung von Gesundheit einher. Der Boorsche Funktionalismus, der darauf zielt, einen wertfreien Krankheitsbegriff bereitzustellen, definiert Gesundheit rein negativ als Abwesenheit von Krankheit. Gesundheit wird von ihm als Zustand der Funktionsfähigkeit von Organen und Organsystemen individueller Personen konzeptualisiert. Gesundheitsförderung würde demnach bedeuten, individuelle Funktionsbeeinträchtigungen zu therapieren. Dem entgegengesetzt sind Auffassungen, welche Gesundheit zwar natürlich auch als abhängig von der individuellen biologischen Verfasstheit sehen, sie aber darüber hinaus als entscheidend durch die Umwelt beeinflusst verstehen. Als relevante Faktoren gelten hier auch das soziale Umfeld einer Person, ihre persönliche Biographie, ihre wirtschaftliche Situation, der gesellschaftliche und politische Kontext usw. Exemplarisch ist hier die Gesundheitsdefinition der WHO: "Health is a state of complete physical, mental, and social well-being and not merely the absence of disease or infirmity" (WHO 1946).

Die WHO-Definition zeichnet sich dadurch aus, dass sie so gut wie jeden Bereich des menschlichen Lebens als potentiell relevant für Gesundheit erachtet, insbesondere auch soziale Faktoren wie ökonomische Ungleichheit oder politische Ungerechtigkeit – und diese auf der Grundlage des Ziels der Gesundheit kritisierbar macht. Bemängelt wurde an dieser Definition häufig, dass sie zu unspezifisch ist und Gesundheit mit vollständigem Glück gleichsetzt – ein Status, der wohl für niemanden dauerhaft erreichbar ist. Zudem wurde die Auffassung von Gesundheit als einem Zustand, zumindest in den Gesundheitswissenschaften, durch ein Verständnis von Gesundheit als Prozess ersetzt:

> Gesundheit ist nach dem Verständnis der modernen Public-Health-Forschung die ständige, im Lebenslauf immer erneut vorzunehmende Balance zwischen den inneren Ressourcen von Anlage, Temperament und Psyche und den äußeren Ressourcen der sozialen und physischen Umwelt. Männer und Frauen können dann als gesund bezeichnet werden, wenn sie im Einklang mit sich, ihrem Körper, ihrer Psyche und ihrer Umwelt leben, wenn sie Innen- und Außenanforderungen bewältigen und ihre Lebensgestaltung an die verschiedenen Belastungen des Lebensumfeldes anpassen können. (Hurrelmann/Kolip 2002, S. 22)

Auch in dieser Definition findet sich eine Reihe vager Begriffe, wie etwa Temperament oder Einklang. Hervorzuheben ist jedoch, dass Gesundheit nicht auf organische Probleme beschränkt, sondern im Zusammenhang mit weiteren individuellen Faktoren sowie der sozialen Umwelt gesehen wird. Diese Umwelt kann sowohl bestimmte Anforderungen beinhalten als auch Ressourcen zu deren Bewältigung bereitstellen. Bezogen auf den funktionalistischen Krankheitsbegriff heißt dies, dass die Funktionen, die für Gesundheit entscheidend sind, abhängig von einem gesellschaftlichen Kontext sowie der individuellen Lebenssituation sind. Die gesundheitswissenschaftliche Auffassung kann daher die normativen Aspekte von Krankheits- und Gesundheitszuschreibungen sichtbar machen, erlaubt eine politische Kritik an fehlenden Ressourcen für bestimmte Gruppen von Menschen, und inkorporiert die Relativität derartiger Zuschreibungen, da ihr zufolge auch Menschen mit Funktionsbeeinträchtigungen diese eventuell kompensieren können. Daraus folgt z. B., dass Homosexualität nicht zwingend als Krankheit zu betrachten ist (wie bei Boorse aufgrund des fehlenden reproduktiven Erfolgs der Fall).[53] sofern sie nicht beispielsweise zu psychischen Problemen für die jeweilige Person führt – was wiederum erheblich durch den soziopolitischen Kontext beeinflusst ist. Auch die Menopause kann, muss aber nicht die Gesundheit einer Person beeinträchtigen, was einerseits von biologischen Faktoren, andererseits von dem sozialen Umfeld abhängt. In einer Gesellschaft, die Frauen als primäre Funktion die Reproduktion zuschreibt und den Verlust dieser Fähigkeit als Verlust von Weiblichkeit und Nützlichkeit versteht, ist die Notwendigkeit einer HET plausibler und sind Ressourcen für einen positiven oder kompensierenden Umgang mit den entsprechenden Veränderungsprozessen eingeschränkt.

Die Frauengesundheitsbewegung hat von Beginn an großes Gewicht auf die sozialen Aspekte und politischen Bedingungen von Gesundheit gelegt. Eines der wichtigsten Anliegen feministischer Theorie war seit den 1970ern die Zurückweisung biologistischer Begründungen einer Minderwertigkeit von Frauen. Eine entsprechend zentrale Rolle kam deshalb der Unterscheidung zwischen *Sex* und *Gender*, d. h. biologischem und sozialem Geschlecht zu. Diese erlaubte es, auf die gesellschaftliche Bedingtheit vermeintlich natürlicher Unterschiede bezüglich des Verhaltens und der Kompetenzen von Frauen und Männern hinzuweisen und die betreffenden Bedingungen zu kritisieren. In Bezug auf Gesundheit und Krankheit geht es dabei nicht darum, diese ausschließlich sozial zu erklären.[54] Ausgangspunkt der Frauengesundheitsforschung ist vielmehr, dass es biologische

---

[53] An Boorse Klassifizierung von Homosexualität als Krankheit wurde zum einen die Vernachlässigung des möglichen Beitrags zu einem kollektiven reproduktiven Erfolg kritisiert. Zum anderen ist diese Verbindung zur Reproduktion keineswegs eindeutig. So ist in Bezug auf Homosexualität zwischen Selbstidentifikation, sexueller Orientierung und Verhalten zu unterscheiden, die sich keineswegs immer wechselseitig implizieren. Zudem ist fraglich, ob nur solche Personen als homosexuell zu klassifizieren sind, die aktuell oder gar für ihre gesamte Lebensdauer ausschließlich mit dem eigenen Geschlecht sexuelle Beziehungen unterhalten (vgl. z. B. Engelhardt 1996, S. 200 f.).

[54] Zu einer Kritik sozialkonstruktivistischer Ansätze in der Tradition eines feministischen Postmodernismus als gerade für Gesundheitsforschung unfruchtbar vgl. Kuhlmann/Babitsch (2002).

und soziale Unterschiede zwischen den Geschlechtern gibt, die in Relation zu einander stehen.

Wie im vorigen Kapitel dargestellt, hat vor allem die Kritik einer Ignoranz von körperlichen Unterschieden, die nicht im Zusammenhang mit der Reproduktion stehen, einen entscheidenden Einfluss gehabt und zur Entstehung einer *sex-based medicine* geführt. An dieser Entwicklung wird jedoch bemängelt, dass sie die Gefahr eines erneuten Essentialismus in sich berge. So definieren etwa die National Institutes of Health (NIH) das Thema Frauengesundheit wie folgt:

> Diseases or conditions unique to women or some subgroup of women; diseases or conditions more prevalent in women; diseaes or conditions more serious among women or some subgroup of women; diseases or conditions for which the risk factors are different for women or some subgroup of women; and diseases or conditions for which the interventions are different for women or some subgroup of women. (zitiert nach Weisman 1997, S. 182)

Diese Definition ist innerhalb der Frauengesundheitsforschung vielfach kritisiert worden. Als problematisch wird der ausschließliche Bezug auf Krankheit genannt, die implizite Konzeptionalisierung von Frauen als anders in Relation zu männerbezogenen Normen sowie vor allem auch die fehlende Erwähnung sozialer Ursachen von Unterschieden, welche von einer Konzentration auf biologische Unterschiede in der Forschungspraxis begleitet wird (vgl. z. B. Weisman 1997; McCormick/ Kirkham/Hayes 1998). Genderaspekte fallen so aus dem Blickfeld heraus, können sich aber ihrerseits in biologischen Unterschieden manifestieren oder diese doch beeinflussen.

Ein Beispiel ist die Forschung zu Osteoporose. Für Frauen nach der Menopause wurde diesbezüglich ein höheres Risiko nachgewiesen, das vor allem auf einer geringeren Knochendichte und -masse beruht. Diese Faktoren werden jedoch entscheidend durch körperliche Aktivität in der Kindheit und Jugend beeinflusst. Die fehlende Berücksichtigung des Geschlechts als sozialer Variable führt dazu, dass der Zusammenhang mit Geschlechterrollen, durch welche Jungen eher zu Bewegung und wildem Spiel ermutigt werden als Mädchen, aus dem Blick gerät. Stattdessen findet sich auch hier wieder die Konzentration auf den Zusammenhang von Menopause und Osteoporose, sprich auf den Einfluss hormoneller Veränderungen. Oben wurde bereits erwähnt, dass Osteoporose auch entscheidend von Ernährung und Nikotinkonsum abhängt und schon deshalb nicht monokausal verstanden werden sollte. Hinzu kommt, dass andere biologische Unterschiede kaum Beachtung finden, wie etwa Schwangerschaften und das Stillen von Kindern in der Biographie von Frauen, die den Calciumstoffwechsel entscheidend beeinflussen. Es sind auch hier wieder die Hormone, denen in Bezug auf weibliche Gesundheit die höchste Signifikanz zugeschrieben wird (vgl. Fausto-Sterling 2005).

Der Fokus auf biologische Unterschiede führe zudem dazu, dass Frauen als einheitliche Gruppe im Gegensatz zu Männern konzeptualisiert würden und Unterschiede innerhalb der Gruppe der Frauen (und der Männer) vernachlässigt würden. Diese wiederum stehen mit anderen sozialen Faktoren im Zusammenhang, wie etwa der Ethnizität oder dem sozioökonomischen Status. Um derartige Beziehungen zu erfassen, geht ein großer Teil der Frauengesundheitsforschung von einem umfassenderen Gesundheitsbegriff in der Tradition der WHO aus, wie er etwa auf der 4. Weltfrauenkonferenz in Peking 1994 formuliert wurde:

> Health is a state of complete physical, mental and social well-being and not merely the absence of disease or infirmity. Women's health involves their emotional, social and physical well-being and is determined by the social, political and economic context of their lives, as well as by biology. (zitiert nach Weisman 1997, S. 183)

Außerdem wird kritisiert, dass die Biologisierung von Frauengesundheit zu ihrer Entpolitisierung führe. Dabei geht es nicht nur darum, soziale Einflüsse auf Gesundheit und Krankheit zu beachten. Auch eine Analyse, die Faktoren wie Ernährung, Bewegung oder Alkoholkonsum als individuelle Risikofaktoren analysiert sei problematisch, wenn sie den Zusammenhang derartiger Lebensstilentscheidungen mit sozialen Strukturen und politischen Gegebenheiten nicht berücksichtige. Beispiele sind hier der Zusammenhang des größeren Armutsrisikos von Frauen mit einer ungesunden Ernährung, ihrer größeren Belastung durch Familienarbeit und Berufstätigkeit mit dem Ausmaß sportlicher Betätigung, usw. Das Gesundheitsmodell der Frauengesundheitsforschung ist feministisch, insofern es solche Verbindungen in den Blick nimmt, die mit dem sozialen Geschlecht und dem gesellschaftlichen Status von Frauen zusammenhängen (vgl. z. B. Inhorn/ Whittle 2001, Whittle/Inhorn 2001, Clarke/Olesen 2003; Ruzek/Olesen/ Clarke 1997).

Auch Erklärungen, die sich nicht auf biologische Faktoren beschränken, können zudem androzentristisch geprägt sein. Ein Beispiel hierfür findet sich in der KHK-Forschung, die bereits früh auf soziale und psychosoziale Risiken für Herz-Kreislauf-Erkrankungen hinwies. Allerdings hat diese Forschung sich zunächst ausschließlich auf Männer konzentriert und den Einfluss von soziökonomischem Status, Ausbildung und Beruf, Ernährung, Bewegung und sozialen Netzen auf ihre Erkrankungsrisiken erforscht – Faktoren, die, wie bereits angesprochen, geschlechtsspezifische Verteilungen aufweisen. Die entsprechenden Risikoprofile weisen jedoch nicht nur für Frauen und Männer unterschiedliche Häufigkeiten auf, sondern auch unterschiedliche Wirkzusammenhänge. So ist etwa mittlerweile bekannt, dass verheiratete Männer ein geringeres Herzinfarkt-Risiko aufweisen als unverheiratete, was auf die soziale Unterstützung innerhalb der Ehe und Familie zurückgeführt wird. Für Frauen hat die Ehe allerdings keinen schützenden Effekt. Frauengesundheitsfor-scherinnen erklären diesen Sachverhalt dadurch, dass es genderspezifische Unterschiede in Bezug darauf gibt, wer in einer Ehe Unterstützung erhält und wer sie leistet (vgl. dazu Härtel 2002, S. 284).

Lange konzentrierte sich die betreffende Forschung zudem auf den Zusammenhang von Berufstätigkeit und KHK-Erkrankungen. Es ist nicht zuletzt dieser Umstand, der die Sicht auf den Herzinfarkt als männlicher Krankheit geprägt hat – KHK wurden in den 1950ern zunächst als gravierendes Problem innerhalb der Gruppe der berufstätigen Männer mittleren Alters wahrgenommen. Dem entspricht auch die Forschung zu psychosozialen Risiken, die ihren Niederschlag in der Kategorie des Typ-A-Mannes gefunden hat. Für Männer, deren Verhalten sich durch Dominanzstreben, Zeitdruck, Feindseligkeit und Aggressivität auszeichnet, wurde ein höheres Risiko nachgewiesen; der Herzinfarkt wurde zur Krankheit der Führungskräfte, zur "executive disease" (Riska 2002, S. 347). Diese Persönlichkeitsmerkmale haben einen recht offensichtlichen sozialen Hintergrund und stehen im Zusammenhang mit geschlechtsspezifischen Rollenanforderungen sowie Ausbildungs- und Berufsstatus:

> [B]oth the behaviours and the related emotional components were not neutral to class, race, or gender. At issue was a certain type of white middle-class masculinity that had up to then served as the norm for male behaviour: the

behaviour of the hard-working, achievement-oriented and responsible male breadwinner. (Riska 2002, S. 350)[55]

Die Ergebnisse der Forschung zu sozialen und psychosozialen Risikofaktoren lassen sich insgesamt schon deshalb nicht von Männern auf Frauen übertragen, weil deren jeweilige soziale Realitäten sich unterschiedlich darstellen. Darüber hinaus lässt sich z. B. das Typ-A-Erklärungsmuster nicht generalisieren; wie sich gezeigt hat, spielt bei Frauen Berufstätigkeit (auch in Führungspositionen) keine signifikante Rolle für das Erkrankungsrisiko (im Gegensatz zu familiärem Stress, vgl. Härtel 2002, S. 283 f.). Nicht nur die Ausgangsposition in Bezug auf die betreffenden Risikofaktoren unter-scheidet sich bei Männern und Frauen, sondern auch deren Auswirkungen. Als Merkmal des gefährdeten Typ-A gilt etwa der äußerliche Ausdruck von Aggressionen (anger-out), während Frauen ein höheres Risiko aufweisen, wenn sie ihre Aggressionen für sich behalten und nicht nach außen richten (anger-in) (vgl. Spicer/Jackson/Scragg 1993).

Entscheidend ist daher nicht allein die Berücksichtigung sozialer Aspekte von Gesundheit und Krankheit; deren Beachtung ist zwar notwendig, jedoch nicht hinreichend für eine geschlechtersensible Gesundheitsforschung. Diese erfordert auch eine Beachtung der unterschiedlichen sozialen Realitäten der Geschlechter. Einer feministischen Gesundheitsforschung geht es zudem, neben dem Fokus auf den sozialen Aspekten der Geschlechtsvariable, um die Erfassung negativer Effekte der Unterdrückung von Frauen, z. B. die negative Auswirkung der stärkeren familiären Belastung von Frauen auf das KHK-Risiko. Ein weiteres Beispiel sind feministische Arbeiten zu PMS, die wie erläutert die Vagheit dieses Syndroms kritisieren und darüber hinaus die Korrelation verschiedener Symptome mit dem Level der individuellen Belastung oder auch der Erfahrung sexualisierter Gewalt betonen. Diese Forschung hat zudem gezeigt, dass Frauen mit einem eher femininen, d. h. passiven und traditionellen Verhaltensmuster verstärkt Beschwerden angeben. Dies wird darauf zurückgeführt, dass diese Frauen einerseits stärker in die Familienarbeit einbezogen sind und andererseits eher dazu neigen, Probleme zu internalisieren, statt

---

[55] Dies ist nur ein Beispiel dafür, dass das Ziel einer geschlechtersensiblen Forschung auch für Männer relevant ist, etwa bezüglich des Zusammenhangs von Risikofaktoren und geschlechtsspezifischen Verhaltensnormen.

an den äußeren Umständen oder der Rollenverteilung etwas zu ändern (vgl. Chrisler/Caplan 2002; Chrisler/Johnston-Robledo 2002).[56]
Durch ein solches Verständnis von Gesundheit und Krankheit werden bestimmte Fragestellungen ausgezeichnet, bestimmte Variablen nahe gelegt, unidirektionale, monokausale Analysen vermieden und die potentielle Auswirkung von Machtstrukturen auf die Gesundheit erfassbar gemacht. Die feministische Perspektive auf Gesundheit macht so bestimmte Ergebnisse erst möglich, die durch rein biologisch ausgerichtete klinische Studien, auch bei gemischtgeschlechtlicher Studienpopulation, nicht thematisierbar sind.[57] Sie übernimmt damit die heuristische Rolle, eine bestimmte Perspektive bereitzustellen, die Probleme und Faktoren als signifikant auszeichnet. Offensichtlich spielen hier Hintergrundannahmen eine

---

[56] Die feministisch ausgerichtete Forschung zu PMS, die von einem biopsychosozialen Erklärungsmodell ausgeht, ist dabei von denselben methodischen Problemen wie rein biologisch ausgerichtete Forschung betroffen, z. B. von der Vagheit der Definition oder einem verzerrten Antwortverhalten aufgrund einer durch die massenmediale Popularisierung von PMS angestoßenen Selbstinterpretation von Symptomen. Dennoch hat die feministische Perspektive diese Probleme erst in den Blick gerückt und zu alternativen Fragestellungen und Ergebnissen geführt, die sich nicht auf einen Zusammenhang von prämenstruellen Beschwerden und hormonellen Schwankungen beschränken. Ein weiteres Beispiel für den Einfluss einer feministischen Perspektive, die den sozialen Kontext in Betracht zieht, findet sich in der Forschung zu postpartaler Depression. Auch hier wird nicht nur nach hormonellen Ursachen gefragt, sondern darüber hinaus nach der Rolle kultureller Sichtweisen auf Mutterschaft und den entsprechenden sozialen Erwartungen an Mütter, die zu einem erheblichen psychischen Druck, Identitätskrisen und Schuldgefühlen führen können (vgl. Chrisler/Johnston-Robledo 2002).

[57] Dieses feministische Gesundheitsmodell ist natürlich nicht weniger vage als das der WHO und kann auf verschiedene Weise operationalisiert werden. Auch wenn Einigkeit darüber besteht, dass soziale Faktoren zu beachten sind, ist damit doch deren konkreter Zusammenhang nicht eindeutig vorgegeben. Beispielsweise ist fraglich, ob das Geschlecht oder der sozioökonomische Status die ausschlaggebende Rolle spielen. Oftmals sind diesbezüglich jedoch zumindest vorläufige Entscheidungen nötig, da die Maxime, alles hänge mit allem zusammen, methodisch problematisch ist (vgl. Degenhardt/Thiele 2002; zur Frage der Konzeptualisierung multifaktorieller Zusammenhänge siehe auch die ökosoziale Epidemiologie von Krieger 1994, 2001). Gemeinsam ist den verschiedenen Ausprägungen jedoch, dass sie alle darauf zielen, Effekte des sozialen Geschlechts und der soziopolitischen Situation von Frauen erfassen zu können.

Rolle, die zum Teil auch wertbeladen sind; etwa, dass Frauen in der heutigen Gesellschaft einen niedrigeren sozialen Status einnehmen und sich dieser nicht biologisch rechtfertigen lässt, sondern eine Ungerechtigkeit darstellt, die gesundheitliche Folgen hat und gegen die es zu kämpfen gilt. Diese Annahmen nehmen Einfluss darauf, welche Hypothesen überhaupt aufgestellt und welche Daten erhoben werden, welchen Kausalzusammenhängen Plausibilität zugeschrieben wird, an welchen Stellen Revisionen vorgenommen und zu welchen Theorien Alternativen entwickelt werden. Das Thema Frauengesundheit wurde nicht durch Zufall entdeckt, sondern von einer politisch ausgerichteten Bewegung auf die Agenda gesetzt. Diese politischen Motive üben auch nach der initialen Themenwahl weiterhin Einfluss darauf aus, in welchem konzeptionellen Rahmen diese Forschung stattfindet und prägen damit entscheidend die Inhalte der entwickelten Theorien.

Vertreter des Wertfreiheitsideals würden auf diesen Sachverhalt wohl mit der Argumentation reagieren, dass Entdeckung und Rechtfertigung dennoch zu trennen seien und ungeprüfte oder wertbeladene Hintergrundannahmen keine Rolle für Akzeptanzentscheidungen spielen dürften, da diese nur auf wissenschaftliche Werte zu rekurrieren hätten. Diese Annahme einer epistemischen Unabhängigkeit der Rechtfertigung von wertbeladenen Signifikanzentscheidungen soll in Kapitel 9 noch eingehender diskutiert werden. In Bezug auf die Prüfung von Hintergrundannahmen ist zu konstatieren, dass gerade Longino diese Möglichkeit explizit einräumt und durch den sozialen Objektivitätsbegriff zu befördern zielt, indem die Diversität der Gemeinschaft die Identifizierung derartiger Annahmen erleichtert. Dennoch ist ihr Ansatz hier nicht unbedingt im Sinne einer Annäherung an das Wertfreiheitsideal zu verstehen. Der Grund scheint für sie darin zu liegen, dass die Identifizierung wertbeladener Hintergrundannahmen zwar prinzipiell möglich ist, jedoch auch ein kritischer Prozess, der den Anforderungen an soziale Objektivität genügt, nicht garantieren kann, dass sämtliche Annahmen tatsächlich identifiziert werden. Das Problem des Wertfreiheitsideals läge damit ihr zufolge in einer fehlenden Entscheidbarkeit der Zielerreichung. Dabei wäre jedoch durchaus eine Annäherung an dieses Ziel feststellbar, nämlich durch die Ausräumung einseitig wertbeladener Annahmen mittels eines kritischen, durch Diversität gekennzeichneten Prozesses.

Grundsätzliche Schwierigkeiten für das Wertfreiheitsideal entstehen vielmehr dadurch, dass auch eine vollständige Identifikation entsprechender Hintergrundannahmen nicht zwingend alle Werteinflüsse ausräumt. Wie schon Weber argumentiert hat, ist die Selektion von Themen und die Einnahme bestimmter Perspektiven auf einen Gegenstandsbereich häufig wertgeprägt. Die Wissenschaftlerin muss Signifikanzzuschreibungen vornehmen, wenn sie sich nicht mit einem eher planlosen Sammeln von Trivialitäten beschäftigen will. Die jeweils eingenommene Perspektive setzt jedoch Hintergrundannahmen voraus, die auch Einschätzungen in Bezug auf das Verhältnis von Theorie und Empirie und damit der epistemischen Güte von Theorien beeinflussen. Das Wertfreiheitsideal wäre demnach darauf angewiesen, dass die betreffenden Hintergrundannahmen sämtlich wissenschaftlich abgesichert sind und entsprechend auch Signifikanzzuschreibungen sich nach rein epistemischen Kriterien richten. Eine Möglichkeit, diese Forderung auszubuchstabieren, wäre, dass auch hier Werte eine Orientierungsfunktion haben – entsprechende Werteinflüsse jedoch ebenfalls auf kognitive Werte beschränkt werden müssen. Damit wäre beispielsweise bereits eine feministische Perspektive auf Gesundheit, die soziale Bedingungen aufgrund dieser spezifischen Ausrichtung zu wesentlichen Forschungsfragen macht, unzulässig. Eine solche Forderung nach einer Reinheit der Entdeckung scheint jedoch überzogen (siehe dazu Kapitel 9.3, in welchem diese Art der Verteidigung des Wertfreiheitsideals genauer diskutiert wird). Longinos Ablehnung des Wertfreiheitsideals beruht allerdings vor allem auch auf ihrer Kritik der hier benötigten Grenzziehung zwischen legitimen kognitiven und illegitimen nicht-kognitiven Werten, die nun zunächst näher beleuchtet werden soll.

7 Unterdeterminierung und Theoriewahl

7.1 Die Bestimmung kognitiver Werte

Holistische Unterdeterminierung bildet ein mögliches Einfallstor für Werte in die Inhalte der Wissenschaft. Die Prüfung theoretischer Hypothesen an empirischen Konsequenzen findet nicht in Isolation statt, sondern (zumindest in einem Großteil der Fälle) unter der Voraussetzung weiterer Annahmen, beispielsweise über die angemessene Methode der Überprüfung oder die Relevanz bestimmter Entitäten und Relationen eines Gegenstandsbereichs. Diese Hintergrundannahmen können wertbeladen sein. Am Beispiel des feministischen Gesundheitsmodells wurde diskutiert, wie dessen politischer Hintergrund die entsprechende Forschung dahingehend prägt, dass soziale Aspekte der Geschlechtsvariable als wichtige Ursache von Gesundheitsunterschieden betrachtet und entsprechend untersucht werden. Die Entstehung der Frauengesundheitsforschung aus einer ursprünglich politischen Bewegung hat nicht nur dafür gesorgt, dass das Thema der (nicht-reproduktiven) Frauengesundheit heute einen prominenten Platz auf der Forschungsagenda einnimmt. Vielmehr nähert sich die Frauengesundheitsforschung ihrem Gegenstand auch aus einer bestimmten Perspektive, die durch Hintergrundannahmen, beispielsweise zu dem Zusammenhang von Gesundheit und geschlechtsbezogener Diskriminierung, geformt wird. Aufgrund dieser spezifischen Perspektive hat sie Resultate erbracht, welche die konventionelle Forschung in diesem Bereich in Frage stellen (etwa durch die Ablehnung einer Auffassung der Menopause als Krankheit, der Feststellung eines Zusammenhangs von femininen Verhaltensmustern und sexualisierter Gewalt mit PMS oder der Belastung durch familiäre Arbeit mit dem Herzinfarktrisiko). Gleichzeitig wirft diese neue Perspektive Licht auf Hintergrundannahmen, die in der herkömmlichen Forschung zu einer hohen Plausibilität der Erklärung weiblicher Beschwerden durch hormonelle Veränderungen führten und ermöglicht es, diese in einer Tradition sexistischer und androzentristischer Sichtweisen in der Medizin zu verorten.

Als eine weitere Möglichkeit für Werteinflüsse soll nun im Folgenden die Rolle einer konstrastiven Unterdeterminierung diskutiert werden. Wie bereits erläutert, geht es hierbei nicht um die prinzipielle Möglichkeit empirischer oder evidentieller Äquivalente, sondern um die Frage der Theoriewahl zwischen konkurrierenden Theorien, die nicht zwingend empirisch äquivalent, aber jeweils weitgehend empirisch adäquat sind. Die Frage, nach welchen Kriterien eine derartige Wahl geschehen soll, hat sich als ein zentraler Punkt der Debatte um die Wertfreiheit der Wissenschaft herauskristallisiert. Wie in Kapitel 2 beschrieben, lässt sich das heute diskutierte Wertfreiheitsideal in die Forderung übersetzen, für diese Wahl nur kognitive Werte als Kriterien zuzulassen. Somit setzt das Wertfreiheitsideal die Möglichkeit, zwischen kognitiven und nicht-kognitiven Werten zu unterscheiden, als notwendige Bedingung voraus. Diese Voraussetzung einer kontextunabhängigen, absoluten Unterscheidung zwischen kognitiven und nicht-kognitiven Werten ist jedoch äußerst problematisch.

Den traditionellen kognitiven Werten wird dieser Status deshalb zugeschrieben, weil sie als Merkmale guter Theorien betrachtet werden. Wertgeschätzt wird nicht die Einfachheit oder externe Kohärenz um der Einfachheit oder Kohärenz willen, sondern die Beförderung epistemischer Qualität durch diese Merkmale. Was ein kognitiver Wert ist, definiert sich in Abhängigkeit von dem Ziel der Wissenschaft, gute Theorien zu generieren. Diese Formulierung deutet bereits die wesentlichen Probleme dieser Auffassung an. Eine gute Theorie wird hier offensichtlich im Bezug auf kognitive Güte verstanden. Die Frage ist jedoch, wie dies zu spezifizieren ist. Sicherlich haben wir eine Art Vorverständnis, dass die Wissenschaft auf Wissen oder Verstehen zielt, welches jedoch der Konkretisierung bedarf, um den Zusammenhang mit bestimmten Werten zu etablieren. Liegt das Ziel der Wissenschaft in der Wahrheit oder Wahrheitsannäherung? Wenn ja, welcher Wahrheit? Oder nur im instrumentellen Erfolg? Kitcher beispielsweise diskutiert folgende Kandidaten für das oberste Ziel der Wissenschaft: "objective understanding through explanations", "laws of nature", "a unified picture of nature", "fundamental causal processes at work in nature" und kommt zu dem Ergebnis, dass jeder dieser Vorschläge seine eigenen Probleme mit sich bringe (vgl. Kitcher 2001, Kap. 6). In dieser Hinsicht ist jedoch nicht nur fraglich, welches das beste oder richtige Ziel der Wissenschaft ist, sondern auch, ob sich überhaupt ein einziges übergeordnetes Ziel identifizieren lässt. Um diesen Punkt deutlich zu machen, verwendet Kitcher die Metapher der Karte: Theorien seien wie Karten, da sie nicht auf eine vollständige Repräsentation der Welt zielten, sondern jeweils auf einen bestimmten Zweck, der über Selektions- und Signifikanzkriterien entscheide. Deshalb seien auch nicht an alle Karten oder Theorien dieselben Erfolgskriterien anzulegen, sondern jeweils zu ermitteln, wie erfolgreich sie in Bezug auf die Erreichung des betreffenden Ziels sind (vgl. ebd., Kap. 7).

Selbst wenn es gelingen würde, ein übergeordnetes kognitives Ziel für die Wissenschaft festzulegen, wäre damit die Unterscheidung kognitiver und nicht-kognitiver Werte jedoch noch nicht gesichert. Zusätzlich müsste die Relation des Ziels zu bestimmten Werten begründet werden. In Kapitel 2 wurde bereits darauf hingewiesen, dass sich beispielsweise aus der Zielsetzung einer Wahrheitsfindung noch keine spezifischen Werte als epistemisch (wahrheitsfördernd) ableiten lassen. Ob bestimmte Eigenschaften die Wahrheitswahrscheinlichkeit einer Theorie erhöhen, lässt sich einerseits nicht empirisch klären, da dies voraussetzen würde, dass wir den Wahrheitsgehalt verschiedener Theorien vergleichen könnten. Da das Problem der kognitiven Werte aber auf der Voraussetzung beruht, dass es rivalisierende, jeweils empirisch adäquate Theorien geben kann, bräuchten wir für einen derartigen Vergleich weitere nicht-empirische Kriterien – was genau das ist, was zur Frage steht.[1]

Andererseits besteht keine logische oder analytische Beziehung zwischen dem Wahrheitsbegriff und den kognitiven Werten. Wie Larry

---

[1] Siehe dazu auch Ruphy (2006), die für eine empirische Evaluierung kognitiver Werte hinsichtlich ihres Beitrags zu empirischem Erfolg plädiert (vgl. ebd., S. 212 f.). Dieser Begriff empirischen Erfolgs verlangt nach einer Konkretisierung. Entweder reduziert er kognitive Güte auf empirische Adäquatheit und lässt damit die Frage nach nicht-empirischen Kriterien unbeantwortet, oder er bringt bereits eine Vorstellung eines darüber hinausgehenden Ziels zum Ausdruck, die durch bestimmte nicht-empirische Kriterien gekennzeichnet ist und bietet damit keinen unabhängigen Standard zu deren Überprüfung. Eine weitere Möglichkeit wäre, empirischen Erfolg als instrumentellen Erfolg in Bezug auf bestimmte (und unterschiedliche) Ziele zu verstehen. Daraus würde aber nicht a priori folgen, dass für all diese Ziele dieselben Eigenschaften von Theorien förderlich sind (zumal selbst die Kuhnschen Werte miteinander konfligieren können, siehe Kapitel 2.2) und sich eine eventuelle Wertbeladenheit der Ziele nicht auf die der Kriterien überträgt (siehe Kapitel 7.2).

Laudan konstatiert: "None of these rules [epistemic values] can have an epistemic rationale since it is neither necessary nor sufficient for the truth of a statement that it exhibits any of these attributes" (Laudan 2004, S. 16). In der Wissenschaftsgeschichte gebe es zahlreiche Beispiele für Theorien, die sich etwa durch Einfachheit, externe Kohärenz oder Fruchtbarkeit ausgezeichnet hätten und dennoch zugunsten rivalisierender Theorien verworfen wurden. Zugleich ließen sich auch leicht Wahrheiten denken, die lediglich Mengen trivialer Aussagen darstellten und keines der als epistemisch diskutierten Merkmale aufwiesen.

Hinzu kommt, dass es gute Gründe gibt, die Wahrheitsförderung durch einzelne epistemische Werte anzuzweifeln. Externe Kohärenz etwa kann nur dann ein Indikator für Wahrheit sein, wenn die Wahrheit der bereits etablierten Theorien des Forschungsfelds vorausgesetzt wird und bietet daher keine unabhängige Unterstützung der Wahrheitswahrscheinlichkeit. Einfachheit und Reichweite wiederum können, interpretiert als Sparsamkeit in Bezug auf ontologische Verpflichtungen oder erklärende Prinzipien, durch ebendiese Abstraktion die empirische Genauigkeit der durch sie gekennzeichneten Theorien einschränken, da sie wenig Raum für Variationen und Einzelfälle lassen (vgl. z. B. Longino 2008, S. 72-74).[2]

Was legitime wissenschaftliche Werte sind, ist also durch die Festlegung eines übergeordneten Ziels nicht zwingend determiniert.[3] Hugh Laccy schlägt beispielsweise folgende alternative Zielformulierung als Grundlage der Bestimmung kognitiver Werte vor:

---

[2] Diese Werte lassen sich natürlich auch anders interpretieren, z. B. im Sinne einer Erhöhung der Prüfbarkeit von Theorien, der Forderung nach neuartigen Vorhersagen o. a. Andere Interpretationen müssten jedoch ebenfalls den jeweiligen Anspruch auf Wahrheitsförderung begründen, was ein nicht unerhebliches Problem darstellt. Es ist mir hier nicht möglich, entsprechende Interpretationsmöglichkeiten erschöpfend zu diskutieren. An dieser Stelle geht es deshalb zunächst nur darum, die Begründung der traditionellen Kuhnschen Werte über ihre Verbindung zu einem übergeordneten Ziel wie Wahrheit zu hinterfragen und so die Möglichkeit legitimer Einflüsse anderer Werte zu eröffnen.

[3] Eine derartige Zielsetzung kann wiederum nicht darin bestehen, einfache Theorien von großer Reichweite etc. zu fordern, wenn sie zur Begründung dieser Kriterien dienen soll.

i. To gain theories that express empirically grounded and well-confirmed *understanding* of phenomena, ii. of increasingly greater ranges of phenomena, and iii. where no phenomena of significance in human experience or practical social life – and generally no propositions about phenomena – are (in principle) excluded from the compass of scientific inquiry. (Lacey 2004, S. 31)[4]

Sofern diese Zielformulierung konsensfähig ist, ist sie es wohl vorwiegend aufgrund ihrer Vagheit. Dass die Akzeptanz von Theorien eine empirische Grundlage erfordert, ist nicht ernsthaft zu bezweifeln. Problematisch wird es jedoch genau dann, wenn weitere nicht-empirische Kriterien zur Debatte stehen, die sich aus Laceys Zielvorgabe nicht erschließen. Wie ist es zu spezifizieren, dass Theorien gut bestätigt sind? Erhöht eine große Reichweite den Grad der Bestätigung, und warum? Was bedeutet es, ein Phänomen zu *verstehen* – etwa, es als Fall eines allgemeinen Gesetzes zu erklären, es auf spezifische Ursachen zurückzuführen oder vielleicht seine Sinnhaftigkeit nachvollziehen zu können?

Ein anderer Versuch, zwischen kognitiven und nicht-kognitiven Werten zu unterscheiden, findet sich bei Dorato (2004). Dieser konstruiert das Problem der Theoriewahl zunächst derart, dass dieses zeitlich stabile empirische Äquivalente voraussetze, zwischen denen zudem nicht anhand der kognitiven Werte entschieden werden könnte, da diese durch sie ebenfalls in gleichem Ausmaß exemplifiziert wären. Er interpretiert die Position der Gegner des Wertfreiheitsideals dahingehend, dass in diesem Fall *epistemischer Äquivalente* die Theoriewahl auf wissenschaftsexterne Werte zurückgreifen müsse. Das Bestehen derartiger Alternativen sei jedoch äußerst unwahrscheinlich und zudem einerseits fraglich, ob es sich dann tatsächlich noch um verschiedene Theorien handele, andererseits, ob wir dann zwischen diesen wählen müssten, statt uns agnostisch zu verhalten. Dies zeige außerdem, dass wir über ein intuitives Verständnis kognitiver

---

[4] Der dritte Punkt ist in ethischer Hinsicht durchaus problematisch. Zum einen stellt sich die Frage, wie – oder durch wen – zu bestimmen ist, was als signifikantes Phänomen des menschlichen Lebens gilt. Zum anderen lassen sich leicht Themenstellungen finden, deren Erforschung nicht wünschenswert scheint, z. B. die Herstellung von Massenvernichtungswaffen, effektive Foltermethoden, usw. Ein etwas weniger extremes Beispiel wären Studien zur kognitiven Minderwertigkeit von Frauen oder Angehörigen anderer sozial marginalisierter Gruppen, bezüglich derer sich durchaus hinterfragen lässt, wie viele derartige Studien wir wollen und warum.

Werte verfügten, da auf nicht-kognitive eben erst rekurriert würde, wenn erstere als nicht hinreichend erachtet würden (vgl. Dorato 2004, S. 58-63).

Einwenden lässt sich hier erstens, dass Dorato das Ausgangsproblem falsch verortet. Das Problem der Theoriewahl setzt keine starke These über empirische oder evidentielle, geschweige denn epistemische Äquivalente voraus, sondern nur das Bestehen inkompatibler, jeweils weitgehend empirisch adäquater Theorien. Zweitens ist die Frage zunächst nicht, ob kognitive Werte hinreichend für die Theoriewahl sind oder weitere Kriterien erforderlich, sondern ob sich überhaupt eine Klasse kognitiver Werte von nicht-kognitiven unterscheiden lässt. Drittens kommt hier das Problem der Kuhn-Unterbestimmtheit zum Tragen. Selbst wenn sich eine definitive Klasse kognitiver Werte bestimmen ließe, wäre dadurch noch nicht vorgegeben, wie diese zu gewichten und zu interpretieren sind und entsprechend noch nicht gesagt, ob dies durch andere Werte beeinflusst wird.[5] Viertens würde auch Doratos (irreführende) Darstellung kaum belegen, dass die Kognitivität von Werten zuverlässig aus unserer Intuition begründet werden kann.

---

[5] Carrier (2008b) identifiziert hier eine wichtige Funktion metamethodologischer Theorien, die darin liegt, eine systematischere Auszeichnung nicht-empirischer Kriterien bereitzustellen, welche ihre Interpretation und Gewichtung anleiten kann. Laudan z. B. betrachtet das Lösen von Problemen als primäres Ziel der Wissenschaft und evaluiert Theorien anhand der Anzahl und Wachstumsrate gelöster Probleme. Falsifikationistische Ansätze stellen die Prüfbarkeit von Theorien in den Mittelpunkt, zu der etwa Einfachheit oder Fruchtbarkeit beitragen können. Lakatos evaluiert die Progressivität von Forschungsprogrammen und zeichnet das Treffen neuartiger Vorhersagen als entscheidend aus. Diese Liste ließe sich fortsetzen; sie belegt einerseits die Möglichkeit guter Gründe für bestimmte Einordnungen nicht-empirischer Standards, illustriert aber zugleich die Schwierigkeit, einen ultimativen Kanon relevanter Werte auszuzeichnen und zu hierarchisieren. Selbst wenn eine solche Hierarchisierung konsensfähig wäre, würde zudem weiterhin die Frage bestehen bleiben, wie genau diese Werte in spezifischen Theoriewahlsituationen zu präzisieren sind. Metamethodologische Ansätze können demnach eine Systematisierung nicht-empirischer Qualitätskriterien leisten, räumen aber damit das Problem der Kuhn-Unterbestimmtheit nicht aus.

7.2 Longinos feministische Werte

Zusammengefasst ist nicht nur die Existenz oder Identifizierbarkeit eines eindeutigen Ziels aller Wissenschaft zweifelhaft, sondern vor allem auch, ob ein solches hinreichend für die Unterscheidung kognitiver und nicht-kognitiver Werte ist. Eine solche Grenzziehung kann damit kaum als etabliert gelten. Longino argumentiert daher gegen die Möglichkeit einer eindeutigen Unterscheidung legitimer und illegitimer Werte der Theoriewahl – und damit gegen das auf dieser Bedingung beruhende Wertfreiheitsideal.[6] Auch sie verfolgt die argumentative Strategie, die Relevanz von Werten für die Theoriewahl von den Zielen der Wissenschaft abhängig zu machen, setzt aber (wie Kitcher) kein allgemeines übergeordnetes Ziel voraus. Stattdessen geht sie von einer Pluralität verschiedener Ziele spezifischer Forschungsprogramme aus:

> Truth simpliciter cannot be such a goal, since it is not sufficient to direct enquiry. Rather, communities seek particular kinds of truths. They seek representations, explanations, technological recipes, and so on. Researchers in biological communities seek truths about the development of individual organisms, about the history of lineages, about the physiological functioning of organisms, about the mechanics of parts of organisms, about molecular interactions, and so on. (Dies. 2008, S. 80)

Sie ersetzt die Unterscheidung kognitiver und nicht-kognitiver Werte durch eine zwischen konstitutiven und kontextuellen Werten, wobei jeweils diejenigen Werte konstitutiv sind, welche die spezifischen Forschungsziele einer Gemeinschaft befördern (vgl. dies. 1990, S. 4 f.). Die Unterscheidung konstitutiv/kontextuell ist damit selbst nicht absolut, sondern abhängig von den konkreten Forschungs-programmen. Dieselben Werte können demnach in unterschiedlichen Kontexten als konstitutive oder kontextuelle Werte fungieren.

---

[6] Longino ist natürlich nicht die Einzige, die diese Unterscheidung hinterfragt (siehe z. B. auch Rooney 1992). Da ihre Argumentation sich jedoch als besonders einflussreich erwiesen hat, werde ich mich im Folgenden auf sie konzentrieren. Teile dieses Abschnitts zu Longinos feministischen Werten und ihrem Pluralismus wurden bereits in Büter (2010) veröffentlicht.

Um ihre Kritik einer kontextunabhängigen Unterscheidung legitimer und illegitimer Werte zu unterstützen, entwickelt Longino eine alternative Liste relevanter Werte für Theoriewahlentscheidungen (vgl. dazu vor allem Longino 1995, 1996). Diese Liste enthält die Kriterien *empirische Adäquatheit, interne Konsistenz, Neuheit, ontologische Heterogenität, relationale Komplexität, Anwendbarkeit auf aktuelle menschliche Bedürfnisse* und *Dezentralisierung von Macht*. Sie destilliert diese Liste aus Fallstudien zu Forschungsarbeiten, die feministische Zielsetzungen verfolgen, und kontrastiert sie mit der Kuhnschen Aufzählung. Zu betonen ist hier, dass diese feministischen Ziele auch kognitive Ziele sind, obgleich sie explizit politisch motiviert sind. Diese Aspekte müssen sich nach Longino nicht widersprechen; so kann Forschung beispielsweise darauf zielen, Mechanismen geschlechtsbezogener Diskriminierung zu verstehen und dies gleichzeitig als entscheidenden Schritt für den Abbau solcher Mechanismen begreifen. Des Weiteren schlägt Longino nicht vor, die Kuhnsche Liste vollständig durch die feministische zu ersetzen, sondern benutzt letztere vielmehr dazu, die Kontextabhängigkeit von Theoriewahlstandards zu illustrieren und auf dieser Grundlage die zeitgenössische Version des Wertfreiheitsideals anzugreifen. Auf der einen Seite argumentiert sie diesbezüglich dafür, dass obige feministische Werte, trotz ihrer politischen Herkunft, kognitive Funktionen in Bezug auf spezifische, feministische Forschungsziele erfüllen. Auf der anderen Seite versucht sie zu etablieren, dass auch die Kuhnschen Werte je nach Kontext in einem politischen Zusammenhang stehen können, in welchem sie von anderen Werten nicht klar zu trennen sind, weil diese ihre Gewichtung oder Interpretation beeinflussen oder die Anwendung der Kuhnschen Werte zu androzentristischen Ergebnissen führt.

Longinos Argumentation ist an dieser Stelle allerdings nicht ganz eindeutig. Sie konstatiert, dass auch die traditionellen Werte in spezifischen Kontexten nicht soziopolitisch neutral sind. Unklar ist, ob dies dazu führt, dass diese Werte selbst nicht nur kognitiv, sondern auch soziopolitisch sind ("it doesn't seem that the dichotomy [between cognitive and non-cognitive values] can be sustained", dies. 1996, S. 51; "those traditional values are not purely cognitive", ebd., S. 54) – oder ob ihre Anwendung und Interpretation durch soziopolitische Werte beeinflusst wird ("their use in certain contexts [...] imports significant sociopolitical values", ebd., S. 54; "Those satisfied with the status quo will endorse this criterion [external consistency], and the effect of this endorsement is to keep from view [...] gender oppression", ebd., S. 51). Hierbei handelt es sich jedoch um zwei verschiedene Probleme: (i) ob es eine generelle Unterscheidung kognitiver und nicht-kognitiver Werte geben kann; (ii) ob die kognitiven Werte in ihrer Gewichtung und Interpretation durch nicht-kognitive Werte beeinflusst werden (i. e. Kuhn-Unterbestimmtheit). Eine positive Antwort auf (ii) wäre dabei noch keine Negierung von (i). Im Zusammenhang von Longinos Argumentation zur Möglichkeit einer Kognitivität von feministischen Werten in bestimmten Kontexten und abhängig von dem jeweiligen Ziel der Forschung scheint eine Interpretation im Rahmen von (i) die konsistentere: Auch die traditionellen Werte können kognitiv und sozio-politisch zugleich sein. Problematisch ist hier, dass es sich bei einem durch diese Werte beförderten Androzentrismus, anders als bei der feministischen Forschung, meist nicht so sehr um eine explizite Zielsetzung handelt als um eine unbewusste Eingliederung in eine bestimmte Forschungshistorie, die zu androzentristischen Ergebnissen führt. Die Struktur der Argumentation ist dennoch analog: die politische und/oder kognitive Natur von Werten begründet sich in dem Effekt, den eine Ausrichtung der Theoriewahl an ihnen hat.

Die feministische Liste beginnt nun ebenfalls mit *empirischer Adäquatheit* als notwendigem, jedoch nicht hinreichendem Kriterium. Allerdings weist Longino darauf hin, dass dieser Wert nicht vorgibt, mit welchen empirischen Ergebnissen eine Theorie übereinstimmen muss. Wie erläutert, geht sie von einer holistischen Unterdeterminierungsthese aus, derzufolge die Ableitung empirischer Konsequenzen aus theoretischen Hypothesen nicht immer eindeutig ist. Sollten sich daher für konkurrierende Hypothesen jeweils empirische Daten anführen lassen oder für dieselbe Hypothese positive und negative Ergebnisse, kann die dadurch notwendige Gewichtung der empirischen Evidenz durch andere Werte beeinflusst werden. Feministisch ist dieser Wert, da er eine Kritik androzentristisch verzerrter Datenselektion ermöglicht. Beispiele sind die mangelnde Berücksichtigung von Evidenz für körperliche Ursachen der Schwangerschaftsübelkeit oder Dysmenorrhoe, die stattdessen als Ausdruck eines ungenügenden Einfügens in die natürliche weibliche Rolle verstanden wurden, oder auch die Gewichtung uneinheitlicher Ergebnisse bezüglich einer präventiven Wirkung von HET zugunsten der positiven Resultate.

Als zweites Kriterium postuliert Longino die *Neuheit* von Theorien, womit eine Präferenz für Ansätze ausgedrückt wird, die sich signifikant von bereits etablierten Theorien eines Gegenstandsbereichs unterscheiden. Diese Präferenz begründet sich in der These, dass weite Bereiche der bisherigen Forschung durch androzentristische Verzerrungen und Hintergrundannahmen geprägt sind – Verzerrungen, für die es mittlerweile eine Reihe von Beispielen aus der Anthropologie, Archäologie, Biologie oder eben auch der Medizin gibt. Neuheit steht dabei im Gegensatz zu der Kuhnschen Forderung nach externer Kohärenz. Aufgrund der feministischen Orientierung wird die Voraussetzung, dass Kompatibilität mit den bereits etablierten Theorien (in genderrelevanten Feldern) ein Indikator epistemischer Güte sei, abgelehnt. Der Wert der externen Kohärenz sei in diesen Fällen zudem nicht unabhängig von sozialen Werten, sondern wird als Mittel zur Bewahrung und Perpetuierung des androzentristischen Status Quo kritisiert.

Ontologische Heterogenität schreibt verschiedenen Entitäten oder Arten von Entitäten dieselbe Bedeutung zu und bringt das Bemühen zum Ausdruck, so viele Entitäten eines Gegenstandsbereichs wie möglich zu erfassen – statt eine Art von Entität zum Standard zu erklären und Differenzen als Abweichung von diesem zu betrachten. Letzteres birgt nach Longino die Gefahr, Unterschiede als Defizite zu interpretieren oder androzentristisch geprägte Standards überzugeneralisieren. Beispiele für diese Problematik zu sparsamer Ontologien finden sich zahlreich in der Medizin. Hier sei an die Forschung zu KHK erinnert, die sich über einen langen Zeitraum auf Männer konzentrierte, was zur Bezeichnung von Symptomen, die vermehrt bei Frauen auftreten, als atypisch führte (und damit letztlich zu einer höheren Sterblichkeit betroffener Frauen aufgrund einer verzögerten Diagnosestellung). Generell resultierte der systematische Ausschluss von Frauen aus klinischen Studien darin, dass geschlechtsspezifische Unterschiede entweder nicht entdeckt oder aber spezifisch weibliche Ausprägungen von Krankheitsphänomenen als Variation der männlichen (typischen) gesehen wurden. Bei der Setzung einer Art von Entität als Standard ist entsprechend immer auch zu beachten, wer (oder welches Geschlecht) als typisch und wer als möglichst auszuschließende Quelle inhomogener Ergebnisse gilt (siehe etwa die in Kap. 5.3 kritisierte Argumentation für einen Ausschluss weiblicher Studienteilnehmerinnen zugunsten methodischer Einfachheit und eindeutigerer Resultate).

Relationale Komplexität stellt die eher prozessorientierte Variante ontologischer Heterogenität dar und betont Interaktionen zwischen verschiedenen Faktoren statt unidirektionaler Kausalbeziehungen. Beispielhaft ist die Forderung nach einer Beachtung biologischer und sozialer Bedingungen von Gesundheit sowie der Beziehungen verschiedener sozialer Faktoren wie Geschlecht, Ethnizität, sexueller Orientierung oder sozioökonomischem Status in den beschriebenen inklusiven Gesundheitsmodellen der feministischen Frauengesundheitsforschung. Ein weiterer exemplarischer Fall findet sich in der Reproduktionsbiologie und der Beschreibung der Eizelle als passivem Objekt, dass auf seine Fertilisation durch das aktive (aggressive) männliche Spermium wartet. Diese ist mittlerweile einer dynamischeren Sicht der Eizelle als wesentlich an diesem Prozess beteiligt gewichen, etwa durch enzymatische Prozesse oder Microvilli, die dem Spermium ein Eindringen erst ermöglichen (vgl. dazu Martin 1991). Dieses Beispiel deutet bereits an, wie die Konzeptualisierung der Relationen verschiedener Entitäten eines Bereichs durch Hintergrundannahmen beeinflusst sein kann, die mit wertbeladenen Sichtweisen der Geschlechter in Verbindung stehen – natürlich ist der weibliche Part passiv, der männliche hingegen der relevante, aktive Faktor der Kausalkette.[7] Entsprechend soll

---

[7] Problematisch ist in diesem Fall allerdings nicht nur die bisherige Vorstellung einer unidirektionalen Beziehung zwischen Spermium und Eizelle, sondern auch die Beschreibung der betreffenden Vorgänge mittels kulturell geprägter und wertbeladener Begriffe. Entsprechende Interpretationen finden sich dabei nicht nur in Bezug auf das ältere Modell einer passiven, durch das Spermium zu erobernden Eizelle, sondern auch in der Deutung neuerer Ergebnisse in der Form, dass die Eizelle das Spermium sozusagen in eine Falle lockt: "These images grant the egg an active role but at the cost of appearing disturbingly aggressive. [...] New data did not lead scientists to eliminate gender stereotypes in their descriptions of egg and sperm. Instead, scientists simply began to describe egg and sperm in different, but no less damaging, terms" (Martin 1991, S. 498 f.). Dieser Fall ist zudem gleichzeitig auch ein Beispiel für empirische Adäquatheit als feministischem Wert: die Rolle der Microvilli etwa sei bereits 1895 entdeckt, in der Folge aber zunächst lange Zeit nicht weiter beachtet worden (vgl. Ohkrulik 1994, S. 193 f.). Die Beurteilung empirischer Adäquatheit kann durch wert-

das Kriterium relationaler Komplexität als Schutz vor einer Naturalisierung und Biologisierung soziopolitischer Machtstrukturen dienen. Komplexe Modelle von Wirkungszusammenhängen werden zudem als geeigneter beschrieben, um Genderbeziehungen und weibliche Beiträge sichtbar zu machen.[8]

Ontologische Heterogenität und relationale Komplexität werden von Longino mit einer ontologischen Interpretation von Einfachheit respektive Reichweite kontrastiert, die ihr zufolge zu einer in politischer, aber auch kognitiver Hinsicht problematischen Negierung individueller Unterschiede und interaktionaler Wirkungszusammenhänge führt. Es sei an dieser Stelle darauf hingewiesen, dass Longinos Gegenüberstellungen der verschiedenen Werte von deren Kuhnscher Interpretation abweichen. Kuhn versteht Einfachheit im Sinne einer Vereinheitlichung von Resultaten statt eines ontologischen Reduktionismus, Reichweite als das Hervorbringen neuer, unvorhergesehener Ergebnisse statt als Reduktion komplexer Beziehungen auf wenige erklärende Prinzipien. Um den Kontrast zu plausibilisieren, müsste sie die Verbindung ihrer ontologischen Interpretation zu den betreffenden Ideen darlegen. Selbst wenn ihre Gegenüberstellungen keine direkten Gegensätze konstituieren, ist damit jedoch die Möglichkeit feministischer kognitiver Werte nicht diskreditiert. Vielmehr eröffnet dies einen Raum, in dem ihre Kriterien traditionelle Werte wie etwa das Treffen neuartiger Vorhersagen nicht ausschließen müssen, sondern diese auch schlicht ergänzen können.

Schließlich nennt Longino die *Anwendbarkeit von Forschungsergebnissen* statt einer wissenschaftlichen Ausrichtung an reinem Wissen und die *Dezentralisierung von Macht* als feministische Werte. Letzteres kann als eine Spezifizierung des ersten verstanden werden und benennt

---

beladenene Hintergrundannahmen beeinflusst sein, wenn Ergebnisse oder Phänomene als irrelevant behandelt werden, weil sie nicht in das (kulturell geprägte) Bild passen.

[8] Longinos Fallstudie zu dem Konflikt zwischen einem linear-hormonellen und selektionistischen Erklärungsmodell des Zusammenhangs zwischen neurophysiologischer Entwicklung und geschlechtsspezifischem Verhalten stellt ein weiteres Beispiel dar (siehe Kap. 6.2). Letzteres Modell kritisiert die Postulierung einer unidirektionalen, monokausalen Auffassung dieser Beziehung und ersetzt sie durch eine interaktionistische Auffassung, die ein Verständnis von Verhaltensunterschieden als auch sozial bedingt (und daher veränderlich) begünstigt.

beispielsweise eine Präferenz für Forschungsprogramme, die weniger finanzielle Ressourcen voraussetzen, oder eine Konzentration der Gesundheitsforschung und Medizin auf Prävention und Selbstermächtigung statt auf hochtechnisierte Verfahren. Diese Werte stellt sie Kuhns Fruchtbarkeit gegenüber, welche insofern konservativ sei, als sie die Relation von Wissenschaft zu sozialen Problemen ignoriere und stattdessen ein irreführendes Bild wissenschaftlicher Autonomie und Neutralität unterstütze.

Während Longino die letzen zwei Werte als pragmatische Kriterien bezeichnet, die ihre Relevanz vor allem in Entscheidungen über Theorieverfolgung haben (d. h. darüber, in die Entwicklung welcher Theorien Ressourcen investiert werden sollten), spielen die anderen feministischen Werte für sie eine parallele Rolle zu den Kuhnschen Werten. Sie beeinflussen nicht nur die Entwicklung von Theorien oder Einschätzungen von Anfangswahrscheinlichkeiten und initialer Plausibilität von Hypothesen, sondern fungieren auch als Kriterien der Theoriewahl.

> If we treat them [these values] as components of a community set of public standards as I am suggesting, we take them as criteria proposed for the assessment of theories, models, and hypotheses, guiding their formulation, acceptance, and rejection [...]. As Kuhn noticed for the values he discussed, these require further interpretation to be applied in a given research context, they are not simultaneously maximally satisfiable, and they are not subject to hierarchical ordering or algorithmic application. (Longino 1995, S. 390; vgl. auch dies. 1996, S. 42).

Zwar könnten weder die feministischen noch die traditionellen Werte als wahrheitsfördernd ausgezeichnet werden, dennoch fungierten sie als Indikatoren epistemischer Güte und leiteten Entscheidungen zwischen rivalisierenden Theorien an – nur eben jeweils nicht unabhängig von dem betreffenden Kontext und den verfolgten Forschungszielen. Dasselbe gilt für den feministischen Charakter von Longinos Werten: auch dieser Status komme ihnen nur in einem spezifischen Kontext zu. Beispielsweise würde sich das Kriterium der Neuheit erübrigen, wenn davon ausgegangen werden könnte, dass die etablierten Theorien eines Bereichs bereits geschlechtersensibel und frei von androzentristischen oder sexistischen Annahmen seien. Der Wert der ontologischen Heterogenität hat etwa der Frauengesundheitsforschung bisher gute Dienste geleistet, birgt jedoch, wie dargestellt, ohne eine Verbindung zu relationaler Komplexität, welche auch nach den sozialen Gründen für gesundheitliche Unterschiede fragt, die Gefahr einer Biologisierung und damit für den Feminismus problematischen Naturalisierung von Differenzen. Longinos Werte sind feministisch insofern, als sie in einer gegebenen wissenschaftlichen sowie gesellschaftlichen Situation zu feministischen Zielen beitragen (vgl. dazu auch dies. 1994).

> In the account given above of each of the virtues, I suggested how inquiry guided by them would be thought to reveal gender, either in the form of bias about the phenomena or as a phenomenon in the domain itself, or to reveal the activities of women or females in the domain. The aim of revealing gender and/or the activities of women is, I propose, what makes inquiry feminist. Feminist theoretical virtues will be those that serve this aim. (Dies. 1995, S. 391)

Die von Longino beschriebene feministische Zielsetzung und entsprechende Auszeichnung bestimmter Eigenschaften als Merkmalen guter Theorien findet sich, wie bereits durch die einzelnen Beispiele dargelegt, auch in der Frauengesundheitsforschung wieder. Dies gilt nicht nur für ihre Praxis, sondern schlägt sich auch in ihrer methodischen Selbstreflexion nieder. In dieser wird die politische Motivation der Frauengesundheitsforschung oftmals explizit dargelegt:

> Feminist scholarship endeavors not only to describe and interpret phenomena of women's lives but also to raise consciousness and bring about changes in the interest of the women studied. These goals are at once scientific and profoundly political. [...] Feminist researchers consciously avoid contributing to the exploitation of women by analyzing whose interests are being served through their investigations and by anticipating the potential uses to which their findings will be put. (Hall/Stevens 1991, S. 17 f.)

Auch in der Frauengesundheitsforschung spielen natürlich klassische Kriterien wie empirische Adäquatheit oder die Reliabilität und Kohärenz der Daten eine entscheidende Rolle (vgl. ebd., S. 20 f.). Darüber hinaus werden aber häufig Kriterien guter feministischer Forschung genannt, die diese von herkömmlicher Forschung unterscheiden. In obigem Zitat findet sich bereits Longinos Wert der Anwendbarkeit sowie Dezentralisierung von Macht wieder. Frauengesundheitsforscherinnen richten sich oftmals vehement gegen eine Auffassung von Wissenschaft als politisch neutralem Unternehmen mit dem einzigen Zweck der Wissensgenerierung – egal, welchen Wissens. Ebenso kritisiert wird die Annahme eines unparteiischen Standpunktes als Maßstab von Objektivität; stattdessen wird Wert auf Reflexivität gelegt, d. h. auf die Hinterfragung und Sichtbarmachung der eigenen Wertannahmen (vgl. ebd., S. 18 und 21).[9] Häufig findet sich auch die Ablehnung zu weitreichender Generalisierungen (etwa von Männern zu Frauen oder von einer bestimmten Gruppe von Frauen zu allen Frauen) und der Übersimplifizierung komplexer Zusammenhänge (vgl. ebd., S. 20 und 23 f.). Hinzu kommt vielfach eine Bevorzugung partizipativer Forschung, der Darstellung von Forschung in einer Art, die auch für Laien so verständlich wie möglich ist und die Wertschätzung persönlicher Erfahrung und Anerkennung der Selbstbeschreibungen von Frauen. Das bedeutet beispielsweise, Frauen, die keine menopausalen oder prämenstruellen Beschwerden haben, nicht zu unterstellen, sie würden diese bloß nicht wahrnehmen oder verdrängen (vgl. zu Kriterien guter feministischer Gesundheitsforschung z. B. Hall/Stevens 1991; MacPherson 1992, S. 36 f.; McCormick/Bunting 2002, S. 821 ff.; Rosser 1994, Kap. 1 und 8; Thorne 1998; Whittle/Inhorn 2001, S. 160 ff.).[10]

---

[9] In diesem Sinne hier eine Anmerkung zur Wertbeladenheit meiner eigenen Arbeit: Viele der entscheidenden Impulse sowohl der theoretischen Argumentation als auch der empirischen Beispiele stammen aus feministischer Forschung und Wissenschaftstheorie. Mit deren feministischen Zielsetzungen stimme ich überein, d. h. ich halte die Gleichberechtigung von Menschen verschiedenen Geschlechts für wichtig und erstrebenswert. Zudem bin ich der Ansicht, dass diesbezüglich zwar bereits große Verbesserungen erzielt wurden, geschlechtsbezogene Diskriminierung jedoch weiterhin (auch in der Wissenschaft) ein Problem bleibt, das in seinen subtileren Formen nicht allein durch eine rechtliche Gleichstellung ausgeräumt werden kann. Diese feministische Grundhaltung hat die Arbeit wahrscheinlich hinsichtlich der vorgenommenen Selektionen beeinflusst. Dennoch hoffe ich, dass sie auch unabhängig von einer feministischen Position mit Gewinn gelesen werden kann und meine Werthaltungen nicht zu ungerechtfertigten Schlüssen oder problematischen Verkürzungen geführt haben, sondern zu einer wünschenswerten Form der Wertvielfalt auch in der Philosophie beitragen.

[10] Die feministischen Darstellungen von Merkmalen guter Theorien sind nicht immer einheitlich, überschneiden sich jedoch in wesentlichen Punkten. Whittle/Inhorn (2001) etwa nennen die Wertschätzung der Erfahrungen von Frauen, das Ziel, geschlechtsbezogene Diskriminierung zu identifizieren und zu beenden sowie die Annahme einer politischen Verantwortung der Forscherin. Bei McCormick/Bunting (2002) finden sich ebenfalls die prinzipielle Wertschätzung von Frauen, die Benennung diskriminierender

Zusammengefasst ist zweifelhaft, ob es möglich ist, eine definitive Klasse kognitiver Werte zu bestimmen, die für alle Forschungskontexte exklusive Gültigkeit hat, auf welcher Grundlage dies geschehen sollte und wie das Problem der Kuhn-Unterbestimmtheit auszuräumen wäre, d. h. die Möglichkeit, dass ihre konkrete Auslegung von anderen Werten oder wertbeladenen Hintergrundannahmen beeinflusst wird. Zugleich ist plausibel, dass wissenschaftliche und politische Zielsetzungen sich nicht gegenseitig ausschließen müssen, dass aus solchen vielseitigen Zielen kontextspezifische Werte abgeleitet werden können, die zugleich politischer und kognitiver Natur sind, und dass diese Werte die traditionellen Kriterien nicht unbedingt ersetzen, sondern unter Umständen auch ergänzen können.

Diese Schlussfolgerungen betreffen dabei auch Kitcher, der diesbezüglich von vielen mit Longino geteilten Prämissen ausgeht, insbesondere der Variabilität und Kontextabhängigkeit von Forschungszielen und der aus diesen Zielen abgeleiteten Signifikanzzuschreibungen und Evaluierungskriterien (siehe oben zur Kartenmetapher). Auf dieser Grundlage wird nicht klar, wie Kitcher sein andererseits traditionelles Objektivitätsverständnis und die Wertfreiheit der Rechtfertigung zu retten erachtet. Wenn man annimmt, dass die Kriterien der Theorieevaluation abhängig von wertbeladenen Zielen sind, ist dies kaum mit einer Wertfreiheit der durch diese Kriterien ausgezeichneten Theorien zu vereinbaren. Obgleich diese Wertbeladenheit keinesfalls bedeuten muss, dass Konformität mit politischen oder religiösen Überzeugungen über die Akzeptanz einer Theorie entscheidet oder die Förderung wertbeladener Zielvorstellungen nicht unabhängig von ebendiesen Werten beurteilt werden kann, so sind diese Kriterien dennoch nicht neutral. Vielmehr inkorporieren und perpetuieren

---

Strukturen, das Ziel sozialen Wandels, die Berücksichtigung menschlicher Diversität und die Betonung der Stärke von Frauen. Thorne (1998) diskutiert als feministische Werte die Artikulation eigener Wertanahmen, die Ablehnung reduktionistischer Methoden, emanzipatorische Inhalte und den Dialog zwischen Forscherinnen und Erforschten. Wie Longino konstatiert, ist natürlich auch die Frage, was geeignete feministische Werte und wie genau diese zu interpretieren sind, in den jeweiligen Kontexten diskutierbar. Wie dargestellt finden sich aber eine Reihe ihrer Werte in der feministisch orientierten Gesundheitsforschung auch in der Praxis wieder, etwa in der Betonung von Heterogenität und Komplexität der verschiedenen Faktoren von Gesundheit und dem Ziel, geschlechtsspezifischer Diskriminierung entgegenzuwirken.

sie wertbeladene Entscheidungen darüber, welche Wahrheiten signifikant sind, in Auffassungen darüber, was – in einem bestimmten Bereich – eine gute Theorie ist.

Kitchers Position scheint damit ebenfalls auf einen Pluralismus sowohl in Bezug auf Forschungsergebnisse als auch Evaluierungskriterien hinauszulaufen, wobei dieser Pluralismus das Ergebnis unterschiedlicher Werthaltungen ist, welche wissenschaftliche Ziele beeinflussen. Allerdings versteht Kitcher diesen Pluralismus im Sinne einer Partialität verschiedener Ansätze und geht davon aus, dass zwar keine dieser Karten (bzw. Theorien) vollständig wahr sei, sie jedoch, wenn sie zur jeweiligen Zielerreichung beitrügen, wahre Anteile enthielten. Deshalb sei dieser Pluralismus als ein gegenseitiges Ergänzen zu verstehen und könnten die Ergebnisse, wenn sie epistemisch akzeptabel sind, nicht inkompatibel sein (vgl. Kitcher 2002a, 2002b). Grundlage dieser Kompatibilitätserwartung ist Kitchers realistische Ausgangsposition, also die Annahme, dass der Erfolg von Theorien (in Bezug auf bestimmte Ziele) dafür spricht, dass diese Theorien zumindest teilweise wahr sind, da Wahrheit die bestmögliche Erklärung dieses Erfolgs darstelle. Wenn der Erfolg einer Theorie sich aus ihrer Wahrheit heraus begründet, ist es aufgrund dieses Erfolgsbegriffs ausgeschlossen, dass verschiedene, inkompatible Theorien jeweils wissenschaftlich akzeptierbar sind.

Sofern man nicht davon ausgeht, dass das Ziel der Wahrheitssuche durch eine mögliche Verknüpfung mit anderen Zielen und Werten zwingend behindert wird, kann selbst aus dieser realistischen Position heraus jedoch nicht auf die Wertfreiheit der Rechtfertigung geschlossen werden. Entsprechende Werte könnten dann weiterhin die Evaluierung auch erfolgreicher Theorien beeinflussen. Ein solcher Dissens auf der Ebene von Kriterien der Theoriewahl lässt darüber hinaus fraglich erscheinen, ob (transiente) Unterdeterminierungssituationen immer schlicht durch weitere Evidenz aufgehoben werden können. Wenn man davon ausgeht, dass empirische Adäquatheit für Theoriewahlentscheidungen nicht ausreicht und nicht-empirische Kriterien variabel sind, wird auch ein Warten auf weitere empirische Ergebnisse derartige Situationen nicht zwingend auflösen können. Hinzu kommt, dass auch die Signifikanz empirischer Ergebnisse in Bezug auf die Beurteilung einer Theorie aufgrund des Netzwerkcharakters wissenschaftlicher Theorien nicht immer eindeutig ist.

Zumindest wäre aber so die Wertfreiheit abhängig von einer realistischen Grundposition, die bekanntlich durchaus ihre Kritiker hat. Nimmt man statt Wahrheit etwa gut bestätigte Theorien als Ziel der Wissenschaft an, ist auch Kitchers Beschränkung von Pluralismus auf Partialität nicht mehr a priori möglich. Es mag zwar nur eine Wahrheit geben – dennoch ist unklar, ob wir diese überhaupt jemals erreichen und warum inkompatible, jeweils gut bestätigte Theorien unmöglich sein sollten. Zumindest beruht aber ein derartiger Ausschluss dieser Möglichkeit auf zusätzlichen ontologischen und epistemologischen Annahmen. Im Unterschied zu Kitcher geht Longino hier einen Schritt weiter und geht davon aus, dass verschiedene Ziele, Wertemengen und Hintergrundannahmen zu inkompatiblen Resultaten führen könnten, die unter Umständen auch jeweils epistemisch akzeptabel seien.[11] Wie im Folgenden diskutiert wird, ist ein solcher Pluralismus jedoch für Longino selbst wie auch generell ebenfalls problematisch.

7.3 Soziale Objektivität und lokale Epistemologien

Longino versteht die feministischen Kriterien nicht als kognitive (oder feministische) Werte in einem absoluten Sinn, durch welche die Kuhnschen zu ersetzen wären. Vielmehr schreibt sie beiden Listen denselben kontextabhängigen Status zu, da sie sich aus ihrem Beitrag zu den jeweiligen Forschungszielen ergeben. Statt von einer Klasse von Werten auszugehen, die für jede Theoriewahl relevant wären, nimmt sie entsprechend verschiedene Mengen von Werten für verschiedene Forschungsgemeinschaften an:

> The normative claim of these virtues/values/heuristics is limited to the community sharing the primary goal. On those who do not share it they have no claim. To expand this point, the alternative values are binding only in those communities sharing a cognitive goal that is advanced by those values. [...] Any set, then, will be only provisional and locally binding. (Longino 2008, 79)

---

[11] Genauer gesagt, plädiert sie dafür, diese Möglichkeit inkompatibler Ergebnisse zumindest offenzulassen (vgl. Longino 2002a, S. 93 ff.).

Diese Sichtweise führt allerdings sowohl in genereller Hinsicht als auch für Longinos eigenen Ansatz zu Schwierigkeiten. Während dieser Ansatz wissenschaftlichem Dissens eine zentrale Rolle einräumt und den Prozess der gegenseitigen Kritik aus diversen Standpunkten zur Bedingung von Objektivität macht, mangelt es an Mechanismen zur wissenschaftlichen Konsensfindung. Dieser Mangel bedroht dabei Longinos Neukonzeptualisierung von Objektivität. Diese beruht unter anderem auf der Forderung nach gemeinsamen Standards der Kritik, auf deren Grundlage erst ein gerechtfertigter Konsens möglich ist. Die Kontextabhängigkeit kognitiver Werte führt jedoch zu einem Fehlen gemeinschaftsübergreifender Kriterien der Theoriebewertung. Wenn jede Forschungsgemeinschaft individuelle Standards als Basis des Prozesses gegenseitiger Kritik benutzt, wäre ein solcher Konsens nur für diese einzelnen Gemeinschaften möglich. Dies entspricht Longinos Vorschlag, von einer Reihe lokaler Epistemologien statt einer generellen Epistemologie der Wissenschaft auszugehen (und ihrer Offenheit für inkompatible Ergebnisse): was für die eine Gemeinschaft epistemisch akzeptabel ist, müsste es für die nächste nicht zwingend auch sein (vgl. dies. 1997 und 2002a, S. 184 ff.)

Ein solcher epistemologischer Pluralimus gefährdet jedoch Longinos Ideal eines SVM als Basis wissenschaftlicher Integrität. Forschungsgemeinschaften im Sinne Longinos konstituieren sich über ein gemeinsames Forschungsziel (vgl. dies. 2002a, S. 176). Diese Ziele können, auch wenn sie kognitiver Natur sind, von anderen Zielen und Werten beeinflusst sein – wie etwa das Ziel, die Variable des Geschlechts sichtbar zu machen durch das Streben nach Geschlechtergerechtigkeit. Das bedeutet aber, dass ein geteiltes kognitives Ziel eine Funktion geteilter politischer, moralischer, religiöser oder anderer Werte sein kann. Dies führt zu einer Spannung mit Longinos Forderung nach Kritik aus diversen Perspektiven als Grundlage von Objektivität und epistemischer Akzeptierbarkeit (vgl. auch Lennon 1997, S. 44 ff.) Alle Mitglieder einer derart definierten Forschungsgemeinschaft würden bestimmte Werte teilen, aufgrund derer sie das betreffende kognitive Ziel verfolgen und aus diesem abgeleitete Werte als Kriterien der Theoriewahl ansetzen. Dadurch wird das eigentliche Ziel von Longinos Betonung der Rolle von Kritik, ansonsten unsichtbare und selbstverständlich erscheinende Wertannahmen durch Diversität sichtbar zu machen, unterlaufen.

Die erforderliche Diversität der Kritik müsste deshalb durch den gemeinschaftsübergreifenden Diskurs gewährleistet werden. Dies generiert jedoch die Frage, wie die Effektivität eines gemeinschaftsübergreifenden kritischen Prozesses gewährleistet werden kann, wenn jede Gemeinschaft von ihren eigenen konstitutiven Werten der Theorieevaluation ausgeht. Die Verfügbarkeit geteilter Standards auf dieser Metaebene würde wiederum einen Konsens bezüglich spezifischer und unter Umständen wertbeladener Ziele voraussetzen. Das ist allerdings weder wahrscheinlich in einer durch Diversität gekennzeichneten Metagemeinschaft, noch ist es durch Longinos kontextuellen Empirismus und dessen Forderung nach einer Pluralität von Standpunkten intendiert. Ohne gemeinsame Standards droht jedoch die Gefahr einer methodologischen Inkommensurabilität der Forschung verschiedener Gemeinschaften. Feministische Forschung wäre dann nur von Feministinnen kritisierbar, während diese wiederum androzentristischer Forschung nur den Vorwurf machen könnte, nicht nach feministischen Kriterien zu operieren – was die Gegenseite aufgrund der fehlenden feministischen Zielsetzung nicht als relevant betrachten müsste.

Longinos Vorschlag lokaler Epistemologien führt also zu einem Problem für ihre soziale Auffassung von Objektivität. Weder wissenschaftliche Gemeinschaften, die sich durch gemeinsame Ziele und damit Werte konstituieren, noch Metagemeinschaften mit unterschiedlichen Evaluierungsstandards erfüllen die von ihr angegebenen Bedingungen. Im ersten Fall ist die Forderung nach einer Kritik aus möglichst diversen Perspektiven nicht befriedigt, im zweiten ist die Bedingung einer Transformativität dieser Kritik durch das Fehlen gemeinsamer Standards bedroht. Ohne geteilte Standards kann jede Kritik unter Rückzug auf die eigenen Kriterien für irrelevant erklärt werden, was vermutlich – und insbesondere in Bereichen, in denen Werteinflüsse eine Rolle spielen – dazu führen würde, dass keine Theorie gemeinschaftsübergreifende Konsensfähigkeit erlangt. Die Feministinnen hätten so ihre Theorie, die Marxistinnen eine andere, usw. Letztlich führt Longinos Integration von Werteinflüssen zu einer Situation verschiedener inkommensurabler Ansätze, wodurch ihr Ziel, wertgeladene Annahmen identifizierbar und beurteilbar zu machen, unerreichbar würde.

Sie beantwortet dieses Problem, indem sie für Toleranz und Interaktion verschiedener Forschungsgemeinschaften plädiert (vgl. Longino 2008,

S. 82). Dadurch würde das Problem des internen Mangels an Diversität ausgeglichen, aber nicht die Frage nach der gemeinsamen Grundlage dieser Kritik beantwortet. Sie nimmt daher gewisse Überschneidungen zwischen den verschiedenen möglichen Mengen konstitutiver Werte an: "Nor is criticism limited to intracommunity discourse. The areas of overlap or intersection make possible critical interactions among as well as within communities" (ebd.). Hier stellt sich die Frage, wie solche Überschneidungen zu erklären und warum sie anzunehmen sind sowie wodurch garantiert ist, dass sie eine ausreichende Basis für effektive Kritik bereitstellen. In Bezug auf ihre Liste feministischer kognitiver Werte betont Longino vielmehr gerade deren Unterschiedlichkeit und Opposition zu der traditionellen Kuhnschen Liste. Die einzigen Überschneidungen liegen hier in den notwendigen Kriterien der internen Konsistenz und empirischen Adäquatheit. Das Problem der Theoriewahl entsteht jedoch überhaupt erst auf Grundlage der Annahme, dass diese eben nicht auch hinreichend für die betreffenden Entscheidungen sind. Es ist wohl davon auszugehen, dass sie dann auch nicht hinreichend für eine gemeinschaftsübergreifende Konsensfindung sind. Kommunikation über und effektive Kritik von wertbeladenen Annahmen würde so unmöglich – und bildet doch den Kern des sozialen Objektivitätsbegriffs.

In einem neueren Aufsatz vertritt Longino (2008) eine wesentlich moderatere These bezüglich der feministischen Werte als in ihrer ursprünglichen Argumentation. Hier präsentiert sie diese Kriterien nicht mehr als Standards der Theoriewahl, sondern als lediglich heuristische Maßstäbe, welche die Entwicklung von Theorien anleiten. Zwar hat sie die betreffenden Werte bereits vorher als relevant für Entscheidungen in verschiedenen Forschungsstadien betrachtet, nun reduziert sie ihre normative Funktion jedoch auf Fragen der Formulierung und Weiterverfolgung von Theorien, statt sie als Kriterien der Akzeptanz oder Zurückweisung zu verstehen. Allerdings beharrt sie weiterhin auf dem zentralen Punkt ihrer Argumentation, dass den feministischen und den Kuhnschen Werten der gleiche epistemologische Status zukomme: "The feminist and the traditional virtues are on a par, epistemologically. Both have heuristic but not probative power" (ebd., S. 74).

Es ist jedoch fraglich, ob diese Veränderung ihrer Argumentation für Longinos Position tatsächlich hilfreich ist. Eine solche Beschränkung der normativen Funktion konstitutiver Werte (außer der notwendigen) könnte im Rahmen eines generellen empiristischen Ansatzes (etwa in der Tradition van Frassens, welcher das Ziel der Wissenschaft auf empirische Adäquatheit beschränkt) durchaus eine konsistente Position generieren. Longino geht allerdings von der Voraussetzung einer Unterdeterminierung wissenschaftlicher Inhalte durch empirische Daten aus, gerade weil diese Inhalte auf eine Form theoretischen Verstehens zielten. Zugleich behauptet sie, dass diese Theorien zumindest potentiell einen Status epistemischer Akzeptierbarkeit und Konsensfähigkeit erreichen können. Wenn man aber die Möglichkeit empirisch unterdeterminierter Theoriewahlentscheidungen anerkennt, ohne gleichzeitig derartigen Entscheidungen deshalb ihre potentielle Legitimität abzusprechen, entsteht dadurch die Frage, welche nicht-empirischen Kriterien für diese Entscheidungen anzulegen sind. Die Möglichkeit derartiger Kriterien generell zu verneinen führt auch hier wieder zu einem Mangel an geteilten Evaluierungsstandards für Theoriewahlentscheidungen – und entzieht damit dem kritischen Prozess, der die Essenz von Longinos sozialer Objektivität darstellt, ebenfalls den Boden.

7.4 Pluralismus und Konsens

Im Rahmen von Longinos kontextuellem Empirismus sowie auch allgemein im Hinblick auf das Wertfreiheitsideal ist es nicht hilfreich, die Rolle kognitiver Werte auf heuristische Einflüsse und Kriterien der Theoriewahl auf empirische Adäquatheit und interne Konsistenz zu beschränken. Der Grund für diese Restriktion liegt bei Longino in der fehlenden Beweiskraft der feministischen wie der traditionellen Werte. Wie oben diskutiert, ist es in der Tat aus verschiedenen Gründen problematisch, eine Gruppe von Werten als wahrheitsfördernd auszuzeichnen. Dieser Umstand muss jedoch nicht bedeuten, dass nicht-empirischen Werten keine legitime Rolle in der Theoriewahl zugestanden werden oder dass es keine guten Gründe für die Annahme bestimmter Werte geben kann.

Ein Beispiel dafür liegt gerade in Longinos Identifizierung einer Gruppe von Werten als konstitutiv und feministisch. Diese beruht nicht auf der Erfassung einer durch sie geleisteten Wahrheitsförderung oder auch der Förderung anderer Auffassungen genereller epistemischer Qualität. Vielmehr interpretiert sie Eigenschaften bestimmter Theorien als Werte, die in feministisch motivierter Forschung zu dem Ziel beitragen, geschlechtsbezogene Themen besser zu verstehen und die Gendervariable erfassbar zu machen. Wie sie wiederholt betont, ist es dieser Beitrag zu einem feministischen (kognitiven) Ziel, der diese Werte als feministisch auszeichnet, nicht etwa eine intrinsische feministische Qualität dieser Eigenschaften. Was aber Eigenschaften von Theorien sind, die feministische Ziele befördern, kann deshalb nur Ergebnis eines kontingenten Lernprozesses sein, ist abhängig von dem jeweiligen Forschungs- sowie gesellschaftlichem Kontext und lässt sich nicht a priori beantworten. Dasselbe gilt für ihren kognitiven Charakter: auch diese Zuschreibung begründet sich darin, dass die entsprechenden Werte zu kognitiven Zielen beigetragen haben. Dabei haben die Kuhnsche Werten keinen prinzipiell besonderen Status. Vielmehr lassen auch sie sich als Resultat eines (wesentlich längeren) Lernprozesses verstehen. Auch wenn sie nicht durch eine generelle Wahrheitsförderung als absolut und kontextunabhängig begründbar sind, können sie doch als Indikatoren epistemischer Qualität aufgefasst werden, die sich in vielen Kontexten bewährt haben.

Es ließe sich vielleicht einwenden, dass so das Problem lediglich um eine Ebene verschoben wird und Wertfreiheit dann eine strikte Trennung zwischen kognitiven und nicht-kognitiven Zielen erfordert. Dazu ist zunächst zu sagen, dass das Konzept einer sozialen Objektivität einen Diskurs über geeignete Ziele einschließt (siehe unten). Was jedoch ein akzeptables Ziel ist und was nicht, lässt sich nur von Fall zu Fall entscheiden. So könnte es beispielsweise ein kontroverses Ziel sein, die Entstehung der Arten zu erklären, ohne dabei mit religiösen Glaubenssätzen zu konfligieren. Hier müsste einerseits betrachtet werden, ob diese Zielsetzung dazu führt, dass gegen die Kriterien der empirischen Adäquatheit oder der Konsistenz in einer Weise verstoßen wird, die auch das minimale Wertfreiheitsideal als schlechte Wissenschaft zurückweisen würde. Zudem müsste die betreffende Forschungsgemeinschaft sich den Regeln sozialer Objektivität fügen, also z. B. auch die Kritik nicht-religiöser Wissenschaftler zur Kenntnis nehmen und darauf reagieren.

Zwar kann durchaus bezweifelt werden, ob es sich hier überhaupt um ein (auch) kognitives Ziel handelt. Wie gesagt, haben wir eine Art Vorverständnis davon, was unter den Begriff des Kognitiven fällt; allerdings ist dieser nicht durch hinreichende und notwendige Bedingungen eindeutig definiert ist und erlaubt Grenzfälle, in denen die Zuordnung nicht so leicht ist. Zugleich ist fraglich, warum eine eindeutige und kontextunabhängige Unterscheidung von kognitiv und nicht-kognitiv auf der Ebene der Ziele eher als auf der Ebene der Werte möglich sein sollte. Da die Gegnerin des Wertfreiheitsideals eine kontextunabhängige Definition des Kognitiven zurückweist, liegt die Beweislast, dass eine solche möglich ist, bei seiner Vertreterin. Tatsächlich scheint diese Beweisführung aber auf der Ebene der Ziele noch schwieriger als bei den Kriterien der Theoriewahl. Sie müsste darauf hinauslaufen, dass wissenschaftliche Ziele sich nur nach der epistemischen Signifikanz von Forschungsgegenständen ausrichten, nicht nach ihrer sozialen, religiösen oder praktischen Relevanz. Damit wäre nicht nur sämtliche anwendungsorientierte Forschung diskreditert (mithin große Teile der Medizin), sondern man stünde auch vor dem Problem, dass epistemische Signifikanz von der bisherigen Geschichte eines Forschungsgebiets und deshalb eventuell von früheren praktischen Interessen abhängig ist (siehe oben zu Kitcher).

Selbst wenn nun eine absolute Unterscheidung zwischen kognitiven und nicht-kognitiven Werten unmöglich scheint, so räumt dies nicht die Möglichkeit kontextspezifischer kognitiver Werte aus, die sich durch einen „learning by doing"-Prozess etablieren lassen. Insofern verschiedene Grade der Realisierung bestimmter Forschungsziele bestimmbar sind, lässt sich eben daraus auch eine gewisse Rechtfertigung bestimmter Eigenschaften von Theorien als Werten der Theoriewahl ableiten. Das bedeutet, dass die Begründung oder doch zumindest Unterstützung kognitiver Werte auf empirischer Basis möglich ist: durch einen Vergleich des Erfolgs durch sie charakterisierter Theorien in Hinsicht auf bestimmte Ziele.

Wie oben erläutert wurde, liegt die Schwierigkeit einer Annahme von Wahrheit als Ziel darin, dass die Vergleichbarkeit verschiedener Realisierungsgrade in diesem Fall eben nicht gegeben ist. Eine solche Vergleichbarkeit erhöht sich durch den Bezug auf spezifischere Ziele, wenn sie auch vielleicht nicht immer eindeutige Bewertungen garantiert. Allerdings sollten diese Ziele nicht zu spezifisch sein (etwa, die Hypothese eines präventiven Effekts von HET für KHK zu prüfen), da die Vergleichbarkeit eben auch erfordert, dass es eine Reihe unterschiedlicher Ansätze und Versuche in Hinsicht auf ein gemeinsames „Ziel mittlerer Reichweite" und eine hinreichende Variabilität von Theoriemerkmalen gibt, die evaluiert werden können. Die naturalistische Begründung kognitiver (beziehungsweise konstitutiver) Werte muss sich vielmehr an größeren Zusammenhängen orientieren, z. B. an Forschungsprogrammen in der Art der feministischen Gesundheitsforschung, die im Einzelnen eine Vielzahl von Forschungsgegenständen hat, sich jedoch durch eine gemeinsame übergeordnete Perspektive auf den geteilten Gegenstand Gesundheit auszeichnet. Zudem muss solchen Forschungsprogrammen zunächst eine gewisse Entwicklungsphase zugestanden werden und genügend Zeit, um Rückschlage erleben und Fortschritte machen zu können. Gleichzeitig ist eine entsprechende Evaluierung immer nur provisorisch, da sich der wissenschaftliche wie auch der gesellschaftliche Kontext wandeln und der Beitrag bestimmter Theoriemerkmale zum Forschungserfolg daher ebenfalls variieren kann.

Daraus folgt nun allerdings erstens, dass eine solche Begründung jeweils kontextspezifisch ist. Wie Longinos Liste zeigt, ist es bisher nicht gelungen, einen Kanon von Werten zu finden, der in sämtlichen Kontexten förderlich wäre; auch ist zweifelhaft, ob dies überhaupt möglich ist, da selbst die Kuhnschen Werte oft miteinander konfligieren und Entscheidungen über ihre Gewichtung erfordern. Zweitens lässt sich auf diese Weise kaum die Wertfreiheit der Wissenschaft (in der erläuterten Version einer Freiheit der Theoriewahl von nicht-kognitiven Werten) begründen, da die jeweiligen kognitiven Werte ihre Rechtfertigung aus einem Beitrag zu Zielen beziehen, die ihrerseits mit traditionell nicht-kognitiven Werten in Verbindung stehen können.

Zusammengefasst ist es also weder nötig noch eine gute Idee, die Möglichkeit nicht-empirischer Kriterien der Theoriewahl zu negieren, noch sie ausschließlich von spezifischen Zielen einzelner Forschungsgemeinschaften abhängig zu machen, wenn diese Abhängigkeit als Grundlage von Epistemologien mit bloß lokaler Geltung betrachtet wird und damit zu methodologischer Inkommensurabilität führt. Die lokale und provisorische Natur kognitiver Werte darf einen gemeinschaftsübergreifenden kritischen Diskurs nicht verhindern, sondern muss durch die Forderung begleitet werden, sie gegenüber externen Forschern zu verteidigen. Der Prozess der

Kritik kann sich daher nicht auf Forschungsresultate beschränken, sondern muss sich auch auf die Ziele und entsprechenden Theoriewahlkriterien erstrecken. Wie Longino selbst bemerkt:

> The satisfaction of goals of inquiry is not ascertained privately, but by evaluation with respect to shared values and standards. This evaluation may be performed by anyone, not just by members of the community sharing all standards. Furthermore, standards are not a static set, but may themselves be criticized and transformed, in reference to other standards, goals, or values, held temporarily constant. Indeed, the presupposition of reliance on such standards is that they have survived similar critical scrutiny. (Dies. 1996, S. 40)[12]

Insgesamt muss Longinos Betonung des sozialen Charakters von Wissenschaft durch die der prozeduralen Natur sozialer Objektivität begleitet werden und ergibt nur in diesem Zusammenhang gedacht ein kohärentes Bild. Prozeduralismus bedeutet hier zunächst, dass der Kern von Longinos sozialem Objektivitätsbegriff in dem *Prozess der Kritik* liegt, nicht etwa in einem durch diesen erreichten Ausschluss von Werteinflüssen. Dieser Prozeduralismus bezieht sich dabei auf drei verschiedene Ebenen: die Diskussion von Forschungsergebnissen, von berechtigten Kriterien der Theoriewahl und von angemessenen Forschungszielen, jeweils aus diversen Perspektiven.

Natürlich ist die Möglichkeit gegeben, dass dieser Prozess auf jedweder Ebene nicht zu einem Konsens führt. Dennoch wird soziale Objektivität erst dadurch ermöglicht, dass Wissenschaftler auf eine Konsensfindung mittels einer Diskussion aus verschiedenen Perspektiven und von verschiedenen Ebenen zielen. Longinos soziale Konzeption von Objektivität muss das normative Ideal eines Strebens nach Konsens integrieren, um die Fortführung des kritischen Prozesses verlangen zu können. Selbst wenn ein solcher Konsens nicht immer erreichbar ist, ist es doch ebendieses Konsensstreben im Zusammenhang mit einer prozeduralen Epistemologie, welches verhindert, dass soziale Objektivität zu einem problematischen epistemologischen Pluralismus führt. Die Annahme inkompatibler Ergebnisse als jeweils epistemisch akzeptabel ist kein hinreichendes Er-

---

[12] Zu einem Modell einer solchen Deliberation verschiedener Ebenen ohne archimedische Basis vgl. auch Laudan (1984), der Zusammenhänge zwischen Zielen, methodologischen Regeln und Resultaten konstatiert, die jeweils für die Diskussion dieser verschiedenen Ebenen benutzt werden können.

gebnis – und zwar nicht aufgrund von Prämissen über die eine Wahrheit als Erklärung wissenschaftlichen Erfolgs wie bei Kitcher, sondern um soziale Objektivität überhaupt zu ermöglichen. Dieser Punkt wird auch durch Carrier (2012) verdeutlicht, der argumentiert, dass der Pluralismus in Hinsicht auf Resultate und Standards durch eine geteilte "epistemic attitude" der Wissenschaftler beschränkt werden müsse, um Objektivität zu ermöglichen. Diese epistemische Einstellung oder Haltung werde dabei durch eben solche prozeduralen Kriterien zum Ausdruck gebracht, wie sie Longinos Bedingungen sozialer Objektivität darstellen. Diese betreffen den Umgang mit unterschiedlichen wissenschaftlichen Standpunkten und Resultaten, und zwar nicht in Bezug auf allgemeine Geltungskriterien, sondern auf Formen der sozialen Interaktion von Wissenschaftlern. So fordert Longinos Ideal beispielsweise ein, dass widersprüchliche Ergebnisse und kritische Stimmen berücksichtigt werden. Carrier beschreibt daher Longinos Anforderungen für soziale Objektivität als epistemische Werte auf einer anderen Ebene, die den Umgang mit Ergebnissen und Kritik anleiten und dadurch das Streben nach Konsens sicherstellen. Zwar bedeute dies nicht, dass ein derartiger Konsens immer erreicht werde, dennoch ließen diese prozeduralen Normen es nicht zu, schlicht bei einem Dissens stehen zu bleiben. Vielmehr ermöglichten sie eine Kritik von Forschung, die Gegenargumente ignoriert oder wissenschaftlicher Gemeinschaften, die kritische Stimmen sozial marginalisieren statt sich mit ihnen auseinanderzusetzen (vgl. ebd., Abschnitt 8, 9).

Für diese prozeduralen Regeln gibt es ebenfalls keine absolute Rechtfertigung (etwa aus einem Ziel des Erkenntnisgewinns heraus), da dies dieselben Schwierigkeiten verursachen würde wie eine entsprechende Rechtfertigung von Theoriewahlkriterien. Auch sie lassen sich daher am Besten als Ergebnis eines kontingenten Lernprozesses begreifen. Insgesamt erfordert Longinos soziale Konzeption von Objektivität damit den Einschluss eines Strebens nach wissenschaftlichem Konsens als normativem Ziel und stellt gleichzeitig die prozeduralen Kriterien bereit, die ein solches Streben gewährleisten. Wissenschaftlerinnen unterschiedlicher Ausrichtung müssen den Dialog suchen und auf eine übergreifende Einigung zielen, um den Ergebnissen ihrer Forschung epistemische Vertrauenswürdigkeit zu verleihen. Dieser Dialog ist dabei auch auf Institutionen angewiesen, die ihn ermöglichen: etwa Konferenzen oder Fachzeitschriften, die

Vertreterinnen rivalisierender Ansätze Raum für die Debatte geben, oder Fundingorganisationen, die sowohl Diversität als auch den gemeinsamen Diskurs innerhalb einzelner Institute, Fachrichtungen, Austauschprogramme usw. fördern.

Abschließend ist anzumerken, dass es zwar weder nötig noch empfehlenswert, scheint, den Kuhnschen wie den feministischen Werten eine ausschließlich heuristische Rolle zuzusprechen; dennoch liegt aber in Longinos Betonung ihrer heuristischen Funktion ein wichtiger Punkt. Ihr zufolge beeinflussen die entsprechenden Werte verschiedene Stadien der wissenschaftlichen Arbeit, bevor es überhaupt zur Theoriewahl kommt, etwa die Selektion von Problemen und Formulierung von Fragestellungen, die Bestimmung relevanter Daten, die Wahl von Methoden oder anfängliche Plausibilitätseinschätzungen. Dies gilt auch für die traditionellen Kuhnschen Werte: sie spielen nicht erst bei Entscheidungen über die Theoriewahl eine Rolle, sondern tragen bereits vorher zu einer Spezifizierung dessen bei, wonach überhaupt gesucht wird. Zudem bilden die betreffenden Werte einer Forschungsgemeinschaft einen wichtigen Teil der im letzten Kapitel diskutierten Hintergrundannahmen, die zwischen Theorie und Empirie vermitteln. Diese Werte führen also (wie auch substantielle Hintergrundannahmen) zu einer bestimmten Herangehensweise an ein Problem und sind von entscheidender Bedeutung dafür, welche Aspekte als signifikant erachtet und welche vernachlässigt werden.

In Bezug auf diese heuristische Funktion ist Longinos Ideal einer Integration möglichst diverser Werte und Perspektiven besonders einleuchtend, indem es einen Pluralismus in Bezug auf wissenschaftliche Herangehensweisen und Ansätze (statt auf Geltungsansprüche) impliziert. Es scheint unkontrovers, dass es vor der Entscheidung für eine bestimmte Theorie wünschenswert ist, diese im Licht unterschiedlicher Alternativvorschläge zu evaluieren, um die Möglichkeit blinder Flecken zu minimieren. Auf diesen Punkt soll im letzten Kapitel zu den Beziehungen zwischen Entdeckungs- und Rechtfertigungskontext genauer eingegangen werden; zunächst ist jedoch noch ein weiteres Problem für die Forderung einer wertfreien Rechtfertigung zu diskutieren.

8 Induktive Risiken

8.1 Induktive Risiken und Wertfreiheit

In der Darstellung der zeitgenössischen Version des Wertfreiheitsideals wurde herausgearbeitet, dass dieses nicht den Ausschluss sämtlicher Werte aus der Wissenschaft fordert. Einerseits werden Werte im Entdeckungs- oder Anwendungskontext als legitim betrachtet; andererseits wird auch bei der Beurteilung von Geltungsansprüchen auf Werte rekurriert. In letzterem Fall sollen Werteinflüsse jedoch auf kognitive Werte beschränkt werden. Das heutige Ideal der Wertfreiheit beruht damit auf einer Reihe von Voraussetzungen. Erstens bildet die Möglichkeit einer Unterscheidung kognitiver und nicht-kognitiver Werte eine notwendige Bedingung von Wertfreiheit (i). Zweitens wird davon ausgegangen, dass diese Bedingung auch hinreichend ist, da sie es erlaube, nicht-kognitive Werte aus der Theoriewahl heraus-zuhalten (ii). Dies konstituiere die Wertfreiheit in dem für Objektivität relevanten Sinn, da drittens die Rechtfertigung von Theorien unabhängig von Werten sei, die bei ihrer Entwicklung oder praktischen Umsetzung eine Rolle spielten (iii).

Diese Voraussetzungen sind jedoch sämtlich problematisch. Wie die vorhergehende Diskussion um kognitive Werte gezeigt hat, ist es äußerst schwierig, eine absolute Unterscheidung zwischen legitimen und illegitimen Werten zu treffen (i). Die Legitimität von Werten bei der Theoriewahl ist eine Funktion ihres Beitrags zu den Zielen der Wissenschaft. Einerseits ist dabei offen, was genau das Ziel der Wissenschaft ist, ob es überhaupt ein übergeordnetes Ziel gibt und ob ein solches – gerade aufgrund der geforderten Allgemeinheit – hinreichend ist, um bestimmte Werte als kognitiv auszuzeichnen. Deshalb ist es ratsam, von spezifischeren Zielen in einzelnen Forschungskontexten auszugehen. Bei solchen Zielen ist jedoch eine Verflechtung kognitiver mit praktischen oder auch politischen Aspekten möglich. Diese müssen sich keineswegs widersprechen, sondern können sich durchaus ergänzen; so zielen feministische Forscherinnen darauf, Mechanismen geschlechtsspezifischer Diskriminierung zu verstehen, um diese letztlich auch verändern zu können. Wie Longinos Liste feministischer Werte zeigt, können aus derartigen Zielen Kriterien für die Theoriewahl abgeleitet werden, die sowohl eine kognitive Funktion erfüllen als auch soziopolitische Motivationen inkorporieren und perpetuieren. Damit ist die Bedingung der Trennbarkeit legitimer und illegitimer Werte zumindest entschieden beeinträchtigt, da dieser Unterscheidung eine absolute Basis entzogen wird und sie nur im Hinblick auf spezifische Forschungskontexte durchzuführen ist, in welchen sie jedoch durch traditionell nicht-kognitive Werte beeinflusst werden kann.

Anzumerken ist, dass Longinos Argumentation hinsichtlich der möglichen kognitiven Natur feministischer Werte überzeugender ist als im Hinblick auf die möglicherweise politische Natur der traditionellen kognitiven Werte. Dies liegt vor allem darin begründet, dass sie nicht zwischen den Problemen der Unterscheidbarkeit (i) und der Kuhn-Unterbestimmtheit (ii) differenziert. Allerdings: fällt die eine Seite der kognitiv/nicht-kognitiv Trennung, können also politisch motivierte Werte gleichzeitig legitime kognitive Werte sein, so fällt damit die Idee einer generellen Unterscheidung. Andere als die traditionellen kognitiven Werte können kontextabhängig hinzukommen. Warum es dann unmöglich sein sollte, dass auch die umgekehrte Beziehung gilt, dass also die Kuhnschen Werte je nach Kontext auch politische Werte sein können, leuchtet nicht ein. Die Kognitivität von Werten begründet sich nicht durch eine irgendwie inhärente Natur dieser Merkmale, sondern über ihren Beitrag zu spezifischen Forschungszielen.

Wie dargestellt, lassen sich beide Listen am Besten als Ergebnis eines kontingenten wissenschaftlichen Lernprozesses auffassen, in welchem sich die Kuhnschen Werte auch deshalb bewährt haben, weil sie nicht nur Ziele mit einem spezifischen politischen Aspekt befördern. Eine Möglichkeit ihrer Abgrenzung läge demnach eventuell in ihrer größeren Universalität gegenüber den kontextspezifischen Werten. Problematisch hierbei ist allerdings die Kuhn-Unterbestimmtheit. Kognitive Werte lassen sich schon deshalb nicht über ihre Universalität auszeichnen, da sie häufig nicht gleichzeitig und im gleichen Maße verwirklichbar sind, sondern jeweils eine Gewichtung erfordern – also eben nicht in allen Theoriewahlsituation uneingeschränkte Gültigkeit haben. Hinzu kommt, dass ihre Gewichtung und Interpretation von anderen Werten oder wertbeladenen Sichtweisen auf einen Gegenstandsbereich beeinflusst sein kann (wenn man denn eine klare Trennung von Werten hätte), etwa wenn Einfachheit derart interpretiert wird, dass die Komplexität von Kausalrelationen oder auch die menschliche Diversität nicht abgebildet wird, sondern systematisch auf die Präsentation beispielsweise eines Geschlechts reduziert wird. Die Beschränkung auf traditionell kognitive Werte bei der Theoriewahl kann deshalb keine Garantie dafür leisten, dass andere Werte herausgesiebt werden (ii).[13]

Darüber hinaus ist die Postulierung einer epistemischen Unabhängigkeit der Rechtfertigung von anderen Forschungsstadien problematisch (iii). So spielen kognitive oder konstitutive Werte nicht nur bei der Entscheidung über die Akzeptanz oder Verwerfung von Theorien eine Rolle, sondern haben auch eine heuristische Funktion, da sie spezifizieren, nach welcher Art von Theorie wir suchen. Dadurch leiten sie beispielsweise Entscheidungen über die Konkretisierung von Fragestellungen oder Plausibilitätseinschätzungen in der Phase der Theorieentwicklung an. Wie im Bezug auf holistische Unterdeterminierungsargumente beschrieben wurde, können derartige heuristische Perspektiven auf einen Gegenstandsbereich wertbeladen sein und zu wertgeleiteten Signifikanzentscheidungen führen. Wie wir uns einem Forschungsbereich nähern, beeinflusst dabei auch, was überhaupt mögliche Ergebnisse sind, welchen empirischen Daten eine Hypothese letztlich gerecht werden und gegen welche alternativen Theorien sie sich durchsetzen muss. Werte im Entdeckungszusammenhang können daher indirekten Einfluss auf die Rechtfertigung nehmen (siehe dazu genauer Kapitel 9).

Nicht nur Werte im Entdeckungskontext spielen jedoch eine Rolle für die Rechtfertigung von Theorien. Ein weiteres Hindernis für die Wertfreiheit des Rechtfertigungskontextes liegt in einem Problem, für das Hempel (1965) die Bezeichnung *induktive Risiken* prägte. Dieses läuft auf eine mögliche epistemische Relevanz des Anwendungskontextes hinaus. Das Problem der induktiven Risiken stammt ursprünglich aus der Statistik und wurde von Rudner (1953) in einem mittlerweile klassischen Aufsatz besonders prägnant und eindringlich formuliert. Seine Argumentation beruht

---

[13] Dies gilt zumindest solange, als man nicht annimmt, dass ein Erfolg von Theorien prinzipiell mit anderen Werten – politischen, religiösen, ethischen usw. - unvereinbar ist; für eine solche Annahme scheint es jedoch keine plausiblen Gründe zu geben.

dabei im Wesentlichen auf zwei Prämissen: erstens, dass Wissenschaftler Hypothesen akzeptieren oder verwerfen würden; zweitens, dass keine Hypothese jemals als vollkommen sicher gelten könne. Es gebe daher bei einer Entscheidung über Akzeptanz oder Zurückweisung immer die Möglichkeit, einen Fehler zu machen. Daraus folge die Frage, wie viel empirische Evidenz erforderlich sei, um diese Entscheidung zu treffen. Ebendiese Frage lässt sich nach Rudner nur unter Einbezug von Werturteilen über die ethischen und sozialen Konsequenzen möglicher Fehler beantworten.

Ein Beispiel ist die Frage nach der Beurteilung von Hypothesen über die Sicherheit eines Medikaments und seine möglichen Nebenwirkungen – ob es z. B. Kopfschmerzen verursachen oder zu einem Schlaganfall führen kann. In beiden Fällen gibt es zwei mögliche Arten von Fehlern: *falsch negative Ergebnisse*, welche das Medikament in Bezug auf diese Nebenwirkungen als sicher ausweisen, obwohl es das faktisch nicht ist; oder *falsch positive Ergebnisse*, die ihm diese Sicherheit absprechen, obwohl sie faktisch gegeben ist. Beide Fehlerarten haben außerwissenschaftliche Konsequenzen: entweder wird das Medikament zugelassen und verkauft, führt aber unter den Patienten zu einer erhöhten Rate von Kopfschmerzen respektive Schlaganfällen – oder es wird nicht verkauft und bedeutet z. B. finanzielle Einbußen des Herstellers und eingeschränkte Behandlungsmöglichkeiten. Wie schwerwiegend diese Fehlerkonsequenzen sind, ist dabei in ethischer Hinsicht sehr unterschiedlich. Deswegen, so Rudner, müssten in Entscheidungen darüber, wie viel Evidenz für die Akzeptanz einer Hypothese genug ist, ethische Werturteile einbezogen werden. Entsprechend wäre für die Akzeptanz der Hypothese, dass das Medikament keine Schlaganfälle verursacht, mehr Evidenz nötig als im Kopfschmerzfall. Durch die Forderung nach einem höheren Ausmaß an empirischer Bestätigung verringert sich die Gefahr falsch negativer Ergebnisse – jedoch auf Kosten einer höheren Wahrscheinlichkeit falsch positiver.

Rudner fasst dies als ein generelles Problem auf, dass jede wissenschaftliche Akzeptanzentscheidung betreffe, da alles wissenschaftliche Schließen letztlich statistisches Schließen sei. Deshalb stelle sich immer die Frage nach der Anzahl von Belegen, die für Akzeptanz oder Zurückweisung nötig seien. Die Entscheidung über das angemessene Verhältnis der Fehlerwahrscheinlichkeiten setze wiederum notwendig ethische Urteile voraus.

My remarks have [...] amounted to this: any adequate analysis [...] of the method of science must comprise the statement that the scientist *qua* scientist accepts or rejects hypotheses; and further that an analysis of that statement would reveal it to entail that the scientist *qua* scientist makes value judgments. (Rudner 1953, S. 4)

Rudners Position ist natürlich nicht unkritisiert geblieben. Die Reaktionen auf seine Argumentation bezogen sich dabei vorwiegend auf die Prämisse, Wissenschaftler würden Hypothesen akzeptieren oder verwerfen. So stellt beispielsweise Jeffrey (1956) Rudners Argumentation auf den Kopf und kommt zu dem Ergebnis, dass Wissenschaftler gerade dann, wenn sie Werturteile über mögliche Konsequenzen von Fehlern in Entscheidungen über Akzeptanz einbezögen, solche Entscheidungen unmöglich treffen könnten, da oftmals überhaupt nicht vorherzusehen sei, welche Konsequenzen diese hätten.[14] Jeffrey schlussfolgert, dass die Aufgabe des Wissenschaftlers dann nicht die Akzeptanz sein könne, sondern nur die Zuweisung von Wahrscheinlichkeiten, auf deren Grundlage andere über die praktische Umsetzung von Forschungsresultaten (angesichts der gegeben Risiken) zu entscheiden hätten. Damit beharrt er auf dem Ideal einer Wertfreiheit der Wissenschaft.[15]

Ein weiterer Einwand, der zwar an Akzeptanzentscheidungen festhält, sich aber gegen Rudners Interpretation dieser Akzeptanz-Prämisse richtet, wurde neben Jeffrey vor allem von Isaac Levi vertreten. Die wissenschaftliche Akzeptanz einer Hypothese bedeute, an ihre Gültigkeit zu glauben. Dies sei davon zu unterscheiden, auf der Basis dieses Gültigkeitsbefunds zu handeln. Der Unterschied zwischen Glauben und Handeln werde schon dadurch deutlich, dass oftmals keine konkreten Handlungen

---

[14] Diese Unvorhersehbarkeit in vielen Bereichen der Forschung ist offensichtlich; zudem ist auch in Fällen, in denen die kurzfristige Anwendung vorhersehbar ist, nicht abzusehen, zu welchen weiteren Forschungsergebnissen und Anwendungsmöglichkeiten eine Theorie langfristig beiträgt. Dies muss aber nicht zwingend bedeuten, dass Wissenschaftler dann auch soziale Konsequenzen, die zu dem jeweiligen Zeitpunkt absehbar sind, unbeachtet lassen sollten.

[15] Ein Problem ist hier, dass die Zuordnung numerischer Wahrscheinlichkeiten nicht in allen Wissenschaftsbereichen möglich ist. Allerdings ist es auch nicht Jeffreys Ziel, für eine Beschränkung wissenschaftlicher Urteile auf Wahrscheinlichkeitszuschreibungen zu plädieren; vielmehr läuft seine Argumentation darauf hinaus, dass Rudners Argumentation in sich selbst unstimmig ist.

und damit Konsequenzen aus der Akzeptanz von Hypothesen folgten, Wissenschaftler Hypothesen aber auch in solch offenen Situationen akzeptieren oder verwerfen würden (vgl. Levi 1960, 1962; vgl. auch Jeffrey 1956).

Die Interpretation der Akzeptanz einer Hypothese als Glaube an ihre Wahrheit ist natürlich ebenso bezweifelbar. Es gibt verschiedene andere Möglichkeiten, den Akzeptanzbegriff zu verstehen: etwa als Entscheidung, so weiter zu verfahren, als wäre die betreffende Hypothese wahr – sie also als gut genug bestätigt zu betrachten, dass sie keinen weiteren Tests unterworfen werden muss, sondern als Grundlage weiterer Forschung dienen kann. Der Kern des Arguments ist jedoch von der genauen Interpretation des Akzeptanzbegriffs unabhängig, da er darauf zielt, die wissenschaftliche Beurteilung von Hypothesen (ob als ausreichend bestätigt, als wahr oder als hochwahrscheinlich) von Handlungen auf ihrer Grundlage zu trennen. Dies lässt sich als Verteidigung der Wertfreiheit im Sinne der Kontextunterscheidung verstehen: die Rechtfertigung von Hypothesen oder Theorien kann und soll von der Frage ihrer Anwendung unabhängig sein (vgl. zu der Unterscheidung wissenschaftlicher Akzeptanz und praktischer Anwendung auch McMullin 1982, S. 8).

Festhalten lässt sich, dass die Trennung der Beurteilung einer Hypothese von ihrer Anwendung zumindest dort gerechtfertigt scheint, wo ihre Anwendung offen oder eine praktische Anwendbarkeit nicht unmittelbar gegeben ist. Wenn etwaige Handlungen auf der Grundlage einer Hypothese nicht vorhersehbar sind, so sind es auch die Konsequenzen eines möglichen Fehlers nicht – weshalb diese dann in die Beurteilung auch kaum eingehen können. Zumindest Rudners Behauptung, jegliche Akzeptanzentscheidung in der Wissenschaft setze notwendig ethische Werte voraus, lässt sich so recht einfach von der Hand weisen. Das Problem der induktiven Risiken ist auf Bereiche zu beschränken, in denen die Konsequenzen eines Fehlers absehbar ethisch relevante Bedeutung haben. Dies trifft allerdings auf einen Großteil heutiger Wissenschaft zu; beispielsweise ist medizinische oder pharmazeutische Forschung oftmals direkt handlungsrelevant. Wenn etwa ein Medikament als sicher und effektiv beurteilt wird, wird es folglich zugelassen und würde eine fehlerhafte Entscheidung unter Umständen erhebliche gesundheitliche Schäden für die betroffenen Patienten bedeuten, während die gegenteilige Entscheidung im Falle eines Fehlers mit ungerechtfertigten Einbußen der Herstellerfirmen verbunden wäre. Die Frage ist daher, ob das Bestehen induktiver Risiken in Fällen mit vorhersehbaren Fehlerkonsequenzen die Wertfreiheit der Rechtfertigung untergräbt. Wie ich im Folgenden darstellen werde, ist dabei zudem zwischen ethischen und epistemologischen Argumenten gegen das Wertfreiheitsideal auf der Basis induktiver Risiken zu unterscheiden.

8.2 Induktive Risiken als ethisches Problem

Die Diskussion um induktive Risiken in Fällen mit vorhersehbaren Konsequenzen wurde vor allem durch einen Aufsatz von Heather Douglas (2000) wieder neu entfacht. Neben der Einschränkung auf handlungsrelevante Forschungsbereiche unterscheidet sich ihre Argumentation von Rudners vor allem dadurch, dass sie das Problem der induktiven Risiken als ein ethisches auffasst. Das Ideal einer neutralen Wissenschaft sei abzulehnen, wenn es dazu führe, dass kein Unterschied gemacht werde zwischen den Anforderungen an die Bestätigung von Hypothesen über die Sicherheit eines Atomkraftwerks oder aber die Wirksamkeit eines Waschmittels. Problematisch sei ein Rückzug auf die Wertfreiheit der Wissenschaft – und die damit einhergehende Verschiebung der Verantwortlichkeit für Fehlerkonsequenzen – dabei vor allem aufgrund der Autorität der Wissenschaft in unserer Gesellschaft. Diese führe dazu, dass die Einschätzungen von Wissenschaftlern von großer Bedeutung für betreffende Handlungsentscheidungen sind (vgl. ebd., S. 563).

Hier würde auch Jeffreys Position, Wissenschaftler gäben nur Wahrscheinlichkeiten an, nicht weiterhelfen: die Entscheidung, wie hoch eine ausreichende Wahrscheinlichkeit ist, müsste trotzdem getroffen werden. Diese könnte zwar prinzipiell abgegeben werden, wobei aber einerseits fraglich ist, wie Nichtwissenschaftler dieses Problem überhaupt beurteilen sollen, und wodurch andererseits die Möglichkeit sozialer Konsequenzen einer fälschlicherweise hohen Wahrscheinlichkeitszuschreibung nicht ausgeräumt würde. Vorausgesetzt, dass man Wissenschaftlern moralische Verantwortung für ihre Handlungen und deren Konsequenzen zuschreibe, sei das Ideal der Wertfreiheit daher aus ethischen Gründen überhaupt nicht wünschenswert:

> To claim that scientists ought not consider the predictable consequences of error (or inductive risk) is to argue that scientists are somehow not morally responsible for their actions as scientists. To defend a completely "value-free" science would require such a move, one which seems to be far more dangerous than openly grappling with the role of values in science. (Ebd.)

Eine Möglichkeit wäre also, aufgrund des Problems induktiver Risiken das Ideal der Wertfreiheit als ethisch nicht vertretbar abzulehnen. Allerdings ist Douglas Position hier nicht ganz eindeutig. Während sie zum Teil explizit diese ethische Position zum Ausdruck bringt, bezeichnet sie andererseits oft den Einbezug von ethischen Werturteilen in die Beurteilung von Hypothesen als wissenschaftliches Erfordernis: "When non-epistemic consequences of error can be foreseen, non-epistemic values *are* a necessary part of scientific reasoning" (ebd. S. 578); "non-epistemic values are required for good reasoning"(ebd., S. 565); "[r]ejecting the ideal of value-free science is [...] required by the basic norms of moral responsibility and the reasoning needed to do sound, acceptable science" (dies. 2007, S. 135). Für die ethische Interpretation spricht, dass Douglas nicht von einer prinzipiellen Unsicherheit wissenschaftlicher Inhalte ausgeht, sondern von der Möglichkeit, die Wahrscheinlichkeit von Fehlern, beispielsweise durch eine Vergrößerung von Studienpopulationen, so weit zu verringern, dass die Konsequenzen möglicher Fehler zu vernachlässigen sind (vgl. dies. 2000, S. 577). Derartige Vergrößerungen der empirischen Evidenz seien jedoch oftmals so zeit- und kostspielig, dass sie in der Praxis kaum durchführbar sind (vgl. ebd., S. 568 f.). Nach dieser Lesart wäre das Problem der induktiven Risiken entsprechend kein prinzipielles Problem für das Ideal wertfreier Wissenschaft, sondern ein ethisches der moralischen Verantwortung von Wissenschaftlern, solange (aus praktischen Gründen) keine hinreichende Sicherheit bezüglich der Gültigkeit von Hypothesen besteht.

Eine weitere wesentliche Neuerung ihrer Argumentation gegenüber derjenigen Rudners liegt darin, dass sie neben der letztlichen Entscheidung über Akzeptanz oder Zurückweisung induktive Risiken auch Entscheidungen zuschreibt, die vorhergehende Stadien betreffen. Als Beispiel analysiert Douglas Studien zur Toxizität und insbesondere Karzinogenität von Dioxinen, die ihr zufolge an verschiedenen Stellen vor einer endgültigen

Akzeptanz oder Zurückweisung durch Entscheidungen geprägt sind, die induktive Risiken beinhalten (d. h. die Möglichkeit sozialer oder ethischer Konsequenzen von Fehlern sowie der Verschiebung von Fehlerwahrscheinlichkeiten zugunsten falsch negativer oder falsch positiver Ergebnisse).

Erstens geht es dabei um methodologische Entscheidungen wie die Wahl eines Signifikanzlevels. Diese werden zwar häufig entsprechend bestehender Konventionen in der wissenschaftlichen Gemeinschaft gesetzt und nicht für jede einzelne Studie neu verhandelt; eine explizite Deliberation über Signifikanzlevel würde (oder sollte) aber, so Douglas, Werturteile über mögliche Folgen einbeziehen. In den von ihr untersuchten Studien betrifft dies den Vergleich eines Auftretens von Krebserkrankungen bei Ratten, die einer Dioxinbelastung ausgesetzt wurden, mit unbehandelten Tieren. Da Dioxin nicht die einzige mögliche Ursache für Krebs ist, ist auch bei der Kontrollgruppe ein gewisses Ausmaß an Zellveränderungen zu erwarten. Die Frage ist daher, wie viel höher der betreffende Prozentsatz bei den Dioxinen ausgesetzten Tieren sein muss, um als signifikant und damit als Beleg für die Karzinogenität von Dioxinen zu gelten. Je höher das Signifikanzlevel hier gesetzt wird, desto größer muss der Unterschied zwischen den beiden Gruppen sein, um diesen Beleg zu erbringen. Dadurch wird die Wahrscheinlichkeit falsch positiver Ergebnisse verringert, die falsch negativer jedoch erhöht. Für ein niedriges Signifikanzlevel verhält es sich offensichtlich umgekehrt. Die jeweiligen Fehlermöglichkeiten haben dabei unterschiedliche außerwissenschaftliche Konsequenzen, da die Ergebnisse der Studien als Basis regulativer Entscheidungen bezüglich des Schutzes von Menschen vor einer möglicherweise problematischen Belastung dienen. Hier steht damit die Gesundheitsgefährdung den finanziellen Verlusten der Industrie gegenüber (vgl. Douglas 2000, S. 565-569).

Zweitens gebe es bei der Charakterisierung der empirischen Evidenz Unsicherheiten, die durch induktive Risiken gekennzeichnete Entscheidungen erforderten. So seien Wissenschaftler sich häufig uneinig bei der Evaluation der betreffenden Rattenlebern gewesen, d. h. in ihrer Einschätzung, ob Zellveränderungen Tumore darstellten und ob diese gutartig oder bösartig seien (vgl. zu den unterschiedlichen Evaluierungen derselben Lebern ebd., S. 570). Die empirische Evidenz erfordere eine Interpretation seitens der Wissenschaftler und berge damit die Gefahr von Fehlern sowie ethisch relevanten Konsequenzen – etwa, wenn im Zweifelsfall Abnormalitäten nicht als Tumor interpretiert würden und die Fehlerwahrscheinlichkeit zugunsten falsch negativer Ergebnisse verschoben werde. Einseitige Verschiebungen der Fehlerwahrscheinlichkeiten könnten jedoch unter Umständen durch Randomisierung und Einbezug verschiedener Personen vermieden werden, die nicht jeweils in dieselbe Richtung von Fehlerwahrscheinlichkeiten tendierten. Drittens ließen sich die Ergebnisse dieser Studien unterschiedlich deuten. Fraglich sei etwa, ob es eine Schwelle gibt, unterhalb derer Belastungen nicht karzinogen sind, oder ob Einflüsse geringfügiger Dosen mit den vorhandenen Studiengrößen nur nicht nachzuweisen sind, da diese für statistisch signifikante Ergebnisse in sehr niedrigen Bereichen enorm ausgeweitet werden müssten (vgl. ebd., S. 573-577).

Auch in Bezug auf diese Entscheidungen scheint Douglas die Position zu vertreten, dass Werturteile über soziale Konsequenzen aus ethischen Gründen einbezogen werden sollten, nicht aber aus epistemologischen Gründen erforderlich sind. Genauer gesagt sind induktive Risiken ihr zufolge kein prinzipielles Problem, sondern aufgrund der wissenschaftlichen Möglichkeiten in der Praxis zu beachten, die es nicht immer erlaubt, Studienpopulationen beliebig zu vergrößern, Methoden zu verfeinern, usw. Festhalten lässt sich aber zumindest, dass das Auftreten induktiver Risiken bereits während verschiedener Entscheidungen des Forschungsprozesses die Ablehnung einer Verantwortung der Wissenschaftler für etwaige Konsequenzen deutlich schwieriger macht. Es ist eben nicht so, dass die Wissenschaft die Fakten liefert und die Politik dann entscheidet; vielmehr nehmen die dargestellten Entscheidungen, die während des Forschungsprozesses erforderlich sind, Einfluss darauf, welche Fakten dies schlussendlich sind, was wiederum zu vorhersehbaren regulatorischen Maßnahmen führen kann. Diese Entscheidungen sind zudem für externe Personen (womöglich ohne entsprechende wissenschaftliche Expertise) nur sehr schwer zu beurteilen und daher auch schwer an solche zu delegieren.

Das Problem der induktiven Risiken beinhaltet folglich zumindest ein starkes ethisches Argument gegen das Wertfreiheitsideal, wenn dieses dazu führt, dass entsprechende Fehlerkonsequenzen nicht einbezogen werden (in Situationen, in denen Unsicherheiten bestehen und mögliche Schäden vorhersehbar sind). Gerade bezüglich der Entscheidungen während des Forschungsprozesses scheint es ethisch wünschenswert, dass Wissenschaftler sich als moralisch verantwortlich begreifen, da niemand sonst diese Verantwortung übernehmen wird oder (ohne tiefgreifende Veränderungen und Verzögerungen etwa durch ständige Abstimmungen mit Advisory Boards) kann. Wie gesagt sind Douglas Formulierungen hier oftmals zweideutig; ihre Argumentation scheint jedoch darauf hinauszulaufen, dass der Einbezug außerwissenschaftlicher Werte[16] aus *ethischen* Gründen erforderlich ist, solange die Wissenschaft nicht über unbegrenzte Ressourcen verfügt, die ihr prinzipiell erlauben würden, die zugrunde liegenden Unsicherheiten auszuräumen.[17] In der gegebenen Wissenschaft liegen solche Unsicherheiten jedoch vor, weshalb der Einfluss von Werten auf wissenschaftliche Entscheidungen legitim sei, insofern diese mitbestimmten, wie viel Evidenz als ausreichend erachtet werde – und diese Werte nicht selbst die Rolle empirischer Evidenz einnähmen (siehe dazu Kapitel 8.4).

Das Wertfreiheitsideal wäre damit aufgrund praktischer Beschränkungen von Forschung aufzugeben, nicht aber aufgrund prinzipieller erkenntnistheoretischer Probleme. Dies lädt zu einer Verteidigung des Wertfreiheitsideals ein, die dieses in seiner Form eines regulativen Ziels betrachtet und eine Annäherung der Wissenschaft an dieses Ideal als Maßstab epistemischer Güte beschreibt. So konstatiert beispielsweise Dorato (2004), dass die von Douglas beschriebenen Fälle eben aufgrund der vorliegenden Unsicherheiten nicht als gute Wissenschaft betrachtet werden könnten und eine Annäherung an Wertfreiheit (etwa durch bessere

---

[16] Im Lichte der vorhergehenden Diskussion einer Unterscheidung kognitiver und nicht-kognitiver Werte ist natürlich bereits diese Bezeichnung problematisch; sie sei hier jedoch verwendet, um den relevanten Punkt zu verdeutlichen.

[17] Versteht man das Erfordernis eines wissenschaftlichen Einbezugs ethischer Urteile über soziale Konsequenzen von Forschung als ethisches, liegt natürlich nahe, dass Wissenschaftler nicht nur die Folgen möglicher Fehler in Betracht ziehen sollten, sondern auch die richtiger Antworten, und sich die Frage stellen, ob diese für eine Veröffentlichung geeignet sind (das klassische Beispiel wäre hier die funktionierende Atombombe). Die epistemologische Relevanz induktiver Risiken ergibt sich allerdings aus der Möglichkeit von Fehlern und der daraus resultierenden Frage nach dem Ausmaß nötiger Evidenz, weshalb hierauf an dieser Stelle nicht weiter eingegangen wird.

Methoden oder größere Stichproben) entsprechend in epistemologischer Hinsicht maßgeblich für Qualität sei.

> To summarize, Douglas' dioxin case appears to favor the view that non-epistemic values intervene in the constitution of the evidential claims of science only because *we still do not know how things really are*. [...] The fact that non-epistemic values may influence the methodology through which the empirical results can be gathered in cases in which we still do not know much about the empirical links between causes and effects is just an indication that we have unreliable knowledge, and, in this sense, no "good science" at all. (Dorato 2004, S. 74 f.)

Das Problem an dieser Verteidigung der Wertfreiheit ist, dass hier das Ideal einer perfekten Wissenschaft gesetzt wird, was dazu führen würde, dass zumindest sehr weite Bereiche der Wissenschaft als schlechte oder doch nicht wirklich gute Forschung zu betrachten wären. Die einzig gute Wissenschaft wäre hier eine, die uns Gewissheiten darüber liefert, wie die Realität wirklich beschaffen ist. Es ist sehr fraglich, inwieweit dies überhaupt möglich ist (wenn man etwa davon ausgeht, dass hypothetisch-deduktive Verfahren nicht zu einer zweifelsfreien Bestätigung führen), und folglich auch, ob dies einen geeigneten Maßstab für die Bewertung von Theorien liefert.

An dieser Stelle kommt jedoch auch wieder das Agnostizismus-Argument ins Spiel: Solange bezüglich der Beurteilung einer Hypothese Unsicherheiten bestehen, sei keine Entscheidung über Akzeptanz zu treffen. In Bezug auf wissenschaftliche Einschätzungen zu regulatorischen Entscheidungen wäre dementsprechend diese Unsicherheit zu kommunizieren; das weitere Vorgehen und die ethische Beurteilung von Risiken wären jedoch nicht Sache der Wissenschaftler und sollten deshalb auch keine Rolle bei epistemischen Fragen spielen. Im Folgenden ist deshalb der Frage nachzugehen, ob sich aus dem Problem der induktiven Risiken eine stärkere These gegen das Wertfreiheitsideal entwickeln lässt, welche die Legitimität von Werteinflüssen nicht in der mangelnden Perfektion tatsächlicher Wissenschaft begründet, sondern in prinzipiellen epistemologischen Problemen.

8.3 Induktive Risiken als epistemologisches Problem

Zunächst sei gesagt, dass ich an Rudners Prämisse, dass wissenschaftliche Ergebnisse immer die Möglichkeit von Fehlern beinhalten, festhalte. Ein prinzipielles Maß an Unsicherheit ist dabei durchaus als Konsens der heutigen Wissenschaftsphilosophie zu betrachten und ergibt sich aus wissenschaftstheoretischen sowie wissenschaftsgeschichtlichen Erwägungen (siehe dazu Kapitel 2 und 3; von Bedeutung sind hier etwa die Grenzen hypothetisch-deduktiven Prüfens, die Kuhnsche Idee revolutionärer Umbrüche in der Wissenschaftsgeschichte oder die Uneindeutigkeit von Theoriewahlentscheidungen selbst durch kognitive Werte). Dabei ist es natürlich nicht ausgeschlossen, durch eine Erweiterung der empirischen Basis oder Verfeinerung der Methoden die Wahrscheinlichkeit sowohl falsch positiver als auch falsch negativer Ergebnisse zu verringern. Eventuell lassen sie sich sogar soweit verringern, dass die Gefahr von Fehlern und damit negativen sozialen Konsequenzen praktisch zu vernachlässigen ist. Um aber die Entscheidung zu treffen, dass eine Hypothese jetzt gut genug gestützt ist, um Konsequenzen möglicher Fehler als irrelevant zu betrachten, muss wiederum die Entscheidung gefällt werden, wie viel Evidenz dafür ausreicht und wie gering die Fehlerwahrscheinlichkeit letztendlich sein muss.

Solange man von einer gewissen prinzipiellen Unsicherheit wissenschaftlichen Wissens ausgeht, lässt sich das Problem der induktiven Risiken nicht ausräumen. Die Frage, ob dieses Problem den Einbezug außerwissenschaftlicher Werturteile erfordert, bleibt daher bestehen. Eine Möglichkeit, dies zu negieren, läge in der Position, die Wissenschaft suche nach Wahrheit, während Handlungsentscheidungen auf der Grundlage dieser Wahrheit wissenschaftsextern zu treffen und entsprechende Werturteile aus der Beurteilung von Hypothesen herauszuhalten seien. Wie Wilholt (2009a) argumentiert, würde dies jedoch voraussetzen, dass es ein richtiges oder wertneutrales Verhältnis der Fehlerwahrscheinlichkeiten gibt, was ihm zufolge unhaltbar ist. Vom Standpunkt der Wahrheitssuche aus betrachtet ist es natürlich unerheblich, ob es sich bei Fehlern um falsch positive oder falsch negative Ergebnisse handelt. Ein neutrales Verhältnis wäre insofern als eines zu verstehen, das beiden Fehlermöglichkeiten dieselben

Wahrscheinlichkeiten einräumt. Eine derartige Neutralität anzuzielen wäre aber, so Wilholt, auch in wissenschaftlicher Hinsicht ein unsinniges oder doch fragwürdiges Verfahren. Wie bereits Kitcher betone, suche Wissenschaft nicht einfach undifferenziert nach allen möglichen Wahrheiten, sondern nach signifikanten Wahrheiten.[18] Diese Signifikanz ergebe sich dabei einerseits aus praktischen Zielen, andererseits aus der Bedeutung von Erkenntnissen für die systematische Organisation des wissenschaftlichen Wissens. Selbst wenn man von praktischen Zielsetzungen absehe, seien daher falsch positive und falsch negative Ergebnisse in wissenschaftlicher Hinsicht nicht von gleicher Bedeutung, da negative Ergebnisse für das System wissenschaftlichen Wissens nicht zwingend dieselbe Relevanz besäßen wie positive (vgl. ebd., S. 94 ff. sowie ders. 2009b).[19] Hinzu kommt, dass, wie Kitcher argumentiert, epistemische und praktische Signifikanz oftmals kaum zu trennen sind, da beispielsweise auch frühere praktische Zielsetzungen den Verlauf der Wissenschaft beeinflusst haben und dadurch mitbestimmen, was heute aus epistemischer Hinsicht interessant erscheint (siehe Kap. 4.2 zu Kitcher).

Ein weiteres Argument gegen eine entsprechende Gleichgewichtsforderung liegt darin, dass fraglich ist, ob ein solches Gleichgewicht von Fehlerwahrscheinlichkeiten im Sinne einer Wahrheitsannäherung oder Wahrheitsförderung zu verstehen ist. Selbst wenn sich eine solche Interpretation unterstützen ließe, würde dies (die prinzipielle Möglichkeit von Fehlern vorausgesetzt) bedeuten, dass diese Wahrheitsannäherung höher bewertet wird als die Vermeidung schwerwiegender Konsequenzen von Fehlern, was in ethischer Hinsicht problematisch ist. Es ist jedoch nicht klar, warum eine Gleichverteilung von Fehlerwahrscheinlichkeiten über-

---

[18] Der Begriff der Wahrheit ist an dieser Stelle nicht entscheidend; die Signifikanzfrage stellt sich ebenso, wenn man etwa von dem Ziel gut bestätigter Theorien o. ä. ausgeht.

[19] Eine Verteidigungslinie wäre hier der Einbezug kognitiver Werte als Indikatoren epistemischer Signifikanz, um außerwissenschaftliche Werte aus Entscheidungen über Fehlerwahrscheinlichkeiten herauszuhalten und deren Verhältnis allein an wissenschaftsinternen Kriterien auszurichten. Wie im vorigen Kapitel argumentiert wurde, ist die Unterscheidung kognitiver und nicht-kognitiver Werte jedoch äußerst problematisch und zudem mit der Schwierigkeit verbunden, dass auch deren Gewichtung und Interpretation Entscheidungen erfordert (vgl. auch Wilholt 2009a, S. 96 f.).

haupt die Wahrheitsfindung befördern sollte, da die gesamte Fehlerwahrscheinlichkeit gleich bleibt, auch wenn sie in Richtung falsch positiver oder falsch negativer Ergebnisse verschoben wird. Die Rechtfertigung einer solchen Gleichgewichtskonzeption läge damit in der Neutralität um der Neutralität willen, würde also die Verantwortung der Wissenschaft für die Vermeidung von Folgeschäden zugunsten einer Neutralität der Wissenschaft negieren, von der nicht einmal klar ist, warum sie in wissenschaftlicher Hinsicht wünschenswert ist.[20]

Insgesamt stellt das Problem der induktiven Risiken damit ein starkes Argument gegen das Wertfreiheitsideal dar. Zunächst einmal scheint es in Fällen mit vorhersehbaren sozialen Konsequenzen möglicher Fehler in ethischer Hinsicht wünschenswert, diese Konsequenzen bei Entscheidungen, die das Verhältnis der Fehlerwahrscheinlichkeiten beeinflussen, zu berücksichtigen. Darüber hinaus ist das Ziel einer neutralen Verteilung dieser Fehlerwahrscheinlichkeiten auch in wissenschaftlicher Hinsicht nicht hilfreich oder sinnvoll. Festzuhalten ist zudem, dass betreffende Entscheidungen sich keineswegs nur auf die Akzeptanz oder Zurückweisung von Hypothesen beziehen, sondern bereits vorher in verschiedenen Stadien des Forschungsprozesses methodologische oder interpretatorische Entscheidungen und damit das Verhältnis der Fehlerwahrscheinlichkeiten beeinflussen. Insbesondere in Bezug auf derartige Entscheidungen wie etwa die Festlegung eines Signifikanzlevels oder auch die Interpretation von Ergebnissen ist zudem in vielen Fällen unklar, wie eine Gleichverteilung möglicher Fehler zu erreichen wäre. Werthaltungen, die sich auf den Anwen-

---

[20] Eine derartige Neutralität der Wissenschaft wiederum höher zu bewerten als eine sozial verantwortliche Wissenschaft ist ebenfalls in ethischer Hinsicht problematisch. Auch der Verzicht auf die Übernahme sozialer Verantwortung und die Enthaltung von Entscheidungen über tragbare Fehlerwahrscheinlichkeiten zugunsten eines Gleichgewichts kann als Wertentscheidung verstanden werden, wenn man davon ausgeht, dass Wissenschaftler versuchen sollten, vorhersehbare Schäden zu vermeiden (zu einer genaueren Diskussion dieser Forderung vgl. Forge 2008). Auch das Vermeiden betreffender Entscheidungen wäre in dieser Konzeption eine ethische Entscheidung. In einem entsprechenden ethischen Rahmen wäre der Einbezug von Werturteilen in Fällen induktiver Risiken damit tatsächlich notwendig. Da an dieser Stelle jedoch der Raum für eine ausführlichere Diskussion moralphilosophischer Probleme fehlt, beschränkt sich das vorliegende Kapitel auf die Diskussion, ob Werte in Fällen induktiver Risiken (aus ethischen oder wissenschaftlichen Gründen) einbezogen werden sollten.

dungskontext beziehen, können damit vielfältige Entscheidungen bereits während des Forschungsprozesses und so letztlich auch dessen Ergebnisse beeinflussen, ohne dass dieser Einfluss generell als epistemisch problematisch zu identifizieren wäre.

Ein Beispiel aus der Frauengesundheitsforschung betrifft die Auswahl von Vergleichsgruppen: wie dargestellt, wurde von feministischer Seite kritisiert, dass Hypothesen zu einem präventiven Effekt von HET in Bezug auf KHK mittels einer Kontrollgruppe von Nichtnutzerinnen überprüft wurden. Wie sich herausgestellt hat, sind die gewonnenen Ergebnisse zur Prävention durch HET entschieden weniger beeindruckend, wenn die Gruppe der Nutzerinnen mit einer Kontrollgruppe verglichen wird, die durch andere möglicherweise präventive Faktoren gekennzeichnet ist, etwa durch körperliche Aktivität oder den Verzicht auf Zigarettenkonsum. Das herkömmliche Design der HET-Studien erhöhte die Wahrscheinlichkeit falsch positiver Ergebnisse, da solche Lebenstilfaktoren nicht kontrolliert wurden und die Gruppe der Hormonnutzerinnen sich durch ein gesundheitsbewussteres Verhalten auszeichneten, was die Frauengesundheitsforschung als Verzerrung kritisierte. Da die HET mit erheblichen Gesundheitsrisiken verbunden ist, ist das Verhältnis der Fehlerwahrscheinlichkeiten hier in ethischer Hinsicht relevant, und die Auswahl der Vergleichsgruppe verschiebt das Verhältnis der Fehlerwahrscheinlichkeiten.

Mögliche Gründe für die Verschiebung der Wahrscheinlichkeiten zugunsten falsch positiver Ergebnisse liegen hierbei zum einen natürlich in dem Profitstreben der Pharmaindustrie. Hinzu kommt die Plausibilität von Hypothesen, welche die Menopause als problematische Hormonmangelkrankheit begreifen, was wie beschrieben auf Hintergrundannahmen über die Natur der Frau als hormonkontrolliertem Wesen mit dem primären Zweck der Reproduktion beruht. Diese Hintergrundannahmen legen eine Konzentration auf Hormone als diskriminierendem Faktor entsprechender Studien nahe. Andererseits ist nicht gesagt, dass eine andere Wahl von Vergleichsgruppen besser oder näher an einem neutralen Verhältnis der Fehlerwahrscheinlichkeit liegt. Zwar ist es hilfreich, so viele Faktoren wie möglich zu kontrollieren – dennoch ist der menschliche Organismus und die menschliche Lebensrealität zu komplex, als das alles kontrolliert werden könnte. Deshalb müssen Signifikanzentscheidungen getroffen werden; und es ist unklar, was eine neutrale Vergleichsgruppenauswahl (im Sinne der Gleichgewichtskonzeption) ist und wie dies überhaupt beurteilbar wäre. Induktive Risiken sind in Hinsicht auf die medizinische Forschung von besonderer Bedeutung, da diese häufig vorhersehbare Anwendungen hat, welche im Fall eines Fehlers zu ethisch relevanten, nämlich gesundheitlichen Schäden führen. Die Medizin ist durch Entscheidungen gekennzeichnet, die oftmals in einem sehr direkten Zusammenhang mit praktischen Konsequenzen stehen. Dabei ist zudem wiederum fraglich, ob für alle diese Entscheidungen überhaupt ein Gleichgewichtskonzept möglich wäre. Ein Beispiel ist hier etwa die Einteilung von Krebserkrankungen in verschiedene Stadien:

> It should be obvious that the ways in which one decides to describe a phenomenon such as cancer are not of interest to physicians alone. [...] The choice among different ways of classifying cancers sets the conditions for the ways in which physicians will choose therapeutic interventions. The number of stages selected [...] presupposes cost-benefit calculations and understandings of prudent actions that have direct implications for the ways in which patients are treated. They involve more than purely scientific judgments; they concern as well the proper balancing of benefits and harms (Engelhardt 1996, S. 220).

Für diese Einteilungen kann es zwar durchaus wissenschaftsinterne oder forschungsbezogene Gründe geben; so wären etwa zu viele verschiedene Stadien enorm unpraktikabel. Wie viele Stadien aber genau angesetzt werden sollten und wo jeweils die Grenzziehung verläuft, lässt sich nicht aus empirischer Evidenz ableiten, sondern muss bis zu einem gewissen Grad konventionell gesetzt werden. Diese Stadien können nun z. B. so gewählt werden, dass ein Großteil von Zellveränderungen bereits sehr früh als kritisch gilt. Benutzt man diese Kategorien in Studien zur Karzinogenität bestimmter Stoffe, erhöht sich die Wahrscheinlichkeit, dass diese als hochriskant eingestuft werden, anders als wenn man etwa einen großen Bereich von Vor- oder Frühformen ansetzt.[21] Zudem haben derartige Klassifikatio-

---

[21] Dieser Punkt ließe sich auf viele klassifikatorische und taxonomische Entscheidungen ausweiten, für die es zwar durchaus wissenschaftliche Gründe geben kann, die jedoch Auswirkungen etwa auf die Einschätzung von Risiken und Erfolgen therapeutischer Interventionen haben können. Es ist sehr fraglich, ob derartigen Entscheidungen selbst überhaupt Wahrheitsfähigkeit oder Neutralitätsfähigkeit zugeschrieben werden

nen eine direkte Bedeutung für die Behandlung von Patientinnen und für das Risiko ihrer Über- oder Unterversorgung.[22]

Es ist demnach anzunehmen, dass die Wahrscheinlichkeit falsch positiver oder falsch negativer Ergebnisse von einer Reihe von Entscheidungen beeinflusst wird, denen nicht sämtlich durch die Forderung eines Gleichgewichts begegnet werden kann. Einerseits gibt es Entscheidungen, etwa zu methodischen Designs oder klassifikatorischen Bestimmungen, bei denen die Möglichkeit, ein solches Gleichgewicht zu erreichen und zu identifizieren, überhaupt nicht gegeben scheint. Andererseits muss ein solches Gleichgewicht auch in Fällen, in denen es erreichbar ist, in wissenschaftlicher Hinsicht, d. h. im Hinblick auf epistemische Signifikanz, nicht unbedingt sinnvoll sein. Dies spricht auch gegen das oben erwähnte Agnostizismus-Argument. Ein entsprechender Einfluss von Werten lässt sich hier nicht dadurch ausräumen, dass auf weitere Evidenz gewartet wird; wenn man von einer prinzipiell fallibilistischen Postion ausgeht, sind Fehler und entsprechende Risiken möglich. Eine Forderung nach Neutralität des Verhältnisses der Fehlerwahrscheinlichkeiten zum Schutz der Wertfreiheit scheint dabei verfehlt, weil dies entweder gar nicht möglich oder aber in epistemischer Hinsicht nicht immer wünschenswert ist. Entsprechend ist nicht ersichtlich, welchen epistemologischen Vorteil Wertfreiheit hier gegenüber einer Position hätte, die ethische Betrachtungen über mögliche Schäden in die epistemische Beurteilung einbezieht, dies aber möglichst transparent macht und mit der Forderung nach einer pluralistischen Debatte verknüpft.

---

kann, während sie andererseits die Wahrscheinlichkeiten außerwissenschaftlicher Folgeschäden beeinflussen.

[22] Nicht nur die medizinische Forschung, auch die medizinische Praxis ist dabei in Bezug auf die hier erforderlichen Entscheidungen über Diagnose und Therapie durch induktive Risiken gekennzeichnet, die Werturteile auf der Ebene der wissenschaftlichen Gemeinschaft wie auch einzelner Forschergruppen und Ärzte erfordern:

"After one has decided on classifications and systems for staging diseases and clinical problems, one will need to come to terms with the fact that the decisions one will make will at times be wrong. [...] In deciding whether an individual has a disease or a clinical problem of a certain sort, one will need to asess the consequences that will follow from being wrong and then take account of that likelihood in establishing the threshold of certainty required to make a diagnosis." (Engelhardt 1996, S. 220)

8.4 Direkte und indirekte Rolle von Werten

Die bisherige Argumentation zu holistischer und kontrastiver Unterdeterminierung sowie induktiven Risiken läuft darauf hinaus, dass Werte an vielen Stellen und in vielen Bereichen eine legitime Rolle spielen können und Wertfreiheit als Ideal für die Wissenschaft deshalb ungeeignet ist. Hierfür lassen sich sowohl ethische als auch schlagkräftige epistemologische Argumente anführen. Andererseits kann nicht jeder Werteinfluss in der Wissenschaft als unproblematisch gelten, wenn diese ihre epistemische Vertrauenswürdigkeit bewahren soll. Auf der Grundlage ihrer Argumentation zu der Bedeutung induktiver Risiken schlägt Douglas eine Ersetzung des Wertfreiheitsideals durch eines einer zwar wertbeladenen, aber dennoch objektiven Wissenschaft vor. In Fällen mit vorhersehbaren sozialen Konsequenzen wissenschaftlicher Fehler sei eine neutrale Wissenschaft nicht wünschenswert, sondern vielmehr die Forderung nach sozialer Verantwortung zu erheben. Entsprechend können ihr zufolge ethische Werte, welche mögliche Konsequenzen betreffen, legitimerweise eine Rolle für die Rechtfertigung von Theorien spielen. Allerdings müssten Werteinflüsse in der Wissenschaft beschränkt werden, um deren epistemische Integrität weiterhin zu ermöglichen und um in dieser Hinsicht gute von schlechter Wissenschaft unterscheiden zu können. Diese Beschränkung von Werteinflüssen ergibt sich bei ihr nicht aus einer Unterscheidung kognitiver und nicht-kognitiver Werte, sondern durch eine Differenzierung in Bezug auf die Rolle, welche Werte spielen. Epistemisch problematisch sei es, wenn Werte einen direkten Einfluss auf Theoriewahlentscheidungen hätten, legitim hingegen, wenn sie eine indirekte Rolle bei Entscheidungen spielten, die das Verhältnis von Fehlerwahrscheinlichkeiten beträfen.

> Two clear roles for values in reasoning appear here, one legitimate and one not. The values can act as reasons in themselves to accept a claim, providing direct motivation for the adoption of a theory. Or, the values can act to weigh the importance of uncertainty about the claim, helping to decide what should count as sufficient evidence for the claim. (Douglas 2009, S. 96)

In der aktuellen Version des Wertfreiheitsideals, das auf einer Trennung legitimer und illegitimer Werte beruht, spielen legitime Werte eine direkte Rolle im Sinne Douglas, da sie Entscheidungen über die Akzeptanz einer

Theorie anleiten. Selbst wenn eine solche Unterscheidung von Werten möglich wäre, wäre dies nach Douglas inakzeptabel. Eine direkte Rolle sei nur zulässig für Werte, die das Ziel der Wissenschaft beförderten, wahres oder zumindest doch verlässliches Wissen zu produzieren (vgl. ebd., S. 93). Dies könne jedoch nur denjenigen Werten zugeschrieben werden, die klassischerweise als notwendige Kriterien gelten, d. h. interner Konsistenz und empirischer Adäquatheit. Diese seien deshalb jedoch nicht als Werte zu verstehen, sondern als basale epistemische Anforderungen, die jede Theorie erfüllen müsse, um akzeptierbar zu sein. Die weiteren Kuhnschen Werte wie Einfachheit oder Reichweite fasst sie als kognitive Werte zusammen, für die zwar keine direkte Relation zur Wahrheit einer Theorie etabliert werden könne, die aber die wissenschaftliche Fruchtbarkeit einer Theorie erhöhten, etwa weil sie zu ihrer Testbarkeit beiträgen und so die Wahrscheinlichkeit vergrößerten, Fehler zu entdecken. Diesen kognitiven Werten käme allerdings ebenfalls keine legitime direkte Rolle in der Beurteilung von Theorien zu, sondern, wie ethischen oder sozialen Werten, nur eine indirekte.

Douglas Konzeption ist jedoch aus mehreren Gründen problematisch und daher als Ersatz des Wertfreiheitsideals ungeeignet. Zunächst einmal ist ihre Unterscheidung epistemischer Kriterien und kognitiver Werte nicht haltbar. Sie begründet ihre Position, dass empirische Adäquatheit und interne Konsistenz keine Werte seien, vor allem damit, dass diese nicht verhandelbar seien, sondern jede Theorie diese Kriterien erfüllen müsse (vgl. ebd., S. 94). Diesem Umstand wird in der Kuhnschen Konzeption dadurch Rechnung getragen, dass diese Werte als notwendig gelten. Dennoch gibt es einen guten Grund, sie als Werte zu bezeichnen. Generell liegt das wesentliche Element des Wertbegriffs wie beschrieben darin, dass Werte zwar Entscheidungen anleiten, nicht aber eindeutig vorgeben. Dies gilt jedoch auch für Douglas epistemische Anforderungen. So ist etwa in Bezug auf empirische Adäquatheit nicht immer eindeutig, welches die entscheidenden abzuleitenden Konsequenzen sind und wie mit unterschiedlichen Ergebnissen umzugehen ist. Zudem treten in vielen Theorien Anomalien auf (die entweder empirischer oder auch interner Natur sein können), was aber nicht in jedem Fall heißen muss, dass die Theorie sofort zurückzuweisen ist. Erstens ist dies ein Problem der Fehlerlokalisation, die, wie erläutert, nicht immer eindeutig ist; zweitens setzt auch der Umgang mit empirischen oder logischen Problemen Entscheidungen darüber voraus, wie signifikant diese Anomalien sind und ob sie eine Zurückweisung nötig machen – es sei denn, Douglas würde davon ausgehen, dass jedes Festhalten an Theorien trotz auftretender Probleme als irrational auszuzeichnen ist.[23]

Zudem ist Douglas Konzeption nicht in der Lage, zwischen Theorien zu unterscheiden, die jeweils (weitgehend) empirisch adäquat und konsistent sind. Ihre Position scheint eine sehr radikale Auffassung nahezulegen, derzufolge sich allein anhand der Daten und interner Konsistenz eindeutig über die Wahrheit theoretischer Hypothesen befinden lässt. Wie bereits dargestellt, ist eine solche Position aus vielfachen Gründen problematisch, die in der Natur hypothetisch-deduktiven Prüfens liegen: Empirie und Logik allein können theoretische Hypothesen nicht eindeutig verifizieren oder falsifizieren. Die Beschränkung sämtlicher Werte auf eine indirekte Rolle schießt über das Ziel hinaus, da sie keine ausreichende Basis zur Evaluierung von Geltungsansprüchen belässt (gerade, wenn Geltung sich nicht auf empirische Adäquat beschränken, sondern auf die Wahrheit von Hypothesen erstrecken soll).

Abgesehen davon, ob Douglas tatsächlich ein solches Bild von guter Wissenschaft als eindeutig empirisch belegter Wissenschaft zu vertreten bereit ist, ist auch ihr Umgang mit der indirekten Rolle von Werten schwierig. Zwar identifiziert sie eine Gruppe kognitiver Werte (zu der Problematik solcher Unterscheidungen siehe wiederum Kapitel 7); dennoch sind für sie alle Werte in einer indirekten Rolle, die sich auf die Frage beziehen, wie viel Evidenz genug ist, legitim und wird zwischen diesen in Hinsicht auf Legitimität nicht weiter differenziert. Sofern sich Werteinflüsse auf das Verhältnis von Fehlerwahrscheinlichkeiten beziehen, bliebe damit keine Möglichkeit, diese in epistemischer Hinsicht zu kritisieren.

Warum dieses Ergebnis nicht wünschenswert ist, zeigt ein Beispiel von Torsten Wilholt zu Bisphenol A, einer Substanz, die aufgrund ihrer

---

[23] Wie in Kapitel 2 beschrieben, hat die Wissenschaftstheorie sich von einer solchen Position vor dem Hintergrund eines zunehmenden Einbezugs der Wissenschaftsgeschichte sowie Anerkennung einer prinzipiellen Unsicherheit von Theorien weitgehend verabschiedet. Hinzu kommt, dass eine solche Position es kaum ermöglicht, wissenschaftlichen Dissens auf der Ebene der Theoriewahl als möglicherweise rational zu begreifen. Ein solches Vermögen ist wiederum einer der Hauptvorteile der Kuhnschen Konzeption.

Ähnlichkeit zu menschlichem Östrogen karzinogene Effekte hat. Kontrovers sei dabei, ob diese Karzinogenität auch bei geringen Dosierungen vorhanden ist. Diesbezüglich kämen öffentlich und privat finanzierte Studien zu sehr unterschiedlichen Ergebnissen. Ein Grund für diese Unterschiedlichkeit liege z. B. darin, dass in den privaten Studien Ratten als Versuchstiere benutzt worden seien, die sich gerade durch ihre Unempfindlichkeit gegenüber Östrogenen auszeichneten. Damit werde das Verhältnis der Fehlerwahrscheinlichkeiten in Richtung falsch negativer Fehler verschoben und das Risiko finanzieller Verluste der Hersteller minimiert, während die gesundheitlichen Risiken für die Verbraucher stiegen (vgl. Wilholt 2009a, S. 93).

Diese Beeinflussung der Fehlerwahrscheinlichkeiten mittels der Auswahl der Studienpopulation ist zunächst ethisch fragwürdig. Darüber hinaus sollte eine wissenschaftsphilosophische Position zu Werten in der Wissenschaft jedoch der Intuition Rechnung tragen, dass ein solches Vorgehen auch in epistemischer Hinsicht problematisch ist. Entsprechende epistemische Mängel im Zusammenhang mit Werteinflüssen beschreibt Wilholt als *preference bias*: "It occurs when a research result unduly reflects the researchers' preference for it over other possible results" (ebd., S. 92). Die Frage ist, wie eine solche Unzulässigkeit oder Übermäßigkeit von Werteinflüssen zu spezifizieren ist. Zum einen könnten Fälle wie die Bisphenol-A Studien nicht einfach als Betrug (etwa durch gefälschte oder erfundene Daten) abgetan werden; auch sei nicht der Fall, dass hier von wertbeladenen Zielvorstellungen, Bisphenol-A gewinnbringend produzieren zu können, direkt auf die Ungefährlichkeit geringer Dosen geschlossen werde. Die Auswahl der Versuchstiere beeinflusse das Verhältnis der Fehlerwahrscheinlichkeiten, schließe aber unerwünschte Ergebnisse nicht vollständig aus. Deshalb ist auch Douglas Unterscheidung zwischen einer direkten und indirekten Rolle von Werten hier nicht hilfreich; einseitige *preference bias* können, wie der Bisphenol-A Fall verdeutlicht, auch durch einen indirekten Einfluss auf das Verhältnis von Fehlerwahrscheinlichkeiten entstehen.

Zum anderen sei es, wie beschrieben, auch keine Lösung, Wertneutralität und damit ein Gleichgewicht zwischen den Fehlerwahrscheinlichkeiten zu fordern, da dies auch in wissenschaftlicher Hinsicht problematisch sei und es gute Gründe dafür gebe, die epistemische Sinnhaftigkeit einer solchen Gleichgewichtskonzeption anzuzweifeln. Wilholt zufolge lässt sich ein methodologisches Design wie das der Bisphenol-A Studien deshalb nur schwer als epistemisch minderwertig auszeichnen, solange man auf der Basis einer individualistischen Epistemologie operiere (und zudem keinen generellen Ausschluss von Werten aus der Wissenschaft fordert). *Preference bias* ließen sich vielmehr nur auf der Grundlage einer sozialepistemo-logischen Auffassung identifizieren und kritisieren, und zwar als Verstöße gegen Konventionen der wissenschaftlichen Gemeinschaft. Derartige Konventionen stehen dabei zwar auch vor dem Problem ihrer Begründung und sind in gewisser Weise oftmals arbiträr (stehen also nicht immer in einem direkten Bezug etwa zur Wahrheitsförderung), dennoch bildeten sie eine geteilte Basis der Kritik und machten Abweichungen identifizierbar. Diese Möglichkeit der Kritik auf der Basis geteilter Konventionen sei es, die epistemisches Vertrauen ermögliche – ohne dieses auf problematische Maßstäbe wertfreier Wissenschaft aufbauen zu müssen. So verstießen etwa die industriellen Bisphenol-A Studien gegen Konventionen bezüglich der Auswahl geeigneter Versuchstiere. Ein weiteres Beispiel ist die Vorgabe, die Wirksamkeit von Medikamenten gegen eine Kontrollgruppe zu testen, die mit bekanntermaßen wirksamen Therapien behandelt wird (vgl. ebd., S. 97 f.).[24]

Das Bestehen von Konventionen auf der Ebene der Gemeinschaft bietet so nach Wilholt die Möglichkeit, Abweichungen von diesen zu kritisieren und dadurch einseitige und unzulässige Werteinflüsse zu identifizieren. Allerdings schließe dies natürlich nicht die Möglichkeit aus, dass ebendiese Standards *preference bias* auf der Ebene der Gemeinschaft beförderten, d. h. systematisch bestimmte Fehler auf Kosten anderer vermieden (vgl. ebd., S. 99). Diesem Problem wiederum scheint sich nur durch einen Pluralismus innerhalb dieser Gemeinschaft begegnen zu lassen, der sich auch auf Konventionen im Sinne Wilholts erstreckt und diese ebenfalls einem Prozess der Kritik aus diversen Perspektiven unterwirft.[25]

---

[24] Durch eine solche Konvention werden auch Fälle wie die beschriebene Kontrolle von HET mittels Nichtnutzerinnen kritisierbar.
[25] Carrier (2012) identifiziert das Problem in Wilholts Beispiel als eines von "false advertising": die Erwartung an Studien zu Bisphenol-A sei, dass sie die Frage von Gesundheitsrisiken abklärten, also falsch negative Ergebnisse vermieden, während sie tatsächlich aber auf die Vermeidung falsch positiver Ergebnisse zielten. Das Problem

Eine pluralistische Konzeption im Sinne Longinos (erweitert um die normative Forderung nach Konsensfindung) scheint damit insgesamt die bessere Strategie, um einseitige Werteinflüsse in der Wissenschaft zu vermeiden und kritisierbar zu machen. Douglas Unterscheidung einer direkten versus indirekten Rolle ist unzulänglich, weil sie einerseits den direkten Einfluss von Werten zu sehr beschränkt, andererseits keine Möglichkeiten der Kritik für Fälle bereitstellt, in denen diese Werte eine indirekte Rolle für die Rechtfertigung spielen. Ihr Ansatz trägt der Intuition Rechnung, die oben als minimale Version von Wertfreiheit beschrieben wurde: dass die Forderung nach empirischer Evidenz aufrechtzuerhalten und ein direkter Schluss vom Sollen auf das Sein abzulehnen ist. Damit lassen sich allerdings nur sehr extreme Fälle von Wertbeladenheit kritisieren. Wie in den letzten Kapiteln argumentiert wurde, sind die Möglichkeiten von Werteinflüssen in der Wissenschaft vielfältig, wobei diese Vielfalt durch Douglas Unterscheidung nicht hinreichend abgebildet oder ihr begegnet wird.

Ein Beispiel ist hier der Diethylstilbestrolfall (DES, siehe Kapitel 4.3), den auch Douglas zur Illustration heranzieht. DES wurde, wie erläutert, gegen Fehlgeburten verschrieben, obschon es empirische Evidenz dafür gab, dass diese Verwendung weder wirksam noch sicher war. Douglas beschreibt dieses Problem als eines von kognitiven Werten in einer direkten Rolle. Die Plausibilität einer Wirksamkeit von DES beruhe auf Hintergrundannahmen bezüglich der hormonellen Determinierung von Geschlechtsunterschieden und der zentralen Bedeutung von Östrogenen für spezifisch weibliche Funktionen wie die Reproduktion. Die Hypothese, DES verhindere Fehlgeburten, sei deshalb trotz gegenteiliger Evidenz weiterhin akzeptiert worden, da sie externe Kohärenz aufwies und zudem auf einer einfachen Auffassung des Wirkungsmechanismus von Hormonen beruhte. Zudem sei die Idee einer hormonellen Steuerung von großer Reichweite gewesen, da sie sämtliche geschlechtsbezogenen Verhaltensunterschiede zu erklären vermochte (vgl. Douglas 2009, S. 108-112).

---

liege hier in der mangelnden Transparenz bezüglich der Abweichung von Konventionen der wissenschaftlichen Gemeinschaft. Carrier geht dabei davon aus, dass sich solche Abweichungen am besten durch einen Pluralismus identifizieren und aushebeln lassen, der auch Studien mit einer höheren Wahrscheinlichkeit falsch positiver Ergebnisse bereitstellt.

Diese Rekonstruktion des DES-Falls scheint jedoch sehr fragwürdig. Zwar ist Douglas zuzustimmen, dass die These einer Wirksamkeit aufgrund bestimmter (wertbeladener) Hintergrundannahmen Plausibilität gewann. Es ist allerdings nicht der Fall, dass diese als etablierte Theorie zu betrachten wären, die über den Wert der externen Kohärenz oder der Reichweite dieser Hintergrundannahmen die Akzeptanz einer Hypothese (im Kuhnschen Modell) legitimierten. Vielmehr scheint es sich bei diesen Hintergrundannahmen um soziale Vorurteile gegenüber Frauen zu handeln. Auch ist fraglich, ob Einfachheit im Sinne von Simplizität zu interpretieren ist. Es ist demnach zweifelhaft, ob der DES-Fall sich überhaupt als Exemplifizierung kognitiver Werte verstehen lässt. Entscheidender ist aber, dass sie kritisiert, diesen kognitiven Werte wäre eine größere Bedeutung als der empirischen Evidenz zugesprochen worden. Douglas beschreibt das Problem wie folgt: "Even if the cognitive values are divorced from social values, the explanatory power and simplicity of one's theories are still not good reasons to ignore evidence" (ebd., S. 111).

In der Tat scheint das Problem hier darin zu liegen, dass die vorhandene Evidenz schlicht ignoriert wurde (bis dies aufgrund der beschriebenen Häufung von Vaginalkrebsfällen unmöglich wurde). Es ist jedoch zweifelhaft, ob dies auf eine Berücksichtigung kognitiver Werte in der Theoriewahl zurückgeführt werden kann. Wieder einmal ist hier darauf hinzuweisen, dass empirische Adäquatheit zwar auch als Wert, jedoch gleichzeitig als notwendig gilt. Das bedeutet, dass zwar auch vorliegende empirische Evidenz oder auftretende Anomalien jeweils zu gewichten sind; dennoch ist die Idee kognitiver Werte in der Theoriewahl keineswegs, dass diese es erlaubten, empirische Ergebnisse einfach nicht zu beachten. Das Problem ist in diesem Fall vielmehr ebendiese Ignoranz.

Der Ansatz, Werteinflüssen durch Pluralismus in der wissenschaftlichen Gemeinschaft zu begegnen, scheint hier vielversprechender als ein vollständiger Ausschluss von Werten aus der Theoriewahl. Durch eine Diversität der Perspektiven kann etwa die Plausibilität von Hypothesen, die auf wertbeladenen Hintergrundannahmen wie einem biologistischen Geschlechteressentialismus beruhen, hinterfragt werden. Der Fall DES stellt eine Verletzung von Longinos Bedingungen sozialer Objektivität dar: zum einen waren die beteiligten Perspektiven in der wissenschaftlichen Gemeinschaft nicht hinreichend divers, um die Problematik dieser Ideen hormongesteuerter Frauen offenzulegen; zum anderen wurde auf Kritik in der Form gegenteiliger Evidenz nicht angemessen reagiert und damit der Forderung nach Transformativität nicht Genüge getan.

Insgesamt gibt es damit zum einen gute Gründe, Werteinflüsse in Fällen induktiver Risiken anzunehmen und zum Teil auch als legitim zu betrachten. Andererseits ist es enorm schwierig, hier legitime von illegitimen Einflüssen in einer allgemeingültigen Weise zu unterscheiden. Weder eine Differenzierung kognitiver und nicht-kognitiver Werte, noch eine von direkten und indirekten Werteinflüssen bieten hierfür eine haltbare Grundlage. Außer in extremen Fällen scheint nur die jeweils fallspezifische Diskussion über die Angemessenheit von Werten zu bleiben. Dennoch bietet aber die Soziale Erkenntnistheorie Möglichkeiten, diese Diskussionen zu führen und z. B. nach der Verletzung geteilter Konventionen, nach angemessenen Zielsetzungen und Kriterien der Theoriewahl, der Gewichtung von Evidenz, der Manipulation von Fehlerwahrscheinlichkeiten, dem Ausmaß von Diversität in der Gemeinschaft oder dem Umgang mit Gegenstimmen zu fragen.

9 Die Relevanz der Entdeckung

9.1 Die Kontextunterscheidung

Das zeitgenössische Wertfreiheitsideal fordert keine vollständige Unabhängigkeit der Wissenschaft von Werten – dass diese die Auswahl von Forschungsthemen beeinflussen, die Verwendung von Methoden aus ethischen Gründen beschränken oder bei der praktischen Umsetzung von Ergebnissen eine unumgängliche Rolle spielen, wird von seinen Vertretern nicht bestritten. Als Bedingung dieses Ideals wurde jedoch die Trennung wissenschaftlicher und nichtwissenschaftlicher Werte und die Heraushaltung letzterer aus der Evaluierung von Geltungsansprüchen wissenschaftlicher Inhalte, i. e. der Rechtfertigung, beschrieben. Wie in Kapitel 7 dargestellt wurde, ist diese Trennung allerdings äußerst schwierig durchzuführen. Anhand von Longinos Liste feministischer kognitiver Werte und Beispielen aus der Frauengesundheitsforschung wurde die Möglichkeit plausibilisiert, dass andere (z. B. soziopolitische) Werte nicht nur wissenschaftliche Ziele, sondern in Abhängigkeit von diesen auch Standards der Theoriewahl beeinflussen können. Diese Argumentation läuft darauf hinaus, dass die notwendige Bedingung des zeitgenössischen Wertfreiheitsideals nicht einzulösen ist (oder doch zumindest nicht in einer allgemeingültigen, kontextunabhängigen Unterscheidung bestehen kann).

Selbst wenn sie es wäre, ist jedoch weiterhin fraglich, ob diese Bedingung gleichzeitig auch hinreichend für ein Verständnis von Wissenschaft ist, dass Wertfreiheit zu einem Indikator von Objektivität und epistemischer Qualität macht. Wie in Kapitel 2 beschrieben, beruht das Ideal der Wertfreiheit als Freiheit der Theoriewahl von nicht-kognitiven Werten auf der Idee, dass eine entsprechende Unterscheidung die Wertfreiheit der Rechtfertigung ermöglicht. Dadurch wird unter anderem vorausgesetzt, dass der Rechtfertigungskontext von denjenigen der Entdeckung und Anwendung epistemisch unabhängig ist. Diese Voraussetzung soll im Folgenden hinterfragt werden.

In Bezug auf den Anwendungszusammenhang ist hier zunächst wieder auf das Problem induktiver Risiken zu rekurrieren. Wie in Kapitel 8 argumentiert, gibt es gute Gründe dafür anzunehmen, dass in Fällen mit vorhersehbarer Anwendung von Ergebnissen (und damit vorhersehbaren Konsequenzen möglicher Fehler) ethische Erwägungen über diese Konsequenzen eine Rolle bei der Beurteilung von Hypothesen oder Theorien spielen dürfen, indem sie Einfluss darauf nehmen, wie viel Evidenz als ausreichend für eine positive Beurteilung betrachtet wird und wie durch methodische Entscheidungen das Verhältnis der verschiedenen Fehlerwahrscheinlichkeiten gesetzt wird. Einerseits scheint ein solcher Einfluss in ethischer Hinsicht wünschenswert; andererseits muss er die Integrität wissenschaftlicher Forschung nicht kompromittieren, da die Idee eines neutralen Verhältnisses der betreffenden Fehlerwahrscheinlichkeiten selbst in wissenschaftlicher Hinsicht nur begrenzt sinnvoll und nicht auf alle relevanten Entscheidungen anwendbar ist. Die Schlüssigkeit dieser Argumentation vorausgesetzt lässt sich folgern, dass es nicht in allen Fällen erstrebenswert ist, die Rechtfertigung epistemisch unabhängig von der Anwendung zu halten, und dass ein Einfluss anwendungsbezogener Werte auf die Rechtfertigung nicht zwingend einen Verlust der epistemischen Vertrauenswürdigkeit bedeuten muss.[26] Im Folgenden werde ich dafür argumentieren, dass die Rechtfertigung von Theorien auch von dem Zusammenhang ihrer Entdeckung nicht epistemisch unabhängig und die Kontextunterscheidung daher nicht geeignet ist, ein Ideal der Wertfreiheit zu stützen.

Die Unterscheidung von Entdeckung und Rechtfertigung ist zunächst selbst problematisch. Sie erfasst die Gefahr genetischer Fehlschlüsse, d. h. einer Akzeptanz von Theorien etwa aufgrund einer Beurteilung der dahinter stehenden Wissenschaftler oder eben auch Werthaltungen, beugt also einem direkten Einfluss von Werten auf die Evaluierung vor. Dieser Intuition sollte natürlich Rechnung getragen werden, und wird es auch durch obige minimale Version des Wertfreiheitsideals. Allerdings beruht die

---

[26] Anzumerken ist, dass auch Douglas (trotz ihrer Argumentation für die Legitimität indirekter Werteinflüsse in Fällen induktiver Risiken) die Kontextunterscheidung in Bezug auf eine Unabhängigkeit der Rechtfertigung von der Entdeckung voraussetzt. In dem von ihr vorgeschlagenen Ideal nur indirekter Werteinflüsse auf die Evaluierung von Inhalten (siehe Kapitel 8.4) geht sie davon aus, dass Werte eine direkte Rolle bei der Auswahl von Themen spielen können, dies aber für die Frage der Wertfreiheit unerheblich ist.

Kontextunterscheidung (als Basis eines Wertfreiheitsideals) auf weiteren Voraussetzungen, die keineswegs so unproblematisch sind.

Die Unterscheidung von Entdeckung und Rechtfertigung wird meist auf Reichenbach (1938) zurückgeführt, der diese im Rahmen einer Bestimmung der Aufgabe der Wissenschaftsphilosophie einführt, die gleichzeitig deren Autonomie gegenüber anderen Disziplinen wie Wissenschaftssoziologie und -geschichte einerseits sowie Psychologie andererseits begründet.[27] Dabei differenziert er zwischen einer deskriptiven Aufgabe (1), in deren Rahmen eine rationale Rekonstruktion gegebener Theorien vorgenommen wird; einer kritischen Aufgabe (2), die darin besteht, die Geltungsansprüche dieser rekonstruierten Theorien zu überprüfen; und letztlich einer beratenden Funktion (3), welche Momente der Entscheidung (im Gegensatz zu regelgeleiteten Schlussfolgerungen) sowie deren Konsequenzen identifiziert (vgl. ebd., S. 1-16).

Die Wahl des Ausdrucks deskriptiv für die erste Aufgabe drückt für Reichenbach zunächst aus, dass die epistemologische Betrachtung sich auf gegebene, vollständig entwickelte Theorien bezieht. Im Gegensatz zur Soziologie oder Geschichte interessiere sich die Wissenschaftsphilosophie dabei nur für interne Relationen und Strukturen wissenschaftlicher Theorien, nicht für externe Relationen wie etwa deren Bezug zu gesellschaftlichen Sachverhalten. Hier wird bereits vorausgesetzt, dass der Inhalt wissenschaftlichen Wissens unabhängig von kontextuellen Einflüssen (wie

---

[27] Damit soll nicht gesagt sein, dass Reichenbach der erste oder einzige war, der diese Unterscheidung anführte; er liefert jedoch die wohl eingehendste und vor allem einflussreichste Formulierung dieser Unterscheidung, die den meisten betreffenden Debatten als Bezugspunkt dient. Eine prominente Rolle spielt die Kontextunterscheidung beispielsweise auch in Poppers *Logik der Forschung*, welche die Hypothesenbildung als frei beschreibt und die Falsifizierung empirischer Konsequenzen in den Mittelpunkt der epistemologischen Betrachtung stellt. Wie in Kapitel 1 bereits erwähnt, setzt die Kontextunterscheidung eine hypothetisch-deduktive Sicht auf wissenschaftliches Prüfen voraus; entsprechend finden sich im Zeitraum der Entwicklung dieser Sicht auch Vorläufer der Kontextunterscheidung, etwa bei Whewell oder Herschel (vgl. dazu Hoyningen-Huene 1987; Schickore 2006; Schickore/Steinle 2006). Beispielsweise in einem induktivistischen Modell in der Art Francis Bacons stellt sich die Frage nach Entdeckung und Rechtfertigung noch nicht, da diese sozusagen zusammenfallen; erst durch die Erlaubnis spekulativer theoretischer Hypothesen gewinnt diese Unterscheidung Relevanz (vgl. Laudan 1980).

etwa Werten) ist und zwischen wissenschaftlichen und außerwissenschaftlichen Aspekten unterschieden werden kann – wobei jedoch auch Reichenbach einräumt, dass diese Unterscheidung zwischen intern und extern nicht trennscharf ist:

> [I]f these relations do not interest epistemology, it is because they do not enter into the content of science – they are what we call external relations. Although this distinction does not furnish a sharp line of demarcation, we may use it for a first indication of the design of our investigations. We may then say the descriptive task of epistemology concerns the internal structure of knowledge and not the external features which appear to an observer who takes no notice of its content. (Ebd., S. 4)

Die zweite wichtige Abgrenzung der Epistemologie ist die zur Psychologie. Auch wenn es ihr um interne Strukturen des Wissens gehe, seien diese Strukturen nicht identisch mit tatsächlichen Denkprozessen der Wissenschaftler. Letztere liefen nicht immer nach der rigiden Logik ab, die von Wissenssystemen erwartet werde. Die Epistemologie untersuche nicht den empirischen Ablauf von Denkprozessen, sondern wissenschaftliche Theorien verstanden als logisch konsistente Systeme von Aussagen, wofür Reichenbach den von Carnap geprägten Term der rationalen Rekonstruktion verwendet. Sie schaffe also eine normativ bereinigte Repräsentation wissenschaftlichen Denkens, oder, in Reichenbachs Worten, ein logisches Substitut:

> There is a great difference between the system of logical interconnections of thought and the actual way in which thinking processes are performed. [...] What epistemology intends is to construct thinking processes in a way in which *they ought to occur* if they are to be ranged in a consistent system [...]. Epistemology thus considers a logical substitute rather than real processes. For this logical substitute the term *rational reconstruction* has been introduced (ebd., S. 5; erste Hervorhebung von mir, zweite im Original).

Um diesen Unterschied zwischen tatsächlichen Denkprozessen und rationalen (hier eher: logischen) Rekonstruktionen zu erfassen, führt Reichenbach die Unterscheidung zwischen Entdeckungs- und Rechtfertigungszusammenhang ein. Dadurch wird zugleich der Gegenstandsbereich der (insofern autonomen) Disziplin der Wissenschaftsphilosophie abgesteckt: "I shall introduce the terms *context of discovery* and *context of justification* to mark this distinction. Then we have to say that epistemology is only occupied in constructing the context of justification" (ebd., S. 6 f.).

Die Herangehensweise der Wissenschaftsphilosophie ist dabei als normative zu sehen (im Gegensatz zu deskriptiven empirischen Disziplinen wie der Soziologie oder Psychologie). Ihre erste Aufgabe bestehe darin, logische Substitute für gegebene wissenschaftliche Theorien zu schaffen, die normative Kriterien erfüllen müssen: die *rationale* Rekonstruktion soll wissenschaftliche Theorien so wiedergeben, wie sie sein *sollten*. Die entsprechenden Kriterien seien wiederum von der Wissenschaftsphilosophie zu bestimmen. Das Ziel liege in optimierten Versionen von Theorien, die den Gesetzen der Logik genügten und aus denen Spuren der subjektiven Motivationen getilgt worden seien, welche sie ursprünglich informierten (vgl. ebd., S. 7).

Dennoch spricht Reichenbach von einer deskriptiven Aufgabe, welche er von der Aufgabe der normativen Kritik (2) abgrenzt. Dies liegt darin begründet, dass dem ersten Schritt der rationalen Rekonstruktion durch die empirisch gegebenen Theorien, die ihr Gegenstand sind, Grenzen gesetzt seien. Sie schaffe eben kein neues Wissen, sondern rekonstruiere logische Beziehungen: "The construction to be given is not arbitrary; it is bound to actual thinking by the postulate of correspondence" (ebd., S. 6).[28] Allerdings konstatiert auch Reichenbach, dass die kritische Aufgabe der Epistemologie, die in der Beurteilung von Geltungsansprüchen liegt, in dem Prozess der rationalen Rekonstruktion schon teilweise vorweg genommen wird, da diese Rekonstruktion im Hinblick auf ihre Rationalität und Rechtfertigbarkeit geschieht. Auch die deskriptive Aufgabe der Epistemologie ist somit eine weitgehend normative (und die Wortwahl scheint hier etwas unglücklich).

Eine dritte Funktion der Wissenschaftstheorie liegt nach Reichenbach in ihrer beratenden Funktion und werde dadurch nötig, dass die Konstruktion von Theorien auch Entscheidungen erfordere, die nicht regelgeleitet seien, d. h. durch die Anforderung der Rechtfertigbarkeit der Theorie nicht eindeutig vorgegeben würden. Diese Entscheidungen nähmen entsprechend keinen Einfluss auf die Gültigkeit von Theorien, prägten diese

---

[28] Es bleibt allerdings unklar, wie diese Korrespondenzforderung zu explizieren ist und wo die Grenze zu einer unzulässigen Abweichung zu ziehen ist.

jedoch in ihrer Ausgestaltung. Entscheidungen zwischen äquivalenten Alternativen bezeichnet Reichenbach als Konventionen; darunter fielen etwa Festsetzungen von Maßeinheiten. Er konstatiert jedoch, dass es auch Entscheidungen gibt, die zu divergenten Systemen führen, z. B. Entscheidungen in Bezug auf das übergeordnete Ziel der Wissenschaft. Die Aufgabe der Wissenschaftsphilosophie liege nun darin, diese Punkte der Entscheidung zu identifizieren und zu klären, insbesondere in Hinsicht darauf, welche Konsequenzen diese Entscheidungen jeweils hätten und welche weiteren Entscheidungen sie implizierten. Aufgrund dieser Folgerungsbeziehungen seien entsprechende Entscheidungen nicht völlig arbiträr, sondern in Hinsicht auf eine längerfristige zeitliche Perspektive zu treffen. Es sei jedoch nicht die Aufgabe der Philosophie, hier Entscheidungen vorzugeben; vielmehr ist die Aufgabe der Beratung (3) auf die der Kritik (2) reduzierbar, indem sämtliche Entscheidungsnotwendigkeiten und ihre logischen Konsequenzen dargelegt werden:

> The objective part of knowledge, however, may be freed from volitional elements by the method of reduction transforming the advisory task of epistemology into the critical task. We may state the connection in the form of an implication: If you choose this decision, then you are obliged to agree to this statement, or to this other decision. This implication, taken as a whole, is free from volitional elements; it is the form in which the objective part of knowledge finds its expression. (Ebd., S. 15 f.)

Reichenbach wendet sich hier gegen den Konventionalismus Poincarés, durch dessen Einführung (übertrieben vieler) arbiträrer Elemente er die Objektivität der Wissenschaft bedroht sieht. Seine Argumentation erinnert an Weber: Wissenschaftsphilosophie kann die Rationalität von Zweck-Mittel-Beziehungen beleuchten, über diese Zwecke jedoch selbst keine begründeten Aussagen treffen, wenn sie objektiv bleiben will. Objektivität wiederum fasst Reichenbach hier (im Gegensatz zu Arbitrarität oder auch nur der Möglichkeit divergierender Entscheidungen) als Regelgeleitetheit (und damit Eindeutigkeit) von Entscheidungen auf. Dem entspricht auch die Forderung nach der Tilgung von subjektiven Elementen im Rechtfertigungskontext.

Zusammenfassend ist zu sagen, dass die der Epistemologie durch Reichenbach zugedachten Aufgaben weitgehend normativ sind. Zwar ist (1) durch das Korrespondenzgebot an die Struktur gegebener Theorien gebunden; dennoch ist es nicht so, dass die Kriterien der Rationalität aus diesen Theorien abgeleitet werden. Vielmehr werden sie bei ihrer Rekonstruktion bereits vorausgesetzt. Zudem betrifft Philosophie nach Reichenbach ausschließlich den Zusammenhang der Rechtfertigung; an externen Beziehungen oder individuellen Motiven sowie dem Prozess der Entwicklung von Theorien ist sie nicht interessiert, sondern überlässt diese Bereiche deskriptiven, empirischen Wissenschaften wie der Geschichte, Soziologie oder Psychologie. Des Weiteren trifft sie keine Entscheidungen, die nicht aus den Regeln wissenschaftlichen Schließens folgen, sondern legt lediglich die Implikationen möglicher Entscheidungen offen. Nur so kann nach Reichenbach Objektivität gewährleistet werden. Durch sein Verständnis von Objektivität als abhängig von Regelgeleitetheit und Eindeutigkeit setzt Reichenbach dabei bereits voraus, dass die Rechtfertigung von Theorien den Ausschluss subjektiver Faktoren sowie auch geteilter Werte erfordert.

Reichenbachs Unterscheidung von Entdeckung und Rechtfertigung ist einerseits unterschiedlich interpretiert worden, andererseits wurden diese verschiedenen Interpretationen auch jeweils kritisiert.[29] Besonders problematisch ist dabei eine *temporäre* Deutung, wie sie vor allem in wissenschaftlichen Lehrbüchern häufig zu finden sei (vgl. Schickore/Steinle 2006, S. ix). Dieser zufolge werden zunächst Hypothesen gebildet, wobei dieser Prozess keinerlei Beschränkungen unterliegt, und dann im nächsten Schritt überprüft. Reichenbachs Einführung der Kontextunterscheidung unterstützt diese temporäre Interpretation jedoch nicht, da sie sich vielmehr auf den Unterschied der tatsächlichen Entwicklung und Darstellung von Theorien und ihrer rationalen Rekonstruktion bezieht. Darüber hinaus ist die temporäre Deutung problematisch, da sie als Beschreibung wissenschaftlicher Praxis nur bedingt zutrifft. Hypothesenbildung und -überprüfung in der wissenschaftlichen Arbeit an einer Theorie alternieren vielmehr ständig und sind in manchen Fällen, etwa bei der Verfeinerung theoretischer Hypothesen oder der Präzisierung empirischer Messungen, kaum auseinanderzuhalten (vgl. Hoyningen-Huene 2006, S. 120 f.). In Bezug auf

---

[29] Für eine hilfreiche Differenzierung verschiedener Auffassungen der Kontextunterscheidung sowie Diskussion ihrer jeweiligen Haltbarkeit vgl. Hoyningen-Huene 1987, 2006; für einen Überblick vgl. auch Nickles 1980.

die Wertfreiheit der Wissenschaft ist eine solche zeitliche Unterscheidung von Entdeckung und Rechtfertigung zudem irrelevant, da eine Differenzierung verschiedener Phasen des Forschungsprozesses allein noch nichts darüber aussagt, in welchen dieser Phasen Werteinflüsse möglicherweise legitim sind oder nicht.

Die diesbezüglich relevante Interpretation, welche zudem auch mit der Reichenbachschen Textgrundlage viel eher zu vereinbaren ist, ist vielmehr eine der Differenz von Entdeckung und Rechtfertigung als *logischer* Unterscheidung (d. h. als Unterscheidung in Bezug auf die Rolle der Logik in den Kontexten): Während die Hypothesenbildung frei ist und ein Moment der Kreativität erfordert, ist die Beurteilung von Gültigkeit eine Frage epistemologischer Regeln. Diese Interpretation ist gleichzeitig Grundlage einer *disziplinären* Deutung: Gegenstand der Wissenschaftstheorie ist die normative Betrachtung wissenschaftlicher Gültigkeit, für welche empirische Erkenntnisse über Wissenschaft als Prozess irrelevant sind; eine deskriptive empirische Herangehensweise ist Sache der Wissenschaftssoziologie oder -geschichte.

Die zugrunde liegende logische Deutung der Kontextunterscheidung ist dabei in zwei Hinsichten problematisch. Erstens wird auch an die Rechtfertigung von Theorien nicht mehr die Forderung gestellt, dass diese vollständig regelgeleitet zu sein habe, um objektiv sein zu können. Wie dargestellt, muss diesbezüglich zumindest auf kognitive Werte zurückgegriffen werden, die sich dadurch auszeichnen, dass sie divergierende (und gleichzeitig jeweils rationale) Entscheidungen erlauben. Eine Kontextunterscheidung, die zwischen Rechtfertigung als rein logischer bzw. vollständig regelgeleiteter Frage und Entdeckung als nicht-logischem Prozess differiert (und so die Wertfreiheit der Rechtfertigung garantiert), ist allein deshalb schon nicht haltbar. Zweitens wird von einer Reihe von Philosophen argumentiert, dass die Entdeckung von Theorien zwar (ebenso wenig wie die Rechtfertigung) Ergebnis logischen Schließens sei, dass dies aber nicht zwingend bedeute, dass ihr keinerlei Rationalität zukomme (siehe dazu auch das folgende Unterkapitel).

Wie in Kapitel 2 beschrieben, hat sich die Wissenschaftstheorie von übertrieben rigiden Anforderungen an wissenschaftliche Rationalität weg und zu einem stärkeren Einbezug der Betrachtung tatsächlicher Wissenschaft hin entwickelt. In diesem Zusammenhang ist das größere Augenmerk sowohl auf Wissenschaftsgeschichte als auch auf Wissenschaft als sozialem Prozess zu sehen. Deshalb fällt mit dem logischen Verständnis der Kontextunterscheidung auch die strikte disziplinäre Trennung von Wissenschaftsphilosophie und empirischen Untersuchungen. Zwar ist die Ausrichtung der Epistemologie weiterhin eine weitgehend normative, d. h. sie behandelt Fragen wissenschaftlicher Gültigkeit. Dennoch wird von ihr erwartet, dass sie keine unerreichbaren Ideale (wie das von Wissenschaft als allein durch Logik und Empirie bestimmt) postuliert, sondern ihre normativen Maßstäbe auch in Bezug auf tatsächliche Forschung anwendbar sind (und diese nicht ihrer mangelnden Perfektion wegen insgesamt als schlechte Wissenschaft klassifizieren). Deshalb ist auch die normative Wissenschaftsphilosophie nicht gänzlich unabhängig von einer empirischen Herangehensweise an die Wissenschaft als Untersuchungsgegenstand. Darüber hinaus ist ein Verständnis der vorwiegend empirischen Disziplinen als unabhängig von normativen Erwartungen ebenso verfehlt. Die Wissenschaftsgeschichte kann kein reines Sammeln von Fakten sein (die dann von der Philosophie evaluiert würden), da die Selektion signifikanter Aspekte der Wissenschaftsgeschichte immer schon ein gewisses normatives Verständnis voraussetzt (siehe auch Kap. 3.1).

Sowohl eine Auffassung der Kontextunterscheidung als temporär, logisch oder disziplinär ist damit problematisch. Hoyningen-Huene (2006) konstatiert deshalb, die einzig vertretbare sei eine schlanke Version der Kontextunterscheidung ("lean distinction"), die zwischen einer normativen und einer deskriptiven Perspektive auf Wissenschaft als Forschungsgegenstand unterscheide. Anders als die bisherigen Versionen der Kontextunterscheidung setze diese Interpretation dabei keine substantiellen Annahmen voraus, wie etwa, dass die Rechtfertigung von Theorien eine ausschließliche Frage logischer Beziehungen sei, während der Entdeckungszusammenhang aufgrund seines Mangels an logischer Rekonstruierbarkeit kein geeigneter Gegenstand der Wissenschaftstheorie wäre (vgl. ebd., S. 128 ff.). Auch ist diese schlanke Unterscheidung nicht identisch mit der disziplinären Deutung der Kontextunterscheidung: keine dieser Perspektiven ist prinzipiell für eine bestimmte Disziplin reserviert oder ausgeschlossen.

Darüber hinaus macht diese schlanke Kontextunterscheidung die Wertfreiheit der Rechtfertigung zu einer offenen Frage, während sie in der logischen Interpretation impliziert wird und Werteinflüsse hier nur als störender Faktor in Bezug auf epistemische Qualität gesehen werden können. Eine andere Möglichkeit, die an dem Wertfreiheitsideal festhält, wäre eine Unterscheidung von Entdeckung und Rechtfertigung anhand der jeweiligen Legitimität von Werteinflüssen, wobei diese im Rechtfertigungszusammenhang nur kognitiven Werten zukäme. Wie in den vorhergehenden Kapiteln argumentiert, ist eine solche Position jedoch äußerst problematisch. Nicht nur ist die Wertfreiheit der Rechtfertigung selbst dabei fraglich, sondern auch die Unabhängigkeit der Rechtfertigung von Werteinflüssen im Entdeckungszusammenhang, wie nun im Folgenden gezeigt werden soll.

9.2 Kontext der Theorieverfolgung

Wie oben beschrieben wurde, bestimmt Reichenbach als Gegenstand der Epistemologie die rationale Rekonstruktion gegebener wissenschaftlicher Theorien sowie die Klärung der Bedingungen epistemischer Gültigkeit. Einerseits hat sich dabei seine Vorstellung objektiver Entscheidungen als regelgeleiteten und damit eindeutigen Entscheidungen als unhaltbar erwiesen. Andererseits hat im Zuge des Abrückens der Wissenschaftstheorie von derart rigiden Objektivitätskriterien die Betrachtung tatsächlicher Wissenschaft an Bedeutung gewonnen. Mit dem Wegfall der Bestimmung des philosophischen Gegenstands als eindeutig regelgeleiteten Aspekten von Forschung ist dabei auch der Ausschluss des Entdeckungszusammenhangs aufgrund seiner mangelnden Regelgeleitetheit hinterfragt worden. Beginnend mit Hanson wurde deshalb dafür plädiert, dass Wissenschaftstheorie mehr sein solle als eine "logic of the finished research report" (vgl. Kordig 1978, S. 111).

Verschiedene Autoren haben argumentiert, dass die Einteilung in Entdeckung und Rechtfertigung zu kurz greift, da sie den Prozess wissenschaftlicher Forschung in Hinsicht auf epistemologische Relevanz nicht hinreichend abbildet. Entscheidungen in der Wissenschaft beschränken sich nicht auf völlig unsystematische Eingebungen bei der Hypothesenbildung und die Evaluation der Gültigkeit einer voll entwickelten Theorie. Vielmehr sind zwischen der anfänglichen Idee und der endgültigen Bewertung eine Reihe von Entscheidungen zu treffen, die zumindest epistemische Aspekte haben. Diese Vielfalt von Entscheidungspunkten ist uns im bisherigen Verlauf der Arbeit schon mehrfach begegnet, beispielsweise wenn es darum geht, anhand welcher Daten eine Hypothese überprüft wird, wie diese Daten interpretiert werden, bei methodischen Entscheidungen wie etwa der Auswahl von Vergleichsgruppen oder der Festlegung von Signifikanzlevels oder auch in Bezug auf die Plausibilität, die Hypothesen zunächst zugeschrieben wird und die Einfluss darauf nimmt, wie mit widersprüchlicher Evidenz umgegangen und wie unterschiedliche Ergebnisse gewichtet werden.

Dieser Prozess der (Weiter-)entwicklung und Modifizierung einer Theorie wird im Folgenden als *Kontext der Theorieverfolgung* bezeichnet und soll so von einer Auffassung der Entdeckung als zufälligem Geniestreich abgegrenzt werden. Auch wenn entsprechende Entscheidungen in dem Prozess der Entwicklung einer Theorie dabei nicht eindeutig durch epistemische Kriterien bestimmt werden, ist es dennoch nicht der Fall, dass epistemischen Erwägungen hier keinerlei Rolle zukommt. Entsprechend wurde argumentiert, dass Wissenschaftstheorie sich auch mit diesem Prozess auseinandersetzen müsse und die Kontextunterscheidung um einen entsprechenden dritten (bzw. vierten, den Anwendungszusammenhang eingerechnet) Kontext ergänzt werden müsse.

> Almost all the standard writings on scientific appraisal [...] have two common features: they assume that there is only *one* cognitively legitimate context in which theories can be appraised [...] a careful examination of scientific practice reveals that there are generally *two* quite different contexts within which theories are evaluated. [...] Even if we had an adequate account of theory choice within the context of acceptance [...] we would still be very far from possessing a full account of rational appraisal. (Laudan 1977, S. 108 f.)

Die Einführung eines weiteren Kontextes der Theorieverfolgung ist dabei hier nicht als Ergänzung im Hinblick auf eine temporäre Interpretation der Kontextunterscheidung zu sehen, sprich als die These, dass dessen Zweiteilung den wissenschaftlichen Prozess in seinem zeitlichen Ablauf nicht hinreichend darstelle, sondern vielmehr in Bezug auf die logische Unterscheidung der Kontexte anhand ihrer epistemologischen Relevanz. Entsprechend der schlanken Kontextunterscheidung kann zwar auch die Theorieverfolgung und die Phase der Weiterentwicklung und Modifizierung einer Theorie Gegenstand einer deskriptiven, zum Beispiel historischen Perspektive auf Wissenschaft sein. Entsprechende Erkenntnisse können dabei auch für die Philosophie hilfreich sein; dennoch nimmt diese eine vorwiegend präskriptive Perspektive ein. Die relevante These ist deshalb hier, dass der Kontext der Theorieverfolgung eine epistemologische Relevanz hat, die bisher von der Wissenschaftsphilosophie kaum beachtet wurde.[30]

Die Frage der Rationalität stellt sich nicht nur bezüglich der Akzeptanz einer Theorie, sondern auch hinsichtlich Entscheidungen darüber, an welchen Theorien weiter gearbeitet werden soll, welche Hypothesen getestet werden usw., d. h. über die Investition von Ressourcen wie Zeit, Arbeit und Geld in Theorien, die noch nicht das Stadium einer epistemischen Akzeptierbarkeit erreicht haben. In der betreffenden Debatte um Kriterien der Theorieverfolgung wird deren Rationalität dabei in zwei verschiedenen Hinsichten diskutiert: zum einen geht es um die Evaluierung der (anfänglichen) Plausibilität von Hypothesen oder Theorien, zum anderen um heuristische Fruchtbarkeit und Potential einer Theorie.

Für die Plausibilität (vor einer umfangreichen Überprüfung) werden dabei vor allem Indikatoren genant, die bereits als kognitive Werte in der Theoriewahl diskutiert wurden. In diesem Zusammenhang wurde schon darauf hingewiesen, dass diese nicht nur eine evaluative, sondern auch eine heuristische Funktion haben (vgl. Kap. 7), indem sie spezifizieren, nach welcher Art von Wissen gesucht wird. Gleichzeitig können sie, aufgrund der ihnen zugeschriebenen Förderung epistemischer Qualität, Einschätzungen darüber beeinflussen, ob einer Hypothese eine ausreichende Wahrscheinlichkeit zugeschrieben werden kann, um einen umfangreichen Überprüfungsprozess als sinnvolle Investition erscheinen zu lassen. Als Faktoren für Plausibilität werden entsprechend beispielsweise bereits vorhandene empirische Belege, interne Konsistenz, Einfachheit, Kohärenz mit

---

[30] Der Theorieverfolgungskontext bezeichnet sozusagen einen zeitlichen wie epistemologischen Zwischenraum, der sich nicht immer eindeutig von initialer Idee und abschließender Beurteilung von Geltungsansprüchen abgrenzen lässt. Das ist allerdings für die hier verfolgte These kein Problem; im Gegenteil geht es gerade darum, dass sich die verschiedenen Kontexte weder zeitlich noch in Bezug auf ihre epistemologische Relevanz klar unterscheiden – und die Beschränkung der Wissenschaftstheorie und des Wertfreiheitsideals auf den Rechtfertigungskontext deshalb ungenügend ist.

dem Hintergrundwissen oder (potentielle) Reichweite und Vereinheitlichungsleistungen angeführt (vgl. dazu z. B. Kordig 1978). Entsprechend betrachtet Kordig die Evaluierung von Plausibilität in der Theorieverfolgung und von Akzeptierbarkeit in der Theoriewahl nicht als grundsätzlich verschieden, sondern als abhängig von denselben Bewertungsstandards, die sich jedoch (aufgrund des betreffenden Entwicklungsstadiums der Theorien) in verschiedenen Graden wieder finden müssen, um Plausibilität oder Akzeptierbarkeit zu verleihen (vgl. ebd., S. 114).

Hingegen wird in Bezug auf die potentielle Fruchtbarkeit einer Theorie zumeist von Kriterien ausgegangen, die zu denen der Rechtfertigung einer Theorie qualitativ unterschiedlich sind. So versteht etwa Laudan (1977) das Lösen einer großen Anzahl von Problemen als Grund für die Akzeptanz einer Theorie, während Entscheidungen über die Theorieverfolgung durch die Fortschrittsrate einer Theorie angeleitet würden. Deshalb sei es durchaus rational, Arbeit in eine Theorie zu investieren, die zwar insgesamt weniger erfolgreiche Problemlösungen aufweise, aber zu dem Zeitpunkt der Entscheidung eine höhere Geschwindigkeit bei dem Hervorbringen neuer Lösungen (vgl. ebd., S. 108-114).[31] McMullin (1976) betont ebenfalls die Unterschiedlichkeit von Kriterien in verschiedenen Evaluierungskontexten, die er als *epistemic appraisal* und *heuristic appraisal* bezeichnet. Dabei bezieht er sich insbesondere auf das Kriterium der Fruchtbarkeit. In Bezug auf die epistemische Bewertung versteht er Fruchtbarkeit als das Hervorbringen erfolgreicher neuartiger Vorhersagen, die in der ursprünglichen Version einer Theorie nicht bereits logisch enthalten seien (*p-fertility*); in Bezug auf die heuristische Evaluation bedeute Fruchtbarkeit

---

[31] Laudan versteht diese Unterteilung rationaler Evaluierung in die zwei Kontexte *acceptance* und *pursuit* dabei als Antwort auf das Innovationsproblem, i.e. die Frage, warum Wissenschaftler sich für die Bearbeitung neuer Theorien entscheiden sollten, die in ihren Anfängen zumeist durch Anomalien sowie eben auch einen geringeren Erfolg im Vergleich zu etablierten Theorien gekennzeichnet sind (vgl. ebd.; zur Rolle der Theorieverfolgung als angemessenem Ort für Pluralismus und rationalen Dissens vgl. auch Whitt 1990). Der Kern ist hier die Rationalität dieser Wahl, also ihre Ausrichtung nach epistemischen Kriterien. Nicht-epistemische Werte können eine solche Wahl natürlich ebenfalls erklären, womit diese dann aber (entsprechend der logischen Interpretation der Kontextunterscheidung) als Gegenstand der epistemologischen Betrachtung wegfallen würde.

hingegen das Potential einer Theorie für ebensolche Vorhersagen (*u-fertility*). Während die Einschätzung von *p-fertility* die Betrachtung der Geschichte einer Theorie und ihrer Erfolge erfordere, bezögen sich Einschätzungen von *u-fertility* auf den aktuellen Zeitpunkt, etwa auf die Vielfalt ableitbarer Konsequenzen einer Theorie oder die Möglichkeit, explanatorische Analogien auf andere Bereiche auszuweiten. Beurteilungen von *u-fertility* seien jedoch weitgehend spekulativ.[32]

In Bezug auf den Kontext der Theorieverfolgung lassen sich damit in der bisherigen Diskussion zwei verschiedene Fokussierungen in der Evaluation ausmachen. Bei der Entscheidung, welche Theorie weiter verfolgt werden sollte, geht es einmal um Fragen der Plausibilität, d. h. um eine vorläufige Einschätzung der Wahrscheinlichkeit einer Theorie oder Hypothese, welche ähnliche Kriterien wie die Theoriewahl zwischen voll entwickelten Theorien anlegt. Zum anderen geht es um die Einschätzung des heuristischen Potentials einer Theorie und ihrer Fruchtbarkeit im Hinblick auf eine mögliche Ausweitung.

Die Darstellung der betreffenden Fragestellungen ist an dieser Stelle kursorisch gehalten; auch werde ich nicht weiter diskutieren, wie diese Ebenen der epistemischen Beurteilung, der Zuschreibung von Plausibilität und der Einschätzung heuristischen Potentials miteinander verbunden sind (oder eben nicht). An dieser Stelle soll zunächst nur deutlich gemacht wer-

---

[32] McMullin zielt in seinem Aufsatz nicht so sehr auf die Etablierung eines Kontextes heuristischer Bewertung, sondern vielmehr auf die Kritik einer ihm zufolge uneindeutigen Verwendung des Fruchtbarkeitskriteriums durch falsifikationistische Ansätze sowie auf die Bedeutung dieses Kriteriums als Argument für den Realismus. So argumentiert er etwa gegen Lakatos, die Aufgabe eines Forschungsprogramms als degenerativ, weil es keine neuartigen Vorhersagen mehr erbringe, sei fehlgeleitet, da dies sich auf das weitere heuristische Potential einer Theorie, nicht aber auf ihre epistemische Gültigkeit beziehe (vgl. McMullin 1976, S. 411 ff.).
Gegen McMullins strikte Trennung von *p-* und *u-fertility* argumentiert Whitt (1992), dass auch die Einschätzungen heuristischen Potentials nicht zwingend unabhängig von epistemischen Beurteilungen sein müssen, d. h. oftmals auch die bisherigen Erfolge einer Theorie als Indiz für zukünftiges Potential gewertet würden (neben andererseits davon unabhängigen Faktoren wie etwa der Klarheit und Spezifität von Analogien). Zu einer weiteren Argumentation für die Unterschiedlichkeit von epistemischer und heuristischer Einschätzung (u. a. aufgrund der jeweils in Betracht zu ziehenden zeitlichen Dimension von Fruchtbarkeit) siehe auch Nickles (2006).

den, dass ein Großteil der wissenschaftlichen Arbeit in der Entwicklung und Modifizierung von Theorien besteht, und dass auch betreffende Entscheidungen über die Investition von Ressourcen eine rationale Grundlage haben können.

Andererseits scheint offensichtlich, dass derartige Entscheidungen durch diese rationalen Kriterien nicht vollständig bestimmt werden (allein schon aufgrund der Tentativität von Beurteilungen der Plausibilität und zukünftiger Erfolge) und damit erheblichen Raum für weitere Aspekte lassen. Beispielsweise spielen für Entscheidungen über Theorieverfolgung Faktoren wie die Verfügbarkeit von Ressourcen eine wichtige Rolle, ob also etwa bereits geeignete Methoden der Überprüfung vorhanden sind und wie kostenintensiv die Ausarbeitung und Überprüfung einer Theorie wäre (vgl. Nickles 2006, S. 169). Zudem kommt in diesem Kontext auch außerwissenschaftlichen Werten eine erhebliche Bedeutung zu. Zum einen scheint es durchaus legitim, dass subjektive Interessen oder wertgeleitete Motive Entscheidungen für die Arbeit an einer bestimmten Theorie beeinflussen (zumindest wird dies durch das heutige Wertfreiheitsideal zugelassen). Zum anderen hängen auch Einschätzungen von Plausibilität und heuristischer Fruchtbarkeit oftmals mit wertbeladenen Sichtweisen zusammen. Die Plausibilität einer Theorie etwa ist nicht nur eine Funktion ihrer Exemplifizierung kognitiver Werte, sondern auch abhängig von Hintergrundannahmen, die nicht immer auch bereits Gegenstand wissenschaftlicher Prüfung sind. So wurde oben in Bezug auf die präventive Rolle von HET für KHK argumentiert, dass die Plausibilität dieser Hypothese durch Sichtweisen der Frau als hormonkontrolliertem Wesen mit der primären Funktion der Reproduktion erhöht wird. Diese Annahme der Zentralität weiblicher Hormone für Gesundheit und Krankheit hat dabei auch entscheidend den Umgang mit der gegebenen Evidenz geprägt, wie an den Reaktionen auf die widersprüchlichen Ergebnisse verschiedener Studien und dem hartnäckigen Festhalten an der Notwendigkeit von HET etwa angesichts der bereits bekannten Karzinogenität sichtbar wurde. Demgegenüber steht die Verfolgung anderer Ansätze aus feministischen Motiven, die diese Plausibilität durch Studien zur präventiven Rolle lebensstilbedingter Faktoren hinterfragten. Ebenso scheinen Einschätzungen der potentiellen Fruchtbarkeit von Theorien nicht zwingend unabhängig von Werten; so kann immer auch gefragt werden, in welcher Hinsicht eine Theorie fruchtbar zu sein verspricht, ob ihr Bestehen etwa feministische Ziele befördern würde oder ähnliches. Eine derartige Rolle von Werten wird allerdings gerade von der Kontextunterscheidung nicht bestritten, weshalb diese Einflüsse eventuell mit einer Auffassung der Kontexte als durch die Reichweite von Werteinflüssen unterschieden vereinbar wären. Entdeckung, Verfolgung und Rechtfertigung könnten entsprechend als Kontinuum in Bezug auf den legitimen Einfluss kognitiver und nicht-kognitiver Werte gesehen werden. Auch der Einbezug von kognitiven Standards in Entscheidungen, die nicht die Rechtfertigung betreffen, spricht dabei nicht zwingend gegen eine so verstandene Kontextunterscheidung, wie Siegel herausstellt:

> The "maxim-like" nature of both discovery and justification suggests, perhaps, a breakdown of the distinction. While suggestive, this way of dissolving the distinction does not work. [...] For the point of Reichenbach's distinction is that information relevant to the *generation* of a scientific idea is irrelevant to the *evaluation* of that idea; and this distinction between generation and evaluation (or discovery and justification) can be instructively maintained despite the fact that both contexts are guided by maxims. (Siegel 1980, S. 301 f.)

Die Frage ist daher nicht so sehr, ob Standards der Rechtfertigung und epistemische Erwägungen auch in anderen Phasen des Forschungsprozesses eine Rolle spielen, sondern vielmehr, ob Werteinflüsse in diesen Phasen (legitimen) Einfluss auf die Rechtfertigung von Theorien nehmen. Im Folgenden soll nun dafür argumentiert werden, dass dies tatsächlich der Fall ist, die Frage der Theoriewahl also von dem Kontext der Theorieverfolgung nicht epistemisch unabhängig ist. Als Arbeitshypothese wird dabei an dieser Stelle vorausgesetzt, dass die notwendige Bedingung einer Beschränkung der Theoriewahl auf kognitive Werte einlösbar ist. Diese Bedingung ist jedoch nicht zugleich auch hinreichend, um die Wertfreiheit der Wissenschaft im Sinne des Wertfreiheitsideals (also des Rechtfertigungskontextes) zu gewährleisten.

9.3 Werte in Theorieverfolgung und Rechtfertigung

Der Grund für diese Abhängigkeit der Rechtfertigung von anderen Kontexten liegt in der holistischen Natur wissenschaftlichen Wissens und wissenschaftlicher Theorien (siehe auch Kap. 6). Auch hier muss wieder keine starke Holismusthese vorausgesetzt werden, die prinzipiell unendliche Revisions- und Bewahrungsmöglichkeiten von Hypothesen behauptet, zwischen denen keine rationale Entscheidung möglich ist. Der entscheidende Punkt ist weit weniger kontrovers: Wissenschaftliche Theorien sind nicht einfach eine Kopie der Realität oder durch einen unmittelbaren Abgleich empirischer Konsequenzen mit der Realität eindeutig zu verifizieren oder falsifizieren. Das bedeutet nicht, dass eine (allerdings fallibilistische) empirische Prüfung von Hypothesen nicht möglich ist; um eine solche Prüfung vorzunehmen, sind jedoch Entscheidungen nötig, die oftmals auf weitere Hypothesen oder Hintergrundannahmen zurückgreifen müssen. Dabei geht es beispielsweise darum, welche empirischen Daten überhaupt erhoben werden, mit welchen Methoden und experimentellen Designs dies geschieht, wie diese Daten interpretiert werden usw.[33]

Welche Daten letztlich zur Verfügung stehen und über welche Hypothesen überhaupt diskutiert wird, beruht auf Entscheidungen, die wertbeladen sein können – und die entsprechend traditionell dem Entdeckungszusammenhang zugeordnet werden. Spätestens seit Weber ist das Wertfreiheitsideal mit einer wertbeladenen und von individuellen Interessen geleiteten Auswahl von Themen und Fragestellungen vereinbar. Dieser Einfluss von Werten bleibt nun jedoch nicht bei der Selektion eines Themas stehen, sondern wirkt sich darauf aus, welche Daten als signifikant betrachtet und deshalb erhoben werden, aus welcher Perspektive diese betrachtet und interpretiert werden usw. Werte beeinflussen so, welcher Korpus von Daten zur Verfügung steht und berücksichtigt werden muss sowie welche Hypothesen und Theorien überhaupt erst entwickelt und überprüft

---

[33] Im Kontext der Theorieverfolgung geht es entsprechend nicht nur um das *Was*, i.e. die Frage, an welchen Theorien weiter gearbeitet wird, sondern auch um das *Wie*, i. e. grundlegende inhaltliche und methodische Entscheidungen, die den Rahmen dieser Arbeit bilden.

werden. Dadurch spielen sie jedoch auch in Bezug auf die Rechtfertigung eine Rolle, wie folgendes Zitat treffend zusammenfasst:

> The degree of evidential support for a theory clearly depends both on the *array of available theories* and on the *set of data at hand*. Therefore, to the extent that the nonepistemic values associated with discovery and pursuit influence the available theory and data, they effect theory appraisal. (Elliott/McKaughan 2009, S. 600)

Elliott und McKaughan verdeutlichen diesen Punkt anhand von Beispielen zu toxikologischer Forschung. Lange sei in Bezug auf die Frage der Schädlichkeit verschiedener chemischer Substanzen davon ausgegangen worden, dass es für toxische Effekte eine Schwelle gebe, unterhalb derer keine Gefährdung vorliege. Dieses Modell sei durch die vorhandene Evidenz gut gestützt gewesen, letztlich aber dennoch in die Kritik geraten – was sich vor allem darin begründe, dass alternative Modelle entwickelt und für diese wiederum ebenfalls stützende Daten gefunden worden seien. Die Entwicklung dieser alternativen Modelle, die von möglichen toxischen Effekten auch sehr geringer Dosierungen ausgehen, sei dabei auch durch wissenschaftsexterne Interessen bestimmt gewesen, die mit der Regulierung dieser Substanzen im Zusammenhang stehen. Werte spielen hierbei nach Elliott und McKaughan in Bezug auf drei wesentliche Faktoren eine Rolle: einmal bei der Generierung von Hypothesen und der damit zusammenhängenden Beurteilung der Signifikanz empirischer Daten und entsprechend ihrer Erhebung, zweitens bei methodischen Entscheidungen, die Einfluss auf das Verhältnis der Fehlerwahrscheinlichkeiten nehmen (vgl. dazu Kap. 8) und drittens in Bezug auf die Generierung alternativer Theorien oder Modelle (vgl. dies. 2009).

Für die Bedeutung des letzten Punktes hat bereits Ohkrulik (1994) argumentiert. Sie geht davon aus, dass Hintergrundannahmen in der Wissenschaft eine bedeutende Rolle spielen, etwa, wenn es um die Generierung von Hypothesen geht, die Bestimmung signifikanter empirischer Konsequenzen, die Interpretation von Daten sowie Entscheidungen über die Zurückweisung oder Bewahrung von Hypothesen. Bekannte Beispiele, auf die sie referiert, sind etwa Forschung zur Reproduktion, in der wie beschrieben dem weiblichen Ei eine passive Rolle, dem männlichen Spermium die aktive Rolle zugeschrieben wurde, oder die Deutung fossiler Werkzeuge in der evolutionären Anthropologie entsprechend einer *man-*

the-hunter oder *women-the-gatherer* Hypothese.[34] Diese Fälle plausibilisieren die Möglichkeit, dass wissenschaftliche Theorien durch sexistische oder androzentristische Hintergrundannahmen geprägt sein können – auch wenn sie mit der verfügbaren Evidenz übereinstimmen, da die Hintergrundannahmen die Interpretation dieser Evidenz sowie die Einschätzung ihrer Signifikanz beeinflussen. Dabei sei nicht davon auszugehen, dass die Wahl zwischen verschiedenen empirisch adäquaten Theorien diese Wertprägungen herausfiltere. Selbst wenn diese sich nach rein kognitiven Werte richte, bestehe die Möglichkeit, dass sämtliche Wahlmöglichkeiten jeweils auf androzentristischen Annahmen beruhten:

> These theories [about female behavior] may in many respects be quite different from one another; but if they have all been generated by males operating in a deeply sexist culture, then it is likely that all will be contaminated by sexism. Non-sexist rivals will never even be generated. Hence the theory which is selected by the canons of scientific appraisal will simply be the best of the sexist rivals; and the very *content* of science will be sexist, no matter how rigourously we apply objective standards of assessment in the context of justification. (Ebd., S. 201 f.)

Ohkrulik verortet den Ursprung dieses Problems in der Komparativität der Theoriewahl: auch die nach kognitiven Standards beste von mehreren sexistischen Theorien ist sexistisch. Nach Elliott/McKaughan ist diese Annahme einer Komparativität der Theoriewahl hingegen nicht erforderlich: eine Theorie könne auch akzeptiert werden, nicht weil sie die beste ist, sondern weil sie durch die vorhandene Evidenz gut gestützt ist. Das Bestehen alternativer Theorien oder Ideen könne jedoch dazu führen, dass neue Daten erhoben würden, welche die bisher akzeptierte Theorie in Zweifel zögen (vgl. Elliott/McKaughan 2009, S. 607 f.). Der Punkt des jeweiligen Arguments ist hier nicht ganz derselbe: einmal geht es um die empirische Stützung von Theorien, die durch weitere Datenerhebungen, angeleitet durch alternative Theorien, hinterfragt wird, da auch sie nun auf die neuen

---

[34] Als weiteres Beispiel führt sie Theorien zu biologischen Ursachen einer intellektuellen Minder-wertigkeit von Frauen an, die stets auf widersprechende empirische Ergebnisse stießen, was aber jeweils nur dazu geführt hat, dass eine neue Hypothese zur Verortung des kausalen Faktors generiert wurde – nicht jedoch zur Aufgabe oder Hinterfragung der Annahme, dass Frauen aus biologischen Gründen weniger intelligent seien als Männer (vgl. Ohkrulik 1994, S. 196).

Daten eine Antwort generieren müssen. Bei Ohkrulik hingegen geht es um die Wahl zwischen verschiedenen Theorien, die bereits jeweils empirisch gut gestützt sind. Der gemeinsame Kern liegt jedoch in der *Bedeutung von Alternativen,* welche durch diese Argumente hervorgehoben wird. Nur durch alternative Ansätze kommt es zur Erhebung eventuell problematischer Daten, die bisher nicht berücksichtigt wurden, da sie nicht signifikant erschienen; und nur durch alternative Theorien, die eben keine androzentristischen Annahmen voraussetzen, kann das Problem der kognitiven Theoriewahl als Kür des besten androzentristischen Kandidaten umgangen werden.

Sofern man davon ausgeht, dass außerwissenschaftliche Werte in der Entdeckung und Theorieverfolgung eine Rolle spielen, ist deshalb die Rechtfertigung von Theorien nicht zwingend wertfrei – selbst wenn die Kriterien der Beurteilung sich auf kognitive Werte beschränken. Andere Werte nehmen Einfluss darauf, welche Daten überhaupt erhoben und als relevant für die Beurteilung einer Theorie betrachtet werden sowie welche Theorien entwickelt und weiterverfolgt werden, bis sie zu Kandidaten der Theoriewahl heranreifen. Folglich ist es nicht möglich, zwischen Entdeckung, Theorieverfolgung und Rechtfertigung anhand der respektiven Reichweite von Werteinflüssen zu unterscheiden – lässt man in ersteren Werte zu, kann nicht garantiert werden, dass diese durch die wissenschaftliche Beurteilung ausgeräumt werden. Vielmehr transportieren sich diese Werte über die Frage, welche Alternativen es gibt – und welche eben nicht – in die Beurteilung von Theorien, sei es anhand der Datenlage, sei es im Vergleich zu anderen Theorien. Die Kontextunterscheidung ist deshalb nur als schlanke Unterscheidung im Sinne Hoyningen-Huenes zwischen einer deskriptiven und einer evaluativen Sicht auf Wissenschaft haltbar, sagt damit jedoch allein noch nichts über die Reichweite von Werteinflüssen aus.

Um an dem Ideal der Wertfreiheit festzuhalten, reicht es entsprechend nicht, die Kognitivität der Standards im Rechtfertigungskontext zu fordern, vielmehr müsste auch die Wertfreiheit von Entdeckung und Theorieverfolgung hinzukommen. Wertfreie Wissenschaft müsste also nicht nur das Sollen aus der Beurteilung von Aussagen über das Sein heraushalten, sie müsste auch rein in dem Sinne sein, dass Themenselektion, Hypothesengenerierung, Signifikanzzuschreibungen, die Ableitung empirischer

Konsequenzen, Plausibilitätseinschätzungen und Investitionsentscheidungen sich ausschließlich nach wissenschaftlichen Kriterien richten.

Eine solche Bestimmung von Ausrichtungs- und Signifikanzfragen als rein epistemisch ist jedoch mehr als fraglich. Wie dargestellt, herrscht seit Weber weitgehend Einigkeit darüber, dass die Wahl von Themen und die Herangehensweise über eine bestimmte Perspektive nicht nur wertbeladen sein kann, sondern diese Wertbeladenheit auch oftmals unhintergehbar ist. Eine solche Wertbeladenheit der Perspektive ist dabei vor allem in Disziplinen und Bereichen naheliegend, die sich mit Phänomenen befassen, die den menschlichen Alltag sowie seine soziopolitischen, ökonomischen, kulturellen oder gesundheitlichen Bedingungen direkt berühren. Auch in genereller Hinsicht ist es jedoch so, wie im Rückgang auf Kitcher argumentiert wurde, dass „Wahrheit" oder „Erkenntnisgewinn" keine hinreichend konkrete Orientierung dafür bieten, welche Fragen genau auf die Forschungsagenda gesetzt werden sollten; und dass auch Fragen und Probleme, die heute aus epistemischer Sicht interessant scheinen, diese epistemische Signifikanz nur abhängig von dem bisherigen Entwicklungsstand wissenschaftlichen Wissens haben. Dieser Stand ist jedoch durch frühere Entscheidungen über Signifikanz geprägt worden, und es ist nicht zu garantieren, dass diese immer unabhängig von praktischen Bedürfnissen oder soziopolitischen Interessen waren.

Zahlreiche Beispiele wertbeladener Signifikanzentscheidungen finden sich in der Frauengesundheitsforschung sowie auch der herkömmlichen Medizin. So wurde in Kapitel 6 beschrieben, wie eine feministische Perspektive sich in inklusiven Gesundheitsmodellen äußert, die sozialen Faktoren eine wesentliche Bedeutung zuschreiben und entsprechend Fragestellungen und Datenerhebungen anleiten. Zu beachten ist dabei, dass in Bezug auf die psychosozialen Bedingungen von Gesundheit insbesondere auch nach Auswirkungen geschlechtsspezifischer Unterdrückung gesucht wird. Es wird nach dem Einfluss des sozialen Status von Frauen auf ihre Gesundheit gefragt, beispielsweise nach dem Zusammenhang von Lebensbedingungen mit menopausalen Beschwerden oder von PMS mit Erfahrungen sexualisierter Gewalt. Die betreffenden Ergebnisse lassen Theorien über die körperlichen Ursachen entsprechender Beschwerden, die diese als unvermeidliche Folgen des weiblichen Hormonhaushalts betrachten, in einem anderen Licht erscheinen und berauben Hypothesen zum Bedarf einer hormonellen Manipulation ihrer Plausibilität. Diese Plausibilität und die entsprechende Ausrichtung von Forschung beruhte auf Hintergrundannahmen zu einer biologischen Determiniertheit des weiblichen Wesens, die wie dargestellt eine lange Tradition in der Medizingeschichte haben und deshalb fortwirken können, auch wenn sich die betreffenden Forscher dieser im Hintergrund operierenden wertbeladenen Sichtweisen nicht explizit bewusst sind. Als weiteres Beispiel lässt sich auch der Kampf um die Inklusion von Frauen in klinische Studien anführen und die heute erwiesenermaßen fehlerhaften Generalisierungen von Männern zu Frauen (etwa im Fall der KHK), die auf der unhinterfragten Behandlung des Mannes als Standardmodell (in biologischer wie sozialer Hinsicht) beruhten.

Feministische Gesundheitsmodelle sind ein Beispiel dafür, dass Signifikanzzuschreibungen oftmals wertbeladen sind. Eine solche Wertbeladenheit kann, wie die herkömmliche Medizin verdeutlicht, zu systematischen blinden Flecken führen. Aufgrund solcher blinder Flecken werden Werte, die Einfluss auf Signifikanzzuschreibungen nehmen, über die Frage, welche Alternativen und Daten bei der Beurteilung von Theorien zu beachten sind, in den Rechtfertigungskontext transportiert – auch wenn nicht direkt vom Sollen auf das Sein geschlossen wird. Statt an einem Wertfreiheitsideal festzuhalten und dieses noch um die unplausible Forderung nach einer Reinheit des Entdeckungskontextes zu erweitern, bietet hier die Idee einer möglichst pluralistischen und diversen Forschungsgemeinschaft die fruchtbarere Alternative in Bezug auf die Frage, wie mit der Möglichkeit von Werteinflüssen umzugehen ist und wie solche blinden Flecken soweit wie möglich auszuräumen sind.

Susan Haack etwa lehnt die Forderung nach einer derartigen demokratischen Epistemologie vehement ab und argumentiert, dass der Möglichkeit wertbeladener blinder Flecken durch die Forderung nach umfassender Evidenz zu begegnen sei (vgl. Haack 1996, S. 86 f.). Natürlich beinhaltet das Kriterium der empirischen Adäquatheit den Anspruch, allen relevanten Daten gerecht zu werden. Es bleibt jedoch unklar, wie diese Relevanz wissenschaftlich eindeutig zu bestimmen wäre, wenn zwischen theoretischen Hypothesen und empirischen Konsequenzen keine eindeutigen Folgerungsbeziehungen bestehen. Haacks Forderung nach umfassender Evidenz müsste in der Lage sein zu garantieren, dass keine relevanten Bereiche unbeachtet bleiben. Sie müsste also die Möglichkeit ausschließen können, dass wertbeladene Perspektiven dazu führen, dass Dinge übersehen werden – wie dies etwa bei nicht-reproduktiven Aspekten der Frauengesundheit der Fall war. Die wissenschaftliche Annäherung an einen Gegenstandsbereich wird jedoch immer gewissen Selektionen vornehmen müssen – und damit eventuell dazu führen, dass Dinge als irrelevant betrachtet werden, die aus einer anderen Perspektive womöglich hohe Signifikanz aufweisen.

Hier hilft nun auch der Rückzug auf das Agnostizismus-Argument, mit der Akzeptanz oder Zurückweisung von Theorien sei zu warten, bis sie durch die Evidenz eindeutig bestätigt oder widerlegt würden, endgültig nicht mehr weiter. Ein Warten auf weitere Evidenz und die klare Bestätigung einer Theorie räumt nicht das Problem aus, dass diese Bestätigung möglicherweise auf dem (unbewussten) Ausschluss anderer Alternativen aus wertbeladenen Gründen beruht. So wurde etwa die WHI im Vorfeld dafür kritisiert, dass diese zu viel Geld investiere, um bereits bekannte Ergebnisse hervorzubringen. Dass die WHI dennoch durchgeführt wurde, verdankt sich, wie dargestellt, dem politischen Einfluss der Frauengesundheitsbewegung. Nur aufgrund des Einbezugs einer neuen, feministischen Perspektive auf Frauengesundheit wurden deshalb letztlich Resultate erzielt, die den bisherigen Wissensstand unterminierten und nicht ohne weiteres ignoriert werden konnten, also die Rechtfertigung der bekannten Ergebnisse zurückwiesen.

Weder die Forderung nach vollständiger Evidenz noch das Agnostizismus-Argument bieten demnach eine gute Verteidigung des Wertfreiheitsideals gegen die Möglichkeit wertbeladener Signifikanzentscheidungen. Agnostizismus liefe hier auf ein Warten auf Vollständigkeit hinaus, Vollständigkeit ist jedoch weder erreichbar noch wäre ihr Erreichen entscheidbar. Eine weitere Möglichkeit wäre, zwar die Notwendigkeit von Selektionen im Entdeckungszusammenhang zuzugestehen, jedoch zu fordern, diese sollten sich nach wissenschaftlichen Kriterien richten. So könnten die kognitiven Werte der Theoriewahl bereits bei der Ausrichtung von Forschung die Funktion übernehmen, zu spezifizieren, nach welchen Wahrheiten wir genau suchen. Wenn eine gut etablierte Unterscheidung kognitiver und nicht-kognitiver Werte vorläge, so müsste demnach das Wertfreiheitsideal zwar dennoch um die Reinheit der Entdeckung ergänzt werden – wie bei der Rechtfertigung ließe sich dies jedoch über die kognitiven Werte bewerkstelligen.

Auch diese Verteidigung des Wertfreiheitsideals ist jedoch hochproblematisch. Dafür lassen sich pragmatische, ethische sowie epistemologische Argumente anführen. Erstens deckt sich eine solche Vorstellung von Ausrichtungsentscheidungen offensichtlich nicht mit der tatsächlichen Praxis (was allerdings allein noch kein Argument gegen ein regulatives Leitbild wäre). Wissenschaft ist auf gesellschaftliche Ressourcen angewiesen, d. h. darauf, dass ihr die erforderlichen materiellen, menschlichen und finanziellen Mittel zur Verfügung stehen. Dabei ist es kaum der Fall, dass diese Ressourcen in einem so großen Ausmaß vorhanden sind, dass alles, was nach kognitiven Kriterien eine interessante Fragestellung bietet, gefördert werden könnte – in der Praxis muss also auch hier wieder eine Auswahl getroffen werden. An dieser Stelle kommt erneut das Problem der Kuhn-Unterbestimmtheit ins Spiel – die Ressourcenverteilung könnte nur über eine Gegenüberstellung verschiedener Themen mit verschiedenen kognitiven Potentialen geschehen. Da sie sich zwischen jeweils durch kognitive Werte ausgezeichneten Themen entscheiden müsste, könnte dies nur über eine spezifische Gewichtung und Interpretation der Werte geschehen – wobei nicht garantiert ist, das diese nicht durch andere Werte beeinflusst sind. Darüber hinaus müsste so sämtliche primär anwendungsorientierte Wissenschaft als epistemisch minderwertig verworfen werden, ebenso wie Forschung nicht-wissenschaftlicher, privater Unternehmen – was zumindest ein sehr hoher Preis für die Aufrechterhaltung des Wertfreiheitsideals wäre.

Zweitens lässt sich argumentieren, dass der Wissenschaft, die auf der Grundlage von Ressourcen operiert, welche die Gesellschaft ihr zur Verfügung stellt, dieser Gesellschaft gegenüber auch eine Verantwortung zukommt. Das heißt nicht, dass Politiker oder andere Laien den Forschenden jede Fragestellung diktieren sollten. Dennoch gibt es die Erwartung, dass die Wissenschaft sich zumindest ganz dringenden Fällen gesellschaftlicher Bedarfe auch widmet, z. B. dem Klimawandel, der Frage erneuerbarer Energien, geeigneten Maßnahmen in der Finanzkrise, der Behandlung bei Krankheitsepidemien usw. Im Fall der Medizin scheint dies besonders einleuchtend. Wie oben schon erwähnt wurde, ist diese auf das Ziel der Gesundheit ausgerichtet, d. h. auf ihre Anwendung im Einzelfall zum

Zwecke des Heilens. Natürlich schließt dies nicht aus, dass es auch in der Medizin epistemische Erwägungen über die Agendasetzung gibt, etwa bezüglich der aktuellen Machbarkeit eines Forschungsprogramms. Dennoch stellt sich hier immer auch die Relevanzfrage in gesellschaftlicher Hinsicht. Eine generelle Bevorzugung epistemischer gegenüber nicht-epistemischer Signifikanz ist nicht nur sehr weit entfernt von der Wirklichkeit, sondern auch ethisch hochproblematisch, da so der Wert des Wissens über den der Gesundheit und des menschlichen Lebens gestellt würde.

Prinzipiell problematisch ist zudem auch hier wieder die von Kitcher herausgestellte historische Abhängigkeit epistemischer Signifikanz, die sich auf ein jeweils gegebenes System wissenschaftliches Wissen bezieht, dessen Form auch durch praktische oder soziale Anliegen in der Vergangenheit geprägt worden sein könnte. Dies ist in keinem Wissenschaftsbereich auszuschließen; in Medizin und Gesundheitswissenschaften ist es offensichtlich. In dieser Situation nun fortan ausschließlich auf durch kognitive Werte angeleitete Ausrichtungsentscheidungen zu setzen, würde die bisherigen wertgeprägten blinden Flecken nicht eliminieren, sondern nur weiter perpetuieren – und daher kaum die Wertfreiheit des wissenschaftlichen Wissens unterstützen. Hinzu kommt eine weitere Schwierigkeit: Ausrichtungs- und Signifikanzentscheidungen anhand kognitiver Werte beziehen sich darauf, welche epistemisch signifikanten Ergebnisse diese Entscheidungen hervorbringen könnten. Dies kann natürlich nicht mit Sicherheit vorhergesagt werden, solange die entsprechenden Ergebnisse nicht vorliegen. Da positive und negative Ergebnisse jedoch keineswegs immer dieselbe Bedeutung für ein Wissenssystem haben (s. o. Torsten Wilholts Argumentation zu induktiven Risiken), sind solche Einschätzungen ausgesprochen tentativ: Die Signifikanz eines positiven Ergebnisses muss mit der eines negativen nicht identisch sein. Insgesamt ist also die Forderung nach einer Reinheit von Ausrichtung und Signifikanzeinschätzungen auf der Basis eines Vollständigkeitsanspruchs wie auch auf der Basis von kognitiven Werten nicht erfolgreich darin, das Wertfreiheitsideal zu retten.

Die erläuterte Abhängigkeit des Rechtfertigungskontextes und der Frage, welche Werte auch gut belegtes wissenschaftliches Wissen informieren können, von Werteinflüssen in der Theorieverfolgung spricht dennoch dafür, auch diesen Kontext in die wissenschaftstheoretische Betrachtung einzubeziehen und die Disziplin nicht auf die Frage der Beurteilung von Geltungsansprüchen (unabhängig von dem Kontext der jeweiligen Theorien) zu beschränken. Die Inhalte wissenschaftlichen Wissens sind zwar davon abhängig, wie die Welt, auf welche dieses Wissen sich bezieht, beschaffen ist – sind hierdurch jedoch keinesfalls vollständig bestimmt und auch von einem wissenschaftstheoretischen Standpunkt aus nicht hinreichend charakterisiert. Um die Argumentation des vorliegenden Kapitels noch einmal zusammenzufassen: Einerseits spielen epistemische Faktoren eine wichtige Rolle im Kontext der Theorieverfolgung, etwa wenn es um die Einschätzung des heuristischen Potentials einer neuen Theorie oder Beurteilungen der Plausibilität einer neuen Hypothese geht. Andererseits sind Entscheidungen darüber, in welche Theorien weitere Arbeit investiert und wie genau dabei vorgegangen wird, offen für Einflüsse wertbeladener Interessen, Hintergrundannahmen oder auch organisatorischer und institutioneller Bedingungen (beispielsweise in Bezug auf Finanzierungsmöglichkeiten).

Sofern dies aber eingeräumt wird, ist die Wertfreiheit des Rechtfertigungskontextes nicht mehr zu garantieren. Ob eine Theorie akzeptierbar scheint oder nicht, ist davon abhängig, welche Daten für diese Entscheidung als signifikant erachtet werden, welches Hintergrundwissen bereits vorliegt sowie wie sie im Vergleich zu rivalisierenden Theorien bewertet wird. Hierbei besteht die Möglichkeit, dass bestimmte Daten nicht zur Verfügung stehen, weil sie als irrelevant betrachtet werden, und alternative Theorien nicht entwickelt werden, etwa weil alle existierenden Alternativen auf denselben, möglicherweise wertbeladenen Hintergrundannahmen beruhen. Gleichzeitig sind hier weder eine Forderung nach Vollständigkeit noch nach rein epistemischer Beurteilung von Signifikanz umsetzbar. Selbst wenn die Bewertung von Theorien sich ausschließlich über kognitive Werte vollzieht, ist deshalb nicht ausgeschlossen, dass ebendiese Hintergrundannahmen oder wertbeladenen Signifikanzentscheidungen auch die beste der vorhandenen Alternativen prägen.

Selbst wenn etwa androzentristische Theorien aufgrund des Wertfreiheitsideals sämtlich zurückgewiesen würden, wäre damit nicht das Problem einer Wertbeladenheit der Wahl zwischen Alternativen gelöst. Es besteht immer die Möglichkeit wertbeladener blinder Flecken, sprich dass Alternativen aus wertbeladenen Gründen nicht entwickelt wurden. Die halbe Wahrheit kann zu verfälschten Ergebnissen führen; was aber die ganze Wahrheit ist, ist eine Frage oftmals wertbeladener Signifikanzentscheidungen. Folglich sind auch soziale Werteinflüsse auf Entdeckung und Theorieverfolgung epistemisch relevant.

> Proposing that democratic values should play a role in decisions about what lines of investigation should be *pursued* seems a relatively conservative move, although it is worth recognizing that those decisions shape the future body of public knowledge that serves as background to the assessment of subsequent claims. Well-ordered science thus has indirect effects on processes of certification – for the simple reason that *any* way of framing the context of investigation would do so. How new candidates for knowledge are evaluated depends on what is currently known. There is no avoiding dependence on the contingencies of history. (Kitcher 2011, S. 139)

Ein fruchtbarer wissenschaftstheoretischer Umgang mit der Möglichkeit von Werteinflüssen in der Wissenschaft muss deshalb auch in Betracht ziehen, welche Fragen nicht gestellt, welche Daten nicht erhoben und welche theoretischen Alternativen nicht entwickelt werden – und ob diese blinden Flecken ein Muster derart ergeben, dass der Ausschluss von Möglichkeiten auf einseitigen Werteinflüssen beruht.[35] Diesbezüglich soll hier zum Abschluss noch kurz auf das neue Feld der Agnotologie eingegangen werden, das Fragen nach den Ursachen und der Verteilung wissenschaftlicher Ignoranz (bzw. wissenschaftlichen Nichtwissens) in den Mittelpunkt stellt und damit einen hilfreichen Anknüpfungspunkt für die Wissenschaftstheorie bietet. Robert Proctor beschreibt die Zielsetzung agnotologischer Studien wie folgt:

> We need to think about the conscious, unconscious, and structural production of ignorance, its diverse causes and conformations, whether brought about by neglect, forgetfulness, myopia, extinction, secrecy, or suppression. The point is to question the *naturalness* of ignorance, its causes and distribution. (Proctor 2008, S. 3)

---

[35] An dieser Stelle sei auch auf die heuristische Rolle Longinos feministischer kognitiver Werte hingewiesen, die auf eine Vermeidung solcher vorzeitiger Einengungen des Blickfeldes zielen. So liegt etwa der Wert von Standards wie ontologischer Heterogenität und relationaler Komplexität auf der Ebene der Theorieverfolgung darin, dass die Möglichkeit von Unterschieden oder multifaktoriellen Kausalbeziehungen beachtet wird (vgl. dazu auch Anderson 1995).

Genau wie wissenschaftliches Wissen selektiv ist, da es immer auf Signifikanzentscheidungen beruht, ist auch Nichtwissen oftmals nicht einfach der Status, welcher wissenschaftlicher Erkenntnis vorausgeht, sondern ebenfalls selektiv in einer durch soziopolitische Faktoren bestimmten Form.[36] Für eine solche Form selektiver Ignoranz, die auf sozialen Werteinflüssen beruht, ist die Kritik androzentristischer Medizin durch die Frauengesundheitsforschung exemplarisch. Erst durch diese Kritik wurden die blinden Flecken der Frauengesundheit sichtbar, etwa die Problematik hormoneller Ersatztherapie, mangelhaftes Wissen über weibliche Sexualität (vgl. dazu Tuana 2008), die Wahrnehmung sexistischer Einstellungen in gynäkologischen Lehrbüchern sowie auch die Unterschiede in nicht-reproduktionsbezogener Gesundheit.[37]

---

[36] Als eine weitere Form neben der selektiven Zuschreibung von Irrelevanz nennt Proctor die willentliche Erzeugung oder Aufrechterhaltung von wissenschaftlichem Dissens im Dienste bestimmter Interessen. Beispiele sind hier etwa Tabakfirmen, die die Karzinogenität von Zigaretten als nicht definitiv bewiesen zu diskreditieren versuchen, oder auch ähnliche Argumente in der Klimaforschung, die einen endgültigen Beweis für die Anthropogenität des Klimawandels verlangen, der nicht gegeben sei (vgl. ebd., S. 8 ff.). Dies entspricht auch der Strategie der Pharmakonzerne, die die Ergebnisse der WHI als nicht gesichert extropolierbar kritisieren und auf dieser Grundlage weiter HET in anderen Zusammensetzungen oder Darreichungsformen zu verkaufen zielen.

[37] Zu den blinden Flecken in Bezug auf Frauengesundheit gibt es dabei äquivalente in Bezug auf Männer. So sei etwa das Fehlen hormoneller Verhütungsmittel für den Mann kein Problem der wissenschaftlichen Möglichkeiten, sondern vielmehr der Annahme, dass Reproduktion(-sverhinderung) Aufgabe der Frau und für eine männliche Pille entsprechend kein ausreichender Markt vorhanden sei. Hinzu kommt, dass die Nebenwirkungen solcher Medikationen in Bezug auf Männer anders bewertet würden: die Einschränkung der Libido etwa sei bei Männern als wichtiger Grund gegen eine männliche Pille behandelt worden, während ebendiese Nebenwirkung für Frauen als weniger wichtig betrachtet worden sei (vgl. dazu Tuana 2006, S. 4 ff.; Arditti 1978). Zu erwähnen ist in diesem Zusammenhang auch das Unwissen in Bezug auf den männlichen Beitrag zu Reproduktionserfolg und der Gefahr von Behinderungen. In den letzten Jahren gibt vermehrt Erkenntnisse dazu, dass auch das Alter oder der Lebensstil des Mannes (z. B. übermäßiger Alkoholgenuss) auf die Gesundheit des Nachwuchses Einfluss nehmen. Derartige Ergebnisse werden immer wieder als überraschende Entdeckung präsentiert, was wohl auch daran liegt, dass dies einem traditionelleren Bild, in dem der Mann zwar den Samen beisteuert, alles weitere jedoch Aufgabe der Frau ist, zuwiderläuft (vgl. dazu Bertin/Beck 1996).

Zugleich zeigt das Beispiel der Frauengesundheitsforschung, dass die beste Strategie angesichts der Möglichkeit von Werteinflüssen in der Wissenschaft – etwa durch Themenwahl, Hintergrundannahmen, heuristische Strategien und Plausibilitätseinschätzungen, die Beurteilung induktiver Risiken oder Standards der Theoriewahl – in einer personellen Diversität der wissenschaftlichen Gemeinschaft liegt, die zu einem Pluralismus vertretener Standpunkte und kritischer Argumente führt. Die epistemische Integrität der Wissenschaft erfordert nicht die Wertfreiheit der Rechtfertigung – sondern *unterschiedliche* Werteinflüsse in einem wissenschaftlichen Diskurs, der den Anforderungen an soziale und prozedurale Objektivität genügt.

Schluss: Wertvielfalt statt Wertfreiheit

> The women's health movement, while a diverse movement, aimed to take our bodies back from the institutions of medicine and reframe our knowledge and experiences of our bodies in ways not configured by sexism and androcentrism. In this sense, the women's health movement was an epistemological resistance movement [...] an [...] important goal [...] was to reexamine traditional medicine, not simply in order to "get it right", but rather to transform our knowledge of women's bodies so as to remove oppression, to augment women's lives, and to transform society. (Tuana 2006, S. 2)

Das Wertfreiheitsideal

Ziel der Arbeit war die Beurteilung der Haltbarkeit und Fruchtbarkeit des Wertfreiheitsideals im Vergleich zu sozialerkenntnistheoretischen Alternativen, insbesondere Kitchers *Well-Ordered Science* und Longinos *Social Value Management*. Im Folgenden soll die Argumentation noch einmal zusammengefasst sowie auf die in Kapitel 2 formulierten Anforderungen an entsprechende Ideale (Kohärenz, Operationalisierbarkeit, Realisierbarkeit und Reichweite) bezogen werden. Eine Kritik des Wertfreiheitsideals sieht sich dabei zunächst vor die Frage gestellt, ob die Objektivität der Wissenschaft notwendig ihre Wertfreiheit voraussetzt. Diese Verknüpfung von Objektivität und (der Annäherung an) Wertfreiheit als unumgänglicher Anforderung an epistemische Qualität hat einen Großteil der bisherigen Diskussionen zu Werten in der Wissenschaft geprägt und erklärt den hohen Stellenwert, der dem Wertfreiheitsideal beigemessen wird. Frühere Kritiker der Vorstellung einer wertfreien Wissenschaft, beispielsweise das Strong Programme in der Soziologie wissenschaftlichen Wissens, haben entsprechend den Objektivitätsanspruch der Wissenschaft zurückgewiesen und diese als Politik mit anderen Mitteln zu entlarven versucht. Um die Möglichkeit einer Entkoppelung von Objektivität und Wertfreiheit – und damit einer fruchtbareren Diskussion – zu eröffnen, wurde zunächst ein Verständnis von Objektivität formuliert, das diese in der epistemischen Vertrauenswürdigkeit wissenschaftlicher Ergebnisse verortet, welche auf der Verwendung der bestmöglichen Prozesse bei der Produktion dieser Ergebnisse beruht. Durch eine solche prozedurale Auffassung von Objektivität, die von der Frage der Allgemeingültigkeit der erzielten Resultate abstrahiert, wird zunächst nicht impliziert, dass Werteinflüsse diese Vertrauenswürdigkeit zwingend untergraben.

Allerdings kann dies nicht bedeuten, dass von wertbeladenen Vorstellungen direkt auf die Gültigkeit wissenschaftlicher Aussagen über die Welt geschlossen wird, da nicht ersichtlich ist, wie auf dieser Grundlage epistemische Vertrauenswürdigkeit zu verteidigen wäre. Die Forderung nach empirischer Adäquatheit ist für eine solche unumgänglich und eine simple Ignoranz der vorliegenden Evidenz nicht hinzunehmen. Das Wertfreiheitsideal geht jedoch über diese minimale Version hinaus – wie auch die Möglichkeiten für Werteinflüsse in der Wissenschaft komplexer sind. Um dies zu verdeutlichen, wurde zunächst das Ideal der Wertfreiheit genauer spezifiziert und festgestellt, dass nicht alle Aspekte, die in seiner historischen Entwicklung von Bedeutung waren, in seiner aktuellen Version weiterhin enthalten sind. So fordert das heutige Ideal nicht mehr die Reinheit der Wissenschaft, d. h. dass die Themenwahl unabhängig von wertbeladenen Interessen sein müsse. An der Idee einer Neutralität der Wissenschaft wird zwar insofern festgehalten, als eine wissenschaftliche Begründung politischer Positionen abgelehnt wird; dennoch wird Wissenschaft nicht mehr als neutral im starken Sinn von ohne jede Verantwortung für die Konsequenzen ihrer Forschung betrachtet. Diese Verantwortung darf jedoch nach dem Wertfreiheitsideal die Beurteilung von Geltungsansprüchen nicht beeinflussen. Entscheidend für das Wertfreiheitsideal sind jene Aspekte, welche die Objektivität der Wissenschaft ermöglichen sollen: die Trennung von Sein und Sollen und der damit einhergehende Ausschluss von Sollensfragen sowie die Idee einer methodischen Kontrolle der Wissensproduktion. Dies entspricht der Unterscheidung des Rechtfertigungszusammenhangs von Entdeckungs- und Anwendungszusammenhang: Werteinflüsse auf die thematische Ausrichtung oder praktische Umsetzung sind für das gegenwärtige Wertfreiheitsideal unerheblich.

Das Wertfreiheitsideal zielt nicht auf eine völlige Unabhängigkeit oder Autonomie der Wissenschaft, sondern auf die Erfüllung der epistemischen Funktion, Objektivität zu ermöglichen. Dabei haben sowohl systematische Argumente als auch wissenschaftshistorische Untersuchungen zu der Einsicht geführt, dass die Beurteilung von Geltungsansprüchen nicht immer eindeutig und vor allem nicht immer allein durch Logik und Empirie vorgegeben ist. Das heutige Ideal zeichnet sich dadurch aus, dass es Werten eine wichtige Rolle bei der Theoriewahl zugesteht, da diese auf nicht-empirische Kriterien zurückgreifen muss. Mit diesem Zugeständnis geht jedoch die Forderung einher, wissenschaftliche (kognitive) und nicht-wissenschaftliche (nicht-kognitive) Werte zu unterscheiden und nur erstere als Kriterien der Theoriewahl zu verwenden. Wertfreiheit bedeutet damit nun im Grunde Freiheit der Theoriewahl von nicht-kognitiven Werten.

Eine solche Auffassung macht zunächst die Unterscheidbarkeit einer Klasse kognitiver von nicht-kognitiven Werten zu einer notwendigen Bedingung von Wertfreiheit und damit (entsprechend der herkömmlichen Sichtweise) von Objektivität. Gleichzeitig wird (implizit) davon ausgegangen, dass diese Bedingung auch hinreichend für Wertfreiheit ist. Dies trifft jedoch nur im Zusammenhang mit zwei weiteren Annahmen zu: erstens, dass diese Trennung auch den Ausschluss nicht-kognitiver Werte ermöglicht; zweitens, dass die Rechtfertigung von Theorien von ihrem Entdeckungs- und Anwendungskontext epistemisch unabhängig ist.

Diese Fassung des Wertfreiheitsideals wurde in der Arbeit mit Bezug auf Beispiele aus der Frauengesundheitsforschung sowie auf philosophische Argumente für die Möglichkeit von Werteinflüssen kritisiert. Hinsichtlich der notwendigen Bedingung einer Trennbarkeit kognitiver und nicht-kognitiver Werte wurde argumentiert, dass die Möglichkeit einer kontextunabhängigen, absoluten Unterscheidung äußerst fraglich ist. Die Kognitivität von Werten wird über ihren Beitrag zu den Zielen der Wissenschaft bestimmt. Dabei ist sowohl strittig, was das Ziel der Wissenschaft ist als auch wie dessen Relation zu bestimmten Werten zu etablieren ist. Beispielsweise wurde die Annahme von Wahrheit als übergeordnetem Ziel und die entsprechende Bestimmung epistemischer Werte als wahrheitsfördernd dahingehend hinterfragt, wie diese Wahrheitsförderung zu begründen wäre. Dies ist insbesondere problematisch, da Werte wie Einfachheit oder Reichweite in keiner analytischen Beziehung zum Wahrheitsbegriff stehen und eine empirische Bestimmung des wahrheitsfördernden Beitrags die Möglichkeit voraussetzt, die Wahrheitsgrade verschiedener Theorien zu vergleichen. Wenn diese Wahrheit über empirische Adäquatheit und logische Konsistenz hinausgehen soll, was überhaupt erst die Grundlage des Problems bildet, sind für einen solchen Vergleich jedoch nicht-empirische Kriterien bereits vorauszusetzen. Auch bei anderen übergeordneten Zielvorstellungen wie etwa Verstehen bleibt – gerade aufgrund ihrer Allgemeinheit – unklar, wie aus diesen heraus spezifische Werte zu begründen wären.

Die fruchtbarere Strategie scheint daher zu sein, von spezifischeren Zielen in konkreten Forschungskontexten auszugehen. Ein engerer Fokus erleichtert die Bestimmung einzelner Werte als förderlich, indem er die Vergleichbarkeit der Förderung dieser Ziele durch verschiedene Werte erhöht. Dadurch eröffnet sich jedoch die Möglichkeit, dass diese Ziele auch durch wertbeladene Motive geprägt sind – wie etwa im Beispiel der Frauengesundheitsforschung das Ziel, adäquateres Wissen über die Gesundheit von Frauen zu generieren, mit dem feministischen Ziel einer gerechteren Gesellschaft verknüpft ist. Im Anschluss an Longino wurde argumentiert, dass derartige feministische Zielsetzungen zu spezifischen Werten der Theoriewahl führen können, die gleichzeitig auch den Wissenszuwachs in einer bestimmten Hinsicht fördern. So finden sich in der feministischen Gesundheitsforschung Werte als Merkmale guter Forschung wieder, die in anderen Kontexten keine oder doch eine weniger prominente Rolle spielen, etwa die Aufdeckung relationaler Komplexität und ontologischer Heterogenität, die Beachtung möglicher sozialer Folgen von Forschung oder auch die Reflexivität der Forscherinnen in Bezug auf ihre eigenen Werthaltungen.

Ebenso wie es feministische kognitive Werte geben kann, müssen andererseits die klassischen kognitiven Werte nicht zwingend rein kognitiv sein, sondern können in bestimmten Kontexten auch als androzentristische kognitive Werte fungieren – etwa, wenn der methodischen Einfachheit oder der Reichweite grundlegender Annahmen der Vorrang vor geschlechtssensiblen Resultaten eingeräumt und männliche Gesundheit als Standard behandelt wird. Durch den exklusiven Bezug auf die herkömmlichen Werte der Theoriewahl ist daher nicht garantiert, dass andere Werte eliminiert werden. Das ergibt sich bereits aus dem Umstand, dass diese Kriterien als Werte fungieren, also Entscheidungen zwar anleiten, aber nicht eindeutig bestimmen. Dies entspricht dem Problem der Kuhn-Unterbestimmtheit: die erforderliche Gewichtung und Präzisierung der Kuhnschen Werte kann durch andere Werte beeinflusst werden. Durch eine Trennung kognitiver und nicht-kognitiver Werte wäre also nicht zugleich impliziert, dass die Anwendung ersterer in der Theoriewahl einen Einfluss letzterer automatisch eliminiert. Gleichzeitig müssen jedoch kognitive Werte, die im Zusammenhang mit politisch relevanten Zielsetzungen stehen, nicht zwingend einen Verlust der epistemischen Vertrauenswürdigkeit bedeuten.

Wahrheit als Ziel der Wissenschaft anzunehmen ist darüber hinaus problematisch, weil Wissenschaft nicht indifferent nach allen möglichen Wahrheiten sucht, sondern nach signifikanten Wahrheiten, wie vor allem Kitcher herausstellt. Diese Signifikanz kann zwar epistemische Aspekte haben, etwa wenn es um die Implikationen verschiedener Fragen für den bisherigen Wissensbestand geht. Sie kann aber auch durch soziale oder anwendungsbezogene Werte beeinflusst sein. Selbst Ausrichtungsentscheidungen, die sich ausschließlich auf epistemische Signifikanz beziehen, können zudem frühere wertbeladene Signifikanzentscheidungen perpetuiieren, die den heutigen Wissensstand und damit auch gegenwärtige epistemische Möglichkeiten historisch geprägt haben. Diese Möglichkeit wertbeladener Ausrichtungs- und Signifikanzentscheidungen ist dabei auch dem Wertfreiheitsideal zufolge legitim – hat jedoch weitreichendere Konsequenzen, als von diesem eingeräumt wird.

Die Zuschreibung von Signifikanz beschränkt sich nicht auf die Auswahl von Themen, sondern wirkt sich auch auf die konkrete Bearbeitung von Fragestellungen aus. Hierbei spielt zunächst das Problem der holistischen Unterdeterminierung eine Rolle: Zwischen theoretischen Hypothesen und ihren empirischen Konsequenzen bestehen keine direkten Folgerungsbeziehungen. Deshalb ist oftmals nicht eindeutig, welches die entscheidenden Konsequenzen sind oder wie mit uneinheitlichen und widersprüchlichen empirischen Ergebnissen umzugehen ist. Einerseits ist es in manchen Fällen möglich, dieselben Daten als Unterstützung für rivalisierende Hypothesen anzuführen, wie etwa in der man-the-hunter/women-the-gatherer Diskussion. Andererseits kann eine Hypothese durch einen Teil der vorhandenen Evidenz gestützt, durch einen anderen in Zweifel gezogen werden, wie etwa im Falle der unterschiedlichen epidemiologischen und klinischen Ergebnisse zur Prävention von KHK durch HET. In diesen Fällen sind daher weitere Annahmen und Entscheidungen nötig, um auf der Basis der Evidenz über die Evaluierung einer Hypothese zu entscheiden. Diese Annahmen können wertgeprägt sein, wenn etwa wertbeladene Sichtweisen über einen Gegenstandsbereich bestimmten Hypothesen eine hohe Plausibilität verleihen und deshalb an anderen Stellen des theoretischen Netzes Revisionen vorgenommen werden. Beispiele sind die Einführung der Annahme einer Unterschiedlichkeit verschiedener Darreichungsformen von HET oder die Bezweiflung der methodischen Sauberkeit der epidemiologischen Studien. Eine derartige Rolle wertbeladener Hintergrundannahmen ist im Sinne des Wertfreiheitsideals unzulässig, da hier nur wissenschaftliche Kriterien eine Rolle bei der Evaluation von Geltungsansprüchen spielen dürfen. Sicherlich ist ein hartnäckiges und wertgeprägtes Festhalten an Hypothesen mittels einer Einführung von ad-hoc-Maßnahmen auch kritisierbar. Es ist jedoch nicht ersichtlich, wie im Hinblick auf die Uneindeutigkeit der Relation von Hypothesen und empirischen Konsequenzen zu garantieren wäre, dass Annahmen über ihre jeweiligen Beziehungen nicht durch Werthaltungen und wertgeprägte Plausibilitätseinschätzungen beeinflusst sind.

Darüber hinaus nehmen wertbeladene Signifikanzentscheidungen Einfluss darauf, welche Hypothesen überhaupt aufgestellt, welche Daten erhoben und welche Theorien entwickelt und weiter verfolgt werden. Der Rechtfertigungskontext, sprich die Beurteilung von Geltungsansprüchen, ist jedoch nicht unabhängig davon, welche Daten zur Verfügung stehen und berücksichtigt werden müssen und welche rivalisierenden Theorien es gibt, die ihrerseits unter Umständen gut gestützt sind. Hierbei ist nicht auszuschließen, dass es blinde Flecken entweder in Bezug auf die Daten oder auf theoretische Erklärungen gibt, die eine gegebene Theorie in Zweifel ziehen würden, aber aufgrund wertbeladener Sichtweisen und Relevanzeinschätzungen bisher nicht in den Blick geraten sind. So generiert die feministische Sicht auf Frauengesundheit Ergebnisse, die für die bisherige Forschung problematisch sind, beispielsweise zu Erlebnissen sexualisierter Gewalt im Zusammenhang mit PMS oder zu der kulturellen Prägung menopausaler Beschwerden. Exemplarisch sind hierfür auch die Ergebnisse der WHI, deren Durchführung im Vorfeld als überflüssig kritisiert wurde, dann jedoch zu entscheidenen Änderungen in der Bewertung von HET führte. Die Wissenschaft kann nicht jeden Aspekt der Welt erfassen. Sie muss Selektionsleistungen vornehmen, und es ist nicht zu garantieren, dass diese Selektionen nicht bestimmte Bereiche aus wertbeladenen Gründen systematisch als irrelevant ausschließen oder schlicht übersehen. Dabei können wertgeprägte Signifikanzentscheidungen jedoch zu einer einseitigen Datenlage oder einem eingeschränkten Theorieangebot führen, dessen Bewertung im Lichte von Alternativen anders aussähe.

Die Rechtfertigung von Theorien ist deshalb von ihrem Entdeckungskontext nicht epistemisch unabhängig, wenn auch Aspekte der Entdeckung nicht direkt über Geltungsansprüche entscheiden. Des Weiteren können auch anwendungsbezogene Fragen und Werte Einfluss auf die Evaluierung nehmen. Das Problem induktiver Risiken von Fehlentscheidungen in Fällen mit vorhersehbaren sozialen Konsequenzen generiert ein Argument dafür, in diesen Fällen Werturteile über diese Konsequenzen in Fragen darüber, wie viel Evidenz für eine positive Evaluierung ausreicht, einzubeziehen. Zunächst einmal scheint es in ethischer Hinsicht wünschenswert, bei erheblichen Konsequenzen von Fehlentscheidungen höhere Standards zu fordern. Gleichzeitig gibt es nicht nur immer die Möglichkeit von Fehlern, sondern sowohl von falsch positiven wie von falsch negativen Ergebnissen. Das Verhältnis dieser Fehlerwahrscheinlichkeiten ist in Fällen mit vorhersehbaren Konsequenzen der jeweiligen Fehler abzuwägen, weshalb sehr hohe Standards, die falsch positive Ergebnisse auf Kosten falsch negativer vermeiden, nicht in jedem Falle sinnvoll erscheinen.

Induktive Risiken generieren jedoch nicht nur ein ethisches, sondern auch ein epistemologisches Argument gegen die Forderung nach einer Wertfreiheit der Evaluation. Werteinflüssen auf das Verhältnis der Fehlerwahrscheinlichkeiten lässt sich nur sehr bedingt durch die Forderung nach einem neutralen Verhältnis dieser Wahrscheinlichkeiten begegnen, welches sie in einem Gleichgewicht halten würde. Zunächst einmal scheint dies in epistemischer Hinsicht nicht immer sinnvoll, da Wissenschaft nicht einfach nach allen möglichen Wahrheiten, sondern nach signifikanten Wahrheiten sucht, wobei falsch positive oder falsch negative Ergebnisse nicht zwingend dieselbe Bedeutung hinsichtlich unseres Wissensbestands haben. Zudem spielt das Verhältnis der Fehlerwahrscheinlichkeiten nicht nur bei der endgültigen Entscheidung über eine Hypothese oder Theorie eine Rolle, sondern wird bereits vorher durch eine Reihe von methodologischen, interpretatorischen oder taxonomischen Entscheidungen beeinflusst. Diesbezüglich ist in vielen Fällen unklar, ob und wie sich hier ein Gleichgewicht überhaupt erreichen ließe, etwa wenn es um die Setzung eines Signifikanzlevels, die Auswahl von Kontrollgruppen oder die Einteilung von Krebsstadien geht. Die Rechtfertigung von Theorien ist damit auch von wertbeladenen Einstellungen zu ihrer Anwendung nicht in allen Fällen vollständig unabhängig, wobei diese Werteinflüsse nicht zwingend die epistemische Vertrauenswürdigkeit untergraben müssen – vor allem in Bezug auf Entscheidungen, die eine Gleichgewichtskonzeption der Fehlerwahrscheinlichkeiten gar nicht erlauben.

Die Annahme, die Rechtfertigung von Theorien sei von ihrer Entdeckung und Anwendung epistemisch unabhängig (bzw. könne und solle dies sein), ist letztlich nicht haltbar. Anwendungsbezogene Werte können Einfluss auf das Verhältnis von Fehlerwahrscheinlichkeiten nehmen, entdeckungsbezogene können sich auf Signifikanzzuschreibungen, Revisionsentscheidungen und die Einschätzung der Akzeptierbarkeit von Theorien auf der Basis wertgeprägter blinder Flecke auswirken. Die Kontextunterscheidung im Rückgang auf Reichenbach wird oftmals für die Verteidigung des Wertfreiheitsideals ins Feld geführt, ist jedoch selbst problematisch. Eine temporäre Interpretation dieser Unterscheidung ist unplausibel und begründet noch keine Aussagen über die Legitimität von Werteinflüssen in verschiedenen Phasen. Derartige Aussagen werden durch eine logische Interpretation wiederum garantiert; diese steht aber vor dem Problem, dass die Beurteilung von Theorien nicht rein logisch konstruierbar ist (und dies zudem auch eine Rolle kognitiver Werte in der Theoriewahl ausschließen würde). Dadurch wird auch die disziplinäre Version der Kontextunterscheidung in Zweifel gezogen, d. h. die Unabhängigkeit normativer Wissenschaftstheorie von empirischer Wissenschaftsforschung sowie auch die Beschränkung des philosophischen Gegenstands auf die Rechtfertigung unter Ausschluss von Aspekten der Theorieverfolgung und Anwendung. Die Kontextunterscheidung ist nur als schlanke Unterscheidung einer deskriptiven und normativen Perspektive auf Wissenschaft haltbar, die jedoch keine Aussagen über die Legitimität oder Illegitimität von Werten impliziert.

Letztlich ist daher die notwendige Bedingung der Trennbarkeit kognitiver und nicht-kognitiver Werte nicht zugleich hinreichend für Wertfreiheit. Vielmehr müsste das Wertfreiheitsideal um die Forderung einer Reinheit und einer starken Neutralität der Wissenschaft ergänzt werden. Ein Ideal, das etwa bei der Forschungsausrichtung Werte zulässt, aber davon unabhängig auf die Wertfreiheit der Rechtfertigung zielt, ist letztlich inkohärent, da Werte in der Entdeckung die Rechtfertigung indirekt beeinflussen. Weder eine Forderung nach der Vollständigkeit von Evidenz noch nach einer Ausrichtung von Signifikanzzuschreibungen an rein epistemischen Kriterien wie den Kuhnschen Werten bieten dabei eine erfolgreiche Verteidigung gegen die Wertbeladenheit von Entdeckung Signifikanz – und ihre Implikationen. Zudem kann Wissenschaftlern nicht eine Verantwortung für eventuelle Folgen von Fehleinschätzungen zugesprochen und gleichzeitig gefordert werden, die Schwere dieser Folgen dürften sich in keiner Weise auf das Verhältnis von Fehlerwahrscheinlichkeiten auswirken, selbst wenn unklar ist, ob es hier überhaupt ein epistemisch neutrales oder richtiges Verhältnis geben kann.

Neben der internen Kohärenz ist auch die Realisierbarkeit des Wertfreiheitsideals fraglich, z. B. in Bezug auf die Möglichkeit, eine klare Unterscheidung zwischen legitimen und illegitimen Werten der Theoriewahl zu treffen. Seine Operationalisierbarkeit ist ebenfalls problematisch, d. h. die Identifizierung von Schritten zu seiner Erreichung und die Entscheidbarkeit einer entsprechenden Annäherung an dieses Ideal, da beispielsweise auch eine Unterscheidung kognitiver Werte nicht garantiert, dass durch deren Anwendung andere Werte eliminiert werden, das Wertfreiheitsideal hier jedoch keine weitergehenden Möglichkeiten der Kritik bereitstellt. Zumindest aber ist die Reichweite dieses Ideals erheblich eingeschränkt, da es nur auf Bereiche reiner Wissenschaft anwendbar wäre. Dabei ist allerdings fraglich, ob sich eine solche Reinheit überhaupt etablieren ließe; ob sie ethisch wünschenswert ist; und wie es um die Fruchtbarkeit eines Ideals bestellt ist, das den größten Teil der heutigen Forschung als epistemisch minderwertig auszeichnen müsste.

Kitcher

Das Kohärenzproblem des Wertfreiheitsideals betrifft auch Kitchers Ideal einer wohlgeordneten Wissenschaft. Gerade Kitcher unterstreicht die Wertbeladenheit der Ausrichtung von Forschung, von Signifikanzentscheidungen und spezifischen Zielen, die Einfluss auf Kriterien der Evaluation nehmen. Sein Beharren auf einer Wertfreiheit der Rechtfertigung beruht dabei vor allem auf einer Zurückweisung der Unterdeterminierungsthese anhand des Agnostizismusarguments, dass in Fällen uneindeutiger Evidenz auf weitere, entscheidende Ergebnisse zu warten sei. Dabei ist nicht klar, wie sich die Frage, welche Ergebnisse die Wahl entscheiden, eindeutig beantworten ließe und wie zu gewährleisten wäre, dass derartige Relevanzbeurteilungen wertfrei sind und nicht etwa aufgrund wertbeladener Zuschreibungen von Irrelevanz bestimmte Daten schlicht übersehen werden. Hier macht es wenig Sinn, für ein Warten auf das Vorliegen der vollständigen Evidenz zu plädieren, da Wissenschaft auch nach Kitcher immer (möglicherweise wertbeladene) Selektionsleistungen vornehmen muss und die Frage der Vollständigkeit deshalb kaum entscheidbar wäre. Zudem können Werte auch beispielsweise methodologische oder interpretatorische Entscheidungen – und damit indirekt die Evaluierung von Geltungsansprüchen – beeinflussen, wie in Bezug auf induktive Risiken erläutert wurde. Die Notwendigkeit dieser Entscheidungen wird auch durch weitere Evidenz nicht obsolet. Des Weiteren wurde argumentiert, dass Kitchers Hervorhebung der sozialen Ebene wissenschaftlicher Signifikanz und Zielsetzungen Einfluss auf die Kriterien der Theoriewahl nimmt, die schon deshalb nicht immer durch weitere Evidenz entscheidbar wäre.

Zudem ist WOS hinsichtlich seiner Operationalisierbarkeit problematisch, da es auf einen Abgleich der gegebenen Wissenschaft mit den Ergebnissen einer hypothetischen idealen Deliberation zielt. Hier bleibt unklar, wie ein solcher Abgleich überhaupt ermöglicht werden soll; es scheint daher ratsam, WOS auf einer prozeduralen Ebene zu operationalisieren und zu evaluieren, die sich auf die schrittweise Verwirklichung dieses Deliberationsprozesses bezieht. Wie dies genauer zu spezifizieren wäre und wie es um die Realisierbarkeit einer solchen Konzeption steht, sind dabei Fragen, die einerseits nach einer Auseinandersetzung mit politischen und demokratietheoretischen Themen und andererseits nach empirischer Forschung (etwa zu partizipativen Verfahren) verlangen. Ihre Beantwortung geht damit über den Rahmen der vorliegenden Arbeit weit hinaus. Wichtig ist an dieser Stelle jedoch, dass Kitcher die disziplinäre Beschränkung der Wissenschaftsphilosophie auf Fragen der Rechtfertigung aufbricht und auch den Entdeckungskontext systematisch in die normative Reflexion einbezieht. Damit macht er grundlegende Fragen der Beziehung von Wissenschaft und Gesellschaft zu signifikanten Themen (nicht nur der feministischen) Wissenschaftsphilosophie, wobei die Reichweite dieser Fragen sich auf den gesamten Bereich wissenschaftlicher Forschung erstreckt.

Longino

Die Relevanz von Werten für die Rechtfertigung von Theorien erfordert ein Ideal, das die Wertfreiheit nicht nur um eine Demokratisierung von Entdeckung und Anwendung ergänzt, sondern auch ihre innerwissenschaftliche Bedeutung erfasst. Longinos Ideal einer pluralistischen und durch Diversität gekennzeichneten Forschungsgemeinschaft und der entsprechende soziale und prozedurale Begriff von Objektivität scheinen geeignet, die Komplexität möglicher Werteinflüsse zu erfassen und dennoch eine Grundlage für die Sicherung epistemischer Vertrauensbildung zu schaffen. Wie beschrieben, ist ihr Ansatz allerdings ebenfalls mit einem Kohärenzproblem behaftet, da ihre Erlaubnis eines epistemologischen Pluralismus, der auf eine Diversität und mögliche Inkommensurabilität von Beurteilungskriterien hinausläuft, ihrer Auffassung sozialer Objektivität als transformativer Kritik aus verschiedenen Perspektiven zuwiderläuft. Diesem Problem kann jedoch durch den Einschluss einer normativen Forderung nach wissenschaftlichem Konsens und der Ablehnung jeweils nur lokaler Gültigkeit begegnet werden. Ein solcher Konsens wird gerade bei einem Einbezug vieler Perspektiven kaum immer erreicht werden. Wichtig ist jedoch das Erfordernis eines Konsensstrebens, das sich auf die Ziele von Forschung, die Standards der Theoriewahl und die empirischen Ergebnisse erstreckt. Nur solch ein mehrstufiger und konsensorientierter kritischer Prozess bietet eine hinreichende Grundlage für epistemische Vertrauenswürdigkeit.

Longinos Bedingungen für soziale Objektivität stellen dabei gleichzeitig eine Möglichkeit der Operationalisierung dar, deren konzeptionelle Weiterentwicklung eine lohnende Aufgabe für die Wissenschaftstheorie ist. Eine genauere Ausformulierung und Prüfung der Realisierbarkeit von Kriterien wie etwa transformativer Kritik und geeigneter Prozesse für diese ist dabei wiederum nicht unabhängig von empirischer Forschung zu leisten. So ist beispielsweise in Bezug auf die Forderung nach einer Gleichheit intellektueller Autorität (bei gleicher Qualifizierung) nicht nur die formale Möglichkeit entscheidend, dass z. B. Frauen wissenschaftliche Karrieren verwirklichen können. Diskriminierungen finden auch auf subtile Weisen statt, deren Beurteilung beispielsweise Forschung zu Publikations- und Zitationsverhalten, zu Einstellungskriterien oder zu kommunikativen Unterschieden in Diskussionen erfordert (so werden Frauen häufiger und nach kürzerer Redezeit unterbrochen, müssen oftmals mehr Publikationen vorweisen, um in denselben Rang zu gelangen wie Männer usw.; vgl. z. B. Rolin 2002, Schiebinger 1999). Auch Longinos Ansatz einer internen Demokratisierung von Wissenschaft als epistemischer Ressource ist daher keinesfalls als unabhängig von dem weiteren gesellschaftlichen Kontext und komplexen politischen und regulatorischen Fragen zu sehen – eine Demokratisierung des Zugangs zu wissenschaftlicher Tätigkeit und der wissenschaftlichen Kommunikation setzt ein entsprechendes soziales Umfeld voraus.

Von den hier behandelten Idealen ist Longinos Ansatz, ergänzt um eine Konsensforderung, insgesamt am besten geeignet, die epistemische Funktion zu erfüllen, wissenschaftliche Integrität und Vertrauenswürdigkeit zu gewährleisten. Ihr kontextueller Empirismus muss nicht sämtliche Werteinflüsse als entweder irrelevant oder illegitim disqualifizieren und den Objektivitätsanspruch der Wissenschaft auf unhaltbaren Forderungen nach Wertfreiheit aufbauen. Zugleich bietet er fruchtbarere Möglichkeiten der Kritik, da er die Ebene der wissenschaftlichen Gemeinschaft wesentlich in die Diskussion einbezieht. So sind nicht zwingend alle Werteinflüsse mit schlechter Wissenschaft gleichzusetzen; wohl aber können einseitige und unhinterfragte Wertannahmen die Wissenschaft in einer problematischen Weise prägen. Derartige Einseitigkeiten zu vermeiden, ist natürlich auch im Sinne des Wertfreiheitsideals; SVM bietet aber zugleich einen Mechanismus, wie ihrer Möglichkeit zu begegnen ist, und muss die Diskussion von Werteinflüssen nicht auf eine Dichotomie guter oder schlechter Wissenschaft reduzieren.

Zudem beschränkt sich das Ideal eines kritischen Prozesses hier nicht auf bestimmte Aspekte wie die Theoriewahl oder die Ausrichtung von Forschung, sondern kann auf die Vielfalt von Entscheidungen angewandt werden, die Wissenschaft charakterisieren – welche Theorien weiter verfolgt, welche Hypothesen aufgestellt, welche Daten erhoben und welche methodischen Designs als angemessen beurteilt werden, wie uneinheitliche Ergebnisse zu interpretieren und was geeignete Kriterien der Theoriewahl sind, welchen Annahmen Plausibilität zugeschrieben wird, welchen Modellen heuristisches Potential usw. In Bezug auf all diese Entscheidungen scheint es erstrebenswert, sie aus vielfältigen Perspektiven zu diskutieren, da die Möglichkeit von Werteinflüssen immer gegeben ist und insbesondere geteilten Werten eine große Selbstverständlichkeit zukommen kann. Wertvielfalt scheint die beste Strategie, derartige Selbstverständlichkeiten sichtbar und hinterfragbar zu machen und gleichzeitig auch die Fülle von Entscheidungspunkten deutlicher hervortreten zu lassen.

Hinsichtlich der Reichweite dieses Ideals lässt sich daher zunächst konstatieren, dass die hier mögliche Ausweitung des wissenschaftstheoretischen Fokus angesichts der Problematik der Kontextunterscheidung äußerst begrüßenswert ist. Darüber hinaus spielen Werte zwar sicherlich in bestimmten Bereichen der Forschung, etwa in der Medizin, eine größere Rolle als vielleicht in der Physik. Dennoch ist es nicht der Fall, dass SVM nur auf sehr spezifische Beispiele wie etwa das der Frauengesundheitsforschung anwendbar wäre. Vielmehr beruht dieses Ideal auf generellen epistemologischen Argumenten, die auch über dieses Beispiel hinaus für weite Bereiche der wissenschaftlichen Forschung relevant sind.

Frauengesundheitsforschung

Longinos sozialer Objektivitätsbegriff bietet einen geeigneten Rahmen für die dargestellte Entwicklung der Frauengesundheitsforschung. Einerseits hat diese einseitige androzentristische und sexistische Werteinflüsse in der bisherigen Wissenschaft sichtbar gemacht und blinde Flecken auf der Landkarte der Forschung erschlossen. Andererseits ist diese Entwicklung nicht schlicht als eine Annäherung an Wertfreiheit zu verstehen. Zum einen ist auch die Frauengesundheitsforschung durch Werte geprägt, die zu alternativen Signifikanzzuschreibungen und theoretischen Erklärungen führen, aber auch feministische kognitive Werte als alternative Beurteilungskriterien auszeichnen. Zum anderen ist die herkömmliche medizinische Forschung nicht insgesamt als schlecht zu charakterisieren.

Zwar gibt es eine Reihe von Beispielen dafür, wie aufgrund von Werthaltungen zu Frauen wissenschaftliche Standards verletzt werden, etwa wenn an einer Psychogenität von Schwangerschaftsübelkeit festgehalten und die empirische Evidenz zu betreffenden Korrelationen ignoriert wird. Solche Fälle, in denen Werte Einfluss auf die Evaluation von Hypothesen nehmen, indem sie über das Kriterium empirischer Adäquatheit gestellt werden, lassen sich durch SVM wie auch das Wertfreiheitsideal zurückweisen. Die Situation ist jedoch nicht immer so eindeutig. So war etwa der Ausschluss von Frauen aus klinischen Studien kein direkter Ausdruck von Misogynie, sondern auch dem Bemühen um einen Schutz vor teratogenen Schäden oder wie im Fall der KHK zum Teil der Altersverteilung dieser Erkrankung geschuldet. Im Fall der HET gab es vor der WHI eine Reihe epidemiologischer Belege für deren präventive Wirkung. Auf dieser Grundlage schienen wiederum bestimmte Hypothesen plausibel, wobei diese Plausibilität auch von Hintergrundannahmen beeinflusst war, welche reproduktive Funktionen als zentral für die Gesundheit von Frauen auszeichneten. Die Frauengesundheitsforschung hat solche wertbeladenen Hintergrundannahmen sichtbar gemacht, dadurch jedoch nicht unbedingt alle Werteinflüsse eliminiert. Vielmehr hat sie auf der Grundlage alternativer Werte zu neuen Sichtweisen und Ergebnissen geführt, welche die bisherige Forschung in Frage stellten. Die Entwicklung der Frauengesundheitsforschung lässt sich damit insgesamt besser als Fortschritt in Bezug auf Wertvielfalt statt auf Wertfreiheit verstehen.

Wissenschaft und Gesellschaft

Natürlich lässt auch ein solches Ideal, das auf Pluralismus statt Wertfreiheit setzt, Fragen offen. Zunächst einmal ist ein ständiger Diskurs von allen Teilnehmern bezüglich aller Entscheidungen sehr zeitintensiv und erfordert in seiner konkreten Ausgestaltung eine Abwägung hinsichtlich der Investition von Arbeitskraft. Darüber hinaus wurde in Frage gestellt, ob Longinos Ideal neben der epistemischen auch die politische Rolle des Wertfreiheitsideals übernehmen kann, wertgeprägte Annahmen, beispielsweise Vorurteile über soziale Gruppen, als ungerechtfertigt zurückzuweisen. Dazu lässt sich sagen, dass Longinos Zurückweisung des Wertfreiheitsideals nicht darauf hinausläuft, dass jede wertgeprägte Theorie auch anerkannt werden muss. Vielmehr müssen Theorien einen kritischen Prozess überstehen, der problematische Einseitigkeiten zu identifizieren und auszuräumen sucht. Eine weitere Frage ist dabei, welche Perspektiven überhaupt als relevant oder zulässig für diesen Prozess erachtet werden und ob nicht auch eine durch Diversität gekennzeichnete Gemeinschaft immer noch systematisch bestimmte Perspektiven ausschließen kann. So kritisiert etwa Kourany, dass die Zulassung verschiedener marginalisierter Gruppen in die Wissenschaft nicht die Gefahr ausräumt, dass deren wissenschaftliche Vertreter zu einem gewissen elitären Konsens neigen (vgl. Kourany 2008). Welche Perspektiven relevant sind, ist natürlich immer auch eine Ermessensfrage und lässt sich nicht absolut beantworten. Zudem sind der Diversität innerhalb der wissenschaftlichen Gemeinschaft offensichtlich bestimmte Grenzen gesetzt, da ihre Mitglieder, gleich welcher Ethnizität, welchen Geschlechts oder welcher sozialen Schicht immer einen hohen Bildungsgrad haben werden, was damit einhergehen kann, dass sie sich in ihren beruflichen Biografien sowie damit verbundenen Sozialisierungsprozessen ähneln. Darüber hinaus scheint die Forderung nach einer Diversität der wissenschaftlichen Gemeinschaft kaum zu erfüllen, ohne dass die Voraussetzung einer demokratischen und egalitären Gesellschaft gegeben ist.

Ein weiteres Problem wurde von Kitcher in Bezug auf die Freiheit der Theorieverfolgung und die Frage, ob eine pluralistische Wissenschaft ihrerseits zu einer demokratischeren Gesellschaft beiträgt, identifiziert. Er konstatiert politische Asymmetrien in Bezug auf die (öffentliche) Wahrnehmung von Forschung in wertbeladenen Bereichen. So würden etwa Studien zu Intelligenzunterschieden zwischen den Geschlechtern, die zu positiven Ergebnissen kämen, viel stärker rezipiert, während gegenteilige Ergebnisse den Glauben an eine Unterlegenheit der Frau kaum erschütterten. Deshalb ist zumindest fraglich, ob hier ein Pluralismus, der auch feministische Forscherinnen einbezieht, in Bezug auf die gesellschaftlichen Implikationen überhaupt etwas ausrichten kann. Gleichzeitig würde auch ein Ausschluss derartiger Fragen unter Umständen nur dem Argument Gewicht verleihen, dass die Wissenschaft aus politischen Gründen eben die Wahrheit dieser Vorurteile befürchte und zu verdecken suche (vgl. Kitcher 2001, Kap. 8). Darüber hinaus wirft Kitcher vor allem in seinem neuen Buch (2011) die Frage auf, wie sich eine Aufgabe des Wertfreiheitsideals auf die Autorität und gesellschaftliche Anerkennung der Wissenschaft auswirkt. Komplexere Modelle zu Werteinflüssen in der Wissenschaft könnten sich als problematisch in Bezug darauf erweisen, die epistemische Vertrauenswürdigkeit der Wissenschaft, gerade im Licht oftmals widersprüchlicher Expertenmeinungen, öffentlich zu untermauern.

Dies sind komplexe und schwierige Fragen, die im Rahmen der Arbeit nicht mehr behandelt werden können. Sie sprechen dafür, die Betrachtung nicht auf die Frage des wissenschaftsinternen Pluralismus zu beschränken, sondern auch dessen Verbindungen zu dem weiteren sozialen und politischen Umfeld einzubeziehen (wie dies Kitcher stärker tut). So ist etwa die Entwicklung der Frauengesundheitsforschung gerade nicht nur ein Beispiel für die epistemische Fruchtbarkeit eines breiteren Zugangs zur Wissenschaft, sondern vielmehr zunächst eine explizite Laienbewegung gewesen. Deren wissenschaftlicher Einfluss wäre ohne politische Maßnahmen und institutionelle Bedingungen wie etwa die Verpflichtung zur Inklusion von Frauen in klinische Studien, die Berufung von Frauen in Entscheidungspositionen oder die Finanzierung großer Projekte wie der WHI nicht denkbar. Nicht nur muss die Entstehung und Beurteilung von Theorien im Kontext der wissenschaftlichen Gemeinschaft gedacht werden – auch in Bezug auf diese Gemeinschaft lassen sich nur schwer interne Fragen von ihrem gesellschaftlichen Kontext abgrenzen.

Es stellen sich damit eine Reihe von Anschlussfragen, die im Rahmen einer sozialen Erkenntnistheorie besser behandelt werden können als in einem traditionelleren Modell, das die vermeintliche Unabhängigkeit von sozialen Einflüssen zu einem Indikator epistemischer Qualität macht. Das Wertfreiheitsideal bietet keine fruchtbare Basis, den komplexen Zusammenhängen von Wissenschaft und Gesellschaft nachzugehen, während eine sozialepistemologische Perspektive auch den sozialen, politischen, ökonomischen und institutionellen Rahmen von Wissenschaft in seiner wissenschaftstheoretischen Bedeutung reflektieren kann. Diese Reflexion muss sich dabei nicht auf die Rechtfertigung von Theorien beschränken, sondern kann die vielfältigen Entscheidungspunkte wissenschaftlicher Forschung deutlich machen und zudem eine normative mit einer empirischen Sichtweise auf Wissenschaft verbinden. Vor allem aber muss die Aufgabe des heutigen Wertfreiheitsideals nicht die Negierung des Objektivitätsanspruchs implizieren. Vielmehr bietet ein Leitbild von Wissenschaft als eines sozialen, prozeduralen und pluralistischen Prozesses wissenschaftlicher Konsensfindung sogar die bessere Grundlage für epistemische Vertrauenswürdigkeit.

Literaturverzeichnis

Adorno, Theodor W. et al. (1969). *Der Positivismusstreit in der deutschen Soziologie.* Neuwied: Luchterhand.
Agich, George J. (1983). Disease and Value: A Rejection of the Value-neutrality Thesis. *Theoretical Medicine* 4, S. 27-41.
Anderson, Elizabeth (1995). Knowledge, Human Interests, and Objectivity in Feminist Epistemology. *Philosophical Topics* 23 (2), S. 27-58.
Arbeitskreis Frauen und Gesundheit im Norddeutschen Forschungsverbund Public Health (Hrsg.) (1998). *Frauen und Gesundheit(en) in Wissenschaft, Praxis und Politik.* Bern: Hans Huber.
Arditti, Rita (1978). Have You Ever Wondered about the Male Pill? In: C. Dreifus (Hrsg.), *Seizing Our Bodies: The Politics of Women's Health.* New York: Vintage Books, S. 121-130.
Austin, Peter C. et al. (2006). Testing Multiple Statistical Hypotheses Resulted in Spurious Associations: A Study of Astrological Signs and Healthpages. *Journal of Clinical Epidemiology* 59, S. 964-969.

Bacon, Francis (1620), *Neues Organon* (Teilband 1). Hrsg. v. W. Krohn, lat./dt., Hamburg: Meiner 1990.
Barrett-Connor, Elizabeth & Grady, Deborah (1998). Hormone Replacement Therapy, Heart Disease, and Other Considerations. *Annual Review of Public Health* 19, S. 55-72.
Bertin, Joan E. & Beck, Laurie R. (1996). Of Headlines and Hypotheses: The Role of Gender in Popular Press Coverage of Women's Health and Biology. In: K. L. Moss (Hrsg.), *Man-made Medicine: Women's Health, Public Policy, and Reform.* Durham: Duke University Press, S. 37-56.
Blake, Mary Beth, Ince, Melissa & Dean, Cathy J. (2005). Inclusion of Women in Cardiac Research: Current Trends and Need for Reassessment. *Gender Medicine* 2 (2), S. 71-75.
Bloor, David (1976). *Knowledge and Social Imagery.* London: Routledge & Kegan Paul.
Boorse, Christopher (1977). Health as a Theoretical Concept. *Philosophy of Science* 44, S. 542-573.

Boston Women's Health Book Collective (1973). *Our Bodies, Ourselves. A Book by and for Women* (2., rev. Aufl.). New York: Simon and Schuster 1976.
– (2005). *Our Bodies, Ourselves. A New Edition for a New Era.* New York: Simon and Schuster.
Brawley, Otis M. (1995). Response to "Inclusion of Women and Minorities in Clinical Trials and the NIH Revitalization Act of 1993 – The Perspective of NIH Clinical Trialists". *Controlled Clinical Trials* 16, S. 293-295.
Brown, James R. (2001). *Who Rules in Science? An Opiniated Guide to the Wars.* Cambridge: Harvard University Press.
– (2011). Medical Market Failures and their Remedy. In: M. Carrier & A. Nordmann (Hrsg.), *Science in the Context of Application* (Boston Studies in the Philosophy of Science, Vol. 274). Dordrecht: Springer, S. 271-281.
Buchdahl, Gerd (1970). History of Science and Criteria of Choice. In: R. H. Stuewer (Hrsg.), *Historical and Philosophical Perspectives of Science* (Minnesota Studies in the Philosophy of Science, Vol. 5). Minneapolis: University of Minnesota Press, S. 204-230.
– (1987). Philosophy of Science: Its Historical Roots. *Epistemologia* 10 (Special Issue: Les relations mutuelles entre la philosophie et l'histoire des sciences), S. 39-55.
Büter, Anke (2010). Social Epistemology and the Problem of Local Epistemologies. *Analyse & Kritik* 32, S. 213-230.
Buist, A. Sonia & Greenlick, Merwyn R. (1995). Response to "Inclusion of Women and Minorities in Clinical Trials and the NIH Revitalization Act of 1993 – The Perspective of NIH Clinical Trialists. *Controlled Clinical Trials* 16, S. 296-298.
Bullough, Vern & Voght, Martha (1973). Women, Menstruation, and Nineteeth-Century Medicine. *Bulletin of the History of Medicine* 47, S. 66-82.
Bundesministerium für Familie, Senioren, Frauen und Jugend (Hrsg.) (2001). *Bericht zur gesundheitlichen Situation von Frauen in Deutschland. Eine Bestandsaufnahme unter Berücksichtigung der unterschiedlichen Entwicklungen in West- und Ostdeutschland.* Berlin.

Burgert, Cornelia (2004). Drei Jahrzehnte einmischen und verändern: Das FFGZ Berlin feiert dreißigjähriges Jubiläum. *Clio* 59, S. 4-7.

Carnap, Rudolf (1932). Überwindung der Metaphysik durch logische Analyse der Sprache. *Erkenntnis* 2, S. 219-241.
Carrier, Martin (2006). *Wissenschaftstheorie zur Einführung.* Hamburg: Junius.
– (2008a). Science in the Grip of Economy: On the Epistemic Impact of the Commercialization of Research. In: M. Carrier, D. Howard & J. Kourany (Hrsg.), *The Challenge of the Social and the Pressure of Practice: Science and Values Revisited.* Pittsburgh: Pittsburgh University Press, S. 217-234.
– (2008b). The Aim and Structure of Methodological Theory. In: L. Soler, H. Sankey & P. Hoyningen-Huene (Hrsg.), *Rethinking Scientific Change and Theory Comparison: Stabilities, Ruptures, Incommensurabilities?* Dordrecht: Springer, S. 273-290.
– (2011). Underdetermination as an Epistemological Test Tube: Expounding Hidden Values of the Scientific Community. *Synthese* 180, S. 189-204.
– (2012). Values and Objectivity in Science: Value-Ladenness, Pluralism, and the Epistemic Attitude. *Science & Education,* doi 10.1007/s11191-012-9481-5 (Epub ahead of print).
Carrier, Martin & Finzer, Patrick (2011). Theory and Therapy: On the Conceptual Structure of Models in Medical Research. In: M. Carrier & A. Nordmann (Hrsg.), *Science in the Context of Application* (Boston Studies in the Philosophy of Science, Vol. 274). Dordrecht: Springer, S. 85-99.
Cartwright, Nancy et al. (1996). *Otto Neurath: Philosophy between Science and Politics.* Cambridge: Cambridge University Press.
Chrisler, Joan C. & Caplan, Paula (2002). The Strange Case of Dr. Jekyll and Ms. Hyde: How PMS Became a Cultural Phenomenon and a Psychiatric Disorder. *Annual Review of Sex Research* 13, S. 274-306.
Chrisler, Joan C. & Johnston-Robledo, Ingrid (2002). Raging Hormones? Feminist Perspectives on Premenstrual Syndrome and Postpartum Depression. In: M. Ballou & L. Brown (Hrsg.), *Rethinking Mental Health*

and Disorder: Feminist Perspectives. New York: Guilford Press, S. 174-197.
Clarke, Adele E. & Olesen, Virginia L. (2003). Revision der „Frauengesundheit". In: R. Lorenz-Krause & E. Uhländer-Masiak (Hrsg.), *Frauengesundheit: Perspektiven für Pflege- und Gesundheitswissenschaften.* Bern: Hans Huber, S. 37-99.
Clarke, Edward H. (1873). *Sex in Education, or: A Fair Chance for Girls.* Rockville: Wildside 2007.
Conrad, Peter (2007). *The Medicalization of Society: On the Transformation of Human Conditions into Treatable Disorders.* Baltimore: John Hopkins University Press.
Conrad, Peter & Schneider, Joseph W. (1985). *Deviance and Medicalization: From Badness to Sickness.* Columbus: Merrill Publications.
Coronary Drug Project Research Group (1973). The Coronary Drug Project. Findings leading to Discontinuation of the 2.5-mg Day Estrogen Group. *Journal of the American Medical Association* 226, S. 652-657.

Daston, Lorraine (1992). Objectivity and the Escape from Perspective. *Social Studies of Science* 22, S. 597-618.
Daston, Lorraine & Galison, Peter (2007). *Objectivity.* New York: Zone.
Dear, Peter (1992). From Truth to Disinterestedness in the Seventeenth Century. *Social Studies of Science* 22, S. 619-631.
Degenhardt, Annette & Thiele, Andreas (2002). Biomedizinische und biopsychosoziale Modelle. In: K. Hurrelmann & P. Kolip (Hrsg.), *Geschlecht, Gesundheit und Krankheit: Männer und Frauen im Vergleich.* Bern: Hans Huber, S. 87-103.
Derry, Paula S. (2004). Hormones, Menopause, and Heart Disease: Making Sense of the Women's Health Initiative. *Women's Health Issues* 14, S. 212-219.
Doppelt, Gerald (2007). The Value Ladenness of Scientific Knowledge. In: J. Dupré, H. Kincaid & A. Wylie (Hrsg.), *Value-Free Science? Ideals and Illusions.* Oxford: Oxford University Press, S. 188-217.
Dorato, Mauro (2004), Epistemic and Nonepistemic Values in Science. In: P. Machamer & G. Wolters (Hrsg.), *Science, Values, and Objectivity.* Pittsburgh: Pittsburgh University Press, S. 52-77.

Douglas, Heather (2000). Inductive Risk and Values in Science. *Philosophy of Science* 67, S. 559-579.
- (2004). The Irreducible Complexity of Objectivity. *Synthese* 138, S. 453-473.
- (2007). Rejecting the Ideal of Value-Free Science. In: J. Dupré, H. Kincaid & A. Wylie (Hrsg.), *Value-Free Science? Ideals and Illusions.* Oxford: Oxford University Press, S. 120-139.
- (2009). *Science, Policy, and the Value-Free Ideal.* Pittsburgh: University of Pittsburgh Press.
Dreifus, Claudia (1978). Sterilizing the Poor. In: C. Dreifus (Hrsg.), *Seizing Our Bodies: The Politics of Women's Health.* New York: Vintage Books, S. 105-120.
Drysdale, John (2007). Weber on Objectivity: Advocate or Critic? In: L. McFalls (Hrsg.), *Max Weber's "Objectivity" Reconsidered.* Toronto: University of Toronto Press, S. 31-58.
Duhem, Pierre (1906). *Ziel und Struktur der physikalischen Theorien.* Hrsg. v. L. Schäfer, übers. v. F. Adler. Hamburg: Meiner 1978.
Dupré, John (2007). Fact and Value. In: J. Dupré, H. Kincaid & A. Wylie (Hrsg.), *Value-Free Science? Ideals and Illusions.* Oxford: Oxford University Press, S. 27-41.

Ehrenreich, Barbara (1975). Feminism and the Cultural Revolution in Health. In: *Proceedings for the 1975 Conference on Women and Health* (S. 11-13). Abgerufen am 23.05.2011 von http://www.ourbodiesourselves.org/uploads/pdf/women-and-health.pdf.
Ehrenreich, Barbara & English, Deirdre (1978a). Complaints and Disorders: The Sexual Politics of Sickness. In: C. Dreifus (Hrsg.), *Seizing Our Bodies: The Politics of Women's Health.* New York: Vintage Books, S. 43-56.
- (1978b). *For Her Own Good: 150 Years of the Experts' Advice to Women.* New York: Anchor Books.
Eichler, Margrit, Fuchs, Judith & Maschewsky-Schneider, Ulrike (2000). Richtlinien zur Vermeidung von Gender Bias in der Gesundheitsforschung. *Zeitschrift für Gesundheitswissenschaften* 8, S. 293-310.
Elliott, Kevin C. & McKaughan, Daniel J. (2009). How Values in Discovery and Pursuit Alter Theory Appraisal. *Philosophy of Science* 76 (Pro-

ceedings of the 2008 Biennial Meeting of the Philosophy of Science Association, Part I: Contributed Papers), S. 598-611.

Engelhardt, H. Tristam Jr. (1976). Ideology and Etiology. *The Journal of Medicine and Philosophy* 1, S. 256-268.

– (1996). *The Foundations of Bioethics* (2. Aufl). New York: Oxford University Press.

Epstein, Steven (1995). The Construction of Lay Expertise: AIDS Activism and the Forging of Credibility in the Reform of Clinical Trials. *Science, Technology, and Values* 20, S. 408-437.

– (1996). *Impure Science: AIDS, Activism, and the Politics of Knowledge.* Berkeley: University of California Press.

– (2007). *Inclusion: The Politics of Difference in Medical Research.* Chicago: University of Chicago Press.

Ewert, Christiane et al. (1977). *Hexengeflüster – Frauen greifen zur Selbsthilfe* (2. Aufl.). Berlin: Frauenselbstverlag.

Fausto-Sterling, Anne (1985). *Myths of Gender: Biological Theories about Women and Men.* New York: Basic Books.

– (2005). The Bare Bones of Sex: Part 1 – Sex and Gender. *Signs* 30, S. 1491-1527.

Fee, Elizabeth (1978). A Comparison of Theories. In: C. Dreifus (Hrsg.), *Seizing Our Bodies: The Politics of Women's Health.* New York: Vintage Books, S. 279-298.

Fine, Arthur (1998). The Viewpoint of No One in Particular. In: W. Egginton & M. Sandbothe (Hrsg.), *The Pragmatic Turn in Philosophy.* Albany: State University of New York Press 2004, S. 115-129.

Fischer-Homberger, Esther (1969). Hysterie und Mysogenie – ein Aspekt der Hysteriegeschichte. In: E. Fischer-Homberger, *Krankheit Frau und andere Arbeiten zur Medizingeschichte der Frau.* Bern: Hans Huber 1979, S. 32-48.

– (1974). Krankheit Frau – Aus der Geschichte der Menstruation in ihrem Aspekt als Zeichen eines Fehlers. In: E. Fischer-Homberger, *Krankheit Frau und andere Arbeiten zur Medizingeschichte der Frau.* Bern: Hans Huber 1979, S. 49-84.

– (1975). Geschichte der Gynäkologie und Geburtshilfe – Überblick. In: E. Fischer-Homberger, *Krankheit Frau und andere Arbeiten zur Medizingeschichte der Frau*. Bern: Hans Huber 1979, S. 11-31.

Forge, John (2008). *The Responsible Scientist: A Philosophical Inquiry*. Pittsburgh: Pittsburgh University Press.

Fraser, William D. (1995). Response to "Inclusion of Women and Minorities in Clinical Trials and the NIH Revitalization Act of 1993 – The Perspective of NIH Clinical Trialists". *Controlled Clinical Trials* 16, S. 299.

Freedman, Laurence S. et al. (1995). Inclusion of Women and Minorities in Clinical Trials and the NIH Revitalization Act of 1993 – The Perspective of NIH Clinical Trialists. *Controlled Clinical Trials* 16, S. 277-285.

Giere, Ronald N. (2003). A New Program for Philosophy of Science? *Philosophy of Science* 70, S. 15-21.

Gillies, Donald (1993). *Philosophy of Science in the Twentieth Century: Four Central Themes*. Oxford: Blackwell.

Grice, Paul & Strawson, Peter F. (1957). In Defense of a Dogma. *Philosophical Review* 65, S. 141-158.

Gura, Trisha (1995). Estrogen: Key Player in Heart Disease among Women. *Science* 269 (5225), S. 771-773.

Gurwitz, Jerry H., Col, Nananda F. & Avorn, Jerry (1992). The Exclusion of the Elderly and Women from Clinical Trials in Acute Myocardial Infarction. *Journal of the American Medical Association* 268, S. 1417-1422.

Haack, Susan (1996). Science as Social? – Yes and No. In: L. Hankinson Nelson & J. Nelson (Hrsg.), *Feminism, Science, and the Philosophy of Science*. Dordrecht: Kluwer Academic, S. 79-93.

Hacking, Ian (2005). Why Race Still Matters. *Daedalus* 107, S. 102-116.

Härtel, Ursula (2002). Krankheiten des Herz-Kreislauf-Systems bei Männern und Frauen. In: K. Hurrelmann & P. Kolip (Hrsg.), *Geschlecht, Gesundheit und Krankheit: Männer und Frauen im Vergleich*. Bern: Hans Huber, S. 273-290.

Hahn, Thomas (2011, 02.12.). Frauen heben ab: Mit erstem Weltcup der Skispringerinnen fällt eine Männerbastion. *Süddeutsche Zeitung* 278, S. 1.

Hall, Joanne M. & Stevens, Patricia E. (1991). Rigor in Feminist Research. *Advances in Nursing Science* 13 (3), S. 16-29.

Harding, Sandra (1986). *The Science Question in Feminism*. Ithaca: Cornell University Press.

– (1991). *Whose Science? Whose Knowledge? Thinking from Women's Lives*. Ithaca: Cornell University Press.

– (1992). After the Neutrality Ideal: Science, Politics, and "Strong Objectivity". *Social Research* 59, S. 567-587.

Healy, Bernadine (1991). The Yentl-Syndrome. *The New England Journal of Medicine* 325, S. 274-275.

– (2003). Challenging Sameness: Women in Clinical Trials. In: NIH Office of Research on Women's Health (Hrsg.), *Science meets Reality: Recruitment and Retention of Women in Clinical Studies, and the Critical Role of Relevance*. NIH publication no. 03-5403, abgerufen am 29.11.2011 von http://orwh.od.nih.gov/pubs/ SMR_Final.pdf.

Helfferich, Cornelia (1996). Perspektiven der Frauengesundheitsforschung in Deutschland. In: U. Maschewsky-Schneider (Hrsg.), *Frauen – das kranke Geschlecht? Mythos und Wirklichkeit*. Opladen: Leske & Budrich, S. 113-126.

Helfferich, Cornelia & Troschke, Jürgen (1993). *Der Beitrag der Frauengesundheitsforschung zu den Gesundheitswissenschaften/Public Health in Deutschland*. Freiburg: Koordinierungsstelle Gesundheitswissenschaften/Public Health an der Abteilung für Medizinische Soziologie der Albert-Ludwigs-Universität.

Hempel, Carl G. (1965). Science and Human Values. In: C. G. Hempel, *Aspects of Scientific Explanation and Other Essays in the Philosophy of Science*. New York: The Free Press, S. 81-96.

Hess, David J. (1997). *Science Studies: An Advanced Introduction*. New York: New York University Press.

Hoefer, Carl & Rosenberg, Alexander (1994). Empirical Equivalence, Underdetermination, and Systems of the World. *Philosophy of Science* 61, S. 592-607.

Howard, Don (2006). Lost Wanderers in the Forest of Knowledge: Some Thoughts on the Discovery-Justification Distinction. In: J. Schickore & F. Steinle (Hrsg.), *Revisiting Discovery and Justification: Historical and Philosophical Perspectives on the Context Distinction.* Dordrecht: Springer, S. 3-22.
– (2009). Better Red than Dead – Putting an End to the Social Irrelevance of Postwar Philosophy of Science. *Science & Education* 18, S. 199-220.
Hoyningen-Huene, Paul (1987). Context of Discovery and Context of Justification. *Studies in History and Philosophy of Science* 18, S. 501-515.
– (2006). Context of Discovery versus Context of Justification and Thomas Kuhn. In: J. Schickore & F. Steinle (Hrsg.), *Revisiting Discovery and Justification: Historical and Philosophical Perspectives on the Context Distinction.* Dordrecht: Springer, S. 119-131.
Hulley, Stephen et al. (1998). Randomized Trial of Estrogen Plus Progestin for Secondary Prevention of Coronary Heart Disease in Postmenopausal Women. *Journal of the American Medical Association* 280, S. 605-613.
Hume, David (1739). *A Treatise of Human Nature.* Hrsg. v. L. A. Selby-Bigge. Oxford: Clarendon Press, Wiederabdruck 1975.
Hurrelmann, Klaus & Kolip, Petra (2002). Geschlecht – Gesundheit – Krankheit: Eine Einführung. In: K. Hurrelmann & P. Kolip (Hrsg.), *Geschlecht, Gesundheit und Krankheit: Männer und Frauen im Vergleich.* Bern: Hans Huber, S. 13-31.

Illich, Ivan (1976). *Limits to Medicine. Medical Nemesis: The Expropriation of Health.* London: Marion Boyars.
– (Hrsg.) (1977). *Disabling Professions.* London: Marion Boyars.
Inhorn, Marcia C. & Whittle, K. Lisa (2001). Feminism Meets the "New" Epidemiologies. *Social Science & Medicine* 53, S. 553-567.

Jeffrey, Richard C. (1956). Valuation and Acceptance of Scientific Hypotheses. *Philosophy of Science* 23, 237-246.

Kaufert, Patricia A. (1982). Myth and the Menopause. *Sociology of Health and Illness* 4, S. 141-166.
Keil, Geert (2002). *Quine zur Einführung.* Hamburg: Junius.

Khaw, Kay-Tee (1993). Where are the Women in Studies of Coronary Heart Disease? White Middle Aged Men are not Necessarily Representative of all Humankind. *British Medical Journal* 306 (6886), S. 1145-1147.

Kickbusch, Ilona (1981). Die Frauengesundheitsbewegung – ein Forschungsgegenstand? In: U. Schneider (Hrsg.), *Was macht Frauen krank? Ansätze zu einer frauenspezifischen Gesundheitsforschung.* Frankfurt: Campus Verlag, S. 193-203.

King, Kathryn M. & Paul, Pauline (1996). A Historical Review of the Depiction of Women in Cardiovascular Literature. *Western Journal of Nursing Research* 18, S. 89-102.

Kitcher, Philip (1993). *The Advancement of Science: Science without Legend, Objectivity without Illusions.* New York: Oxford University Press.

– (2001). *Science, Truth, and Democracy.* Oxford: Oxford University Press.

– (2002a). The Third Way: Reflections on Helen Longino's "The Fate of Knowledge". *Philosophy of Science* 69, S. 549-559.

– (2002b). Reply to Helen Longino. *Philosophy of Science* 69, S. 569-572.

– (2004). On the Autonomy of the Sciences. *Philosophy Today* 48 (Supplement), S. 51-57.

– (2011). *Science in a Democratic Society.* New York: Prometheus Books.

Koertge, Noretta (2000). Science, Values, and the Value of Science. *Philosophy of Science* 67 (Proceedings of the 1998 Biennial Meeting of the Philosophy of Science Association, Part II: Symposia Papers), S. 45-57.

Kolip, Petra (2000). Frauenleben in Ärztehand: Die Medikalisierung weiblicher Umbruchphasen. In: P. Kolip (Hrsg.), *Weiblichkeit ist keine Krankheit: Die Medikalisierung körperlicher Umbruchphasen im Leben von Frauen.* Weinheim: Juventa, S. 9-30.

Koppelin, Frauke (1997). Strukturen der Professionalisierung und Institutionalisierung einer Frauengesundheitsforschung in Deutschland – Der Arbeitskreis „Frauen und Gesundheit" im Norddeutschen Forschungsverbund Public Health. *Praxis Klinische Verhaltensmedizin und Rehabilitation* 40, S. 19-24.

Kordig, Carl R. (1978). Discovery and Justification. *Philosophy of Science* 45, S. 110-117.

Kourany, Janet A. (2003a). A Philosophy of Science for the Twenty-First Century. *Philosophy of Science* 70, S. 1-14.
- (2003b). Reply to Giere. *Philosophy of Science* 70, S. 22-26.
- (2008). Replacing the Ideal of Value-free Science. In: M. Carrier, D. Howard & J. Kourany (Hrsg.), *The Challenge of the Social and the Pressure of Practice: Science and Values Revisited.* Pittsburgh: Pittsburgh University Press, S. 87-111.
- (2010). *Philosophy of Science after Feminism.* New York: Oxford University Press.

Krieger, Nancy (1994). Epidemiology and the Web of Causation: Has Anyone Seen the Spider? *Social Science & Medicine* 39, S. 887-903.
- (2001). Theories for Social Epidemiology in the 21st Century: An Ecosocial Perspective. *International Journal of Epidemiology* 30, S. 668-677.

Krieger, Nancy & Fee, Elizabeth (1996). Man-Made Medicine and Women's Health: The Biopolitics of Sex/Gender and Race/Ethnicity. In: K. L. Moss (Hrsg.), *Man-made Medicine: Women's Health, Public Policy, and Reform.* Durham: Duke University Press, S. 15-35.

Krieger, Nancy et al. (2005). Hormone Replacement Therapy, Cancer, Controversies, and Women's Health: Historical, Epidemiological, Biological, Clinical, and Advocacy Perspectives. *Journal of Epidemiology and Public Health* 59, S. 740-748.

Kuhlmann, Ellen (2004). *Gender Mainstreaming in den Disease Management-Programmen – das Beispiel Koronare Herzerkrankung. Expertise im Auftrag der Bundeskoordination Frauengesundheit/des Arbeitskreises Frauengesundheit,* Bremen. Abgerufen am 17.10.2009 von http://www.zes.uni-bremen.de/~kuhlmann.

Kuhlmann, Ellen & Babitsch, Birgit (2002). Bodies, Health, Gender – Bridging Feminist Theories and Women's Health. *Women's Studies International Forum* 25, S. 433-443.

Kuhlmann, Ellen & Kolip, Petra (2005). *Gender und Public Health: Grundlegende Orientierungen für Forschung, Praxis und Politik.* Weinheim: Juventa.

Kuhn, Thomas S. (1962). *The Structure of Scientific Revolutions* (3. Aufl.). Chicago: University of Chicago Press 1996.

– (1977). Objectivity, Value Judgment, and Theory Choice. In: T. S. Kuhn, *The Essential Tension: Selected Studies in Scientific Tradition and Change*. Chicago: University of Chicago Press, S. 320-339.
Kushner, Rose (1978). The Politics of Breast Cancer. In: C. Dreifus (Hrsg.), *Seizing Our Bodies: The Politics of Women's Health*. New York: Vintage Books, S. 186-194.

Lacey, Hugh (1999). *Is Science Value Free? Values and Scientific Understanding*. London: Routledge.
– (2004). Is there a Distinction Between Cognitive and Social Values? In: P. Machamer & G. Wolters (Hrsg.), *Science, Values, and Objectivity*. Pittsburgh: Pittsburgh University Press, S. 24-51.
Lademann, Julia (2000). Hormone oder keine? In: P. Kolip (Hrsg.), *Weiblichkeit ist keine Krankheit: Die Medikalisierung körperlicher Umbruchphasen im Leben von Frauen*. Weinheim: Juventa, S. 143-172.
Lakatos, Imre (1978a). Falsifikation und die Methodologie wissenschaftlicher Forschungsprogramme. In: I. Lakatos, *Die Methodologie wissenschaftlicher Forschungsprogramme* (Philosophische Schriften Bd. 1). Hrsg. v. J. Worrall & G. Currie, übers. v. Arpád Szabó. Braunschweig: Vieweg 1982, S. 7-107.
– (1978b). Die Geschichte der Wissenschaft und ihre rationale Rekonstruktionen. In: I. Lakatos, *Die Methodologie wissenschaftlicher Forschungsprogramme* (Philosophische Schriften Bd. 1). Hrsg. v. J. Worrall & G. Currie, übers. v. Arpád Szabó. Braunschweig: Vieweg 1982, S. 108-148.
Laqueur, Thomas (1990). *Making Sex: Body and Gender from the Greeks to Freud*. Cambridge: Harvard University Press.
Larned, Deborah (1978). The Epidemic in Unnecessary Hysterectomy. In: C. Dreifus (Hrsg.), *Seizing Our Bodies: The Politics of Women's Health*. New York: Vintage Books, S. 195-208.
Laudan, Larry (1977). *Progress and its Problems: Towards a Theory of Scientific Growth*. London: Routledge & Kegan Paul.
– (1980). Why was the Logic of Discovery Abandoned? In: T. Nickels (Hrsg.), *Scientific Discovery, Logic, and Rationality* (Boston Studies in the Philosophy of Science, Vol. 56). Dordrecht: D. Reidel, S. 173-183.

- (1984). *Science and Values: The Aims of Science and their Role in Scientific Debate.* Berkeley: University of California Press.
- (1990). Demystifying Underdetermination. In: C. W. Savage (Hrsg.), *Scientific Theories* (Minnesota Studies in the Philosophy of Science, Vol. 14). Minneapolis: University of Minnesota Press, S. 267-297.
- (2004). The Epistemic, the Cognitive, and the Social. In: P. Machamer & G. Wolters (Hrsg.), *Science, Values, and Objectivity.* Pittsburgh: University of Pittsburgh Press, S. 14-23.

Laudan, Larry & Leplin, Jarrett (1991). Empirical Equivalence and Underdetermination. *The Journal of Philosophy* 88, S. 449-472.

Lempert, Lora Bex (1986). Women's Health from a Women's Point of View: A Review of the Literature. *Health Care for Women International* 7, S. 255-275.

Lennane, K. Jean & Lennane, R. John (1973). Alleged Psychogenic Disorders in Women – A Possible Manifestation of Sexual Prejudice. *The New England Journal of Medicine* 288, S. 288-292.

Lennon, Kathleen (1997). Feminist Epistemology as Local Epistemology: Part II. *The Aristotelian Society Supplementary* 71, S. 37-54.

Levi, Isaac (1960). Must the Scientist Make Value Judgments? *The Journal of Philosophy* 57, S. 345-357.
- (1962). On the Seriousness of Mistakes. *Philosophy of Science* 29, S. 47-65.

Levy, Karen B. (1992). *The Politics of Women's Health Care: Medicalization as a Form of Social Control.* Las Colinas: Ide House.

Leysen, Bettina (1996). Medicalization of Menopause: From "Feminine Forever" to "Healthy Forever". In: N. Lykke & R. Braidotti (Hrsg.), *Between Monsters, Goddesses, and Cyborgs: Feminist Confrontations with Science, Medicine, and Cyberspace.* London: Zed Books, S.173-192.

Lloyd, Elisabeth (1995). Objectivity and the Double Standard for Feminist Epistemologies. *Synthese* 104, S. 351-381.

Longino, Helen E. (1990). *Science as Social Knowledge: Values and Objectivity in Scientific Inquiry.* Princeton: Princeton University Press.
- (1994). In Search of Feminist Epistemology. *The Monist* 77, S. 472-485.
- (1995). Gender, Politics, and the Theoretical Virtues. *Synthese* 104, S. 383-397.

- (1996). Cognitive and Non-cognitive Values in Science: Rethinking the Dichotomy. In: L. H. Nelson & J. Nelson (Hrsg.), *Feminism, Science, and the Philosophy of Science*. Dordrecht: Kluwer Academic, S. 39-58.
- (1997). Feminist Epistemology as Local Epistemology: Part I. *The Aristotelian Society Supplementary* 71, S. 19-35.
- (2002a). *The Fate of Knowledge*. Princeton: Princeton University Press.
- (2002b). Science and the Common Good: Thoughts on Philip Kitcher's "Science, Truth, and Democracy". *Philosophy of Science* 69, S. 560-568.
- (2002c). Reply to Philip Kitcher. *Philosophy of Science* 69, S. 573-577.
- (2008). Values, Heuristics, and the Politics of Knowledge. In: M. Carrier, D. Howard & Janet Kourany (Hrsg.), *The Challenge of the Social and the Pressure of Practice: Science and Values Revisited*. Pittsburgh: Pittsburgh University Press, S. 68-86..

Longino, Helen E. & Doell, Ruth (1983). Body, Bias, and Behaviour: A Comparative Analysis of Reasoning in Two Areas of Biological Science. *Signs* 9, S. 206-227.

Luhmann, Niklas (1969). Normen in soziologischer Perspektive. *Soziale Welt* 20, S. 28-48. Wiederabdruck in N. Luhmann, *Die Moral der Gesellschaft*. Hrsg. v. Detlef Horster. Frankfurt am Main: Suhrkamp 2008, S. 25–55.

MacIntyre, Sally, Hunt, Kathy & Sweeting, Helen (1996). Gender Differences in Health: Are Things Really as Simple as They Seem? *Social Science and Medicine* 42, S. 617-624.

MacPherson, Kathleen I. (1992). Cardiovascular Disease in Women and Noncontraceptive Use of Hormones: A Feminist Analysis. *Advances in Nursing Science* 14 (4), S. 34-49.

Mann, Charles (1995). Women's Health Research Blossoms. *Science* 269 (5225), S. 766-770.

Marieskind, Helen (1975). The Women's Health Movement. *International Journal of Health Services* 5, S. 217-218.
- (1978). The Women's Health Movement: Past Roots. In: C. Dreifus (Hrsg.), *Seizing Our Bodies: The Politics of Women's Health*. New York: Vintage Books, S. 3-12.

Marmot, M. G. et al. (1978). Employment Grade and Coronary Heart Disease in British Civil Servants. *Journal of Epidemiology and Community Health* 32, S. 244-249.
- (1991). Health Inequalities among British Civil Servants: The Whitehall II Study. *Lancet* 337 (8754), S. 1387-1393.
Martin, Emily (1987). *Die Frau im Körper: Weibliches Bewusstsein, Gynäkologie und die Reproduktion des Lebens.* Übers. v. W. Möller Falkenberg. Frankfurt: Campus Verlag 1989.
- (1991). The Egg and the Sperm: How Science Has Constructed a Romance Based on Stereotypical Male-Female Roles. *Signs* 16, S. 485-501.
Maschwesky-Schneider, Ulrike (1996). Frauen – das kranke Geschlecht? Mythos und Wirklichkeit. In U. Maschewsky-Schneider (Hrsg.), *Frauen – das kranke Geschlecht? Mythos und Wirklichkeit,* Opladen: Leske & Budrich, S. 7-19.
McCormick, Janice, Kirkham, Sheryl R. & Hayes, Virginia (1998). Abstracting Women: Essentialism in Women's Health Research. *Health Care for Women International* 19, S. 495-504.
McCormick, Kim M. & Bunting, Sheila M. (2002). Application of Feminist Theory in Nursing Research: The Case of Women and Cardiovascular Disease. *Health Care for Women International* 23, S. 820-834.
McCrea, Frances B. (1983). The Politics of Menopause: The "Discovery" of a Deficiancy Disease. *Social Problems* 31, S. 111-123.
McMullin, Ernan (1976). The Fertility of Theory and the Unit for Appraisal in Science. In: R. S. Cohen, P. K. Feyerabend & M. W. Warftowsky (Hrsg.), *Essays in Memory of Imre Lakatos* (Boston Studies in the Philosophy of Science, Vol. 39), Dordrecht: D. Reidel, S. 395-432.
- (1982). Values in Science. *PSA: Proceedings of the Biennial Meeting of the Philosophy of Science Association* 1982, Part II: Symposia, S. 3-28.
- (1984). The Rational and the Social in the History of Science. In: James R. Brown (Hrsg.), *Scientific Rationality: The Sociological Turn.* Dordrecht: D. Reidel, S. 127-163.
Megill, Alan (1994). Introduction: Four Senses of Objectivity. In: A. Megill (Hrsg.), *Rethinking Objectivity.* Durham: Duke University Press, S. 1-20.
Meinert, Curtis L. (1995a). Comments on NIH Clinical Trial Valid Analysis Requirement. *Controlled Clinical Trials* 16, S. 304-306.

– (1995b). The Inclusion of Women in Clinical Trials. *Science* 269 (5225), S. 795 f.
Menke, Cornelis (2009). *Zum methodologischen Wert von Vorhersagen.* Paderborn: Mentis.
Merton, Robert K. (1942). The Normative Structure of Science. In: R. K. Merton, *The Sociology of Science: Theoretical and Empirical Investigations.* Chicago: University of Chicago Press, S. 267-278.
Meuren, Daniel (2011, 25.06.). Die wilden Kerlinnen. *Frankfurter Allgemeine Zeitung* 145, S. 3.
Miles, Agnes (1991). *Women, Health, and Medicine.* Philadelphia: Open University Press.
Möbius, Paul. J. (1900). *Ueber den physiologischen Schwachsinn des Weibes* (8., rev. Aufl.). Halle a. d. S.: Marhold 1907.
Morgen, Sandra (2002). *Into Our Own Hands: The Women's Health Movement in the United States, 1969-1999.* New Brunswick: Rutgers University Press.
MRFIT Research Group (1982). Multiple Risk Factor Intervention Trial: Risk Factor Changes and Mortality Results. *Journal of the American Medical Association* 248, S. 1465-1477.
Munch, Shari (2006). The Women's Health Movement: Making Policy 1970-1995. *Social Work in Health Care* 43, S. 17-32.

Nagel, Thomas (1986). *The View from Nowhere.* New York: Oxford University Press.
Neurath, Otto (1913). Die Verirrten des Cartesius und das Auxiliarmotiv (Zur Psychologie des Entschlusses). In: M. Stöltzner & T. Uebel (Hrsg.), *Wiener Kreis.* Hamburg: Meiner 2006, S. 114-129.
Nickles, Thomas (1980). Introductory Essay: Scientific Discovery and the Future of Philosophy of Science. In: T. Nickles (Hrsg.), *Scientific Discovery, Logic, and Rationality* (Boston Studies in the Philosophy of Science, Vol. 56). Dordrecht: D. Reidel, S. 1-59.
– (2006). Heuristic Appraisal: Context of Discovery or Justification? In: J. Schickore & F. Steinle (Hrsg.), *Revisiting Discovery and Justification: Historical and Philosophical Perspectives on the Context Distinction.* Dordrecht: Springer, S. 159-182.

Nimtz, Christian (2004). Quine: Analytische und Synthetische Sätze. In: A. Beckermann & D. Perler, *Klassiker der Philosophie heute.* Stuttgart: Reclam, S. 751-770.

Nippert, Irmgard (2000). Die Entwicklung und Förderung von Frauengesundheitsforschung und „Gender-Based Medicine". *Zeitschrift für Gesundheitswissenschaften* 8, S. 368-378.

Nordenfeldt, Lennart (1993). Concepts of Health and their Consequences for Health Care. *Theoretical Medicine* 14, S. 277-285.

Norsigian, Judy (1996). The Women's Health Movement in the United States. In: K. L. Moss (Hrsg.), *Man-made Medicine: Women's Health, Public Policy, and Reform.* Durham: Duke University Press, S. 79-97.

Ohkrulik, Kathleen (1994). Gender and the Biological Sciences. In: M. Curd & J. A. Cover (Hrsg.), *Philosophy of Science: The Central Issues.* New York: Norton 1998, S. 192-208.

Okasha, Samir (2002). Underdetermination, Holism, and the Theory/Data Distinction. *The Philosophical Quarterly* 52 (208), S. 303-319.

Parry, Richard (2008), Episteme and Techne. In: E. N. Zalta (Hrsg.), *The Stanford Encyclopedia of Philosophy* (Fall 2008 Edition) Abgerufen am 12.03.2011 von http://plato.stanford.edu/archives/fall2008/entries/episteme-techne/.

Paul, Norbert W. (2006a). Medizintheorie. In: S. Schulz et al. (Hrsg.), *Geschichte, Theorie und Ethik der Medizin.* Frankfurt am Main: Suhrkamp, S. 59-73.

– (2006b). Gesundheit und Krankheit. In: S. Schulz et al. (Hrsg.), *Geschichte, Theorie und Ethik der Medizin.* Frankfurt am Main: Suhrkamp, S. 131-142.

– (2006c). Diagnose und Prognose. In: S. Schulz et al. (Hrsg.), *Geschichte, Theorie und Ethik der Medizin.* Frankfurt am Main: Suhrkamp, S. 143-152.

Peuckert, Rüdiger (2006a). Soziale Einstellung. In: B. Schäfers & J. Kopp (Hrsg.). *Grundbegriffe der Soziologie* (9., rev. Aufl.). Wiesbaden: Verlag für Sozialwissenschaften, S. 57-59.

– (2006b). Werte. In: B. Schäfers & J. Kopp (Hrsg.). *Grundbegriffe der Soziologie* (9., rev. Aufl.). Wiesbaden: Verlag für Sozialwissenschaften, S. 352-355.
Piantadosi, Steven (1995). Commentary Regarding "Inclusion of Women and Minorities in Clinical Trials and the NIH Revitalization Act of 1993 – The Perspective of NIH Clinical Trialists". *Controlled Clinical Trials* 16, S. 307-309.
Platon. Timaios. In: *Platon: Sämtliche Werke* (Bd. 4). Hrsg. v. U. Wolf, übers. v. H. Müller & F. Schleiermacher. Rowohlt Taschenbuch Verlag: Reinbek bei Hamburg 1994.
Polanyi, Michael (1962). The Republic of Science: Its Political and Economic History. *Minerva* 1, S. 54-74.
Popper, Karl R. (1934). *Logik der Forschung* (7., rev. Aufl.). Tübingen: Mohr 1982.
– (1962). Die Logik der Sozialwissenschaften. In: Adorno et al., *Der Positivismusstreit in der deutschen Soziologie*. Neuwied: Luchterhand 1969, S. 103-123.
Porter, Theodore (1992). Quantification and the Accounting Ideal in Science. *Social Studies of Science* 22, S. 633-652.
– (1995). *Trust in Numbers: The Pursuit of Objectivity in Science and Public Life*. Princeton: Princeton University Press.
Potter, Elizabeth (1996). Underdetermination Undeterred. In L. H. Nelson & J. Nelson (Hrsg.), *Feminism, Science, and the Philosophy of Science*. Dordrecht: Kluwer Academic, S. 121-138.
Proctor, Robert (1999). *Value-Free Science? Purity and Power in Modern Knowledge*. Cambridge: Harvard University Press.
– (2008). Agnotology: A Missing Term to Describe the Cultural Production of Ignorance (and its Study). In: R. Proctor & L. Schiebinger (Hrsg.), *Agnotology: The Making and Unmaking of Ignorance*. Stanford: Stanford University Press, S. 1-33.

Quine, Willard v. O. (1951). Two Dogmas of Empiricism. In: W. v. O. Quine, *From a Logical Point of View* (2., rev. Aufl.). Cambridge: Harvard University Press 2003, S. 20-46.
– (1975). On Empirically Equivalent Systems of the World. *Erkenntnis* 9, S. 313-328.

Ramasubbu, K., Gurm, H. & Litaker, D. (2001). Gender Bias in Clinical Trials: Do Double Standards still Apply? *Journal of Women's Health and Gender-Based Medicine* 10, S. 757-764.
Reichenbach, Hans (1938). *Experience and Prediction: An Analysis of the Foundations and the Structure of Knowledge.* Notre Dame: Notre Dame University Press 2006.
Reisch, Georg A. (2005). *How the Cold War Transformed Philosophy of Science: To the Icy Slopes of Logic.* Cambridge: Cambridge University Press.
Riska, Elianne (2002). From Type A Man to Hardy Man: Masculinity and Health. *Sociology of Health & Illness* 24, S. 347-358.
Rolin, Kristina (2002). Is "Science as Social" a Feminist Insight? *Social Epistemology* 16, S. 233-249.
Rooney, Phyllis (1992), On Values in Science: Is the Epistemic/Non-Epistemic Distinction Useful? *PSA: Proceedings of the Biennial Meeting of the Philosophy of Science Association* 1992, Part 1: Contributed Papers, S. 13-22.
Rosser, Sue (1994). *Women's Health – Missing from U. S. Medicine.* Bloomington: Indiana University Press.
– (2002). An Overview of Women's Health in the U.S. since the Mid-1960s. *History and Technology* 18, 355-369.
Rudner, Richard (1953). The Scientist Qua Scientist Makes Value Judgments. *Philosophy of Science* 20, S. 1-6.
Ruiz, Teresa M. & Verbrugge, Lois M. (1997). A Two Way View of Gender Bias in Medicine. *Journal of Epidemiology and Community Health* 51, S. 106-109.
Ruphy, Stéphany (2006). "Empiricism all the Way Down": A Defence of the Value-neutrality of Science in Response to Helen Longino's Contextual Empiricism. *Perspectives on Science* 14, S. 189-214.
Ruzek, Sheryl Burt (1978). *The Women's Health Movement: Feminist Alternatives to Medical Control.* New York: Praeger.
Ruzek, Sheryl B., Olesen, Virginia L. & Clarke, Adele E. (1997). Social, Biomedical, and Feminist Models of Women's Health. In: S. B. Ruzek, V. L. Olesen & A. E. Clarke (Hrsg.), *Women's Health: Complexities and Differences.* Columbus: Ohio State University Press, S. 11-28.

Schaps, Regina (1983). *Hysterie und Weiblichkeit: Wissenschaftsmythen über die Frau.* Frankfurt: Campus Verlag.
Schickore, Jutta (2006). A Forerunner? – Perhaps, but not the Context Distinction. William Whewell's Germano-Cantabrigian History of the Fundamental Ideas. In: J. Schickore & F. Steinle (Hrsg.), *Revisiting Discovery and Justification: Historical and Philosophical Perspectives on the Context Distinction.* Dordrecht: Springer, S. 57-77.
Schickore, Jutta & Steinle, Friedrich (2006). Introduction: Revisiting the Context Distinction. In: J. Schickore & F. Steinle (Hrsg.), *Revisiting Discovery and Justification: Historical and Philosophical Perspectives on the Context Distinction.* Dordrecht: Springer, S. vii-xix.
Schiebinger, Londa (1999). *Frauen forschen anders: Wie weiblich ist die Wissenschaft?* Übers. v. K. Wördemann. München: Beck 2000.
Schmerl, Christiane (2002). Die Frau als wandelndes Risiko: Von der Frauenbewegung zur Frauengesundheitsbewegung bis zur Frauengesundheitsforschung. In: K. Hurrelmann & P. Kolip (Hrsg.), *Geschlecht, Gesundheit und Krankheit: Männer und Frauen im Vergleich.* Bern: Hans Huber, S. 32-52.
Schnädelbach, Herbert (2001). Werte und Wertungen. *Logos: Zeitschrift für systematische Philosophie* N. F. 7, S. 149-170.
Schneider, Ulrike (1981). Einleitung. In U. Schneider (Hrsg), *Was macht Frauen krank? Ansätze zu einer frauenspezifischen Gesundheitsforschung.* Frankfurt: Campus Verlag, S. 9-21.
Schultz, Dagmar (2004). 30 Jahre FFGZ. *Clio* 59, S. 8.
Scully, Diana & Bart, Pauline (1973). A Funny Thing Happened on the Way to the Orifice: Women in Gynecology Textbooks. *The American Journal of Sociology* 78, S. 1045-1050.
Seaman, Barbara (1969), *The Doctors' Case against the Pill* (rev. Aufl.). Alameda: Hunterhouses 1995.
– (1978a). The Dangers of Oral Contraception. In: C. Dreifus (Hrsg.), *Seizing Our Bodies: The Politics of Women's Health.* New York: Vintage Books, S. 75-85.
– (1978b). The Dangers of Sex Hormones. In: C. Dreifus (Hrsg.), *Seizing Our Bodies: The Politics of Women's Health.* New York: Vintage Books, S. 167-176.

– (2003). *The Greatest Experiment Ever Performed on Women: Exploding the Estrogen Myth.* New York: Seven Stories Press 2009.
Seaman, Barbara & Seaman, Gideon (1977). *Women and the Crisis in Sex Hormones.* New York: Bantam Books.
Shrader-Frechette, Kristin (1991). *Risk and Rationality.* Berkeley: University of California Press.
Siegel, Harvey (1980). Justification, Discovery, and the Naturalizing of Epistemology. *Philosophy of Science* 47, S. 297-321.
Sklar, Lawrence (1985). Do Unborn Hypotheses Have Rights? In: L. Sklar, *Philosophy and Spacetime Physics.* Berkeley: University of California Press.
Smith, Tara (2004). "Social" Objectivity and the Objectivity of Values. In: P. Machamer & G. Wolters (Hrsg.), *Science, Values, and Objectivity.* Pittsburgh: Pittsburgh University Press, S. 143-171.
Solomon, Miriam (2001). *Social Empiricism.* Cambridge: MIT Press.
Sontag, Susan (1978). Illness as Metaphor. In: S. Sontag, *Illness as Metaphor and AIDS and its Metaphors.* New York: Picador 1991, S. 1- 87.
Spicer, John, Jackson, Rodney & Scragg, Robert (1993). The Effects of Anger Management and Social Contact on Risk of Myocardial Infarction in Type As and Bs. *Psychology & Health* 8, S. 243-255.
Stanford, Kyle (2001). Refusing the Devil's Bargain: What Kind of Underdetermination Should We Take Seriously? *Philosophy of Science* 68 (Proceedings of the 2008 Biennial Meeting of the Philosophy of Science Association, Part I: Contributed Papers), S. 1-12.
– (2009), Underdetermination of Scientific Theory. In: E. N. Zalta (Hrsg.), *The Stanford Encyclopedia of Philosophy* (Winter 2009 Edition). Abgerufen am 25.11.2011 von http://plato.stanford.edu/archives/win2009/entries/scientific-underdetermination/.
Steering Committee of the Physicians' Health Study Research Group (1989). Final Report of the Aspirin Component of the Ongoing Physician's Health Study. *The New England Journal of Medicine* 321, S. 129-135.
Stolzenberg, Regina (2000). Frauengesundheitszentren und Geburtshäuser: Von Autonomie und Abgrenzung zu Einfluss und Kooperation. In: P. Kolip (Hrsg.), *Weiblichkeit ist keine Krankheit: Die Medikalisierung*

körperlicher Umbruchphasen im Leben von Frauen. Weinheim: Juventa, S. 215-238.
Szasz, Thomas S. (1961). *The Myth of Mental Illness: Foundations of a Theory on Personal Conduct.* New York: Hoeber.

Thorne, Sally (1998). The Tyranny of Feminist Methodology in Women's Health Research. *Health Care for Women International* 19, S. 481-493.
Tuana, Nancy (1993). *The Less Noble Sex: Scientific, Religious, and Philosophical Conceptions of Woman's Nature.* Bloomington: Indiana University Press.
– (2006). The Speculum of Ignorance; The Women's Health Movement and Epistemologies of Ignorance. *Hypatia* 21 (3), S. 1-19.
– (2008). Coming to Understand: Orgasm and the Epistemology of Ignorance. In: R. Proctor & L. Schiebinger (Hrsg.), *Agnotology: The Making and Unmaking of Ignorance.* Stanford: Stanford University Press, S. 108-145.

Uebel, Thomas (2000). *Vernunftkritik und Wissenschaft: Otto Neurath und der erste Wiener Kreis.* Wien: Springer.

Verein Ernst Mach (Hrsg.) (1929). Wissenschaftliche Weltauffassung: Der Wiener Kreis. In: M. Stöltzner & T. Uebel (Hrsg.), *Wiener Kreis.* Hamburg: Meiner 2006, S. 3-29.
Voß, Heinz-Jürgen (2010). *Making Sex Revisited. Dekonstruktion des Geschlechts aus biologisch-medizinischer Perspektive.* Bielefeld: Transcript.

Weber, Max (1904). Die „Objektivität" sozialwissenschaftlicher und sozialpolitischer Erkenntnis. In: M. Weber, *Gesammelte Aufsätze zur Wissenschaftslehre* (4. Aufl.). Hrsg. v. J. Winckelmann. Tübingen: Mohr 1973, S. 146-214.
– (1917). Der Sinn der „Wertfreiheit" der soziologischen und ökonomischen Wissenschaften. In: M. Weber, *Gesammelte Aufsätze zur Wissenschaftslehre* (4. Aufl.). Hrsg. v. J. Winckelmann. Tübingen: Mohr 1973, S. 489-540.

– (1919). Wissenschaft als Beruf. In: M. Weber, *Gesammelte Aufsätze zur Wissenschaftslehre* (4. Aufl.). Hrsg. v. J. Winckelmann. Tübingen: Mohr 1973, S. 582-613.
Weber, T. et al. (2008). Kardiologie. In: A. Rieder & B. Lohff (Hrsg.), *Gender Medizin: Geschlechtsspezifische Aspekte für die Klinische Praxis* (2. Aufl.). Wien: Springer, S. 343-387.
Weisman, Carol S. (1997). Changing Definitions of Women's Health: Implications for Health Care and Policy. *Maternity and Child Health Journal* 1 (3), S. 179-189.
Weiss, Kay (1975). Vaginal Cancer: An Iatrogenic Disease? *International Journal of Health Care* 5, S. 235-251.
– (1978). What Medical Students Learn About Women. In: C. Dreifus (Hrsg.), *Seizing Our Bodies: The Politics of Women's Health.* New York: Vintage Books, S. 212-222.
WHI Steering Committee (2004). Effects of Conjugated Equine Estrogen in Postmenopausal Women with Hysterectomy: The Women's Health Initiative Randomized Controlled Trial. *Journal of the American Medical Association* 291, S. 1701-1712.
WHI Study Group (1998). Design of the Women's Health Initiative Clinical Trial and Observational Study. *Controlled Clinical Trials* 19, S. 61-109.
Whitt, Laurie Ann (1990). Theory Pursuit: Between Discovery and Acceptance. *PSA: Proceedings of the Biennial Meeting of the Philosophy of Science Association* 1990, Part 1: Contributed Papers, S. 467-483.
– (1992). Indices of Theory Promise. *Philosophy of Science* 59, S. 612-634.
Whittle, K. Lisa & Inhorn, Marcia C. (2001). Rethinking Difference: A Feminist Reframing of Gender/Race/Class for the Improvement of Women's Health Research. *International Journal of Health Services* 31, S. 147-165.
WHO (1946). *Constitution of the World Health Organization.* Abgerufen am 17.03.2011 von http://whqlibdoc.who.int/hist/official_records/constitution.pdf.
– (2002). *WHO Gender Policy: Integrating Gender Perspectives in the Work of WHO.* Abgerufen am 17.03.2011 von http://whqlibdoc.who.int/hq/2002/a78322.pdf.

Wilholt, Torsten (2007). Soziale Erkenntnistheorie. *Information Philosophie* 2007 (5), S. 46-53.
– (2009a). Bias and Values in Scientific Research. *Studies in History and Philosophy of Science* 40, S. 92-101.
– (2009b). Die Objektivität der Wissenschaften als soziales Phänomen. *Analyse und Kritik* 31, S. 261-273.
– (2010). Scientific Freedom: Its Grounds and their Limitations. *Studies in History and Philosophy of Science* 41, S. 174-181.
– (2012). *Die Freiheit der Forschung: Begründungen und Begrenzungen*. Berlin: Suhrkamp.
Williams, Bernard (1985). *Ethics and the Limits of Philosophy*. Cambridge: Harvard University Press.
Wilson, Robert (1966). *Feminine Forever*. New York: M. Evans.
Wilson, Robert & Wilson, Thelma (1963). The Fate of Nontreated Post-Menopausal Women: A Plea for the Maintenance of Adequate Estrogen from Puberty to Grave. *Journal of the American Geriatrics Society* 11, S. 347-361.
Wise, M. Norton (2011). Thoughts on Politicization of Science Through Commercialization. In: M. Carrier & A. Nordmann (Hrsg.), *Science in the Context of Application* (Boston Studies in the Philosophy of Science, Vol. 274). Dordrecht: Springer, S. 283-299.
Writing Group for the WHI Investigators (2002). Risk and Benefits of Estrogen Plus Progestin in Healthy Postmenopausal Women: Principal Results From the Women's Health Initiative Randomised Controlled Trial. *Journal of the American Medical Association* 288, S. 321-33.
Wylie, Alison (1997). The Engendering of Archeology: Refiguring Feminist Science Studies. *Osiris* 12, S. 80-99.

Zola, Irving K. (1972). Medicine as an Institution of Social Control. *The Sociological Review* 20, S. 487-504.

EPISTEMISCHE STUDIEN
Schriften zur Erkenntnis- und Wissenschaftstheorie

Herausgegeben von / Edited by

Michael Esfeld • Stephan Hartmann • Albert Newen

Volker Halbach / Leon Horsten
Principles of Truth
ISBN 3-937202-45-5
2. Aufl., 228 pp • Paperback € 49,00

Matthias Adam
Theoriebeladenheit und Objektivität
Zur Rolle der Beobachtung in den Naturwissenschaften
ISBN 3-937202-11-0
274 pp • Hardcover € 59,00

Christoph Halbig / Christian Suhm
Was ist wirklich?
Neuere Beiträge zur Realismusdebatte in der Philosophie
ISBN 3-937202-28-5
446 pp • Paperback € 32,00

André Fuhrmann / Erik J. Olsson
Pragmatisch denken
ISBN 3-937202-46-3
321 pp • Hardcover € 84,00

Pedro Schmechtig
Sprache, Einstellung und Rationalität
Eine Untersuchung zu den Rationalitätsbedingungen von Einstellungs-Zuschreibungen
ISBN 3-937202-56-0
330 pp• Hardcover € 89,00

Christian Suhm
Wissenschaftlicher Realismus
Eine Studie zur Realismus-Antirealismus-Debatte in der neueren Wissenschaftstheorie
ISBN 3-937202-48-X
250 pp • Hardcover € 69,00

Bernward Gesang
Deskriptive oder normative Wissenschaftstheorie?
ISBN 3-937202-69-2
240 pp • Hardcover € 76,00

 P.O. Box 1541 • D-63133 Heusenstamm bei Frankfurt
www.ontosverlag.com • info@ontosverlag.com
Tel. ++49-6104-665733 • Fax ++49-6104665734

Jiri Benovsky
Persistence Through Time, and Across Possible Worlds
ISBN 3-937202-99-4
281 pp Hardcover € 84,00

Thomas Sukopp
Naturalismus
Kritik und Verteidigung erkenntnistheoretischer Positionen
ISBN 3-938793-13-9
348 pp Hardcover € 84,00

Tomasz F. Bigaj
Non-locality and Possible Worlds
A Counterfactual Perspective on Quantum Entanglement
ISBN 978-3-938793-29-9
286 pp Hardcover € 89,00

Christian Sachse
Reductionism in the Philosophy of Science
ISBN 978-3-938793-46-6
330 pp Hardcover € 89,00

Reiner Hedrich
Von der Physik zur Metaphysik
ISBN 978-3-938793-47-3
394 pp Hardcover € 119,00

Ulrich Frey
Der blinde Fleck
Kognitive Fehler in der Wissenschaft und ihre evolutionsbiologischen Grundlagen
ISBN 978-3-938793-51-0
223 pp Hardcover €89,00

Maria Cristina Amoretti, Nicola Vassallo (Eds.)
Knowledge, Language and Interpretation
On the Philosophy of Donald Davidson
ISBN 978-3-86838-000-2
223 pp Hardcover € 89,00

ontos   P.O. Box 1541 ● D-63133 Heusenstamm bei Frankfurt
verlag www.ontosverlag.com ● info@ontosverlag.com
        Tel. ++49-6104-665737 ● Fax ++49-6104665734

Fabian Dorsch
Die Natur der Farben
ISBN 978-3-86838-050-7
493 pp Hardcover € 139,00

Rico Gutschmid
Einheit ohne Fundament
Eine Studie zum Reduktionsproblem in der Physik
ISBN 978-3-86838-056-9
305 pp Hardcover € 98,00

Markus Patrick Hess
Is Truth the Primary Epistemic Goal?
ISBN 978-3-86838-062-0
165 pp Hardcover € 69,00

Boris Rähme
Wahrheit, Begründbarkeit und Fallibilität
Ein Beitrag zur Diskussion epistemischer Wahrheitskonzeptionen
ISBN 978-3-86838-088-0
386 pp Hardcover € 98,00

Jens Kistenfeger
Historische Erkenntnis zwischen Objektivität und Perspektivität
ISBN 978-3-86838-104-7
282 pp Hardcover € 98,00

Hans Bernhard Schmid, Daniel Sirtes, Marcel Weber (Eds.)
Collective Epistemology
ISBN 978-3-86838-106-1
241 pp Hardcover € 89,00

Patrice Soom
From Psychology to Neuroscience
A New Reductive Account
ISBN 978-3-86838-108-5
318 pp Hardcover € 98,00

ontos P.O. Box 1541 • D-63133 Heusenstamm bei Frankfurt
verlag www.ontosverlag.com • info@ontosverlag.com
Tel. ++49-6104-665733 • Fax ++49-6104665734

Jochen Apel
Daten und Phänomene
Ein Beitrag zur wissenschaftstheoretischen Realismusdebatte
ISBN 978-3-86838-110-8
257 pp Hardcover € 59,00

Birte Schelling
Knowledge – Genetic Foundations and Epistemic Coherence
ISBN 978-3-86838-111-5
274 pp Hardcover € 89,00

Marcus I. Eronen
Reduction in Philosophy of Mind
A Pluralistic Account
ISBN 978-3-86838-125-2
189 pp Hardcover €79,00

Axel Schubert
Die Praxis des Wissens
Können als Quelle der Erkenntnis
ISBN 978-3-86838-138-2
260 pp Hardcover € 89,00

ontos   P.O. Box 1541 • D-63133 Heusenstamm bei Frankfurt
verlag www.ontosverlag.com • info@ontosverlag.com
        Tel. ++49-6104-665733 • Fax ++49-6104665734